中國古代地理總志叢刊

讀史方輿紀要

七

〔清〕顧祖禹撰

賀次君 施和金 點校

中華書局

讀史方輿紀要卷六十八

四川三

保寧府，東至夔州府達州五百六十里，南至順慶府三百里，西北至龍安府五百十里，西南至潼川州三百十五里，北至陝西沔縣六百三十里，東北至漢中府千里，自府治至布政司七百里，至京師一萬三百里。

禹貢梁州之域，春秋爲巴國地，秦惠王滅巴置巴郡。漢亦爲巴郡地，漢巴郡治江州縣。後漢因之，建安中劉璋置巴西郡。華陽國志：「初平元年安漢趙穎建議分巴爲三郡，欲得巴舊名，以墊江以上爲巴郡，治安漢，江州以下爲永寧郡，朐䏰以下爲固陵郡。建安六年魚復蹇胤争巴名，劉璋乃改永寧爲巴郡，固陵爲巴東郡，前巴郡爲巴西郡，于是有三巴之稱。」宋白曰：「建安六年改巴郡爲巴西，始自安漢移治閬中。」安漢，今見順慶府。墊江，見合州。晉亦曰巴西郡，尋爲李雄所據，永和中收復。宋曰北巴西郡，齊因之。梁置南梁、北巴州及北巴郡，天監四年巴西降魏，既而復入于梁。十六年巴州叛降魏，魏亦置巴州以統諸獠，後復屬于梁。西魏改爲隆州，又改郡爲盤龍郡。隋郡廢州存，大業初又改州爲巴西郡。唐武德初復爲隆州，〔一〕先天初改曰閬州，避玄宗諱也。天寶初曰閬中郡，乾元初復曰閬州。五代唐因之，兼置保寧軍。五代史：「天成四年置保寧軍，領閬、果二州。」長興初董璋叛，陷閬州，軍廢。三年知祥并東川，復置保寧節度，兼領果、蓬、渠、開四州。宋仍曰閬州，亦曰閬中郡。乾德四年改軍號曰安德軍。元初立東川路，至元十三年升爲保寧府，二十年曰保寧路，後復爲府。至正二十年爲明玉珍所據。明洪武四年仍爲保寧府。領州二，縣八。今仍舊。

府包絡羣山，嶢崅艱險，爲兩川之屏蔽，自古未有兩川有事，巴西不先受其患者。蓋巴、蜀之口，府實綰之。東道之安危，即西方之存亡也。故漢中失則蜀之大勢十去其六，劍閣危則蜀之大勢十去其九矣。梁天監四年巴西入于魏，邢巒表言：「巴西、南鄭，相距千四百里，去州迢遞，恒多擾動。昔在南之日，以其統綰勢難，曾立巴西鎮靜蠻獠，梁州藉利，因而表罷。齊高帝建元二年分梁州立巴州，武帝永明二年巴州復罷。巴西廣袤千里，户逾四萬。若于彼立州，鎮攝華、獠，則大帖民情。從墊江以還，今重慶府合州，即墊江也。不勞征伐，自爲國有。」魏主不從，既而梁人復得之。蓋閬中之地，居三巴上游，北接梁、洋，西控梓、益。故杜佑曰：「閬中居蜀、漢之半，又當東道要衝，備禦不可不切。」然廣元一邑，實當蜀口，前界關表，謂陽平關。後據劍北，自南北朝以來，建郡設州以爲咽喉要路，秦、蜀有事，此其必争之所。唐光啓中王建爲利州刺史，周庠説建曰：「葭萌四戰之地，難以久安。閬州地闢人富，攻之易下。」建襲據閬州，後遂爲并蜀之本。宋以利州名路，而閬州屬焉。西方多事必綢繆于利、閬之間，蓋自利州而趨劍閣，由劍閣而道綿、漢，勢若建瓴焉。自府境而言，利州首險也，劍州次險也，所以保閬中者于此，所以保巴、蜀者亦于此，保寧非全蜀重地歟？

閬中縣，附郭。秦縣，漢屬巴郡，以閬水紆曲繞縣三面而名。晉、宋以後皆爲巴西郡治。隋改縣曰閬内，唐復爲閬中縣，閬州治焉。宋、元因之。今編户十里。

閬中城，府東二十里。秦築，亦謂之張儀城，縣舊治此。後漢建安五年劉璋以張魯據漢中，以龐羲爲巴郡太守，屯閬中以禦魯，即此。自唐以後，皆爲閬中縣治。明洪武七年徙縣治于府治西南，其故城謂之白沙鎮，亦曰白沙壩。城邑考：「郡舊爲土城，在嘉陵江北，對峙錦屏山。相傳漢建安六年劉璋創築，元時增修。僞夏明玉珍移城而西，仍爲土城。明洪武四年即舊城增拓，内外俱甃以石。爲門四，周九里有奇。」

隆城，在府東北。魏正始中立巴州，又立隆城鎮。宋白曰：「取其連岡地勢高隆而名。」熙平中又嘗改隆城鎮爲南梁州，時巴州叛降魏也。西魏典略：「此州舊有隆城，堅險，故又謂之南隆。」州治即故閬中城。

西水廢縣，府西四十里。本閬中縣地，梁置掌天郡，西魏改曰金遷，後周又置西水縣。隋開皇初郡廢，縣屬隆州。唐因之，宋屬閬州，元併入南部縣。○晉安廢縣，在府西北六十里。梁置金匱郡，尋改金遷郡，隋廢郡入晉城，唐武德中改置晉安縣。宋初仍屬閬州，熙寧四年省爲晉安鎮，屬西水縣。郡志：廢縣在南部縣北九十里，元至元末廢。似悮。又小寧廢州，亦在府界。元志云：「保寧路初領新得、小寧二州，後并入閬中縣。」近志：巴州西百里有小寧城。

錦屏山，府南三里嘉陵江南岸。兩峰連亘，壁立如屏，四時花木錯雜如錦，與郡治對峙，因名。一名閬中山，亦曰寶鞍山。山之西曰印斗山，西南曰金耳山。其東三里曰南巖，一名大象山，又名台星巖。俗謂之讀書巖，以宋陳堯叟兄弟讀書于此而名。其相連者曰漱玉巖。○盤龍山，在府東三里，宛如盤龍，後魏以此名郡。唐貞觀中候氣者言山有王氣，因鑿斷山脉，俗謂之鋸山。咸通中嘗移閬中縣治于此山側。又有東巖，在城東五里，即盤龍之别阜。

繖蓋山，府北五里。中高四下，其狀如蓋，相傳爲府之主山。其相連者曰北巖，又北二里曰玉臺山。○靈山，在府東十里。一峰峭拔，界嘉陵、宋江之間。唐天寶中賜名仙穴山。上有聖池。又府東南二十里有青崖山。

文成山，府東三十里。峰巒聳列，林木葱蒨，一峰突出，上有漢張道陵玄都臺。又府東南四十里有賜緋山，山勢環拱，草木蓊蔚，爲郡之勝。又東南三十里曰思恭山，極高峻。劉昫曰：「唐武德元年置辨丹、思恭二縣，屬隆州，七年俱省入閬中縣。」思恭縣，蓋置于山下。○大方山，在府東北百里。山頂四方如坪。其對峙者曰小方山，頂亦方平。又有鳳栖山，與小方並峙。

重錦山，府東百三十里。兩峰對峙，秀麗若錦。又東二十里曰天目山。上有二洞，一曰天目，一曰天溪，相傳葛洪修煉處。志云：府東六十里有靈城巖，巖最深邃，泉石奇勝。又掌天山，在西水縣界，以高聳名。梁以此名郡。志云：山在南部縣北八十五里，亦曰掌山。

嘉陵江，在城南二里。自陝西寧羌州而南入府境，歷廣元、昭化、劍州、蒼溪諸境，至府西折而東南經南部縣入順慶府界。亦曰漢水，亦曰閬水，亦曰渝水，亦曰巴水，皆嘉陵之異名也。范曄曰：「閬中有渝水，夾水居者謂之巴渝蠻，善戰鬭，喜歌舞，亦謂之板楯蠻，以常挾楯爲戰具也。」有七姓，曰羅、朴、督、鄂、度、夕、龔，皆爲渠帥。自秦世立功，復其租賦，其餘户歲入賨錢口四十。其渠長爲賨侯，高祖爲漢王時發此蠻以定三秦，後因製巴渝舞。後漢永初以後每助郡討破羌寇，所向有功。光和二年板楯蠻叛，五年復定。建安二十年曹操取漢中，張魯欲降，其功曹閻圃勸魯依度護赴朴胡，魯因奔南山入巴。度護，賨侯之名。朴胡即七姓蠻之一也。蓋皆依嘉陵爲險。餘詳見陜西大川。

老溪，在府西，東流合嘉陵江。宋淳化五年蜀賊李順作亂，宦者王繼恩率師復綿州，遣别將曹習破賊于閬溪，〔二〕復閬、巴、蓬、劍等州是也。今堙。○南池，在府城南。東西四里，南北八里。漢志：「閬州南有彭道將池，〔三〕西南有彭道魚池。」此即彭道將池也。自漢以來堰大斗、小斗之水溉田，里人賴之。唐時堰壞，遂成平陸。

鋸山關，在府東北蟠龍山後，爲漢沔要衝之路。又玉臺山下有滴水關。○南津關，在城南，臨嘉陵江。有南津渡口，爲戍守處。今關下有錦屏浮橋。又梁山關，在府東靈山下。府東南二十里又有和溪關，路通巴、蜀。志云：閬州境有唐清、金子、章溪等堡，凡六十有二，俱有民兵守把。

錦屏驛。舊在城西澄清門外，今移于城東富春門外。又隆山馬驛，在府西南四十里。志云：府北十五里舊有雙山驛，明初置，後省。又府南百里有富村馬驛。府北百四十里有栢林遞運所，正德十年廢紫石水驛設所于此。○耀池鎮，在府南六十里。舊置税課局于此。今廢，又水會渡在府北八十里，又北六十里有白沙渡，皆嘉陵江津濟處也。

蒼溪縣，府北四十里。西北至劍州百八十里。秦閬中縣地，晉分置蒼溪縣，屬巴西郡，劉宋省。蕭齊改置漢昌縣，仍屬巴西郡，梁因之，隋開皇末復改曰蒼溪，屬隆州，唐屬閬州。今城周二里有奇。編户六里。

蒼溪故縣，在今縣西南。晉太康中置縣治此，劉宋省，齊爲漢昌縣治，隋復舊。

奉國城，在縣東南。梁置奉國縣，爲白馬郡治，隋開皇初郡廢，縣屬隆州。唐武德七年改屬西平州，貞觀初復屬隆州，尋屬閬州。宋因之，元至元中并入蒼溪。志云：奉國舊縣在府東百里。又有義陽廢縣，在縣東。亦梁置，爲義陽郡治，隋開皇初郡縣俱廢。○岐坪廢縣，在縣北八十里。晉置岐坪縣，屬巴西郡，宋廢。隋復置，屬利州。唐初因之，武德七年置南平州于此。貞觀二年州廢，還屬利州，開元二十三年改屬閬州，寶曆初廢。天復中王建表置。宋初仍屬閬州，熙寧四年省爲岐坪鎮，屬奉國縣。

大獲城，在縣東大獲山上。因石巖爲之，中通四門，周十里。宋紹定中都統孫臣、王堅所築，後安撫楊大淵亦嘗于此聚兵。淳祐三年兵亂，制置使余玠築此城爲閬州治，而以蒼溪縣爲倚郭。後蒙古取雅州，至閬之大獲山降其城，即此。

大獲山，縣東三十里。有大小二峰：小峰上有一石井，出泉不竭；大峰上有池廣數畝，謂之天池。宋江環遶其下。石城四周即宋余玠所築以護蜀口者。○小錦屏山，在縣治南。臨江高峙，奇秀與閬中之錦屏山相似，因名。又縣治東有筆架、白鶴諸山，皆聳秀。

雲臺山，縣東南三十五里。高四百丈，上方百里。有魚池，宜五穀。山峰峻削插天，一名天柱。有洞四，曰麻姑、芙蓉、平仙、峻仙；池二，曰浴丹、玉魚；巖二，曰松根、蟠桃；蓋山之幽勝者。又紫陽山，在縣東三十五里。一峰屹峙，高入青雲。○方山，在縣東八十五里，遠望如几案之狀。志云：古方州城也。未知所據。

嘉陵江，在縣治東南。自劍州流經縣境，而入閬中縣界。○宋江，在縣東。源出陝西漢中府南廢廉水縣界，流至此，下流入嘉陵江。又曲肘川，在縣治東一里。源出縣北十里之玉女山，東南流入嘉陵江。曲折如肘，因名。

八字關。縣北八十里。有巡司戍守。又鐵山關，在縣西五十里。今廢。志云：縣有隆山關、大白埡關、廟埡關、茶店埡關、弔兒嘴關等五堡，俱有民兵戍守。又蒼溪驛，在縣西，水道所經也。又西六十里有高橋水驛。縣北二十里又有槐樹馬驛。

南部縣，府南七十里。南至順慶府二百二十里，西至潼川州鹽亭縣二百七十里，東至蓬州儀隴縣百二十里。漢巴郡充國縣地，後漢末爲南充國縣地，晉屬巴西郡，宋、齊因之。梁天監二年置南部縣，以縣居郡南而名。西魏于縣置新安郡，後周郡廢。隋屬隆州，唐屬閬州，宋因之。明洪武十年并入閬中縣，十四年復置。今城周二里有奇。編户九里。

新井廢縣，縣東北四十里。漢充國縣地，晉安帝嘗置新安縣，爲新巴郡治，宋、齊因之，後廢。唐武德初析南部、晉安二縣地置新井縣，以其界内有鹽井而名，屬閬州。宋因之，元并入南部縣。郡志：新井城在府東七十五里。又寰宇記云：「新井東北二十八里有漢充國故城。」○新政廢縣，在縣東南五十里。漢充國縣地，唐武德四年分南部、相如二縣置新城縣，尋改曰新政，屬隆州。宋屬閬州，元省入南部。郡志云：新政城在府東南百三十里。

南山，縣治南一里。縣之主山也，蜿蜒蒼翠，環繞縣治。漢末張魯奔南山入巴中，或以爲即此山也。一名跨鼇山。

志云：宋端平以來厄于兵，縣無定治，寶祐中移縣治此。今縣城南門曰跨鼇門，因山以名也。又靈雲巖，在縣治北二里。有石洞深闊，亦曰靈雲洞。○小盤龍山，在縣南二十里，似閬之盤龍而小。其相近者曰龍靈山，面嘉陵，背西江，山勢如龍，因名也。又有龍樓山，在縣西南五十里。峰頂峭拔，衆山拱揖，有泋溪環遶其下。

禹跡山，縣東三十里。俗傳禹治水時嘗經此。山頂平衍，有小石泉。又離堆山，在縣東南五十里。蜀有三離堆，此其一也。唐顔真卿磨崖記謂：「此山下入嘉陵江，直上數百丈，形勝縮矗，上崢嶸而下洄伏，不與衆山相連屬，因曰離堆。」

蘭登山，縣西四十里。三面峻拔，俯臨西江，下有洞，相傳漢嚴君平隱于此。又長坪山，在縣西百五十里。相傳昔人嘗聚兵禦寇于此也。○思依山，在縣北百五十里。中有東西二觀，巖洞奇勝。

嘉陵江，在縣治東南。志云：江自閬中縣透迤而來，〔四〕過縣左，南折從跨鼇山下而東，又南入順慶府界。○西水河，在縣南三十里。自龍安府經劍州及梓潼縣流入界。又有涄水河，在縣南五十里。流入西水河，下流至蓬州合于嘉陵江，俗亦謂之西江。志云：縣東三里有安溪，溪深，產魚。又縣治西半里有狀元溪，以宋馬涓登第而名。二溪皆嘉陵之溢流也。

思依堡。在縣西。志云：縣境之堡凡百十有八，兵亂時居民聚守處也。○盤龍水驛，在縣東二十五里，今屬廣安州。又柳邊馬驛，在縣西百二十里。志云：縣東百里有長寧舊茶驛，縣北二十五里有保寧茶鹽場，今皆廢。

廣元縣，府北三百五十里。西南至劍州百九十里，東北至陝西寧羌州二百里。秦葭萌縣地，漢屬廣漢郡，後漢因之。

蜀漢曰漢壽縣，屬梓潼郡。晉太康初改曰晉壽縣，太元中又析置興安縣，屬晉壽郡，宋、齊因之。梁爲晉壽郡治，西魏因之。隋開皇初郡廢，十八年改縣曰綿谷，爲利州治，大業初改州爲義城郡。唐復爲利州，亦曰益昌郡。宋仍爲利州治，端平後以兵亂廢。寶祐初蒙古復置綿谷縣，爲利州治。至元十四年改爲廣元路，明洪武七年改爲廣元府，是年改府爲州，以州治綿谷縣省入，十四年又改州爲縣。城周九里。編户三里。

晉壽城，在縣東。蜀漢析葭萌縣地置漢壽縣。三國志：「延熙中費禕屯漢壽，景曜二年姜維議使諸圍斂兵退守，于是令督漢中胡濟却住漢壽。」晉改曰晉壽縣，永興以後李雄據蜀，使其將李鳳屯晉壽，屢窺漢中。太元十五年置晉壽郡，宋元嘉十年仇池氏王楊難當寇梁州，進攻葭萌，獲晉壽太守范延朗。十八年難當拔葭萌，進圍涪城。既而復入于宋。梁天監四年魏將邢巒取漢中諸城戍，晉壽降于魏，置益州治焉。十四年晉壽復來降，明年復入于魏。大同元年益州刺史鄱陽王範、南梁州刺史樊文熾合兵圍晉壽，魏益州刺史傅敬和來降，尋改曰黎州。西魏復曰益州，亦曰西益州，世號小益州，廢帝三年改曰利州。宇文周末益州總管王謙舉兵應尉遲迥討楊堅，遣將攻利州，堰嘉陵水灌之，利州總管豆盧勣固守，不能克。隋初州治興安縣，尋改縣曰綿谷，爲義城郡治。唐初仍曰利州，置總管府，尋改曰都督府，天寶初曰益昌郡，乾元初復故。乾寧四年移感義軍治此，改曰昭武軍。後唐同光三年伐蜀取鳳州，蜀人謀扼利州以拒唐。宋仍曰利州，景祐四年改軍名曰寧武。淳祐十二年蒙古將汪德臣城沔州，又城利州，沔、利既城，且畊且守，蜀境遂不可復。志云：州控蜀之吭，四集之國也。城邑考：「利州城元初墮廢，明洪武三十一年設利州衛，始築城，東面山，西臨溪，南北則鑿池爲險。有門五，城周四里有奇。」

葭萌城，在縣西北。古苴國也。史記：「苴、蜀相攻，秦使張儀、司馬錯取蜀。」華陽國志：「周顯王時蜀王封其弟葭萌于漢中，號曰苴侯，命之邑曰葭萌。苴侯與巴王爲好，巴、蜀讎也，蜀王怒伐苴。苴侯奔巴，求救于秦。秦遣張儀伐蜀滅之，并滅巴是也。」秦置葭萌縣，漢因之。先主初入蜀，屯于葭萌。既而西襲成都，留霍峻守葭萌。劉璋將扶禁等帥兵由閬水上攻圍峻，爲峻所敗。晉省入晉壽縣，永寧二年李特攻圍成都，河間王顒自關中遣兵討特，特子蕩敗顒將衙博于陽沔，又攻敗博于葭萌，盡降其衆，蓋即葭萌舊城也。後魏復置葭萌縣。梁天監十四年魏葭萌民任令宗殺晉壽太守，以城來降，益州刺史蕭恢遣巴西、梓潼二郡太守將兵迎之，敗魏兵于葭萌，屠十餘城，進圍武興，尋復敗還。既而改縣曰晉安，兼置新巴郡。隋開皇初郡廢，十八年復曰葭萌縣，大業初屬義城郡。唐、宋俱屬利州，元初并入昭化縣。

嘉川城，縣東北五十里。漢葭萌縣地，劉宋置興樂縣，爲宋熙郡治，齊、魏因之，梁改縣曰嘉川。隋初郡廢，縣屬利州。唐貞觀二年縣改屬靜州，十七年仍屬利州，永泰元年改屬集州。宋乾德三年王全斌伐蜀，別將史進德等敗蜀兵于三泉砦，遂至嘉川，進擊金山砦，又破小漫天砦是也。尋亦屬利州。元并入綿谷縣。三泉砦，見陝西沔縣。郡志：嘉川城在今縣東百里，地名嘉川鄉。○華陽廢縣，在縣北。劉宋置，并置華陽郡。本寄治梁州，蕭齊因之，梁移于此，兼置華州。西魏俱廢。

胤山城，在縣東南。本葭萌地，西魏置義城縣，屬利州，隋因之，義寧二年改曰義清。唐武德七年置西平州于此，貞觀二年州廢，縣仍屬利州，天寶初改曰胤山。宋初改爲平蜀縣，熙寧四年省入嘉川。

烏奴山，縣西二里嘉陵江岸。峭壁如削，高不可上。晉、宋間有氐李烏奴者據此作亂，因名。有烏奴城，齊永泰初嘗置東晉壽郡于此。一名烏龍山。又天台山，志云：在縣西二十里。其北爲九隴山，環拱九十九峰，如劍戟之排列，亦謂之九峰山。天台當其南，峭崖蒼鬱，盤道縈迴，獨木危橋，委曲而上，至巔乃即平陸，若天台然，因名。志云：九隴山有漢王寨，相傳漢高祖駐蹕于此。○石燕山，在縣西北八十里。山極高峻，梯格乃能上。獠人恃此爲險。

潭毒山，縣北九十里。上有潭毒關，下瞰大江，路皆滑石，登陟頗艱，爲蜀口之險要。下有深潭，相傳潭下淵岸有一鐵索，見則兵動。宋紹興二年金人陷興元，劉子羽退守三泉，以潭毒山形斗拔，其上寬平有水，乃築壁壘。方成而敵至，距營十數里，子羽據胡床坐壘口，敵引去。○金山，在縣北三里。孟蜀置金山砦于此。又鳳凰山，在縣東。盤旋起伏，勢若翺翔，其巔曰寶峰。縣東十里又有雪山，峰巒疊出，稱爲佳麗。

大漫天嶺，縣東北三十五里，峻出雲表；又北爲小漫天嶺：二嶺相連，一名藁本山，蜀道之險也。後唐清泰初山南西道帥張虔釗及武定帥孫漢韶以二鎮降蜀，知祥遣軍屯利州及大漫天以迎之。宋乾德中王全斌伐蜀，蜀人于此置大、小漫天二砦。全斌別將史進德奪其小漫天砦，至深渡，蜀人依江列陣以待。宋師擊之，奪其橋，蜀人退保大漫天砦。復擊破之，追至利州城北是也。

朝天嶺，縣北六十里。山勢崔巍，路徑險絶。有朝天驛，自漢中府褒城縣至此凡四百四十里，自驛而南則由保寧府潼川州而達成都，自驛而西則由劍門、綿、漢而達成都，蓋衿束之地也。○七盤嶺，在縣北百七十里，與陝西寧羌州接界。一名五盤嶺，自昔爲秦、蜀分界處。有七盤關。志云：縣東北二百五十里有乾龍洞，極高大，深入數里。

嘉陵江，縣西一里。自寧羌州流入界，又西南入昭化縣境。後漢建安十九年劉璋使其將扶禁等由閬水上攻霍峻于葭萌。後周大象二年益州總管王謙舉兵應尉遲迥，遣將攻利州，堰江水灌之，即嘉陵江也。唐光啓三年王建自葭萌襲閬州，沿嘉陵江而下。胡氏曰：「嘉陵水東南過葭萌，又東南至閬中也。」今有明月峽，在縣北八十里，一名朝天峽；又有九井灘，在縣北百八十里，一名空舲灘，相傳舊有巨石伏水底爲舟楫害，宋淳熙中始平其險；皆江流所經也。

潛水，在縣北八十里。源出縣北百三十餘里之木寨山，經神宣驛，又南二十里經龍洞口，至朝天驛北穿穴而出，入嘉陵江。或以此爲禹貢之潛水，似悮。

深渡，在縣北大小二漫天之間，即嘉陵江也。後唐同光三年王衍將遊秦州，至利州，聞唐兵將至，令王宗昱等逆戰，時從駕兵自綿、漢至深渡，千里不絶，皆悉憤不欲前。宋乾德三年王全斌伐蜀，别將崔彦進破小漫天砦，至深渡，與全斌會擊蜀兵，破之，奪其橋是也。

潭毒關，在縣北潭毒山下。舊爲蜀口要地。詳見潭毒山。又七盤關，在縣北七盤嶺上。朝天關，在縣北朝天嶺上。○望雲關，在縣北五十五里。山勢高聳，與雲霞相望。又二郎關，在縣南五里。相傳昔有趙昱二郎者屯兵于此。

百丈關，縣東百六十里。關旁有河，深百丈，亦曰百丈關渡，道出巴州。洪武中與七盤、二郎諸關皆有兵戍守。正德五年有五色雲見此。明末賊犯百丈關，遂掠廣元，蓋與漢中接界。郡志：縣境有焦壩等堡，凡三十有七。

龍門閣，縣北十里，嘉陵東岸。其地有千佛崖。先是懸崖架木，作棧而行，石巖蜿蜒，其形若門，後鑿石爲佛像，漸成通衢。明洪武二十四年景川侯曹震相視開鑿，壘石爲岸，益爲坦途。棧道記「自城北至大安軍界營橋閣共萬五千三百六十一間，惟石閬、龍門稱絶險」云。石閬橋，蓋在龍門之北。○石櫃閣，郡志云：在縣北二十五里。又縣北四十里有飛仙閣。下浸碧潭，懸棧而行，若飛仙然。

石亭戍，在縣西北。水經注：「漢水自武興城東南流逕關城北，又西逕石亭戍，又逕晉壽城西。」梁天監四年魏將邢巒取漢中諸城戍，晉壽太守王景胤據石亭，巒遣將李義珍擊走之，因置石亭縣，尋廢。漢水，西漢水也。與武興關城分見陝西沔縣、略陽縣。○羅川戍，在廢嘉川縣東南。宋王全斌伐蜀，既至嘉川，會蜀人斷閣道未得入，全斌議取羅川路入，別將康延澤曰：「羅川路險，軍士難進，不如修閣道取大路。」全斌從之。

籌筆驛。在縣北八十里。諸葛武侯出師運籌于此，唐、宋皆因舊名，即今朝天驛也。志云：驛有朝天古渡，即潛水所經。又縣北四十里有望喜驛，唐名也。今曰沙河馬驛。又縣西二里有高橋水驛，亦曰嘉陵驛，今曰問津水馬驛，在縣西門外。○神宣馬驛，在縣北百三十里，正德十年并置遞運所于此。志云：此爲秦、蜀之要衝。西南朝貢之通道。又九井水驛，在府北百八十里。

昭化縣，府西北四百里。西北至陝西文縣三百四十里，西南至劍州百十里。漢葭萌縣地，劉宋置益昌縣，屬白水郡，齊、梁因之。劉昫曰：「後魏曰京兆縣，後周仍曰益昌，隋屬利州，唐因之。」五代唐同光三年得其地，改曰益光。宋初復曰益昌，開寶五年改曰昭化，仍屬利州。元屬廣元路，明洪武十四年改今屬。舊有石城，周三里有奇。今圮。編户二里。

景谷廢縣，縣西百里。漢廣漢郡之白水縣地，晉屬梓潼郡，孝武分屬晉壽郡，安帝又置白水郡。宋、齊因之。齊紀：「建元初置沙州于此。」梁天監十五年張齊自武興還保白水，既而數出白水侵魏葭萌。魏將傅豎眼遣將强蚪攻取白水，即此城也。尋復入于梁，置北益州于此，兼置平興郡，以氐酋楊法琛爲刺史。大寶初法琛據黎州，益州刺史武陵王紀遣將楊乾運擊平之，廢北益州，焚平興而歸。西魏置沙州。後周大象二年沙州氐帥楊永安叛，達奚儒討平之，即此沙州也。李吉甫曰：「楊難當克葭萌，分白水置平興縣。齊建元初魏葭萌戍主楊廣香請降，以爲沙州刺史，治此。梁益州刺史蕭紀亦于此置沙州，既而爲氐酋楊法琛所據，紀將楊乾運攻之，法琛退保魚石洞，乾運焚平興而還，即此。」隋志：「開皇初平興郡廢。改白水縣曰平興，十八年又改曰景谷，屬利州。」唐武德四年以利州之景谷、龍州之方維置沙州，治景谷。貞觀元年州廢，還屬利州，寶曆初廢。尋復置，光啓中復廢。今爲白水鎮，有故城周迴五里，俗亦謂之沙州城。或云城西有景谷，路達文州。魏鄧艾自陰平景谷步道懸車束馬入蜀，逕江油、廣漢是也。隋因以名縣。

東洛城，縣西北四十里。東晉時置戍于此。宋元嘉十八年氐王楊難當謀據蜀，遣其黨苻冲出東洛以禦梁州。梁天監十四年魏人侵蜀，詔任大洪入晉壽，會魏軍北還，大洪破魏東洛、除口二戍，進圍關城，爲魏將傅豎眼所敗而還。西魏置東洛郡，并置縣爲郡治，後周省入平興郡。關城，白水關城也，與除口戍俱見陝西寧羌州。○魚盤城，亦在縣西北。齊、梁間置魚石洞戍于此，西魏置魚盤縣，隋大業初省入景谷。唐置魚老鎮，或曰即此城也。

白壩城，縣西北百三十里。唐志：「景谷縣西有石門關，西北有白壩、魚老二鎮城。」蜀人謂平川爲壩。唐大曆中吐蕃入寇，分道自扶、文過方維、白壩。建中初吐蕃及南詔復分道寇西川，詔東川出兵自江油趨白壩，與山南兵合擊破之，是也。方維，見龍安府。

人頭山，縣西四十里。山巔突出，宛若人頭。後唐長興初王弘贄攻劍門，道出于此。又牛頭山，在縣西十五里，亦以形似名。○九曲山，在縣西南百五十里。山勢盤迴九曲，與劍門相峙。又龍門山，在縣西南百九十里。一名葱嶺。有石穴，高數十丈，如門。一云九曲山在縣西九十里，又西五十里即龍門山。

長寧山，縣西南九十里。上平下險，其上有池，清澈不竭。宋王智于此築城據守，後王昭因其遺址立寨，駐兵保障。宋史：「寶祐六年蒙古入蜀，宋人戍守長寧山。蒙古自劍州進圍長寧山，敗宋兵，進攻鵝頂堡，降其城。」堡蓋在長寧山南。或曰頂當作「項」，今劍州南二十里有鵝項嶺。郡志：長寧山在縣西南二百六十里。似悞。又五龍山，在縣西南百二十里。一峰峨然，四頂拱揖，因名。縣西南二百里又有鶴鳴山，峰巒環疊，山勢雄偉。元和志：「景谷縣西南二十五里有白馬山，孔明造木牛流馬處。」

九里山，縣北二十里。盤曲嵯峨，約高九里。又大高山，在縣北百二十里。山勢高聳，路狹難行，爲衆山之冠。

白衛嶺，縣西南五十里，與劍門山相接。唐玄宗幸蜀時登此。後唐長興初孟知祥、董璋謀據兩川，命石敬瑭討之。敬瑭入散關，前鋒將王弘贄引兵自白衛嶺、人頭山後，過小劍路出漢源驛，還擊劍門，克之，即此。○梅樹嶺，在縣東南四十里。叢林深箐，中多猛獸。有梅樹關。志云：縣北十八里有走馬嶺，西北六十里有張公嶺，縣南百五十里有避風嶺。

嘉陵江，縣東三里。自廣元縣西南流入境，清水、白水二江皆流合焉，又南入劍州界。志云：縣南二里有石龍灘；七十里有白花蛇灘，以岸旁石如龍蛇也；縣南百五十里又有散灌灘，以水流散漫也；皆嘉陵江所經。○清水江，在縣西北二十里。自青川千户所東流入縣境，至縣北合白水江，又東南流合嘉陵江。其水清漣瀅碧，因名。

白水江，縣北二十里。自陝西文縣東流經龍安府青川所，歷劍州境而入縣界，東南流至縣東三里合嘉陵江。宋末蒙古渡嘉陵江至白水，造浮橋以濟，進次劍門是也。水經注：「白水出臨洮西南西傾山，東南流至葭萌縣北，因謂之葭萌水。水有津關，即所謂白水關也。」白水關，見陝西寧羌州。

泥溪河，縣西四十里。下流入嘉陵江，往來通道也。五代梁乾化元年岐兵圍蜀安遠軍，蜀主王建自泥溪如利州。後唐同光末平蜀北還，李繼岌至泥溪，後軍李紹琛自劍州擁軍而西，自稱西川節度。安遠軍，見陝西沔縣。○射箭河，在縣西三十里。或云清水江之支流也。水流湍急，舟行如箭，因名。下流入于嘉陵江。志云：縣北三十里有黄龍溝，下流合于清水江，有灌溉之利。

桔柏津，縣東三里，即嘉陵、白水二江合流處。地多桔柏，因名。志云：嘉陵江渡處有益昌驛，驛有古柏，土人謂之桔柏。唐大順二年王瓌出鎮黔中，至桔柏津，宦者楊光復惡之，使其假子山南西道帥楊守亮覆諸江中。後唐同光三年伐蜀，蜀兵大敗于三泉。時蜀主在利州，遂西走，斷桔柏津浮梁。唐前鋒將李紹琛至利州，修浮梁以渡。明年軍還，紹琛以兵叛，遂斷桔柏津浮梁以絶還軍之道。宋乾德三年伐蜀，敗蜀兵于大漫天砦，追至利州城北，蜀將王昭遠渡桔柏津，焚浮梁退保劍門，王師遂入利州是也。亦曰桔柏潭。

白水關，縣北二百五十里，與陝西寧羌州接界。今詳見寧羌州。又嵐磎關，在縣南百二十里。今爲栢林馬驛。又縣治南有渡口關，今廢。○梅樹關，在梅樹嶺，正德中建。志云：縣北五十里舊有漢王寨，相傳漢高駐兵處。又縣境有曲回等堡，凡二十有四。

馬鳴閣，縣北百里。漢建安二十二年先主規取漢中，屯陽平關，夏侯淵、徐晃等與之相拒。先主遣陳武等十餘營絶馬鳴閣道，徐晃擊破之。曹操曰：「此閣過漢中之陰平，乃咽喉之要路。」陰平當即陽平矣，見陝西寧羌州。又牛頭山閣，在縣西北。皆閣道之險者。

龍灘驛。縣西五里，水驛也。今縣南一里有龍灘渡，驛因以名。又龍潭馬驛，在縣東七十里。縣南百八十里又有施店馬驛。○馬頭渡，在縣北三里。又縣北十五里有趙銷渡，縣南五十里有漩口渡，皆往來通道。

附見

利州衛。在廣元縣治東。洪武三十一年建。舊領中、左、前、後四所，宣德四年前所調松潘，本衛惟領三所。又保寧守禦千户所，在府治南。洪武四年建，直隸都司。

劍州，府西北三百二十里，南至潼川州三百六十里，西南至成都府綿州二百九十四里，西至龍安府二百九十里。

春秋、戰國時蜀地，秦屬蜀郡，漢屬廣漢郡，後漢因之。三國漢屬梓潼郡，晉因之。宋置南安郡，齊因之。梁置南梁州，後改爲安州，西魏改爲始州，兼置普安郡。隋初郡廢，仍曰始州，煬帝又改爲普安郡。唐初仍曰始州，先天二年改爲劍州，天寶初曰普安郡，乾元初復曰劍州，五代因之。宋仍爲劍州，亦曰普安郡，隆興二年以孝宗潛邸，升普安軍節度。元復爲劍州。屬廣元路。明洪武初州廢，志云：初以其地并入梓潼，屬廣元州。尋復置，十四年以州治普安縣省入。編户三里。領縣一。今仍曰劍州。

州憑高據險，界山爲門，蜀境之巨防也。秦之强也，棧道千里，通于蜀、漢。劉禹錫曰：「驛路起右扶風，抵劍閣千一百里。」諸葛武侯治蜀，設險備焉。晉殷仲堪曰：「劍閣之隘，蜀之關鍵。」是也。詳見前名山劍門。梁天監四年魏將王足侵梁入劍閣，邢巒表言：「蜀之所恃，惟在劍閣。今既克南安，已奪其險，據彼境内，三分已一，自南安向涪，方軌無礙矣。」涪，謂綿州也。及西魏取蜀，自安州始也。唐元和初劉闢以西川叛，山南西道帥嚴礪先遣軍拔劍州，而高崇文之軍遂鼓行入蜀。後唐長興元年孟知祥、董璋謀據兩川，唐軍來伐，克劍門入劍州，以大軍不繼，還保劍門。知祥聞劍州陷，大懼，遣其將李肇等赴之，戒之曰：「爾倍道兼行，先據劍州，北軍無能爲也。」會别將龐福誠等屯來蘇村，相謂曰：「使北軍更得劍州，則二蜀勢危矣。」遂引步兵間道趨劍州，襲敗官軍於北山下。官軍還保劍門，知祥聞之喜曰：「吾始謂北軍克劍門徑據劍州，堅守其城，或引兵直趨梓州，董公必棄閬州奔還，時璋克閬州而據之。我軍失援，亦須解遂州之圍。時知祥遣軍圍遂州，與閬州相形援。如此則内外受敵，兩川震動，勢可憂危。今乃焚毁劍州，運糧東歸劍門，頓兵不進，吾事濟矣。」宋郭忱曰：「州前瞰巨澗，後倚層巒。」又云：「州邊山而立，一徑陂陀，中貫大溪，州治已在平山。內外居民，悉在山上。形勢險固，禦敵之要地也。」

普安廢縣，今州治。漢梓潼縣地，齊置南安縣，爲南安郡治，梁爲安州治，西魏改曰普安。隋、唐以來因之，皆爲州治。明初省。志云：明初州治列栅爲障，成化中始甃石爲城。正德十三年增築，周四里有奇，門四。

劍閣城，州東北五十二里，當小劍山之北。祝穆云：「劍門，漢廣漢郡葭萌縣地，蜀先主以霍峻爲梓潼太守，始置劍閣縣，晉因之，後廢。桓温入蜀，亦于晉壽置劍閣縣，屬梁州，或謂即小劍故城也。劉宋初復廢。唐聖曆二年分普安、永歸、陰平三縣地于方期驛城置劍門縣，屬劍州，即故劍閣縣矣。」宋亦曰劍門縣，乾德四年詔隸劍門關，熙寧五年復隸劍州。元至元二十年并入普安縣。舊志：縣東北去昭化縣五十里。

黄安廢縣，州西南百四十里。本梓潼縣地，蕭齊僑置華陽縣，屬南安郡，梁改縣曰梁安，西魏改曰黄安，又置黄原郡治焉。開皇初郡廢，縣屬始州，唐屬劍州，唐末改爲普成縣。宋因之，元省。○武連廢縣，在州西八十五里。亦梓潼縣地，劉宋置武都郡及下辨縣于此，齊因之。梁改曰武功縣，置輔劍郡，西魏改郡曰安都，縣曰武連。隋初郡廢，縣屬始州。唐屬劍州，宋因之。元廢。

永歸廢縣，州東南六十里。蕭齊僑置白水縣，屬南安郡，西魏改曰永歸。隋屬始州，唐屬劍州，宋初省。今爲永歸壩。○臨津廢縣，在州南二百二十里。蕭齊置相原縣，〔五〕屬南安郡，隋開皇七年改曰臨津縣，屬始州，唐屬劍州，宋省爲鎮，入普安縣。今爲香城壩。有龍爪廢驛。寰宇記「臨津縣有掌天山」，蓋與閬中之廢西水縣接界。

大劍山，州北二十五里。其東北三十里曰小劍山。劉昫曰：「大劍山有劍閣，由閣道三十里至小劍，皆絶險。劍山東西凡二百三十一里。」志云：大、小劍山峰巒聯絡，延亘如城，下有隘路，謂之劍門關。大劍路頗平，小劍則石上架閣，尤險峻。有大、小劍水出于山下。勝覽云：「大劍絶頂有玉女臺，峭壁千仞，下瞰古道，行人如蟻。北崖有仙女觀，觀後有仙女橋，其巖壑洞穴，幽勝不一處也。」詳見名山劍門。

漢陽山，州北二里。峰巒高聳，州之主山也。亦謂之北山，或謂之故壘山，有姜維拒鍾會故壘。又治西有普翠山，治東二里曰卧龍山，亦曰九龍山。又有鶴鳴山，俱謂之南山，環遶州治。南、北二山之間有大澗，石橋跨其上。後唐長興初孟知祥將龐福誠拒官軍于劍州，乘夜襲敗官軍于北山，官軍退保劍門。繼而知祥遣軍分屯南山，東川亦遣兵戍守。石敬瑭尋自劍門進屯北山，知祥將趙廷隱陳于牙城後山，别將李肇等陳于石橋，敬瑭自北山進擊州城，敗却。又遣騎兵衝石橋，復不能進，敗還劍門。二年再攻劍州，屯兵于北山，戰不利，復還劍門，即漢陽山也。

龍飛山，州西百里。本名龍鬚山，梁普通六年益州刺史蕭淵猷遣將樊文熾等圍魏小劍，魏將淳于誕等赴救，時文熾置栅于龍鬚山上以防歸路，誕募壯士夜登山燒其栅，梁軍望見歸路絶，皆恟懼，誕乘而擊之，文熾大敗，即此山也。○跨鶴山，在州西南廢黄安縣治東，一名駕鶴山，舊置柳溪驛于此。志云：州西十五里有把寨山。

五子山，州西北五十里。峰巒奇秀，清溪縈流，一名五華山。又州北七十里有巾子山，山亦高峻，頂有積石特起如巾幘然，因名。○龍巖，在州治西。又州北七十里亦有龍巖，蜿蜒如龍盤，洞穴可坐百人。郡志：龍巖在劍門山北，洞穴斜入甚深邃，崖有懸泉隨穴下流，潛通嘉陵江。雪齋小説「唐王建爲盜，朝廷捕之急，逃于劍門巨石穴中」，即此巖也。

漢源坡，在州東三十里。舊置驛于坡上，曰漢源驛。後唐長興初石敬瑭討孟知祥、董璋，前鋒將王弘贄自白衛嶺從小劍路出漢源驛，倒入劍門攻破之。宋乾德三年王全斌伐蜀，由閬道攻劍門，而令别將由來蘇徑道至青疆店，出劍關南二十里。蜀將王昭遠留偏將守劍關，而自引兵陳漢源坡以拒青疆之兵，爲宋軍所敗，即此。今有漢源橋。

嘉陵江，州東七十里。自昭化縣流入州界，又東南入蒼溪縣境。志云：嘉陵江中有掛溪、紫石、陶魁、壺歌、虎躍、漩口及射箭諸灘，奔流而南注。

涪江，在州西南。自龍安府江油縣流入州界，又南入綿州彰明縣境。州西南百二十里有漢王灘，即涪江所經也。今詳見大川涪水。○黄沙江，在州北百五十里，即白水江也。自青川所流入州界，經黄沙壩，因名。又折而東至昭化縣入嘉陵江。郡志云：州北百四十里曰白沙渡，即白水江津濟處，接昭化縣境。兩岸有白沙如雪，因此而名。

小潼水，州西百二十里。其地有津曰小潼津，源出廢武連縣北八十里，流經梓潼縣，又東南入于嘉陵江。或曰此即南部縣西水河之上源。

大劍溪，在州北。出大劍山，由劍門關流出，北折爲漁子溪，又北至大倉嶺入黄沙江。又小劍溪，在大劍溪北。源出小劍山，東過凉水溝、瀑布崖，至兩溪口合于大劍溪。志云：州北八十里有水會渡，亦曰水回渡，即二劍水回合處。○閬溪，在州城東。源出五子、把寨二山，合流經此，又東入嘉陵江。又石臼溪，在州西十五里。志云：溪東流至漩口入嘉陵江。又州西有水溪，一名拓溪，在黄安廢縣東，下流入于西水河。

劍門關，在大劍山上。劉先主以閣道至險，始置閣尉。歷代皆爲戍守處，唐始置關。又有大劍戍、小劍鎮。五代唐長興初董璋遣兵扼劍門，又于其北置永定關。或曰永定關即今小劍關也，在小劍山下，有隘路，俗亦謂之後門關。宋初伐蜀，克劍門縣，以縣隸劍門關，關都監得專奏事，所以重設險也。明洪武末設利州衛，關廢。正德十三年復修關門，建公館。嘉靖二十一年重立關，以百户守之。餘詳見名山劍門。○石碭關，在州北八十里，故設險處也。今廢。

深坑戍，〔六〕在州北。梁天監四年魏取漢中諸城戍，巴西亦附于魏，梁將孔陵等將兵戍深坑，魯方達戍南安，任僧褒戍石同以拒魏，魏邢巒遣將王足擊破之，遂入劍閣，克梓潼。南安，今州治。魏兵破深坑、石同，入劍閣，然後破南安也。或曰石同當作「石門」。

苦竹隘，志云：在小劍山頂，四際斷崖，前臨巨壑，孤門控據，一夫可守。宋置戍于此，寶祐五年蒙古來攻。六年蒙古主渡白水，次劍門，拔苦竹隘，進圍長寧山，即此。一作「苦竹寨」。○蘆塘寨，在大劍山頂，險不可登。志云：後唐董璋築七寨扼劍門，此其一也。

木馬寨，州東南九十里有木馬嶺，置寨其上以爲守禦。後唐長興初石敬瑭前鋒拔劍州，董璋自閬州帥兵屯木馬砦，即此。○研石寨，在州北三十五里。宋淳化五年賊李順陷成都，攻劍州，詔王繼恩討之，由小劍門路入研石寨，拔劍門，破賊五千餘衆于柳池驛，賊望風遁，進克綿、巴、閬三州。柳池驛，即跨鶴山之柳溪驛也。今爲柳池舖。

來蘇砦，州東南七十里。後唐長興初石敬瑭拔劍門，孟知祥將龐福誠等屯閬州北來蘇村，由間道入劍州守之。宋乾德三年王全斌伐蜀至益昌，得降卒言，命史延德分兵趨來蘇，而自帥大軍由閣道攻劍關。延德至來蘇，造浮橋于江上，時蜀人于江西岸置柵，見橋成，即棄柵而遁。延德西出青韁達官道夾攻劍門，克之。九域志蓬州儀隴縣有來蘇鎮，去劍門甚遠，非是。

紫石驛。州東六十里。陸道所經。今革。又州東南八十里有虎跳水驛。○石橋，在州治北。龐福誠入劍州，後唐兵自北山來攻，福誠趨石橋擊却之。又趙廷隱遣兵據石橋，石敬瑭攻之，敗却。

梓潼縣，州西南二百二十里。東至府城二百五十里，西南至綿州百三十里。漢縣，屬廣漢郡，後漢因之。志云：縣元鼎元年置，以倚梓林而枕潼水，因名。建安二十二年劉備分置梓潼郡，晉爲梓潼郡治。永嘉三年天水人訇琦等殺成太尉李離等，以梓潼降羅尚于巴郡。四年成將張寶復取梓潼。永和三年復歸晉，孝武移郡治涪城，以梓潼屬之。宋、齊皆屬梓潼郡，梁天監四年陷于後魏，尋復入梁。西魏改縣曰安壽，尋又置潼川郡。隋初郡廢，大業初改縣曰梓潼，屬普安郡。唐屬劍州，宋、元因之。今土城周三里有奇。編户二里。

安壽廢縣，縣南三十里。志云：西魏置潼川郡，移梓潼縣于郡南三十里，曰安壽縣。隋廢郡，復移縣于舊治，改名梓潼云。

長卿山，縣治西南二里。舊名神山，唐玄宗幸蜀，以山有司馬相如讀書窟，因改名焉。又縣治東五里有鳳凰山，峰巒起伏，若鳳凰然。○葛山，在縣西南二十里。相傳武侯伐魏，駐軍于此，一名卧龍山。又鴈門山，在縣南三十里。

有東西兩峰,對立如門。志云:縣東南二十里又有兜鍪山,自武連廢縣逶迤而來,至是崛起一峰,如兜鍪然。

五婦山,縣北十二里。華陽國志:「秦惠王遺蜀美女五人,蜀王遣五丁迎之,至此俱化爲石,因名。」有五婦水,亦名梓潼水。又七曲山,在縣北十五里。山腹有路,盤轉七曲。西北有百頃墹,一望平衍,極爲膏腴。志云:縣北三十里有盤龍山,逶迤曲折,勢若盤龍。又縣北百二十里有馬閣山,志云:因鄧艾所經而名。

潼江,縣西四里,即梓潼水也。源出馬閣山,南流入潼川州鹽亭縣境,下流入于涪江。又小潼水,在縣東北。自劍州流入界,注于閬中縣之嘉陵江。

香泉,縣北百里,平地湧出,周迴八十步。又靈泉,在縣東百十里。世傳唐僖宗幸蜀,至此飲焉,因賜今名。又縣東二十里有馬跑泉,相傳唐明皇幸蜀過此,三軍渴甚,馬跑泉湧,因名。

白埡堡,在縣東。又東曰圖山堡。志云:縣境之堡凡二十有二。○上亭驛,在縣北二十里。唐置,即玄宗過此聞鈴聲處也。一名琅璫驛。又演兵墹,在縣東二十里。相傳姚萇寇蜀,嘗演兵于此。

陽沔戍。在縣北。晉永寧二年李特圍成都,時河間王顒鎮關中,遣督護衙博討特,軍于梓潼,特使其子蕩襲敗博兵于陽沔,即此。

巴州,府東三百五十里。東至夔州府達州三百里,南至順慶府蓬州二百十里,北至陝西漢中府四百六十里。

古巴國,山海經注:「太皞四世孫后昭,是爲巴之始祖。」秦爲巴郡地,兩漢因之。蜀漢屬巴西郡,晉初因之,東晉後荒廢。志云:李特擅蜀,此地爲巴氏所據,不置郡縣。宋末始于巴嶺之南置歸化郡,齊時爲荒郡。梁置歸化、木門二郡，兼置巴州，志云：後魏得其地置大谷郡，尋復入于梁，郡復故。西魏因之。隋郡廢，仍曰巴州，大業初改曰清化郡。唐復曰巴州，天寶初亦曰清化郡，乾元初復故。宋仍曰巴州，亦曰清化郡。元因之。明洪武四年仍爲巴州，九年以州治化成縣省入，又改州爲縣，正德九年復升爲州，編户二十六里。領縣二。今因之。

州北走興元，西達閬、利，江山環峙，僻而實險。說者謂州居三巴之中，有中巴之號。土田沃衍，民物繁阜，有事於利、夔之間，州其衿要之地矣。

漢昌城，今州治。漢宕渠縣地，後漢永元中分宕渠北界置漢昌縣，仍屬巴郡。建安五年巴郡守龐羲召漢昌賨民爲兵，爲劉璋，〔七〕即此。後分屬巴西郡，蜀漢及晉因之，東晉後荒廢。蕭梁置梁廣縣，爲歸化郡治。後周改縣曰化成，隋因之，爲巴州治。唐、宋皆仍舊。杜佑曰：「化成縣，後漢漢昌城，梁曰大谷。」是也。明初省。城邑考：「州舊有土城，明成化中始甃以磚石，正德中復修城濬濠，嘉靖十八年以後屢次營繕。今城周四里有奇，門四。」

其章廢縣，州東八十里。梁置縣，屬歸化郡。宋白曰：「縣東八里有其章山，因名。」隋仍爲其章縣，屬巴州。唐因之，寶曆初廢，大中元年復置。劉昫曰：「其章亦曰奇章，大和中牛僧孺爲相，封奇章公是也。」宋初亦曰奇章縣，仍屬巴州，熙寧五年廢爲鎮，屬曾口縣。○曾口廢縣，在州東南四十里。亦梁置，隋屬巴州，唐因之。劉昫曰：「縣治戴公山，神龍初移治曾溪。」是也。宋亦屬巴州，元因之，元末廢。

恩陽廢縣，州西三十五里。梁置義陽縣，隋開皇末改曰恩陽，屬巴州。唐因之，貞觀十七年廢，萬歲通天初復置。

宋因之，元至元二十年并入化成縣。○清化廢縣，在州西六十里。梁置伏彊縣，并置木門郡治焉，後周因之。隋開皇初郡廢，縣屬巴州，七年改縣曰清化。唐因之。劉昫曰：「武德初于清化縣界木門故地置静州，領清化、大牟、地平三縣。六年移静州于地平縣，又割利州之嘉川皆隸静州。貞觀十七年廢静州，以清化縣屬巴州。」是也。宋乾德五年改屬集州，熙寧五年集州廢，省縣爲清化鎮，屬化成縣。又大牟廢縣，在州北百里。唐武德初析清化縣地置，以縣東三里有大牟山也。初屬静州，州廢屬巴州，後又屬集州，宋初廢。

始寧城，州東百三十里。志云：後漢桓帝分宕渠之東置宣漢縣，梁分宣漢置始寧縣，并置遂寧郡。隋開皇初郡廢，縣屬巴州，唐因之，宋乾德四年縣廢。○七盤廢縣，在州西南五十里。唐久視元年置，屬巴州，宋初因之，熙寧三年省爲鎮，入恩陽縣。

王望山，州北三里。巖徑極險，爲郡之勝。志云：山本名黄牛山，唐天寶中有王望者字子蒙，隱于此，因改今名。亦名王蒙山。又云：玄宗幸蜀嘗登此山北望京闕，故名。似悮。○南龕山，在州南一里，懸崖絶壁多奇勝。又州東四里有東龕山，又有西北二龕山，皆去州八里。

平梁城山，州西二十五里。上平坦，四圍石壁如城。又有古寺、龍泉二水，四時不竭。宋淳祐中都統張實築城于此，取平定梁州之義曰平梁城，山因以名。

小巴山，州東北二百九十里。其北有大巴山，與此綿延相接。亦曰大巴嶺、小巴嶺。志云：大巴、小巴，世所稱九十里巴山也。由小巴而北至大巴，險逾劍閣云。○石門，在州北三十里。左右皆峭壁，環圍三里許。

巴江，州東一里。源出大巴山，至州東南分爲三流，而中央横貫，勢若巴字，流二十里合清水江，又南入順慶府蓬州境，下流至合州入嘉陵江。亦名爲字江，唐李遠詩「巴江學字流」是也。王氏曰：「巴江發源小巴嶺」云。○清水江，在州西九十里。志云：源出廣元南境通平鎮，歷廢清化縣，又東經廢恩陽縣，至州南合于巴江。

明水，州北百里。自南江縣流入境，下流合于巴江。又鹿溪，在州西五十里，與處溪相對；又西百里有深渡溪；皆東流入于巴江。

米倉關，在州北。志云：關舊置于小巴山絶頂，今徙于大巴山之麓，嘉靖八年重修，有米倉關巡司。郡志：大、小巴山之間有巴峪關，嘉靖中置。又馬度關在州東三百里，其相近又有長樂關，亦嘉靖中置。

黄城關，在州東南萬山中。嶄巖四絶，箐莽結曲，嚮爲賊藪。嘉靖中議者以黄城關界巴、達二州間，達州既築龍船關戍守，其東偏、西偏即巴州長樂、太平二鄉之衝，不可不爲障塞。因相視雲城、漏明二區，皆屬要隘，可拓壘壁，又相距纔十里，柝聞燧及，聲援甚便，因關梁其上，與龍船鼎峙爲犄角云。

浪樓溪隘口。州東百八十里，又州南二百里有茶壩市隘口，舊皆有兵戍守。○石城舊堡，在州東南七十里。又雪峰山堡，在州東十五里。志云：州舊堡十有一。又有鷹嘴、高眉等十堡，俱正德以後新置。又清水驛，舊在州南三里。唐置，今廢。

通江縣，州東北百五十里。東南至達州百六十里，北至漢中府四百三十里。漢宕渠縣地，後漢爲漢昌縣地，梁爲始寧縣地。西魏分置諾水縣。隋復廢入始寧。唐武德八年復分置諾水縣，并置壁州治焉。天寶初改縣曰通江，又改州爲始寧郡，乾元初州復故。宋初因之，熙寧五年以壁州省入，縣改屬巴州。元省入曾口縣，至正四年復置。今城周不及四里。編户六里。

壁州城，即今縣治。唐武德中置。後唐長興三年孟知祥據西川，其黨趙季良議遣昭武將高彦儔攻取壁州，以絶山南轉入山後州之路，不果。昭武治利州，巴、蓬、果諸州皆山後州也。宋州省。志云：縣東九十里有通江廢縣。元志云：「宋置上、下通江縣，皆屬巴州，至元二十年二縣俱并入曾口。」考宋志無二通江縣，或宋末兵亂移縣而東也。今遺址猶存。

廣納城，縣南六十里。唐武德三年割始寧、歸仁二縣地置縣，屬壁州，以廣納溪爲名。寶曆初省，大中初復置。宋省。又歸仁城，在縣西南七十里。梁置平州縣于此，後周改曰同昌，隋開皇中改曰歸仁縣，屬巴州。唐武德二年改屬萬州，貞觀初還屬巴州，宋乾德四年省。

白石廢縣，縣東北百里。西魏置，以白石水爲名。隋屬巴州，唐武德初改隸集州，八年又改屬壁州，宋省。又東巴廢縣，在縣南。唐開元二十三年析始寧縣地置太平縣，屬壁州，天寶初改爲東巴縣，宋省。

符陽廢縣，縣北百四十里。梁置符陽縣，以在符水之陽而名。西魏置其章郡于此，隋初郡廢，縣屬巴州。志云：隋牛弘封奇章郡公，用舊郡名也。唐武德初改屬集州，八年屬壁州，貞觀八年還隸集州，長安三年復屬壁州，景雲二年又隸集州，永泰初仍隸壁州，宋廢入通江縣。

得漢城山，縣東百二十里。萬山中崛起崖塹，峭絶千仞。上設城郭，有三門。出泉，冬夏不竭。獨西南二徑凌險，轉折而上，有一夫當關之勢。頂平數里，可以耕蓺，相傳漢高據此以通餉饋。宋淳祐中余玠臨視形勢，命統制張實因險築壘，儲糧建邑，爲恢復舊疆之規。今其上石壁如城，中平，尚可屯數百人也。郡志：得漢城東二十里山頂上有石城，周三里，相傳三國時築，謂之擂鼓城。

名翠屏山。

歌籟山，縣東六里。杜佑曰：「廣納縣東七里有歌籟山，上有城極險峻。」又壁山，在縣治西一里。下有渃水，即宕水也。水石相激，聲如呼諾。元魏因置渃水縣，唐又以山名州。又秋錦山，在縣治南，隔江。山脉與壁山相連，一

三花山，在縣東北七里。又有方山，在縣北十五里，突出衆山，其形如斗。又六峰山，在縣東北八十里。志云：縣東六十里有大鍾山，突起萬山中，如覆鍾然。○銅山，在縣南十五里，舊産銅。志云：縣南百五十里有包臺山，突兀一方，高出衆嶺，登之可以遠眺。

渃水，在縣治西。源出陝西南鄭縣之青石關，經衆山中流入縣界，南流而東折，注于達州之渠江。亦曰宕水，亦曰諾水。○大險溪，在縣東百里，又有小險溪，下流俱入于渠江。志云：縣西九十里有清浴溪，下流合于巴江。

壕壩關，縣東北二百里。有巡司戍守，并立副巡司。會典：「二司自州改屬。」又竹浴關，在縣東百里。白楊關，在縣東三百四十里，舊爲戍守處，志云：縣東北有羊捲山關，嘉靖中增置，亦設巡司。

馬鞍寨。縣東七十里。又縣東四十里有花石寨，西八十里有船頭寨，又羊谷口隘在縣東北二十里，皆爲守禦處。志云：縣境有黎樹等堡凡五十有一。

南江縣，州北二百里。西北至廣元縣二百三十里。漢宕渠縣地，後漢漢昌縣地，梁難江縣地，尋立東巴州。後周改置集州，又置平桑郡。隋開皇初郡廢，大業初州廢，縣屬漢川郡。唐武德初仍置集州，天寶初改曰符陽郡，乾元初復故。宋仍曰集州，熙寧五年州廢，縣屬巴州。元至元二十年縣省。明初因之，正德九年改置今縣。城周二里有奇。編户二里。

集州城，即今縣治。後周分故難江縣別置難江縣爲集州治，隋州省。唐復置，仍治難江縣。宋州廢而縣如故。志云：縣南有平桑城，唐武德初置縣，貞觀初廢，二年復置，六年又廢。又長池廢縣，在縣西南。隋志：「後周置曲細縣，屬巴州。隋開皇末改曰長池。」唐初改屬集州，貞觀六年廢。

盤道廢縣，縣西南百里。隋志：「梁置難江縣，西魏改爲盤道，隋屬巴州。」唐因之，宋乾德四年廢。又地平廢縣，在縣西北百里。本葭萌縣地，唐武德元年分置狄平縣，二年改爲地平，尋移靜州治此。州廢，縣屬集州，永泰初改曰通平，寶曆元年廢。

龍來山，縣東三里。下有太虛洞，空曠幽深，可藏千人，相傳古邑人避兵處。志云：縣南三里有孤雲山。其相連者曰兩角山，兩峰並聳。王子紹云：「孤雲、兩角，去天一握。」相傳蕭何追韓信至此，一名韓山。

小巫山，縣東北五十里。上有十二峰，下有龍洞，即巴山之羣峰也。相近又有蓮花峰，峰巒四面層秀。有石洞亦曰蓮花洞，高空百餘丈，内容千人，外臨深淵，邑人嘗避兵于此。一名紅鯉洞，相傳溪中有紅鯉云。○舡山，在縣東北二十里。四山隨擁，咸若海潮，乘風飄泊，而此山宛如巨舟，自北而東。下有井。舊名五女山。又蠟燭山，在縣北六十里，峰巒聳拔雲表。縣北百五十里又有味坡山，地產茶，味極佳。

大巴山，縣北二百里。高聳千尋，巖徑極險，春夏積雪不消，與漢中諸山相連，爲巴、漢巨鎭，梁州中土也。一名巴嶺山，亦見漢中府。又小巴山，在縣北百里。其險次于大巴，而高峻積雪相似。又米倉山，在縣北八十里。詳見漢中府之米倉道。○龍耳山，在縣西二百里。孤峰特出，石壁峭拔，上有甘泉。

巴江，在縣南。志云：南城下有几水，古名難江水，源出巴、漢間，自東北汎激而來，循公山之麓紆回而下，匯于巴水，如几然；又南江，源出米倉山，亦自縣治前而南與巴江合。蓋二水即巴江上流也。公山，一名白鹿山，在縣治南一里。

南屯河，縣東二十餘里。源出巴山，經兩河口入巴江。又韓溪出孤雲山下，碧含溪在縣北三里，下流皆入巴水。

琉璃關，縣東十里。關口有石磴，巉巖爲險。又樗林關，在縣東八十里。兩山夾峙，緣崖爲道。又梧桐關，與樗林關對峙，相傳關壯繆嘗戍此。

諸葛寨。縣西百里。高五十餘丈，四壁峻拔，惟一面有鳥道可上。頂有泉，四時不竭。相傳孔明曾駐兵于此，可容萬人。又栢林堡，在縣北五十里。兩河口堡，在縣南百八十里。志云：縣境之堡凡二十有六。○莎鼻渡，在縣西。劍州志「劍門山東連莎鼻，西接綿州，凡二百三十一里」，蓋指此也。

順慶府，東至重慶府忠州五百六十里，南至重慶府合州三百二十里，西至潼川州三百五十里，北至保寧府三百里，自府治至布政司六百里，至京師八千八百二十五里。

禹貢梁州地，春秋時爲巴國地。秦屬巴郡，兩漢因之。晉屬巴西郡，宋、齊仍舊。梁置宕渠郡，治安漢縣。西魏因之。隋初郡廢，改屬隆州，大業初屬巴西郡。唐初亦屬隆州，武德四年析置果州，天寶初改南充郡，乾元初復故，大歷六年更名充州，十年還曰果州。五代時爲前、後蜀所據。周顯德五年後蜀置永寧軍節度，兼領通州。宋仍曰果州，亦曰南充郡。寶慶三年升順慶府。以寧宗潛邸也。元初曰東川府，元志：「中統初立征南都元帥府，至元四年置東川路統軍司，尋改爲東川府。」至元十五年復爲順慶府，二十年升爲路。明復爲順慶府。領州二，縣八。今因之。

府江山襟帶，民物阜繁，居三巴之間，爲要膂之地。舊圖經：「果州田疇沃衍，川澤流通，饒五穀，多鹽利，西上成都，東下夔峽，資儲常取給焉。若其形勢，則北控劍閣，南臨墊江，指臂相依，走集甚易，馭之得其道，可以雄視四維也。」

南充縣，附郭。漢巴郡充國縣地，後漢末析置南充國縣，仍屬巴郡。晉屬巴西郡。宋曰南國縣，齊因之。隋改置南充縣于此，屬隆州。唐初于縣立果州，宋寶慶初爲順慶府治。今編户十一里。

充國城，府北三十五里。漢縣。劉昫曰：「後漢永元二年分閬中置充國縣。」疑已廢而復置也。巴記：「初平四年復分置南充國縣，蓋治此。」晉、宋皆屬巴西郡，後縣徙而北，梁改置南部縣，南充國遂廢。隋開皇十八年始改安漢縣曰南充，屬隆州，即今治也。自唐以後皆爲州郡治。宋淳祐三年余玠徙府治于清居山，元初因之，尋還今治。城邑考：「舊郡城在今城北北津渡，明洪武初徙城于此，成化初復增拓之，甃以磚石，自是相繼增修。有門四，城周七里有奇。」

安漢城，府南三十五里。漢縣，屬巴郡，後漢因之。巴記：「初平六年趙韙分巴爲三郡，以巴郡治安漢，建安六年改巴郡爲巴西郡是也。」晉屬巴西郡，宋、齊因之，梁徙置宕渠郡于此。隋開皇初郡廢，十八年改縣曰南充，移于今治。又宕渠城，在府北四十里。一名石苟壩城。五代志：「西魏平蜀，于南充縣北三十七里石苟壩置南宕渠郡，隋廢。」

流溪廢縣，府西南五十里。唐開耀初析南充縣置，以在流溪水側而名，屬果州。宋因之，熙寧七年省爲流溪鎮，屬南充縣，紹興二十七年復置。元至元二十年并入西充縣。○徵州城，在府東南。或云王建所置。五代唐長興初董璋以東川叛，引兵陷徵州。胡氏曰：「州名不見于諸志，大約在遂、合、果三州之間。」

果山，府治西。層巒秀起，唐以此名州。其相接者曰金泉山，一名靈泉山。又有寶臺山，與靈泉並峙，山頂高平，因以臺名。○朱鳳山，在府南十里。高百七十餘丈，周二十里，蜿蜒盤礴，爲城南之勝。又鶴鳴山在府東十里，棲樂山在府西十里，清泉山在府北十里，稍西曰舞鳳山，皆環峙近郊，而清泉尤爲高聳。

清居山，府南三十五里。山勢高聳，其上寬平，嘉陵水遶其下。宋淳祐中兵亂，余玠帥蜀，築清居城徙府治于此。寶祐六年爲蒙古所陷。景定初蒙古置征南都元帥府，亦治此山之龍笻壩。志云：山憑高據深，形勝甲于一郡。○大方山，在府西二十里。其並峙者曰小方山。千峰百嶺，周迴繚繞，稱爲名勝。又府西百里有大戙山，其並峙者曰小戙山，以隋隱者楊戙居此而名。

嘉陵江，府治東。自蓬州流入境，環繞府治，引流而南，下流至重慶府合州與渠江合。詳見前大川。

流溪水，府西八十里。源出潼川州遂寧縣界，平流三十里無灘險，東南入嘉陵江。唐流溪縣以此名。又曲水，在府西四十里。源出府西北琉璃鎮，盤迴九折，流入嘉陵江。○清水溪，在府城東，居民藉以灌溉；又大斗溪，在府東八十里，源出岳池縣老君山，溪旁有大石如斗，因名；下流俱合于嘉陵江。

昆井，府西六十里。志云：昆井，大井也，即古鹽井云。又府境州縣俱有鹽井，產鹽甚衆。

北津鎮。府北五里，郡城舊置于此。今有北津渡巡司。又嘉陵驛，在今府治東。

西充縣，府西七十五里。西至潼川州鹽亭縣百二十五里。漢充國縣地，晉析置西充國縣，屬巴西郡。宋、齊因之，梁置木蘭郡治焉。西魏廢郡，改縣曰晉城，屬宕渠郡。隋屬隆州，大業末廢。唐武德四年復置西充縣，屬果州。今城周七里。編户八里。

西充山，縣治東一里。治西一里有孝廉山，與此並峙。又化鳳山，在治東。其相接者曰亞夫山，亦與城相倚。又鳳臺山，在縣治西。頂方如臺，因名。○雙圖山，在縣東十里。兩峰相對，宛如畫圖。

南岷山，縣南十五里。上有九井、十三峰。元至正間羣盜作亂，主簿馬蒙古夕率民築堡壘于此，邑賴以全。○回龍山，在縣北三十里。聳翠嵯峨，縈迴盤繞。又有瓊珠山，在縣西北四十里。山峰蜿蜒，若瓊珠相連。

西溪水。在縣治西。迴環曲折，流合南充縣之曲水，注于嘉陵江。或曰西溪即流溪之支流矣。

蓬州，府東北百四十里。東至夔州府達州四百二十里，西北至保寧府二百里，北至保寧府巴州二百十里。

秦巴郡地，兩漢因之。晉屬巴西郡，宋、齊因之。梁置伏虞郡，後周置蓬州。治安固縣。隋初郡廢州存，大業初州廢，并其地入清化、宕渠、巴西三郡。唐武德七年割巴、隆、渠三州地置蓬州，初治安固縣，尋徙大寅縣。天寶初曰咸安郡，至德二載改曰蓬山郡，乾元初復爲蓬州。宋因之，亦曰咸安郡。元至元二十年升爲蓬州路，尋復爲蓬州。徙治相如。明因之，以州治相如縣省入。編户七里。領縣二。今因之。

州南屏果、渝，北控利、閬，山川奇秀，雄峙東陲。

相如廢縣，今州治。本漢安漢縣地，屬巴郡，梁置相如縣，梓潼郡治焉，後魏郡廢。劉昫曰：「縣南二十里有漢司馬相如故宅，縣因以名。隋亦爲相如縣，屬隆州，唐武德四年改屬果州。」宋因之，寶祐六年改屬蓬州，元徙蓬州治焉。明初省縣入州。城邑考：「州舊無城，天順中始築城立柵，弘治中始甃以磚石。今城周四里有奇，門四。」

安固廢縣，州東北百五十里。本漢宕渠縣地，晉李勢時爲獠所據，梁始置安固縣，屬伏虞郡。其地亦名恒陵，北周書：「恒陵所在險固，方數百里，羣獠居之。天和三年恒陵獠叛，遣趙文表討之。獠中先有二路，一平一險，文表陽稱從寬路進，出不意引兵從險路入，獠相率出降，事平遂置蓬州，治安固縣，以文表爲刺史。」隋大業初州廢，縣屬巴州。唐武德元年仍屬蓬州，天寶初更名良山，寶曆初省入蓬池縣，大中間復置良山縣。宋熙寧五年廢，建炎三年復置，仍屬蓬州。元至元二十年并入營山縣。

咸安廢縣，州東南百里。亦漢宕渠縣地，梁置綏安縣，隋開皇末改今名，屬渠州，唐武德七年改屬蓬州，至德二載改爲蓬山縣。宋仍屬蓬州，熙寧三年省爲蓬山鎮，屬營山縣。

鳳凰山，州治南一里，隔嘉陵江。其山一峰突起，兩峰相接，狀若鳳凰飛舞。又五馬山，在州北五里。其山五峰高聳，勢如奔馬。

雲山，州東南二十里。四圍壁立，其上平廣。宋淳祐初兵亂，移州治于山上，籍以保固。元人復還舊治。又北山，在州東八十里。志云：蓬州之主山也。○三合山，在州西五十里。三峰並起，圍環相合，因名。

嘉陵江，在州西。自保寧府南部縣流入界，經州治南復折而西南，入南充縣境。

巴江，在州東北。自保寧府巴州流入境，又東南流經營山縣，至渠縣界而合于渠江。

龍溪驛。志云：舊在州治南，景泰中移于城西水滸，後改屬大竹縣。

營山縣，州東南六十里。南至廣安州百四十里。漢宕渠縣地，梁相如縣地，唐武德四年析相如縣地置朗池縣，屬果州。實應元年改屬蓬州，寶曆初省。開成二年復置。宋初因之，仍屬蓬州，大中祥符五年改曰營山。元因之。今城周二里有奇。編户二里。

雲鳳山，在縣治北。山勢高騫，因名。治西又有太白山。○芙蓉山，在縣東北八里，峰巒叢秀若芙蓉。又衮山，在縣西十五里。石壁峭立，上有鳳凰臺。

大蓬山，縣東北七十里。與小蓬山對峙，相距二里許。唐以山名州。一名綏山。志云：蓬山有朝陽洞，空闊可容數百人。久塞，萬曆中重開。

巴江。在縣東。自蓬州界流經此入渠縣境。縣東六十里有七曲匯，水流縈迴七曲，兩岸崖石懸絶，飛湍噴沫，若烟霧騰湧，蓋即巴江矣。○藍溪，在縣西十里，下流合于嘉陵江。

儀隴縣，州北百八十里。西至南部縣百三十里。漢閬中縣地，梁置儀隴縣，又置隆城郡。隋郡廢，以縣屬隆州。唐初因之，武德三年于縣置方州，八年州廢，還屬蓬州。劉昫曰：「州舊治金城山，開元二十三年徙治平溪。」是也。宋仍屬蓬州。今城周三里有奇。編户七里。

蓬池城，縣南三十里。亦漢閬中地，梁置大寅縣，屬隆城郡，隋屬隆州。劉昫曰：「梁時縣治斗子山，後移治闞壇口。唐武德初仍屬隆州，七年改屬蓬州，開元二十九年徙州治焉。廣德元年更名蓬池縣，尋省。開成初復置。」宋亦爲蓬州治。元移州治相如縣，而以蓬池省入儀隴。郡志：蓬池故城在今州東六十里。又云縣東北十里有良山城。似皆悮。

伏虞城，縣東六十里。梁置宣漢縣于此，并置伏虞郡。西魏因之。隋開皇初郡廢，縣屬巴州，十八年改縣曰伏虞，唐武德七年改屬蓬州。劉昫曰：「舊治長樂山，長安三年移治羅稄水。」宋因之，元至元二十年省入儀隴縣。

金城山，在縣治北。衆山環向，如雉堞然。石壁高八十丈，周迴五里，惟西南有徑可通。上有數石如貯米囊，故亦名金粟山。杜佑曰：「山本名隆城，梁置縣在山上，憑險爲理，因曰隆城郡。唐方州亦治此，後縣移治平溪。」唐天寶中何滔嘗舉義兵討賊，營于金城是也。○石城山，在縣北三十里，四壁峭立如城。其相近曰九龍山，上有九峰，狀若龍翔。又鐵山，在縣北四十里。山色如鐵。

儀隴山，縣西三十里。岡巒回曲，爲境內之望，梁因以名縣。志云：山下有儀隴縣廢址，疑卽梁所置。○伏虞山，在縣東五十里。山紆回峻阻，爲一方險要，梁因以名郡。又覩隴山，在縣東十五里。登其巔可盡境內之勝，因名。

巴江，縣東五十五里。自巴州流入境，又南流入蓬州界。○鼈水，在縣西北三十里。水中有石如鼈，因名。西南流入于嘉陵江。

流江溪。縣南三十里。源出儀隴山，東南流達渠縣界入于渠江。又平溪，在縣東十里，下流入于巴江。

廣安州，府東二百十里。東至重慶府忠州三百四十里，西南至重慶府合州三百里，北至蓬州二百里。

秦巴郡地，兩漢因之。晉屬巴郡及巴西郡，宋、齊因之。梁置渠州，治流江。隋因之。唐爲渠、果、合三州地。宋開寶二年分置廣安軍，咸淳二年改寧西軍。元至元十五年軍廢，二十年升爲廣安府。明洪武四年改爲廣安州，以州治渠江縣省入。編户十一里。領縣四。今因之。

州山川回環，形勢奇勝。宋何行中駐泊記曰：「廣安軍南連巴徼，北接通川，複嶺東橫，清江西下，林深箐密，巖穴幽邃，介于果、合、渠三州之間，亦要會之處也。」

渠江廢縣，州治北五里。漢巴郡宕渠縣地，梁置始安縣，後魏屬流江郡，隋屬渠州，開皇十八年改曰賨城縣。唐武德初復曰始安縣，仍屬渠州，天寶初改曰渠江縣。宋開寶二年移治于合州境內之濃洄鎮，爲廣安軍附郭縣。元爲廣安府治，明初省。城邑考：「州舊無城，樹木爲柵，依山甃石爲墻，成化以後相繼修築，甃以磚石。今城周六里，門四。」

豐樂廢縣，在州西北。唐武德初分始安縣置，仍屬渠州，八年省。○大良城，在州東北六十里。本曰大良平，宋淳祐三年制置使余玠城大良平，爲廣安軍治所。其地石崖四絶，天然險固。寶祐末陷于蒙古，景定初復取之。咸淳二年改軍爲寧西，元至元中始還舊治。郡志：州北八十里有大、小梁城。似悮。又云州北十里有虎嘯城，建置未詳。

秀屏山，在州治西。層崖峭壁，草木叢茂，宛如屏障。又州治東有白鶴山，州治南二里有猊峰山，圖經所云「西倚秀屏，南接猊峰」者也。○子仙山，在州西二十五里。山高秀，即秀屏山來脉也。志云：漢車騎將軍馮緄之子得仙于此，因名。一名望子山。

富靈山，州東南七十五里。山峻峭，多産藥物。又州東六十里有穀成山，亦高峻，以能興雲雨潤五穀而名。

渠江，州東北五里。源出達州太平縣之萬頃池，流經渠縣東與蓬州之巴江合，又南流經此謂之篆水。志云：江中灘石縱横，湍流奔激，有三十六灘之稱。至此石磧平坦，波紋縈洄如篆也。又南流而爲洄水，一名清洄，亦以渠水下注，波紋縈洄而名。又西南流至合州注于嘉陵江。

西溪水，在州治西。一名濃水，水色常濁，故曰濃。發源州北百二十里蓬州之綿壩，分爲二流，至橡樹壩二溪相合，又經龍扶速山下龍棲灘，有環水流合焉，至城南五里東折入渠江，下合洄水。州治故名濃洄鎮，以此。志云：州東有洄水渡舊名龍門渡。又州北有羅洪渡，州西有黄瓦渡，即渠江及西溪之津要也。

盤龍驛。在州南。本屬南部縣，嘉靖三十六年移置于此。

岳池縣，州西六十里。西南至合州定遠縣百三十里。本南充及相如二縣地，唐萬歲通天二年析置岳池縣，屬果州，宋屬廣安軍。今城周三里有奇。編户十五里。縣今省。

新明廢縣，縣南二十里。劉昫曰：「本石鏡縣地，唐武德三年析置新明縣，屬合州。」舊治在今縣南七十里，宋開寶二年改屬廣安軍，六年移治單溪鎮，〔八〕即今治也，元省入岳池縣。又和溪廢縣，在縣西二十里。本名和溪鎮，宋開禧三年省鎮爲縣，屬廣安軍，元并入岳池。

翔鳳山，在縣治北。山有三峰，如鳳之翔舉。又龍穴山，在縣北五里。嵯峨高秀，山半巖石中有穴，迴繞如龍。又縣西十里有大龍山，其山蜿蜒盤曲。又西五里曰虎頭山，以巉巖險峻而名。○蠅山，在縣北二十里。山最高大，俗名禺山。其並峙曰姜山，俗傳姜維屯兵處。又北十里曰羊山，峰巒環峙，稱爲奇秀。

速山，縣東四十里。唐志云：「岳池有龍扶速山，澴水出焉。」是也。郡志：縣東三十里有瓮山，與岳門山相連，分峙三十六峰。

嘉陵江，縣西七十里。自南充縣流入界，又南入合州定遠縣境。

岳池水，在縣東，下流合于澴水。寰宇記：「縣東三十里有岳安山，岳池水出焉。」劉昫曰：「縣舊治思岳池，開元二十年移今治。」疑即此池也。又縣東五里有將軍池，相傳諸葛武侯嘗駐軍于此。○靈溪水，在縣西南，流入定遠縣境注于嘉陵江。

平灘驛。在縣西七十里嘉陵江濱。西北至府城六十里。舊置驛于此，驛南有平灘橋。輿程記：「自此至順慶府嘉陵驛凡百三十里。」恐悮。

渠縣，州北百二十里。西北至蓬州百二十里，東南至忠州墊江縣百二十里。漢巴郡宕渠縣地，後漢建安中先主嘗分置宕渠郡，尋省入巴西郡。晉仍屬巴西郡，後復置宕渠郡。宋曰南宕渠郡，齊因之，梁兼置渠州，並治宕渠縣。西魏析置流江縣，又置流江郡。隋開皇初郡廢，爲渠州治，大業初爲宕渠郡治。唐初復曰渠州，天寶初曰潾山郡，乾元初復爲渠州。宋因之，亦曰潾山郡。元仍曰渠州，明初以州治流江縣省入，又改州爲縣。城周四里有奇。編户十一里。

流江廢縣，今縣治。西魏所置縣也。劉昫曰：「梁置渠州，後周改爲北宕渠郡，又改流江郡，仍于郡内置流江縣，自隋以後皆爲州郡治。」明初省。志云：流江故城在縣北十里。似悮。

宕渠城，縣東北七十里。漢置縣，屬巴郡，後漢因之。應劭曰：「石過水爲宕，水所蓄爲渠，故縣以是名。」劉先主嘗分巴郡之宕渠、宣漢、漢昌三縣置宕渠郡，晉省入巴西郡，惠帝復分巴西置宕渠縣。永嘉三年巴西陷于李雄，譙登舉兵攻宕渠，殺其巴西太守馬脱。宋白曰：「宕渠城，漢車騎將軍馮緄增修，俗亦名車騎城。」晉義熙二年劉裕遣毛修之等討譙縱，至宕渠，軍中作亂，修之奔還白帝。宋爲南宕渠郡治，蕭齊因之。梁于安漢縣置宕渠郡，流江置北宕渠郡，而改故宕渠縣置竟陽郡。隋開皇初郡廢，縣屬渠州。唐武德初縣改屬蓬州。劉昫曰：「縣舊治長樂山，長安三年移治羅穫水。」是也。寶曆初省入蓬山縣，大中初復置，仍屬蓬州。五代因之，宋初復廢入蓬山縣。

賨城廢縣，在縣北。劉昫曰：「唐武德初改賨城爲始安，又分置賨城及義興縣，屬蓬州，八年俱省入流江。」郡志：

賨城廢縣在大竹縣北。似悮。

八濛山，縣東北七里。八峰起伏，其下平曠十餘里，江水環之，不匝者一里，常有烟霧濛其上。後漢建安二十年張郃自漢中進軍宕渠之蒙頭、盪石，與張飛相拒五十餘日，飛率精兵萬餘人，從他道邀郃軍交戰，山道狹，前後不得救，飛遂破郃，巴土乃安。山下有勒石，云「漢將張飛大破賊首張郃于八濛」，飛所自題也。隋志：「通川、宕渠，其地接連漢中。」是矣。

宕渠山，縣東五十里。一名大青山，又名花果園。其山崇峻，險不可涯，東西有二石門，延連相接，可以出入，山澗長狹如溝渠然。○禮儀山，在縣東六十里。上有城址。宋寶祐三年嘗徙渠州治禮儀山以拒蒙古是也

龍驤山，在縣治北。峰巒突起，勢若龍驤。又玉蟾山，在縣治西一里。山巒聳翠，形如滿月，因名。

渠江，在縣治北。自達州流入界，至縣東北三會鎮巴江合焉，又經宕渠山下會潛水，至縣北會于渝水，南入廣安州界。志云：縣南三里江中有銅魚洲，其下有石磧，狀如黄魚，亦名銅魚磧。○渝水，在縣北十里。即儀隴縣界之流江溪，入縣境東流而入于渠江。又潛水，在縣東五十里宕渠山側。水經注：「宕渠有大穴，潛水出焉，通罡山下而南入于江。」是也。又白水溪，在縣東三十里。源出縣東北白水洞，下流入渠江。

衛渠關。在龍驤山西。正德中縣令甘澤建以禦寇盜，邑賴以全。

鄰水縣，州東南百二十里。西南至合州二百里，東至忠州酆都縣百八十里。本宕渠縣地，梁置縣，并置鄰州治焉。後魏改置鄰山郡，隋開皇初郡廢，縣屬渠州，義寧元年改屬潾州。唐武德三年還屬渠州，寶曆初省入鄰山縣，後復置。

宋因之，元至元二十年省入大竹縣。成化二年復置。城周七里。編户十七里。

溓山城。縣東南五十里。梁鄰水縣地，唐武德初分置溓山縣，并置溓州治焉。八年州廢，縣屬渠州。五代初王建復置溓州于此，宋初州廢，仍屬渠州。元至元二十年併入大竹縣，今爲溓山鎮。

鹽泉廢縣，在縣南。本鄰水縣地，唐武德初析置鹽泉縣，屬溓州。八年州廢，縣省入溓山縣。

鄰山，縣東四十里。志云：此山出鐵，鄰次相比，故名。華陽國志宕渠有鐵官，以此。劉昫曰：「溓山以重壘溓比爲名。」又五華山，在縣東六十里。上有五峰，秀色如華。又龍虎山，在縣東六十里。巉巖聳峙，如龍虎之相持。其相近者曰龍潭峽，四山連夾，下有龍潭。

崑樓山，在縣治北。山巖疊峙，勢如樓觀。宋志「乾道四年移縣治于崑樓鎮」，謂此。

渠江。在縣北。自廣安州流入境，經縣西，合諸山溪之水南流入合州界。○鄰水，在縣治東。自大竹縣境流入界，中有大石磧，緣流十餘丈，下流合大洪溪，經酆都縣境入于岷江。或曰鄰水源出鄰山也。又龍穴水，亦在縣東。源出大竹縣界金盤山，流至大洪溪合于鄰水。

大竹縣，州東北百六十里。東至夔州府新寧縣二百二十里。漢宕渠縣地，唐久視元年析宕渠之東界置大竹縣，以地産大竹而名，屬蓬州。至德二載改屬溓山郡，寶曆元年省入溓山縣。五代時復置，宋景祐三年省入流江縣，紹興三年復置大竹縣。元仍屬渠州，明初改今屬。城周三里有奇。編户十七里。

榮城，在縣東仙門里。四圍險峻，高阜寬平，宋末保此以禦蒙古。郡志：縣北七十里有古賨城，或以爲秦、漢間舊城，非隋、唐之賨縣也。

九盤山，縣西十里。其山高峻，盤旋九折，行者憚之。○黄城山，在縣東八十里。絶頂寬平，四圍石壁蒼然，望之如城，宋所築榮城蓋在此。或曰榮本作「黄」，傳訛也。

仙門山，縣東百里。一名金盤山。峰巒高聳，巖石奇勝。又七碑山，在縣東南百餘里。山有大石凡七，聳立如碑，因名。

東流溪，縣東七十里。源出蓬州營山縣東三十里獅子山，流經縣界，下流注于渠江。

龍溪驛。在縣東。嘉靖三十六年增置，自蓬州改屬。

附見

廣安守禦千户所。在州治東。直隸都司。

校勘記

〔一〕武德初復爲隆州　「隆」，底本原作「龍」，今據職本、鄒本、舊唐志卷四一、新唐志卷四〇改。

〔二〕遣别將曹習破賊於閬溪　宋史卷五太宗紀作「内殿崇班曹習破賊於老溪」，則此「閬溪」爲「老溪」之誤。

〔三〕閬州南有彭道將池　漢志卷二八上巴郡閬中縣下云：「彭道將池在南。」則此「閬州」爲「閬中」

之訛。

〔四〕江自閬中縣逶迤而來　「江」，底本原作「山」，今據鄒本改。

〔五〕相原縣　隋志卷二九、元和志卷三三、輿地廣記卷三二均作「胡原縣」，此「相」字乃「胡」字之訛。周書卷三五裴俠傳有「賜爵胡原縣子」，可證。

〔六〕深坑戍　「坑」，底本原作「杭」，據下文「魏兵破深坑」及魏書卷六五邢巒傳「屯據深坑」改。

〔七〕建安五年至爲劉璋　通鑑卷六三漢紀五五云：「璋以羲爲巴郡太守，屯閬中以禦魯。羲輒召漢昌賨民爲兵，或構羲於璋，璋疑之。」本書作「爲劉璋」，語意似有欠缺，依通鑑文意，宜作「爲劉璋所疑」。

〔八〕單溪鎮　「單」，底本原作「軍」，今據鄒本及宋志卷八九改。

讀史方輿紀要卷六十九

四川四

夔州府，東至湖廣歸州三百三十里，南至湖廣施州衛五百里，西至重慶府忠州七百里，北至陝西平利縣八百四十里，自府治至布政司一千九百里，至京師六千九百八十里。

禹貢荆、梁二州之域，春秋爲庸國地，後屬巴國，戰國時屬楚，秦屬巴郡，漢因之。後漢末置固陵郡，又改爲巴東郡，三國漢因之。晉志：「獻帝初平元年劉璋分巴郡立永寧郡。建安六年改永寧爲巴東郡。二十一年先主分巴東立固陵郡。章武元年又改固陵爲巴東郡，前巴東郡爲巴郡。」〔一〕晉仍曰巴東郡。劉宋泰始五年置三巴校尉，領巴東等郡。蕭齊兼置巴州，尋省。梁置信州，皆治白帝城。後周因之。劉昫曰：「巴東，周改永安郡。」隋廢郡，仍曰信州，隋志：「後周置信州總管府，大業初始廢。」大業初復曰巴東郡。唐武德初仍曰信州，二年改爲夔州，高祖母獨孤信女也，諱信，改爲夔州，尋置總管府，又改爲都督府。天寶初曰雲安郡，乾元初復故。劉禹錫曰：「至德初雲安郡統峽中五郡軍事，乾元以後始降爲江陵支郡。」五代時亦曰夔州，王建初置鎮江軍治此，兼領忠、萬二州，既而移治忠州。梁乾化四年仍治夔州，後唐天成三年升爲寧江軍節度，孟蜀因之，仍治夔州。宋因之。夔州路治此，亦曰雲安郡、寧江軍節度，南渡後并置都督府於此。元曰夔州路。明洪武四年仍曰夔州，九年州改隸重慶衛。十四年升爲府。領州一，縣十二。今仍舊。

府控帶二川，限隔五溪，據荆、楚之上游，爲巴、蜀之喉吭。史記：「楚肅王四年，周安王二十五年。爲扞關以拒蜀。」班志魚復縣有江關，後志魚復有扞關，蓋即以江關爲扞關也。華陽國志：「巴、楚相攻伐，故置江關、陽關。」陽關，見重慶府涪州。扞關，見湖廣長陽縣。公孫述使將軍侯丹開白水關，見漢中府寧羌州。北守南鄭；任滿下江州，今重慶府巴縣。東據捍關；田戎出江關，拔巫及彝道、彝陵，據荆門、虎牙。見湖廣重險。建武十一年，岑彭大破田戎於荆門，率諸軍長驅入江關。江關蜀之東門也，入江關則已過三峽之險，奪全蜀之口矣。公孫述之敗亡，始於失江關也。建安十九年先主攻雒未下，雒，今漢州。諸葛武侯與張飛、趙雲自荆州將兵泝流克巴東，至江州。章武三年先主敗於彝陵，退屯白帝。其後吴將全琮來襲，不能克。終蜀漢之世，恒以白帝爲重鎮。張氏曰：「武侯治蜀，東屯白帝以備吴，南屯夜郎以備蠻，北屯漢中以備魏。」是也。魏景曜六年取蜀，遂使王濬守巴郡，謀以襲吴。晉咸寧五年濬帥樓船之師東下白帝，於是丹陽、西陵，所在崩潰。永和三年桓温西討李勢，義熙九年劉裕使朱齡石平譙縱，皆由白帝而上。劉宋泰始二年以三峽蠻獠歲爲抄暴，因立三巴校尉府於白帝，兼領荆州之巴東、建平、益州之巴西、梓潼郡以鎮之。

歷齊、梁之季，荆、益相持輒以巴東爲襟要。隋開皇八年伐陳，分遣楊素出永安下三峽，陳人上流之師悉爲所敗。唐武德四年李孝恭、李靖軍出夔州，而蕭銑喪亡。五季初王建扼夔門與荆南相距，其後孟蜀繼之亦以夔爲東面之防。宋乾德二年伐蜀，分遣劉光義等由歸州進克夔州，盡平峽中地。迨蒙古入蜀，往往欲從夔州逸出東瞰荆湖。明初僞夏據蜀，亦固守瞿塘，湯和、廖永忠百計攻之乃下。蓋夔州憑高據深，實水陸之津要。丁謂曰：「夔城所以堅完兩川，間隔三楚。」王氏應麟曰：「夔州者西南四道之咽喉，吴、楚萬里之襟帶也。」

奉節縣，附郭。秦置魚復縣，屬巴郡。漢因之，江關都尉治焉。後漢亦曰魚復縣，章武元年先主改固陵郡爲巴東郡，治魚復是也。二年又改縣曰永安。晉太康初復曰魚復，宋、齊因之，皆爲巴東郡治，梁并置信州治此。西魏改縣曰人復，隋因之，亦爲信州治。唐初亦曰人復縣，夔州治焉。貞觀二十三年改曰奉節縣。宋因之。明洪武九年省縣入州，十四年復置。編户四里。

魚復城，志云：舊治在赤甲山上，春秋時庸國之魚邑也。左傳文十六年：「楚侵庸，七遇皆北，惟裨、鯈、魚人實逐之。」裨、鯈二邑，與魚近也。水經注：「江水東經魚復縣故城南，城故魚國。」秦置魚復縣，漢因之。公孫述移於城之東南白帝山上，在今縣城東五里。元和志：「白帝山州城所據，與赤甲山接。」初公孫述據蜀，殿前井有白龍出，自稱白帝，因更魚復城爲白帝城。先主征吴，敗還至白帝，改爲永安，今卧龍山下有永安故宫。白帝城周迴七里，西南二面因江爲池，東臨瀼溪即以爲隍，惟北一面山差逶迤，羊腸數轉，然後得上。吴朱績密書結蜀，使爲兼并之慮，蜀遣閻宇將兵五千增白帝守是也。晉元興三年益州刺史毛璩以桓玄簒逆，帥衆屯白帝以討之。義熙初譙縱據蜀，置巴州於白帝。二年益州刺史司馬榮期擊譙明子於白帝，破之。宋泰始二年益州刺史蕭惠開遣將費欣壽東下，應晉安王子勛於尋陽，至巴東，巴東人任叔兒據白帝，擊欣壽斬之。五年分荆、益二州置三巴校尉，治白帝。梁大寶初益州刺史武陵王紀使世子圓照將兵援臺城，受湘東王節度，軍至巴水，繹授以信州刺史，令屯白帝。承聖二年紀將兵出峽，敗死。明年西魏將李遷哲南略地，時蠻酋向五子王據白帝，遷哲擊走之，宇文泰因以遷哲鎮白帝。北史：「周天和元年陸騰平信州諸蠻，州舊治白帝，騰更於劉備故宫城南八陣灘北臨江岸築城，移置信州。」唐時仍治白帝城，自宋以後益徙而西。董鉞曰：「州舊治瞿峽口，景德中始徙今治，距峽口才八里，熙寧十年始城其地。」陸游入蜀記：「夔州在山麓沙上，所謂魚復永安宫也。宫今爲學基，州治在宫西北，景德中轉運使丁謂、薛延所徙，比白帝頗平曠，然失關險，無復雄桀矣。」城邑考：「郡城宋熙寧中築，元初毁。明初樹栅爲城，成化十年始築城濬池，正德初又復營繕。有門五，城周八里有奇。」

水邏城，府東境。後周天和元年信州蠻冉令賢等據巴峽反，攻陷白帝，於江南據險要置十城，自帥精鋭固守水邏。水邏城在江北，周將陸騰進討，議先取江南剪其毛羽，然後進攻水邏。乃遣别將王亮率衆渡江，拔其八城，因分道攻水邏。路經石壁城，其城險峻，四面壁立，惟有一小路緣梯而上。蠻蜑以爲峭絶，非兵衆所行，騰被甲先登，遂克之。水邏側有石勝城，亦是險要，令賢使其兄龍真據之，騰誘之來降，襲取其城。引兵向水邏，蠻衆大潰，斬獲無算。別將司馬裔又下其二十餘城，盡俘黨類，因爲京觀於水邏城側。

石墨城，在府東北境。冉令賢黨向五子王據此，其子寶勝據雙城。陸騰既平水邏，招之不從，因遣王亮屯牢坪以圖石墨。司馬裔引兵圖雙城。騰慮雙城孤峭，攻未可拔，賊若委城遁散，又難追討，乃令諸軍周迴立柵，遏其走路。賊大駭，遂縱兵擊之，悉平其黨。胡氏曰：「今歸州巴東縣北臨江，有鐵鎗頭長數丈，經數百年不損，目曰『向王鎗』，疑即諸向所據處。」又雙城，亦見湖廣巴東縣。

白帝山，府東十三里。峽中視之，孤特峭險，比緣馬嶺，接赤甲山。其平處南北相去八十五丈，東西十丈，故巴東郡治此，即白帝城也。四面峭絶，惟馬嶺差逶迤可上。晉益州刺史鮑陋鎮此，爲譙道福所圍，城中無泉，乃南開水門，鑿石爲函道，設機取之。水門之西，即灧澦堆也。○赤甲山，在府東北十五里。不生草木，土石皆赤，如人袒胛，本名赤岬山。淮南子注：「岬，山脅也。」或曰以漢時嘗取巴人爲赤甲軍，故名。上有石城。類要云：即魚復縣故址也。一云公孫述所築。

白鹽山，府東十七里。巖壁高峻，色若白鹽。水經注：「白鹽崖高可千餘丈，俯臨神淵。」是也。明初伐蜀，湯和分軍出赤甲、白鹽兩山間，遂克夔州。又勝已山，在府東九里。峰巒疊秀，巍然獨出衆山之上，因名。宋乾道中郡守王十朋錫以今名。〔三〕又府東十餘里有羊角山，下臨大江。○卧龍山，在府治東北五里，以有武侯祠而名。郡人以爲遊賞之勝。上有義泉，相傳武侯所鑿。志云：府北十五里有長松嶺，上多古松，因名。

麥子山，府北二百餘里。山延袤四百餘里，東抵湖廣之房、竹，北接陝西之平利，西南則與奉、雲、開、萬等縣相連。

内有紅線崖、篩羅崖等處，原存古寨，可容數十萬人。上有壤田，可資餉給。正德、嘉靖間羣賊皆嘯聚於此，副使張儉曾議設堡編夫以嚴把守，尋復廢弛。

瞿唐峽，府東八里。兩巖對峙，中貫一江，灔澦堆正當其口，爲楚、蜀之門户。又有南鄉峽，在府西十五里。餘詳見重險瞿唐關。

大江，在府城南。自重慶府忠州流入萬縣界，又東經雲陽縣南過府境，又東入巫山縣界。自瞿唐而下謂之峽江。夏秋水泛，兩巖扼束，數百里間，灘如竹節，波濤洶湧，舟楫驚駭。李臯曰：「江出汶山，行二千餘里，合蜀衆流畢出瞿唐之口，山疏而嶸峷，水激而奔汛，天下瓌瑋絶特之觀，至是殫矣。」又峽程記：「蜀中二百八十江會於峽間，次於荆門，都四百五十灘，稱爲至險。其在夔州府城西者曰虎鬚灘，杜甫所云『瞿唐漫天虎鬚怒』。府東三里又有龍脊灘，江中有石長百丈，狀若龍脊，夏没秋見。」餘見大川岷江及川瀆異同。

大瀼水，在府城東。自達州萬頃池發源，經此流入大江。又東瀼水，在府東十里。輿地紀勝：「公孫述於東瀼水濱墾稻田東屯，東屯稻田水畦延袤可得百許頃，前帶清溪，後枕崇岡，樹林葱蒨，氣象深秀，去白帝故城五里，而多稻米爲蜀第一，郡給諸官俸廪，以高下爲差。」夔門志：「東屯諸處宜瓜疇芋區，瀼西亦然。」入蜀記：「山間之流通江者，土人皆謂之曰瀼。」

湯溪，府西百里。水經注：「江水自朐䏰縣東逕下瞿灘，左則湯溪水注之，謂之湯口。」後周陸騰討冉令賢，軍於湯口，遣軍渡江，拔令賢江南八城是也。○龍洞溪，在府西九十里，下通大江。志云：溪上産靈壽木。又府東南六里舊有魚復陂，縣以此名。

青苗陂，在瞿唐東。蓄水溉田，民賴其利。又有天池，浸可千頃。志云：在奉節、巫山兩縣間。○鹽泉，在府南。荆州圖副「八陣圖下東南三里有一磧，東西百步，南北四十步。磧上有鹽泉井五口，以木爲桶，昔嘗取鹽，即時沙壅，冬出夏没」云。

永安宮，在卧龍山下。一云今府學宮是其地。先主征吴敗還，至白帝，改魚復爲永安而居之，後人因名其處曰永安宮。王十朋曰：「永安宮今爲郡倉，據爽塏，狀如屏。宮之北有水曰清瀼，瀉出兩山間，東入於江，又東過灧澦入於峽。峽口有山東立羣峰外，白鹽也。」

江關，括地志：「在魚復縣南二十里，巴、楚相攻時置。」章懷太子賢曰：「舊關在赤甲城，後移在江南岸，對白帝故城基，即今瞿唐關之南岸矣。」後漢岑彭傳「公孫述遣將乘枋箄下江關」，即此也。亦謂之扞關，後漢志魚復縣有捍關，輿地廣記赤甲城有古扞關，蓋扞關即江關之通稱矣。李垕曰：「蜀之爲境，北以劍門爲根，東以魚復爲首，此二物者，蜀之噤喉肩闑也。戰國時楚建扞關於此，漢置江關都尉，後漢省尉而關如故。」名勝志：「江關今謂之下關城。」王氏曰：「古之江關即今之瞿唐關，又謂之鐵鎖關，大都以守峽口之險。」今俱詳見重險瞿唐關。

百牢關，府東十里。王氏曰：「關蓋古名，後人所增置。」魏辛毗詩：「夔州百牢關，兵馬不可越。」唐杜甫詩：「巴中之東巴東山，江水開闢流其間，白帝高爲三峽鎮，夔州險過百牢關。」則百牢以喻夔險耳，非實有是關也，況辛毗時未有夔州之名乎？又石門關，在府東北六十里。志云舊名鬼門關，蓋亦傳訛也。○鳳凰關，在府西五里。又府西二十里有閣溪關，三十里有鐵山關，府東北二里有吕公關，東十里有石龍關，俱唐、宋以後增置。

三鈎鎮，寰宇記：「在城東三里，舊時鐵鎖斷江浮梁禦敵處也。鎮居數溪之會，故曰三鈎。唐武德二年廢。或云鎮在瞿唐峽口，即謂鐵鎖關也。」○西津口，在府西，或曰大江渡口也。宋淳化四年蜀中賊李順餘黨寇夔州，白繼贇敗之於西津口，即此。今府西南有水磨渡，府東十里有東瀼渡，六十里有小江渡。

永寧驛，府西三里，水驛也。又西六十里曰安平水驛，一百二十里曰南沱水驛，接雲陽縣界。又府東南八十里有龍塘水驛，二百七十里有馬口水驛，俱爲往來津要。

八陣磧。在府城南。元和志：在奉節縣西七里。寰宇記：「在縣西南七里。」夔州圖副云：「永安宮南一里渚下平磧上，周迴四百十八丈，中有諸葛武侯八陣圖，聚細石爲之，各高五尺，廣十圍，歷然棋布，縱横相當，中間相去九尺，正中開南北巷，悉廣五尺，凡六十四聚。或爲人散亂及爲夏水所没，冬水退復依然如故。」水經：「江水東經諸葛亮圖壘南。」荆州記：「魚復縣西聚細石爲壘，方可數百步。壘西聚石爲八行，行八聚，聚間相去二丈，因曰八陣。既成，自今行師庶不覆敗。八陣及壘，皆圖兵勢行藏之權也。」薛氏曰：「圖之可見者三，一在沔陽之高平舊壘，一在新都之八陣鄉，一在魚復永安宮南江灘水上。」蔡氏謂廣都亦有之，則八陣凡四，然廣都土壘已殘破不可考。世傳風后握機文則魚復圖之註，馬隆八陣贊又握機文之註。又漢時都肄已有孫吴六十四陣，竇憲常勒八陣擊匈奴；晉馬隆用八陣以復凉州，陳勰持白虎幡以武侯遺法教五營士；後魏柔然犯塞，刁雍上表採諸葛八陣之法爲平地禦寇之方；李靖對太宗言，六花陣法本於八陣；是則武侯之前既有八陣，後亦未嘗亡也。嚴從曰：「武侯所習風后五圖，桓温云是常山蛇勢，徒妄言耳。常山蛇者，孫子所謂率然蓋高直陳也。」杜牧曰：「數起於五而終於八，武侯以石縱横八行，布爲方陣，奇正之法，皆生於此。」又八陣圖後有二十四聚作兩層，每層十二聚。洪氏曰：「八陣魁六十有四，重易之卦也；却月魁二十有四，作易之畫也。畫起於圓而神，故却月之形圓；卦定於方以知，故八卦之體方。方居前而畫居後，卦自畫始，方自圓生也。壁門直衺曲折翼其旁，陰陽二物也。握奇則虚，一人之象也。」

巫山縣，府東百三十里。東至湖廣巴東縣百六十里，楚之巫郡也。秦昭襄王三十年蜀守張若取巫郡，尋改置巫縣，屬南郡。漢因之。後漢建安中先主改屬宜都郡，二十四年孫權分宜都、巫、秭歸爲固陵郡。章武元年先主遣吴班、馮習等破權將李異等於巫，進兵秭歸，尋敗還。孫休改置建平郡，治信陵。魏滅蜀亦置建平都尉，治巫。晉咸寧元年改都尉爲郡，仍治巫。宋、齊亦曰建平郡，隋廢郡改縣曰巫山。屬信州，大業初屬巴東郡。唐屬夔州，宋因之。今城周二里有奇。編户三里。

巫城，在縣東北。水經注：「城緣山爲墉，周十二里一百十步，東西北三面皆傍深谷，南臨大江。」是也。隋移縣於今治。○南陵城，在縣南大江南岸，北對陽臺山。晉南渡後置縣，屬建平郡，劉宋初廢。今縣南大江渡口猶曰南陵渡。又江陰城，在縣西六十里。志云：後周天和初置縣，建德中廢。

巫山，〔三〕縣東三十里。亦曰巫峽，有十二峰，蜀人謂之東峽，以在蜀境東也。晉咸和中凉張駿欲通使建康，假道於成李雄，雄欲使盗覆其使者張淳於東峽，不果。餘詳見名山巫山。

陽臺山，在縣治北。高百丈。志云：上有雲陽臺遺址。又縣東北四里有女觀山，志云：女觀山西畔小山頂有楚故離宮遺址，俗名細腰宮，三面皆荒山，惟南望江，山最爲奇麗。又驅熊山，在縣東二里。下有石灘，四季湍急如熊聲。

寒山，縣東五十里。垂巖千層，絶壑萬丈，其勢高寒。荆州記：「寒山九坂，最爲險峻。」陸游云：「縣隔江有南陵山，極高大，有路如綫，盤屈至絶頂，謂之『百八盤』。」蓋施州正路也，舊南陵縣以此名。

千丈山，縣東北百里。山極秀異，高於衆山。又飛鳥山，在縣西南六十里。山高插雲，鳥飛不能越，因名。又有烏飛巖，在縣西南四十里，與燕子坡相對。水經注：「烏飛水自沙渠縣南，北逕巫縣注於江，謂之烏飛口。」沙渠，今湖廣施州衞。○琵琶峽，在縣治西。夾江兩岸相對，亦曰琵琶峰。

大江，在縣南。自奉節縣流入界，又東入湖廣巴東縣界。江行峽中，最爲險阨。縣東舊有新崩灘。水經注：「江水歷峽東，經新崩灘。此山漢和帝永元十三年崩，晉太元二年又崩，當崩之日，水逆流百餘里，湧起數十丈。今頹巖所餘，比之諸嶺尚爲竦桀。東下十餘里即大巫山。」范成大云：「神女廟東二十里至東奔灘，高浪大渦，巨艑掀舞，不當一葉也。」東奔即新崩之訛矣。

大寧河，在縣治東。其上流即大寧縣之馬連溪也，經大昌縣流入境，下流入大江。水經注謂之巫溪。又縣東南百五十里有萬流溪，自湖廣施州衞界流經此合於大江。○清溪，在縣東十里。陸游曰「縣有清水洞，極深幽」，即此溪矣。又城北有茹溪，俗謂之小溪。

跳石鎮，在縣西北。唐雷萬春爲縣之跳石人，亦曰跳石鄉。○三會砦，在縣東。宋乾德三年劉光義等伐蜀，收復三會、巫山等砦，拔夔州，即此。

高唐驛。在縣治西，水驛也。輿程記：「江行自高唐驛而東九十里至萬流驛入湖廣歸州境，又七十里即巴東縣矣。」○巴中驛，在縣東八十里。志云：巫山陸路至巴東百八十里，鳥道崎嶇，行者苦之。萬曆三年改小橋公館，建

巴中驛，巴、巫二郡之民始免疲困。

大昌縣，府東北二百里。東北至湖廣竹山縣二百七十里。漢巫縣地，晉置泰昌縣，屬建平郡。宋、齊因之，後周以宇文泰諱改曰大昌，置永昌郡，尋廢。隋縣屬信州，唐屬夔州，宋端拱初改屬大寧監，元至元二十年并入大寧州。明洪武十四年復置今縣。城周不及二里。編户二里。縣今省。

北井廢縣，縣東南二十五里。晉泰始初置，屬巴東郡，五年改屬建平郡，宋、齊因之，後周省入大昌縣。又大昌廢城，在縣西北。宋志「縣舊在大寧監南六十里，嘉定八年移治水口」，即今縣也。

金頭山，縣東北四十里。山勢高聳，冬月積雪不消。又縣西南三里有聚奎山，亦高峻。○九水坪，在縣東百二十里。志云：其下水流環匯，因名。

大寧河，在縣南。自大寧縣流入境，亦謂之昌溪，又東南流入巫山縣界。

千頃池，縣西三十六里。波瀾浩渺，分爲三道：一道東流經縣西爲井源，一道西流爲雲陽縣湯溪，一道南流爲奉節縣西瀼水。又縣南二十里有石柱潭，從巖岫間湧出，世相傳爲龍湫。

當陽鎮。在縣西四十里。有巡司戍守。

大寧縣，府東北三百二十里。北至湖廣竹谿縣三百五十里。本大昌縣地，宋開寶六年以縣之鹽井地置大寧監，元至元二十年升爲大寧州，明洪武九年降爲縣。城周二里有奇。編户三里。縣今省。

大寧城，縣北八里，宋鹽監初置於此。丁謂夔州移城記：「乾德中伐蜀，師分劍、巫而入，時灩澦堆高，樓船難進，步騎自襄州西山裹糧兼行，林麓無際，澗壑相接，不知道路之所從。得蜀民詣王師獻書，由大寧路直趨夔州，平蜀之師實取道於此。後移監於今治。」○永昌城，在縣東南。志云：後周所置永昌郡蓋治此。又永安城，在縣治西。或曰東晉置永寧縣，屬建平郡，劉宋初廢，即此城也。後訛爲永安。

鳳山，縣治東。一名東山，木石蒼翠，景物幽絶。又石鐘山，在縣東北十五里，與二仙山相望。上有大石如鐘，因名。志云：二仙山在縣東北十七里鹽泉側。山高百餘丈，上下皆峭壁。有二仙洞，一名王子洞，深不可測。洞前有池，雖旱不竭。○石柱山，在縣北二十里。一峰削成，與縣東剪刀峰、道士峰相連，皆爲奇勝。志云：縣治東有道士峰，與東桂峰相近。又東南五里曰朝陽峰，北八里曰剪刀峰，以兩峰對峙形如剪刀也。

寶源山，縣北二十五里。氣象盤蔚，大寧諸山此獨雄峻。山半有石穴，出泉如瀑，即鹽泉也。○繡墩山，在縣東北四十里。山形如墩，頂平旁峻，惟一徑可通，昔人嘗避兵其上。

馬連溪，縣西五里。源自達州萬頃池，流經縣治西，歷大昌縣入巫山縣界注岷江，即大寧河之上源也。溪中有大悲口。志云：大悲口在縣治西，溪心兩巨石對峙，上廣下狹，旁有乞靈祠，諺云「船過大悲口，鹽始爲吾有」。亦名南淵。

袁溪鎮。縣東北二十里。有巡司戍守。又縣北二十里有大寧鹽課司，掌鹽稅。○四十八渡，在縣東二百三十里。水流曲折，爲行旅之阻，道出湖廣房山縣。

雲陽縣，府西百七十里。西南至萬縣二百五十七里。漢朐䏰縣地，屬巴郡，晉屬巴東郡，宋、齊因之。後周改爲雲安縣，隋屬信州，唐屬夔州。宋開寶六年置雲安軍治焉，宋末軍廢。元至元十五年復隸雲安軍，二十年升雲陽州，以雲安縣省入。明洪武七年改州爲縣。城周八里有奇。編户九里。

朐忍城，縣西四十里。漢縣，後漢興平元年劉璋遣趙韙擊劉表，屯朐忍是也。晉改曰朐䏰縣，屬巴東郡。闞駰曰：「朐音蠢，䏰音閏。朐䏰，丘蚓也。土地下濕，多朐䏰蟲也。」顔師古曰：「朐音劬。」章懷太子賢曰：「雲安西萬户故城即漢之朐䏰縣，後周改置雲安縣，朐䏰併入焉。」志云：舊城宋爲萬户驛，今名萬户壩。

雲安監城，縣西北三十里。劉昫曰：「雲安多有鹽利，自漢以來皆置官司之。」唐末置雲安監。五代唐長興初時雲安、大昌、南浦皆有鹽官，屬東川。孟知祥請割雲安十三監隸西川，以鹽直贍寧江軍屯兵，時西川分兵屯夔州以拒荆南也。明年知祥將李仁罕陷萬州及雲安監。宋亦置監於此，屬雲安軍，熙寧四年以雲安監户口析置安義縣，八年户還隸雲安，縣復爲監。元并入雲安軍，明置雲安鹽課司，即故監城矣。

飛鳳山，在縣南大江南岸。與縣對峙，以形似名。又石城山，在縣治北二里。○漢成山，在縣北十五里，志以爲仙真棲止之宅。

馬嶺山，縣北二十九里，與三牛山相對。漢初扶嘉言：「三牛對馬嶺，不出貴人出鹽井。」今三牛山去馬嶺十里，皆近鹽井。又馬鞍山，在縣北三十里，亦與三牛山相連。○上、下巖，在縣西百里。其下巖亦名燕子巖。

大江，縣治南。自萬縣流入界。江中有磧，矯如遊龍，亦謂之龍脊。又東入奉節縣界。志云：大江經萬戶驛旁有橫石灘，上有橫梁候館。又有寶子塔，在治東大江中，古人鑿石爲塔，以爲行舟之則。諺云「水浸寶塔脚，下舟休要錯」，即此。○小江，在縣西六十里。源出新寧縣界，流經開縣合清江入縣境，又西南注於大江。亦謂之開江，對大江而言謂之小江。

湯溪，在縣東，接奉節縣界。常璩曰：「水源出縣北六百餘里上庸縣界，南流歷縣，翼帶鹽井一百所，巴川資以自給。粒大者方寸，中央隆起，形如張繖，因名繖子鹽。有不成者形亦必方，異於常鹽。」王隱晉書地道記：「入湯口四十三里有石煮以爲鹽，大者如升，小者如拳，煮之水竭鹽成，蓋蜀火井之倫，水火相得乃佳矣。」湯溪下與檀溪水合，上承巴渠水。巴渠南歷檀井溪，檀井入湯水，湯水又南入於江，所謂湯口也。○東瀼，在縣東北，流入雲安場，下流入江。以水在縣東而名。非奉節之東瀼也。

天師泉，縣治西二里。每五月江水漲濁，一水自巖竇間溢出，甘潔清洌，一邑用之不竭，盡九月而止。又瀑布泉，在縣南飛鳳山之麓，下流入江。

五溪鎮。在縣西北。有巡司。舊志云：縣北三十里有鐵檠巡司，西北三十里則雲安鹽課司也。○巴陽水驛，在縣西二十里。又有五峰水驛，舊縣南。輿程記：「自巴陽驛至五峰驛水道凡九十里，五峰驛南有橘官堂故址。」漢志朐忍有橘官，元和志雲安縣有橘官，此即其治所也。又百里而接於夔州之南沱驛。

萬縣，府西四百五十里。西南至忠州二百六十里，北至開縣二百三十二里。漢朐忍縣地，三國漢建興八年置南浦縣，屬巴東郡。沈約曰：「時益州牧閻宇表改羊渠立縣。」是南浦本名羊渠，蜀前此所置縣也。晉仍屬巴東郡，宋、齊因之，後周置安鄉郡治焉，尋改縣曰安鄉，郡曰萬川。隋開皇初郡廢，十八年改縣曰南浦，屬信州，大業初屬巴東郡。唐武德初仍屬信州，二年置南浦州，八年州廢，以南浦縣屬夔州，是年復立浦州，貞觀八年改爲萬州，天寶元年曰南浦郡，乾元初復故。宋因之，亦曰南浦郡。元至元二十年以南浦縣省入州，明洪武七年改州爲縣。今城周五里。編户四里。

南浦城，今縣治。三國漢置縣於此。劉昫曰：「後魏分朐䏰縣置魚泉縣，後周改爲萬川。」今本志不載也。唐、宋皆爲州郡治，元省。今縣城成化末築，正德初增修。

武寧廢縣，縣西百二十里。漢巴郡臨江縣地，晉、宋以後因之。後周析置源陽縣并置南州及南都郡治焉，尋改郡曰懷德，縣曰武寧。隋開皇初州郡俱廢，縣屬臨州，唐屬萬州。劉昫曰：「縣治即巴子故城也。」宋仍屬萬州，元因之，明初省。今武寧巡司置於此。

都歷山，在縣治北。一峰突出衆山之上，峛崺爲平阜，氣象融結，爲縣之主山。又南山，在縣治南，下瞰大江。圖經云：「面揖南山，背負都歷。」是也。○天城山，在縣西五里。四面峭立如堵，惟西北一徑可登，又名天生城。相傳漢昭烈嘗駐兵於此，常璩所云小石城也。紀勝云：「天城山三面峻壁，惟山後長延一脊，容徑尺許，累石爲門，俗亦謂之天子城，以昭烈名也。」又縣西三里有西山，上有太白巖，以李白名。巖下有池，爲登臨之勝。

羊飛山，縣西南五十里。蜀鑑云：「三國時有羊渠縣，蓋置於山下。」又人存山，在縣西四十里。一名萬户山。又縣西十里有魚存山，下廣上鋭，巖面有石，形如雙魚。又縣北八里有獅子山，志云：山形如狻猊，四面險絶，惟鼻尖可登。○木櫪山，在縣西百里。相傳洪水時惟此山木櫪不動，因名。又西北二十里有黄蘆山，與忠州接界。

岑公巖，在縣南大江南岸。盤結如華蓋。左爲方池，有泉湧出巖際，盛夏注水如簾。隋末有岑道願者隱此，因名。又縣治西有古練巖，東二里有下巖，皆幽勝。○黄金島，在縣南三里，近江南岸。屹立江心，高數丈，土人淘金於此。

大江，縣治南。自忠州東北流入界，經縣治南，又東北入雲陽縣界。縣西六十里有湖灘，水勢險急，春夏泛溢，江面如湖。宋嘉熙中蒙古渡湖灘，施、夔震動，即此。又有峨眉、盤龍諸磧，皆在縣西江中。

苧溪，縣西五里。自梁山縣流入界，春夏漲潦，則並舟爲筏濟往來者。溪之上流有天生橋，巨石成橋，長與溪等，平闊如履平地。溪流出其下，下流注於大江。○彭溪，在縣東八十里。水經注：「彭溪經朐䏰縣西六十里，南入於江，謂之彭溪口。」即今開江之下流也。舊設小彭驛於此。

北集渠，在縣東。水經注：「源出高梁山，逕新浦縣西，又南百里入朐䏰縣南入於江，謂之北集渠口，别名班口，又曰分水口。又有南集渠，出涪陵界，謂之于陽溪，至縣南北流注江曰南集渠口，亦曰於陽溪口。」

西柳關，在縣西北。宋寶祐元年蒙古渡漢江寇萬州，入西柳關，荆湖將高達拒却之。關今廢。

集賢驛。在縣東五里，水驛也。又周溪水驛在縣東五十里，瀼塗水驛在縣西北百里。輿程記：「自忠州水程東行九十里至灃溪驛，又六十里至瀼途驛，又六十里至集賢驛，又六十里即周溪驛也。」舊志以灃溪爲巴郡、巴東之界，今屬忠州。○分水公館，在縣西百里。志云：弘治末建。又遞運所在縣東二十里。縣治東又有鹽廠，商賈輳集處也。

開縣，府西北四百七十里。西北至達州二百七十里，西南至梁山縣百五十三里。漢朐忍縣地，〔四〕後漢建安末析置漢豐縣，三國漢屬巴東郡。晉廢，後復置，仍屬巴東郡，宋、齊因之。梁仍曰漢豐縣，西魏改曰永寧。隋開皇末又改縣曰盛山，大業初屬巴東郡，義寧二年析置萬州於此。唐武德初改爲開州，天寶初曰盛山郡，乾元初又爲開州，廣德元年又改縣曰開江縣。宋仍爲開州治，亦曰盛山郡。元省縣入州，明洪武六年改州爲縣。今城周三里。編户七里。

開江城，今縣治。地志：「後漢末劉璋所置漢豐縣也。」通典曰：「先主所置，隋曰盛山，唐曰開江。」自唐以後皆爲州郡治，元省開江縣，明又改州爲縣。今縣城成化二十二年修築，周三里。

清水廢縣，縣東六十五里。漢朐忍縣地，劉宋置巴渠縣并置巴渠郡治焉。齊、梁因之，後周改縣曰萬世縣，亦曰萬世郡。隋開皇初郡廢，縣屬開州，大業初改屬通川郡。唐初仍屬開州，貞觀二十三年改曰萬歲縣，寶曆初省，尋復置。宋初改縣曰清水，仍屬開州。元省。○新浦城，在縣西南四十里。本漢豐縣地，劉宋析置新浦縣，屬巴東郡，齊、梁因之，後周置周安郡於此。隋開皇初郡廢，縣屬開州，大業中屬巴東郡。唐屬開州，宋慶曆四年并入開江縣。

西流廢縣，縣西北百五十里。隋志：「後魏置漢興縣，西魏改曰西流，兼置開州及萬安、江會二郡。後周省江會郡，隋開皇初并廢萬安郡，而開州如故，大業初州廢，縣屬通川郡。」唐武德初改屬開州，貞觀初省入盛山縣。

盛山，縣北三里。突兀高聳，爲縣主山，隋以此名縣。又縣治東有神仙山，東北五里有熊耳山，皆秀聳。志云：縣南隔江有瑞賢山，羣峰秀矗，俗呼州面山。○九隴山，在縣西二十里。九峰連峙，勢相起伏。其相近又有九折山，山形九折，俗名觀音山。志云：縣南二十里有射洪山，上有舊城址。

石門山，縣北百里。山有石穴，名盤頭洞。洞有水，出嘉魚。又鯉城山，在縣西百餘里。四面懸絶，東面有城，城間有浦，多生鯉，因名。又有常渠水，流經山下。○厓飛山，志云：在縣東北百四十里。巖勢高懸，如飛鳥然。

開江，縣南一里。志云：源出新寧縣之霧山坎，流入縣界合於清江，又東南入雲陽縣境，即水經注所謂彭溪也。○清江，在縣東北四十里。源出達州萬頃池，流入縣界，經縣治東合於開江，謂之疊江。水經注：「清水至漢豐縣東而西注彭溪，謂之清水口。」是也。

墊江，縣南四十里。源出梁山縣之高梁山，春夏泛漲，人多墊溺，流經渠口浦入於開江，亦謂之濁水。○三潮溪，在縣東北五十里温湯井側。志云：井有三水，曰杉木，曰柏木，曰龍馬，皆開湔鹽課。溪水經其旁，一日三潮，冬温夏涼，頗爲神異。又白水溪在廢清水縣西南，下流亦注於開江。

虎爪關。縣北三里。又縣北五十里有金練關，一百里有高橋關。○茅坡關在縣西九十里，又西三十里有豆山關，舊皆爲戍守處。

梁山縣，府西六百里。東北至開縣百五十三里，西南至忠州墊江縣百六十里。漢朐忍縣地，西魏置梁山縣，屬萬川郡。隋屬信州，唐屬萬州。宋開寶二年置梁山軍，以縣屬焉。元祐初還屬萬州，尋復故。元至元二十年升爲梁山州，明洪武七年省州入梁山縣。今城周五里有奇。編户十里。

高梁城，在縣西。宋志：「開寶三年以萬州丕氏屯田務置梁山軍，〔五〕同下州。亦曰高梁郡，因割梁山縣隸焉。熙寧五年又析忠州桂溪地益軍。元初亦曰梁山軍，尋升爲州，皆治此。明初省入縣。志云：縣西有萬川城，西魏取蜀嘗置萬川郡於此。萬川，今見萬縣，志悞也。

高梁山，縣北二十里。寰宇記：「山東尾跨江，西首劍閣，凡數千里。山長嶺峻，其峰崔嵬，蜀中望之，如長雲垂天，登者窮日乃至其頂，俯視衆山，泯若平原矣。」明正德中賊方四等作亂，西攻重慶府之江津縣，官兵擊敗之。追至高梁山，賊據險拒戰。官軍分六哨由大埡、小埡、月埡闕並進，直衝其巢，六面皆合，賊大敗潰走。又都梁山，在縣北十五里，亦曰高都山。舊有高都驛，乃天寶中進荔枝之路。山壤腴而黄，民以種薑爲業。○福利山，在縣西北五十里。俗名狐狸山，正德中撫臣林俊以其豐腴改今名。又西北二十里曰小碧山，孤峰峭直，色碧如玉。

峰門山，縣東十五里。山有兩巖，對峙如門，頂有寒泉。又蟠龍山，在縣東三十里。孤峙秀傑，突出衆山之上。下有二石洞，洞有二石龍，首尾相蟠。旁有噴霧巖，洞中之泉下注，噴薄如霧。○七城山，在縣西三十里。山有七峰，壁立如城。又縣西百里有白雲山，奇峰突出，勢如卓筆，一名筆山。又西二十里有瓦城山，一名石瓦山，山頂坦平，居民耕其上。志云：縣南百里有柏枝山，下有丙穴，出嘉魚。

桂溪，縣西南三十里。自忠州墊江縣流入界，兩岸多桂，因名。下流經萬縣境入於大江。又蟠龍溪，在縣南三十里。源出盤龍山，下流合於桂溪。

牛頭寨，在縣西二十里赤牛山上。亦名赤牛城。宋淳祐二年築，週三百六十步，敵樓百四十三座，四隅有門，蓋戍守之處。

峽石市。縣東五十里。其北有書院峽，市因以名。峽中又有夫子巖、子貢壩，皆傳訛也。志云：縣有太平驛，嘉靖三十六年自定遠改屬此。

新寧縣，府西北六百四十里。西至廣安州大竹縣二百二十里，北至達州百八十里。漢宕渠縣地，梁置新安縣并置新安郡，西魏郡縣俱改曰新寧。隋初郡廢，併縣入三江縣。唐武德二年復置新寧縣，屬通州，大和三年改屬開州，明年還屬通州。宋屬達州，元因之。明洪武四年省入梁山縣，十四年復置縣，改今屬。城周二里有奇。編户七里。縣今省。

三岡廢縣，縣西北五十里。梁置，屬新安郡，西魏屬新寧郡，隋屬通州，唐因之。寶曆元年廢，大中五年復置。宋屬達州，熙寧三年省入新寧縣。又新寧廢城，在縣西南十七里，故縣治此。唐貞觀八年移治賨城，即今治也。賨或作「淙」，悮。

七峰山，縣北五里。〔六〕一峰突起，分爲七枝，秀列如戟。志云：縣治西有屏山，迤邐近城，平頂方麓，爲邑巨鎮。俗名卧牛山。近志：開江之源蓋出於此。○峨城山，在縣西三十里。相傳漢樊噲嘗築城駐兵於上，遺址猶存。

鷄足山，縣東二十里。逶迤綿亘，麓分五支，如鷄距然。亦曰鷄山。唐志：「鷄山接蓬、果二州界。」大中元年蓬、果羣盗依阻鷄山，寇掠三川，果州刺史王贄弘討平之。三川謂東、西二川及山南西道也。其相連者曰八面山，山形秀整，望之八面皆方，因名。○五誥山，在縣南五十里。五峰相連，如誥軸然。又南有百節山，峰巒綿延，分爲百節。

志云：縣南五十里又有聯珠峽，以衆山夾峙而名。又縣西四十里有七里峽，境内諸水多出於此。

開江。在縣東。縣境山溪諸水多匯流於此，又東入開縣界謂之開江。志云：今縣治西有澄清河，即開江之上游也。

建始縣，府南五百里。西南至湖廣施州衛二百十里。漢巫縣地，晉泰始初置建始縣，屬建平郡。太康初省，尋復置。劉宋初廢，齊、梁時復置。後周置業州及軍屯郡，隋開皇初郡廢，大業初州廢，縣屬清江郡，義寧二年復置業州。唐初因之，貞觀八年州廢，縣屬施州。宋、元因之，明初改今屬。城周三里有奇。編户五里。

連珠山，縣西十里。五峰相連，如貫珠然。又縣西五十里有石乳山，山石層疊，多生石乳。志云：縣在萬山中，多産麩金，而産於石乳山者爲最。○禄山，在縣東二十里。志云：山多禽獸，洞巒恃爲廪禄，因名。又東十里有州基山，相傳業州舊基也。

清江，縣南一百五十里。自施州衛東北流經縣界，又東北出湖廣宜都縣界入大江，縣境諸小川皆流合焉。

野厢關。縣南百三十里。舊爲戍守處。志云：縣西有石乳關，縣東南又有建陽關。○連天寨，在縣境。宋置，今廢。又縣有枝隴驛，今革。

附見

瞿唐衛。在府治東北。明洪武四年建瞿唐守禦千户所，十二年改爲衛，屬湖廣都司。

達州，府西北八百里。西至順慶府蓬州四百二十里，西北至保寧府巴州三百里，東北至陝西興安州一千三百里，北至陝西洋縣四百三十里。

古巴國地，秦屬巴郡，兩漢因之。晉屬巴西郡，宋屬巴渠郡，齊因之。梁置東關郡，兼置萬州，杜佑曰：「以州内地萬餘頃而名。」西魏改曰通州。以居四達之路而名。隋初郡廢，仍曰通州，大業初曰通川郡。唐初復爲通州，三年置總管府，七年改都督府，貞觀五年府廢。天寶初曰通川郡，乾元初復故。宋乾德三年改爲達州，亦曰通川郡。元因之。明洪武九年以州治通川縣省入，又改州爲縣，正德九年復升爲州。編户十三里。領縣二。今仍爲達州。

州聯絡金、房，翼帶漢、沔，西出渠、閬，東下夔、巫，地形四通，土田饒沃，峽右之名郡，沔南之奥區也。

通川廢縣，今州治。漢宕渠縣地，後漢爲宣漢縣地，劉宋置始興縣，屬巴渠郡，齊因之。梁曰石城縣，置東關郡，兼置萬州治焉。西魏爲通州治。隋初郡廢，又改縣曰通川，唐、宋以後皆爲州郡治，明初省。一統志云：「通川故縣在州西二十里，後移今治。」似悮。城邑考：「州舊有土城，成化初始甃磚石，正德初增修。城周四里有奇，門五。」

石鼓廢縣，州東北百五十里。或曰劉宋所置始安縣也，屬巴渠郡。齊因之，梁曰石鼓縣。西魏置遷州治焉。後周廢州，置臨清郡。隋開皇初郡廢，縣屬通州。唐因之，寶曆初省，大中元年復置。宋初因之，熙寧七年省。又閬英廢縣，志云：在廢石鼓縣西二十里。新唐書：「天寶九載置，屬通川郡。」宋乾德三年省。○巴渠廢縣，志云：在州東二百三十八里。新唐書：「永泰元年析石鼓置巴渠縣，屬通州，大和三年改隸開州，明年復舊。」宋屬達州，元省。

永穆廢縣，州西百里。漢宕渠縣地，梁置永康縣并置萬榮郡，後周因之。天和初郡民反，攻圍郡城，遏絶山路，辛昂募兵討平之。隋開皇初郡廢，縣屬巴州，十八年改曰永穆。唐武德二年置萬州於此，貞觀初州廢，縣屬通州。宋因之，改爲永睦縣。元省。○太平廢縣，在縣西南。劉昫曰：「唐武德初割永穆縣地置太平、恒豐二縣，屬萬州。貞觀初州廢，二縣皆省入永穆。」又思來廢縣，在州北。唐武德二年析通川縣置，屬通州，貞觀元年復廢。

鳳凰山，州西北五里。高聳舒展，形如飛鳳，掩映城郭，有梧桐坪、寶芝洞諸勝。又翠屏山，在州治南。亦名真武山，以上有真武廟也。又州西北五里有龍爪山，圓聳懸絶，如龍擎珠。

石城山，州西三十里。四面峭絶，惟西南一徑可登，粱石城縣以此名。或謂之鐵山，以石色如鐵也。志云：州西二十里又有鐵山。又銅鉢山，亦在州西三十里。石壁圓峙，三面封固，惟南一徑可通。志云：州西四十里有金華山，與石城山相接，亦境内之名山也。○北巖，在州西五里。巖壁聳峭，下有平池。又州西北五里有垂虹巖，以水自巖而下如垂虹也。又龍洞，在州東南五十里。高數丈，内有重門複洞，相傳龍窟其中。

渠江，州東三十五里。源出太平縣之萬頃池，西南流入州界，經廢石鼓縣而南合羣川之水，經州西南入廣安州渠縣界會於巴江。有南昌灘，在州南江中。○明月潭在州東七里，又有黑潭在州之安居鎮，俱有灌溉之利。

鐵山關。州西三十里。以鐵山而名，舊爲戍守處。○龍船關，在州西北。志云：州境山溪綿亘，其西北尤爲險僻，正德中爲盜賊淵藪，嘉靖初以次討平，因即其險阻增置龍船諸關，與巴州黄城諸關相爲形援。

東鄉縣，州東百二十里。漢宣漢縣地，劉宋屬巴渠郡，粱置東鄉縣，西魏置石州治此。後周廢州，置三巴郡。隋開皇初郡廢，縣屬通州。唐武德三年置南石州，八年州廢，仍屬通州。宋屬達州，元省。明正德九年復置今縣。城周二里有奇。編户五里。

宣漢廢縣，縣東北八十里。巴漢記：「後漢桓帝分宕渠東界置宣漢縣，仍屬巴郡。晉初省，惠帝復置，屬宕渠郡。劉宋屬巴渠郡，齊、梁因之。」西魏置井州及永昌郡，隋開皇三年郡廢，五年州廢，縣屬通州。唐武德初置南井州，貞觀初州廢，仍屬通州。劉昫曰：「縣舊治和昌城，貞觀元年徙治新安城，諸城皆蕭梁時所置也。」宋仍曰宣漢縣，乾德五年廢。〇下蒲廢縣，在縣西。劉宋置，屬巴渠郡，齊、梁因之，後周廢。唐武德三年析東鄉縣置下蒲、昌樂二縣，屬南石州。八年省昌樂入石鼓，下蒲入東鄉。昌樂廢縣，蓋在下蒲西北。

東關廢縣，縣東百里。劉宋置，屬巴渠郡，齊、梁因之，後周廢。唐武德元年析宣漢縣地置東關縣，屬南井州，貞觀初仍省入宣漢縣。

印石山，在縣治西，以山形方整而名。又西有鼓樓山，峰巒層疊，形如鼓樓。

長樂河，在縣南。其源爲白龍、赤甲二泉，會而爲河，下流達於渠江。

深溪關。志云：在縣東北八百里，路出陝西興安州。又高橋關，在縣東四百里。石門關，在縣東十五里。又縣西北二百里有馬渡關，北六百里有鹽場關。

太平縣，州東北二百里。本東鄉縣地，正德十年割東鄉之太平里置縣。舊土城周二里有奇，今圮。編户二里。

通明廢縣，縣東北二百里。五代時爲通明巡院，宋初因之。紹興中改置通明縣，屬達州。元廢。今爲明通巡司。

天馬山，在縣治東。山勢高騫，如天馬然。又縣北有峽口山，相近者曰城口山。〇八臺山，在縣北百里。山有八峰，頂皆高平。

高眉山，縣南百五十里。山高而長，兩峰相對，狀若列眉。志云：縣東百十里有銀盤山，又縣西三百里有三盤山，皆以形似名。○三條嶺，在縣治北二里，縣北十里又有火嵓嶺。志云：縣東北舊明通鄉有明通井峽，内有十六穴，皆產嘉魚。

後江，縣北二百里。志云：源出陝西興安州萬山中，下流匯於萬頃池。

萬頃池，縣東北八十里。相傳爲楚春申君故居，旁有平田萬頃，鄰邑之水多源於此。通釋：「萬頃池洒流有四，三入於夔，一入於渠是也。」○龍潭，名勝志：「在縣東七里，羣峰環拱，有七十二浦，四十八渚，匯而爲潭，廣逾百畝，其深叵測。」

藍津關。在縣東北。志云：縣境又有吊纍關、鐵爐關。

重慶府，東至夔州府一千一百里，南至遵義府六百九十里，西南至瀘州五百七十里，北至順慶府四百八十里，自府治至布政司九百里，至京師八千七百里。

禹貢梁州之域，周爲巴子國，秦滅巴置巴郡，巴記：「周愼王五年，秦惠王遣張儀、司馬錯伐蜀滅之。儀貪巴之富，因取巴墊江以歸，置巴郡，城江州。」兩漢因之。晉志：「初平元年劉璋分巴爲永寧郡，治江州。建安六年改永寧爲巴東郡。章武元年改巴東，仍屬巴郡。」〔七〕晉亦爲巴郡，宋、齊仍舊。梁置楚州，西魏改爲巴州，後周又改楚州。隋開皇初廢郡，改州曰渝州，大業初復曰巴郡。唐初復曰渝州，天寶初曰南平郡，乾元初復爲渝州。宋初因之，亦曰巴郡。崇寧元年改曰恭州，淳熙中升爲重慶府。以光宗潛邸也。元置重慶路，至正末明玉珍都於此。明初復爲重慶府。領州三，縣十七。今因之。

府會川蜀之衆水，控瞿唐之上游，臨馭蠻僰，地形險要。春秋時巴人據此，常與强楚爭衡。秦得其地，而謀楚之道愈多矣。公孫述之據蜀也，遣將從閬中下江州，東據扞關。光武使岑彭討述，自江州而進。先主初入蜀，亦自江州而北。建安十九年諸葛武侯等由巴東至江州，破巴郡，乃分遣趙雲從外水定江陽，犍爲，張飛定巴西、德陽。蓋由江州道涪江，自合州上綿州者，謂之内水，由江州道大江，自瀘、戎上蜀郡者，謂之外水，内、外二水，府扼其衝。從來由江道伐蜀者，未嘗不急圖江州，江州咽喉重地也。晉桓温討李勢，朱齡石平譙縱，路皆由此。後唐長興二年孟知祥遣將張武爲峽路招討等使，武引軍至渝州，渝州降，遂進取瀘州，又分軍取黔、涪。宋淳祐初余玠帥蜀，兼知重慶府，時巴、蜀殘破，玠多方拮据，力謀完復，西南半壁，倚以無恐。彭大雅代之，急城重慶，以禦利、閬，蔽夔峽，爲蜀之根柢。狡悍如蒙古，旦夕不能以得志也。豈非地有所必爭歟？孫氏曰：「重慶三面臨江，春水泛漲，一望瀰漫，不可卒渡。其出入必經之要道，惟佛圖關至二郎關一路耳。」萬曆中永寧奢崇明作亂，據重慶，分兵扼夔州江口，陷遵義、瀘州，截西川棧道，全蜀震動。識者謂但守佛圖關賊立可飢死。既而賊縱横四出，直逼成都，官軍扼之，引還重慶，諸軍齊進，奪其佛圖關而重慶遂下。蓋佛圖關者又重慶之噤要也。

巴縣，附郭。古巴子國都也。秦置江州，以巴郡治焉。漢以後因之。齊、梁間改曰巴縣，隋、唐以後因之，皆爲州郡治。今編户九十二里。

江州城，在府治西。相傳秦張儀所築，置縣於此，漢因之。後漢初公孫述據蜀，遣將從閬中下江州是也。建武十一年岑彭討述，述將田戎敗保江州，彭至城下，以城固糧多難卒拔，留馮駿守之，即此。建安六年，趙韙叛劉璋，圍成都，敗走江州被殺。十六年先主入蜀，至巴郡，由江州而北。十九年諸葛武侯等至江州，破巴郡。章武二年東伐孫權，張飛自閬中發兵會江州，遇害。建興四年丞相亮欲出軍漢中，李嚴當知後事，自永安移屯江州，因築大城，即今郡城也。庾仲雍曰：「江州縣對二水口，右則涪内水，左則蜀外水。」巴志：「漢世郡治巴水北，有甘橘宫，今北府城是；後徙南城，在江南，今南平城是。」城邑考：「今郡城塹巖爲壘，環江爲池，相傳即李嚴故址。有門十七，九開八閉，俗以爲九宫八卦之象。今城周十六里有奇。」

萬壽廢縣，府西南九十里。唐江津縣地，武德三年分置萬春縣，屬渝州，明年改爲萬壽縣，宋乾德五年廢。又東陽城，志云：在府西百里。蕭齊置東陽郡，治巴陽縣，梁因之，後周廢。今亦名東陽鎮。○多功城，在府西四十里。志云：宋淳祐中築以拒蒙古。

南平廢縣，府東南二百三十里。本巴縣地，唐貞觀四年分巴縣南界置，并置南平州，領南平、清谷、周泉、昆川、和山、白溪、瀛山七縣。八年改州曰霸州。十三年州廢，以清谷等縣俱省入南平，屬渝州。宋初仍曰南平縣，雍熙中廢。郡志：霸州城在府東南二百六十五里。舊唐書：「南平州本置於南平縣南也。」○古灘城，志云：在府東八十里岷江岸，相傳巴子於此置津立城。

塗山，府東八里，岷江南岸，山之址有石中分，名曰龍門，其下有水與江通。古巴郡志：「山高七里，周圍二十里，尾接石洞峽。峽東西約長二里許。劉先主置關於此，山之上禹廟及塗后祠在焉。」杜預曰：「巴國有塗山，禹娶於塗山是矣。」山足又有古黃葛樹，下有黃葛渡。酈道元云「江水東經黃葛峽」，即此。

崑嶁山，府東北七十里，據渠、合之境。山高十里，林壑深翠，一名塔平山。又方山，在府東北三十里。一名凝脂山，以常有雲氣若凝脂也。相傳堯時洪水不没，亦名浮山。○石獅埡山，在縣北九十里。二山峭峙，四壁絶險，中盤小徑分渝、合之界。

瀛山，府南百二十里。巖壁峭拔，有四十八面之險，四時青翠，宛若蓬、瀛。唐貞觀中嘗於山下置瀛山縣。又南平山，在府南百五十里。一名青山。○踰越山，在府西七十里。其峰峻拔，高出衆山，因名。又砦山，在府西九十里。上有古砦，兵亂時昔人保聚於此。

明月峽，府東四十里。志云：治東江滸有廣陽壩，亦曰廣陽洲。洲東七里水南有堆石，俗名遮夫堆。堆石東二里即明月峽，峽前南岸壁高四十丈，有圓孔如滿月狀。華陽國志：「郡東有廣德嶼，有明月峽。」峽程記：「明月、仙山、廣溪，所謂巴有三峽也。」

銅鑼峽，府東三十里。懸巖臨江，下有圓石如銅鑼之狀。明初平蜀，廖永忠引舟師至銅鑼峽，明昇出降處也。○温泉峽，在府西南百六十里。温泉自懸巖下湧出，四時騰沸如湯。又魚鹿峽，在府西北百二十里。涪水自中流出，有石狀如魚鹿，因名。志云：府西三里又有洪巖洞，瀑布懸流，一名滴水巖。

岷江，在府城南。自瀘州流入境，歷壁山、江津縣而東北流，又東經長壽縣及涪州、忠州境而入夔州府界，遠近羣川多流會焉。灘峽曲折，波流浩瀚，爲郡境之巨防。詳大川及川瀆異同。

涪江，在府城西北。自潼川州東南流，經合州城南而嘉陵水、渠水合焉，又東南流逕府城北，又東而入於岷江。杜佑曰：「巴江在府城東北，閬水與白水合流，曲折三回如巴字，故有三巴之稱。」蓋即涪水合大江處矣。萬曆中奢崇明陷重慶攻合州，石砫宣撫女官秦良玉進營城下，遣兵襲兩江，燒其船以阻賊泛舟東下。二江，即涪、岷二江也。

丹溪，府東南二十八里，從羣山中流出，水色如丹；又交龍溪，在府東北二百八十里；皆流合於岷江。○新井，在巴縣治南。志云：郡依險置城，高亢無水。蕭梁時地忽自開成井，方六丈，深三十六丈。後涸。唐刺史皇甫珣於縣南鑿石六丈得泉，號爲新井。

佛圖關，府西十里。志云：李嚴城江州，欲鑿城後山，自汝江通水入巴江而未果。今佛圖關左右顧巴、岷二江，是嚴欲鑿處，斧跡猶存。其西南又有二郎關，皆府之要津也。萬曆中奢崇明作亂，據重慶，自城西通遠門城濠至二郎關，連營十有七，官軍力攻，奪其佛圖、二郎兩關，進逼重慶，克之。

銅鑼關，府東二十里，據銅鑼峽之險。又石洞關在塗山石洞峽口，相傳先主所置。又城南隔江有南坪關，萬曆中奢崇明陷重慶，分兵四出，進攻合州，石砫宣撫女官秦良玉討之，捲甲疾趨，潛渡重慶，營於南坪關，扼賊歸路是也。

扶桑壩，在府東。宋景炎三年元將不花等攻重慶，守將張珏與戰於扶桑壩。元兵從後合擊，珏潰走，城遂陷。○大洪江鎮，在府東百里。亦曰大洪江壁山鎮，有巡司戍守。

朝天驛。府治東三里。志云：府南六十里有魚洞水驛，萬曆元年改魚洞爲土鬧壩。府南百二十里有銅罐溪水驛。又府東九十里有木洞水驛，北九十里有土沱水驛。隆慶六年移土沱驛於鐵山公館。○白市舖馬驛，在府西七十里。又百節馬驛，在府東南六十里。

江津縣，府南百八十里。西南至壁山縣八十里，南至綦江縣五十里。漢江州縣地，蕭齊自郡内移治僰溪口爲今治，西魏改曰江陽縣，置七門郡治焉。隋開皇初郡廢，縣屬渝州，十八年改縣曰江津。唐仍屬渝州，宋因之。今城周九里有奇。編户三十八里。

江陽城，在縣西，地名僰口。有七門灘，西魏因置七門郡。舊志：灘在縣西七十里，有大石横江中凡七處，望之如門，郡因以名。宋乾德五年移縣治馬騣鎮，即今治也。今縣治北一里即馬騣山，鎮蓋因以名。

鼎山，在縣治南。有三峰鼎峙。志云：宋嘗置鼎山縣，今正史不載。又治北隔江一里有石佛山，與馬騣山相連；又縣西北十五里有華蓋山，皆高聳。

龍登山，縣東百里。上有虎跳嶺，雙峰並峙，頂有井泉，四圍石壁嶄巖，有二路可升。正德八年盜起，義兵屯此，爲一方保障。○珞黄山，在縣東六十里，下有珞黄鎮。巴中記謂之東窮峽。

大江，在縣治北。自壁山縣流入界，又於東北入巴縣境。舊志：江經縣治西有石門曰龍門峽，亦曰龍門灘，流入巴縣界接東陽鎮。

僰溪，縣東南三十里。本名夜郎溪，源出遵義府，自南川縣流經綦江縣入縣界，又西北注於大江。亦名南溪。唐四夷縣道記：「自江津路南循僰溪，水路往南平州。」是也。又樂城溪，在縣西三十里，流入大江。有樂城灘。

合小坪，在縣南。正德中賊方四等攻江津，官軍擊敗之，追至此。又山坪，在縣西南。正德中賊曹甫反，據江津，撫臣林俊攻敗之。又敗之於山坪、伏子岸諸處，盡殲其衆。

茅壩驛。在縣東。唐志江津縣有茅壩驛。蜀人謂平川爲壩。唐乾寧三年荆南將許存爲萬州刺史，不容於大帥成汭，遣兵襲之，存走屯於茅壩，降於王建，即此。今廢。○僰溪水驛，在縣治西。又西六十里有石羊水驛，百二十里有石門水驛。萬曆九年改石門曰白沙驛。百八十里有漢東水驛。又白渡水驛，在縣南百二十里。嘉靖中石門、白渡二驛廢，餘仍舊。

壁山縣，府西南百八十里。西北至永川縣七十里。本巴縣地，唐至德二載析巴縣及江津、萬壽縣地置壁山縣，屬渝州。宋因之，元至元二十二年省入巴縣，明成化十九年復置。城不及四里。編户十二里。縣今省。

壁山，縣西南十五里。一名巴山，亦曰重壁山。四面高峻，中央平田，周圍約二百餘里。唐天寶中諸州逃户多投此營種。川中有一孤山，西北兩面皆險絶，東南稍平，因名重壁。郡志：山亦名茅萊山。○縉雲山，在縣北二十里。茂林高峰，勢若飛鳳，一名鳳凰山。有泉出焉，温凉各異。志云：縣北三里又有龍梭山，擁蔽縣後；南十里有龍瑠山，倚障縣南。

大江，在縣治南。自瀘州合江縣流入界，又東入江津縣境。○涪江，在縣北六十里。自合州而南遶流經此，東入巴縣界。

來鳳驛。〔八〕縣東南五十里，馬驛也。東去府城百五十里，舊屬巴縣，成化以後改今屬。志云：縣境有壁山巡司，今革。

永川縣，府西南二百十里。南至瀘州合江縣二百里。本壁山縣地，唐乾元二年分置永川縣，屬昌州。宋因之，元省入大足縣。明初復置，改今屬。城北爲石壘，南臨溪，樹木柵周五里有奇。編户二十五里。

鐵山，縣東二十里。舊有鐵山舖，今爲鐵山鎮，以山石如鐵色而名。隆慶六年移巴縣土沱水驛於此。其相近者有同心山，以與石筍、二郎兩山相連也。○龍洞山，在縣西北二十里。一名英山，上有龍湫。

侯溪，在縣北。志云：縣北枕侯溪，波流闊遠，縣因以名。○松子溉，在縣南百里。源出龍洞山，别流東注，下入大江。

東皐驛。縣東十里。

榮昌縣，府西南三百十里。西北至成都府内江縣百二十里，西南至叙州府隆昌縣百十里。本内江縣地，唐乾元二年析置昌元縣，并置昌州治此。大曆六年州廢，縣屬資州。十年復置昌州治此，光啓初州徙治大足，縣屬焉。宋仍屬昌州，元改爲昌寧縣，尋廢。明初復置，改曰榮昌。城周不及六里。編户二十一里。

昌元城，在縣西南。縣舊治此。宋咸平四年移治羅市，即今治也。

寶蓋山，縣南一里，爲邑中之勝。志云：縣西三十里有磁窑山，一名老雅山。又縣東十五里有葛仙山，縣南三十里有馬面山，縣北百里有銅鼓山，皆高聳。

雒江，在縣西北。亦謂之中江。自内江縣流入境，又東南流入叙州府富順縣界。今治北二里有觀音灘，稍東爲小灘，小灘下四里爲馬灘，水流湍急，勢如奔馬，皆雒江所經也。

峰高驛。在治東，馬驛也。又縣西百十里舊有隆橋馬驛，今爲叙州府隆昌縣。

大足縣，府西二百八十里。東北至合州二百八十里，西至潼川州安岳縣百七十五里。本合州巴川縣地，唐乾元二年置大足縣，屬昌州，光啓初移昌州治此，宋因之。元廢州，并廢縣入合州，明初復置。今城周不及五里。編户三十七里。縣今省。

石龍岡山，縣西十里。其山迴環聳秀，岡脊折紋若龍鱗然。又縣西三里有三華山，三峰屹立，因名。志云：縣東三里有北山，唐時州城置於山上。又有白塔山，在縣北三里。

静南廢縣，在縣東南。唐乾元中置，屬昌州。五代初廢入大足縣。

迴萬山，縣東三十里。山勢高聳，諸山迴顧。又東三十里有雙山，以兩峰並峙也。其相近者曰牛口山，亦高聳。○玉口山，在縣東南三十五里。有老君洞，宏敞可容百餘人。

赤水溪，縣東六十里。源出安岳縣界，流入縣境，又東入於涪江。圖經：「縣東臨赤水，西枕營山，北倚長巖，最爲險固。」營山即石龍岡山矣。又寶珠溪，在縣南四十里。志云：唐貞觀中漁人郭福得大珠於此，因名。

米糧關。縣東二十五里。又縣北三十里有化龍關。○永昌砦，在縣西北。唐乾寧二年昌州守韋君靖所建，靜南令胡密作碑以紀其事，略云「景福元年韋公卜築，當鎮之西北，維沿岡建寨，上摩掩靄，下抗平原，矗似長雲，崒如斷岸，巖巘重疊，磴道崎嶇，一夫荷戈，萬人失據，峥嶸一十二峰，周迴二十八里」云。

安居縣，府西北三百里。東南至合州銅梁縣七十里，西至潼川州安岳縣九十里。漢資中縣地，後周置柔剛縣，并置安居郡治焉。隋開皇初郡廢，縣屬普州，十三年改曰安居縣，大業初屬資陽郡。唐武德二年仍屬普州，大曆二年改隸遂州，尋復故。宋仍屬普州，元廢入銅梁縣。明成化十七年析銅梁、遂寧二縣地復置今縣。城周不及四里。編户十三里。縣今省。

崇龕廢縣，在縣西。劉昫曰：「後周置隆龕城，隋爲隆龕縣，尋廢。唐武德三年復置隆龕縣，屬普州。舊治整瀨川，久視元年移治波羅川。先天元年改曰崇龕縣，仍屬普州。」宋乾德五年廢。唐志：縣西三里有隆龕山，〔九〕後周因以名城。

鳳凰山，在縣東。志云：縣理在波羅川東里許。又東去爲鳳凰山，山頂巨石平正，曰鳳凰臺。其西南對峙者曰龍歸山，山形盤旋如龍，亦一方之勝也，正南曰龍門山，有兩峰壁立如門。○柔剛山，劉昫曰：「在縣東二十步，舊縣治此，天授二年移理張栅。」郡志：今縣治東有飛鳳山，當即柔剛山，又訛爲鳳凰山也。

安居谿。在縣東。亦名瓊江，平灘一帶流入涪江，相傳曾有瓊花浮水面而出。又兜溪，在縣西北三里，以水流迴曲而名。下流合於安居溪。或謂之波羅川，恐悮。

綦江縣，府南二百里。北至江津縣五十里。本曰綦市，宋屬南平軍。元置綦江長官司，屬播州。明玉珍據蜀始置縣，明因之。縣舊爲土城，周不及三里。今圮。編户四里。

石筍山，縣西二十里，又縣北二十里有牛岡山，皆以形似名。○龍登山，在縣西七十里。山勢如龍，一名石磴山。又朽石埡山，在縣南百二十里。山多碎石，有虚巖峭壁之勝。

綦江，在縣南，即夜郎溪也。自南川縣流入，亦曰南江，至縣色如蒼帛，因名綦江。亦曰東溪。萬曆中楊應龍作亂，分兵犯南川、江津、綦江諸縣，官軍與戰於東溪，賊少却是也。西北流入江津縣謂之僰溪。志云：縣東有珍珠灘，又有碼腦灘，北三十里又有砂溪灘，西北三十里又有白渡灘，皆綦江所經矣。近志：珍珠、白渡二灘皆在縣西二十里。似悮。

三溪，在縣南，流合綦江。有三溪渡。楊應龍作亂，時以此爲播界。應龍陷綦江，退屯三溪，即此。

三舍溪關。在縣治南，又南爲綦市關，皆有事時戍守處也。○東溪馬驛，在縣南六十里。有東溪巡司，嘉靖中移趕水鎮。縣西南百二十里又有安穩馬驛，舊有砦，亦曰安穩砦。楊應龍作亂，綦江募兵扼安穩以拒之。既而應龍來犯，分兵屯趕水鎮、猫兒岡諸隘，縣尋爲所陷。

南川縣，府東南三百十里。南至遵義府真安州百五十里。本漢江州縣及涪陵縣地，唐武德二年開南蠻置南州，治隆陽縣。三年改爲僰州，明年復爲南州。先天初改縣曰南川，天寶初又改州爲南川郡，乾元初復故。宋皇祐五年州廢，仍曰南川縣，屬恭州。熙寧七年改隸南平軍。八年廢入隆化縣，元豐中復置。元至元二十三年廢南平軍入南川縣，屬重慶路。明因之。舊有土城，今圮，樹木爲柵。編户四里。

南州城，今縣治。唐置州，治隆陽縣，後改曰南川。宋州省而縣如故。熙寧八年熊本擊渝州南川叛獠，進營銅佛壩，破其黨南川酋木斗，舉溱州地五百里來歸，爲四砦九堡，建銅佛壩爲南平軍。志云：即板楯七蠻故地也。山高谷深，熊本因建爲軍，治在南川南七十里，因割南川縣屬焉。元廢。一統志：「綦江縣南九十里即廢南平軍。」似悞。

隆化廢縣，縣東南百三十里。本漢涪陵縣地，唐貞觀十一年置隆化縣，屬涪州，先天初更名賓化縣。宋初復爲隆化縣，仍屬涪州，熙寧八年改隸南平軍。元省入南川縣。

三溪廢縣，在縣東。唐貞觀五年置縣，屬南州。祝穆曰：「縣有僰溪、東溪、葛溪合流於縣之西北，唐因置三溪縣。其所理名爲石城，甚險峻。宋廢。」○丹溪廢縣，志云：在縣東南三十里。唐武德二年置，屬南州。寰宇記：「南平西四里有赤水，亦曰丹水，唐置丹溪縣以此。」其水流合於僰溪。劉昫曰：「唐初置南州，領隆陽、扶化、隆巫、丹溪、靈水、南川六縣，貞觀十一年省扶化、隆巫、靈水三縣，尋又并丹溪、南川二縣入隆陽。」又當山廢縣，亦在縣東南。唐貞觀五年置當山、嵐山、歸德、汶溪四縣，屬南州，八年皆省。

九盤山，縣東十二里。峰巒高遠，九折而上。縣東六十里又有九遞山，亦高峻。其絶壁色白如銀，上有水瀦而爲池。又最高山，在縣東南九十里。形勢聳拔，千仞干霄，俯視衆山，皆如培塿。○熊井山。在縣南三里。上有井，水清而味鹹。又來遊山，在縣西七里。山臨道旁，行者多憩息於此。

狼猺山，在縣西。一名獛崖。山中人巢樹而居，風俗迥別，謂之狼猺鄉。舊産茶黄黑色，渝人重之。

南江，縣西四里。發源彝獠之界，自遵義府流入境，衆流會合經縣西，又北至三溪口始通舟楫，行三十里至綦市謂之綦江，又西北流至江津縣入大江，謂之南江口，即僰溪之上源也。志云：縣北五十里有龍牀灘，即南江所經，諺云「龍牀如拭，濟舟必吉；龍牀彷彿，濟舟必没」。舟人每以爲驗。

四十八渡水，縣東三十里，兩山壁立，一水回環其中，凡四十八渡，有門穴如户牖然；又流金水，在舊隆化縣南五里，水色如金，泥之沈下者與硫黄無異，俗傳水之發源乃硫黄所出處也；又奉恩溪，在縣西十餘里；其下流皆入於南江。

馬頸關，在縣界。又有雀子岡關。正德中賊方四等攻南川馬頸、雀子岡等關，又攻東鄉、永澄諸處，其地蓋相近云。○東鄉壩，在縣南。萬曆中楊應龍作亂，以此爲播州界。又東有永澄堡。

鹿洞堡。縣南四十里。又南三十里爲溱溪堡，亦曰溱溪寨。其相近有吹角壩，蓋與古溱州相近。宋志：「南川境内有榮懿、開邊、通安、安穩、歸平等砦。又隆化境内有七渡水砦，大觀四年砦廢。」○白錦堡，在縣南八十里，南去遵義府三百里。一統志：「昔楊光榮子孫世守其地，宋端平中嘗移置播州於此。」播州舊志云：「堡在司東二十里。」

長壽縣，府東三百三十里。〔一〇〕東南至涪州百十里。漢江州、枳二縣地，唐武德二年置樂温縣，屬南潾州，九年改屬涪州。宋因之。元至元二十年省入涪州，明玉珍時改置長壽縣，仍屬涪州，明洪武六年改今屬。縣舊有土城，今圮。編户二十七里。

永安廢縣，在縣南。唐武德二年置，屬涪州，開元二十二年省入樂温縣。又温山廢縣，在縣西。唐初置，屬南潾州，尋改屬涪州。宋初因之，熙寧三年省爲温山鎮，屬樂温縣。

樂温山，縣西南四十八里。山下有樂温灘，大江所經也。地氣常温，禾稼早熟，因名。志云：此山人多耆耇，亦名長壽山。郡志：長壽山在縣東北七十里。○三峰山，在縣西十里，有三峰高聳。又縣治西一里有鳳山，其形似鳳也。一名白虎山。

漏明寨山，縣北四十里。山皆石壁，中有洞，石光穿漏，如屋室然。又北八十里有雲陽山，山高聳，舊有雲臺觀在其上。

大江，縣南六里。自巴縣流入界，又東入涪州境。志云：縣南江中有龍舌灘，水落石出，狀如龍舌。其西六里曰三江灘，水分二支，三灘相接。縣東六里又有不語灘，俗傳舟行過此，聞人語聲則江流濆湧。

桃花溪，在縣治東。上有桃花洞。或謂之龍溪。又縣西北七十里有玉溪。杜佑曰：「樂温縣有容溪，下流皆注於江。」

龍溪驛。在縣南，水驛也。會典：「舊屬巴縣，嘉靖十三年改今屬。」又縣北二十里有黔南驛。

黔江縣，府東八百三十里。東至湖廣施州衛二百六十里。漢臨江、涪陵二縣地，屬巴郡，晉以後爲黔陽縣地，屬武陵郡，宋、齊因之。隋開皇初置石城縣，屬庸州，大業初改屬巴東郡。唐武德初改屬黔州，天寶初改曰黔江縣。宋因之，仍屬黔州。元屬紹慶府，明初改今屬。縣舊有城，周不及二里。編户二里。

石城廢縣，志云：在縣東南二十里，隋縣治此。今縣治漢建安中劉璋分涪陵所置丹興縣也。晉太康初縣省，隋改置石城縣。

八面山，縣西二里。山分八面。上有池，周迴百頃，四時不竭。又縣南三里有三臺山，三峰並峙。縣東二里又有狼山，山多狼。○酉陽山，在縣東五里，以地近酉陽境而名。又縣西九十里有武陵山，唐天寶中以縣地舊屬武陵郡，因賜今名。

栅山，縣西三十五里。兩山壁立若門，中寬衍，有平陸數頃，可以耕屯。○大歌羅山，在縣東北九十里，舊置歌羅驛於此。又小歌羅山，在縣東北五十二里。其相近有黄連大埡、黄連小埡二山，皆紆迴綿亘。又有羽人山，在縣東四百三十里。一名神仙山，以山徑幽深而名。志云：縣境有青巖，又有二十五巖，俱藏蜂産蜜，居人取以爲利。

黔江，縣南七十里。勝覽云：「自思州之上費溪發源，經五十八節名灘，至黔州境分流入縣界，爲施州江，入湖廣施州衛謂之清江是也。」舊志：源出蠻中，南流名柘林溪，經天池、洛浦名黔黎溪，南至金洞、唐崖入黔江縣名黔江，下流會思州水德江。悮。

四十八渡水，縣西二十里。源出栅山，曲折流四十八灣，灘磧鱗比，舟楫不通。又西三十里峭壁中有水櫃，人迹不到，曰櫃子巖。志云：縣境有大木溪，又有七十八溪，皆灌溉田禾，民以爲利。

石勝關，縣東五十里。又老鷹關，在縣東南七十里。志云：縣與施州衛散毛宣撫司接境，正德以後施州諸土司往往與川蜀諸土蠻表裏姦宄，嘉靖十年於黔江千户所、散毛宣撫司中界設立老鷹等三關、五堡，以控扼之。

白石寨。在縣境。宋志：「縣有白石、雙洪、鹿角、白水、石柱、高望、茆田、石門、虎眼、木栅等寨凡二十有七，〔一二〕皆置兵以控馭蠻獠。」

附見

重慶衛。在府治西。洪武六年建，領左、右、中、前、後五千户所，隸四川都司。○黔江守禦千户所，在縣治東。洪武十一年建，隸重慶衛。

合州，府北百五十里。東北至順慶府廣安州三百里，北至順慶府三百二十里，西北至潼川州遂寧縣三百三十里。

古巴國，秦屬巴郡，兩漢因之。晉、宋亦屬巴郡。齊改置東宕渠郡，杜佑曰：「劉宋置東宕渠郡。」今沈志不載。齊志梁州有東宕渠荒郡，益州有東宕渠獠郡。梁曰宕渠郡，西魏改曰墊江郡，兼置合州。以涪、漢二水合流而名。隋開皇初廢郡，十八年改合州曰涪州，大業初又改州爲涪陵郡。唐初復爲合州，天寶初曰巴川郡，乾元初復舊。宋仍曰合州，亦曰巴川郡。元因之。明仍曰合州，以州治石照縣省入。編户四十一里。領縣二。今因之。

州枕二江之口，當衆水之湊，憑高據深，屹爲險要。岑彭之討公孫述也，留將守江州，而自引兵乘利直指墊江。先主詣劉璋，取道墊江入涪。自是有事於蜀者從内水即涪江。必出墊江，墊江實控扼之所矣。胡氏曰：「李雄、譙縱取蜀，東不能過墊江。以苻秦兵力之盛，取梁、益如反掌，墊江以東不能有也。北魏邢巒圖蜀，所規者亦止墊江以西，蓋地利足恃矣。宋自紹定失蜀，彭大雅城渝爲制府，支持西蜀且四十年，渝之所恃者亦在墊江也。」

石照廢縣，今州治，華陽國志曰：「巴子嘗治此。」秦滅巴置墊江縣，屬巴郡。兩漢因之。墊，顔師古曰：「讀若疊。」建安六年改屬巴西郡，三國漢建興十五年還屬巴郡，晉、宋因之。齊置東宕渠郡，梁曰宕渠郡，治墊江。敬帝初，時益州境内皆屬西魏，惟前梁州刺史譙淹屯於東遂寧不附魏，宇文貴攻之，淹徙屯墊江，尋爲魏將賀若敦等所敗没。西魏改宕渠郡曰墊江，因改縣曰石鏡縣。隋、唐以來皆爲州郡治。宋乾德三年改爲石照縣，仍屬合州，淳祐三年徙州治釣魚山，縣亦徙治焉。景炎三年州將王立以城降元，元至元二十二年州縣復還故治。明初省。今州城明天順中因舊址修築，萬曆三年增修。門十一。城周十六里有奇。

赤水廢縣，州西北百三十里。本墊江縣地，隋開皇八年置赤水縣，屬合州。唐因之。宋熙寧四年省入銅梁縣，七年復置，仍屬合州。元至元二十年并入石照縣。又巴川城，在州南七十五里。唐開元二十三年析石鏡、銅梁二縣地置巴川縣，屬合州，宋因之，元省入銅梁縣。

漢初廢縣，州西北百九十里。漢墊江縣地，蕭齊置漢初縣，屬宕渠郡。梁置新興郡治焉，西魏改郡曰清居。隋郡廢，縣屬合州。唐仍曰漢初縣，宋因之，皆屬合州。寶祐中兵亂縣廢。志云：州南五里有巴子故城。東北又有什邡侯城，相傳漢初雍齒曾築城於此。

釣魚山，州東十二里。涪江在其南，嘉陵江逕其北，東西南三面皆據江，峭壁懸巖。山南有大石平如砥。山上有天池，周五百餘步，大旱不涸。宋淳熙三年余玠帥蜀，兼知重慶府。時蜀已爲蒙古所殘破，玠力謀完復。冉璡謂玠曰：「爲今日守蜀計，其在徙合州城乎？蜀口形勝之地莫如釣魚山，請徙諸此。若任得其人，積粟以守之，勝於十萬師遠矣。」玠從之，遂城釣魚以備内水，又於利、閬諸州皆因山爲壘，棋布星列，爲諸郡治所，凡築十餘城而蜀始可守。志云：今山在州治東，隔江五里，屹然形勝。

銅梁山，州南五里。東西連亘二十餘里，巔平整，環合諸峰，此爲獨秀。有石梁横亘，色如銅，蜀都賦所云「外負銅梁」者是也。又州東五里有學士山，山聳秀而復圓潤。○龍多山，在州西北百里，涪江經其下。山遠且高，逶迤如龍蟠。志曰：銅梁、龍多，州境之大山也。

寨山，州西二十里。峭壁如削，昔人避亂保聚於此。又青石山，在州西二百二十里，涪水之南。李膺益州記：「昔巴、蜀争界，久而不决。漢高八年，一朝密霧，山爲之裂，自上及下破處直若引繩，於是州界始判。」○斜崖山，在州東北八十里。巖石奇勝，巖下有洞，内有龍湫。

馬騣山，州東北百五十里。宋咸淳九年叛將劉整獻計於蒙古，欲自青居進築馬騣、虎頭二山扼三江口以圖合州，蒙古遣統軍合剌築之。合州將張珏聞之，乃張疑兵於嘉渠口，潛師渡平陽灘，火其資糧器械，越砦七十里，焚船場，由是馬騣城築卒不就。既而珏言於朝，請城馬騣、虎頭二山，或先城其一以據險要，不果。○北巖，在州北五里。亦曰北崖，又名濮巖。或以爲古濮國，即所謂巴、瀘、彭、濮者也。

嘉陵江，州北五里。自順慶府流入州界，經州治東北而渠江合焉，謂之嘉渠口，亦謂之渠口；又經州東南而涪江合焉，並流至府城北，亦謂之渝水。志云：嘉陵水上源曰西漢水，至閬中曰閬水，至渝州曰渝水。又有鷄爪灘，在州東北江中。宋開慶元年蒙古主蒙哥攻合州，引兵自鷄爪灘直抵城下，力攻不能克是也。餘詳大川。

涪江，在州城南。自潼川州遂寧縣入州界，至州東南而嘉陵江合渠江來會焉，亦曰三江口，並流至府城東而合於岷江，所謂內水也。詳見大川涪水。

宕渠江，亦曰渠江。自順慶府廣安州西南流經州界，至州治東北而合於嘉陵江，曰渠口。詳見大川渠水。

合陽驛。在州治東，水驛也。舟楫往來，此爲必經之地。

銅梁縣，州西南九十里。西至大足縣百里。本墊江縣地，唐長安三年析置銅梁縣，屬合州。今縣城周五里有奇。編户四十一里。

銅梁城，舊在縣西北。劉昫曰：「縣初治奴崙山南，開元三年移治於武金坑。」王象之曰：「舊治在縣北列宿壩，後移治涪江南岸，宋又移治於東溪壩。」蓋遷徙不一也。元時始移今治。

六赢山，縣西三十五里。唐合州刺史趙延之集義兵於此，六戰六贏，因名。又龍透山，在縣西三十里。山壁絶峭，中有穴，望之通明。縣西南十里又有鍾山，有池，大旱不涸。○巴嶽山，在縣南十五里。巖洞幽勝。

新開山，縣東六十里。山有道直走巴縣。志云：縣東七十里有南峰，高五里，爲峽山之勝。兩山複出對峙，中廣十里。塗左有穴謂之仙洞，深五里，水伏流其中，出爲大澗。又中峰，在縣東南九十里。山環如盤，周二十里，民居如晝。有泉冬夏不滅，俗名天池。

涪江。在縣北境。自潼川州遂寧縣流入界，又東接定遠縣境，至合州會於嘉陵江。○馬灘河，在縣南五十里。源出大足縣界，東流經合灘，有樓灘河來會焉，經縣南而東注於涪江。又巴川河，在縣治南。水流曲折如巴字。又有東淮遠洞河，在縣北四十里，小安溪，在縣北二十里；皆東流入於涪江。

定遠縣，州北百五十里。東北至廣安州岳池縣百三十里。宋石鏡縣地，名女箐平，開禧間嘗置和溪縣，尋廢。元至元四年置武勝軍，行和溪安撫司事。尋改爲定遠州，二十四年降爲縣，屬合州。明因之。今縣城周七里。編戸十四里。

平曲城，在縣西。後漢初公孫述置城於此，貯兵積粟以禦漢。建武十一年岑彭自墊江而進，攻破平曲，收其米數十萬石。既又命臧宮泝涪水上平曲，以拒延岑於廣漢。平曲蓋在涪水濱，以波平水曲爲名也，或曰平曲在射洪縣東界，酈道元云：「即潼川州之平陽鄉。」悞。○定遠故城，在縣北。志云：舊治女箐平，涪江漲溢城壞，嘉靖三十年移治江岸南十里，地名廟兒壩，築城環之，即今治也。

武勝山，縣治東一里。舊名飛龍峰，蒙古主蒙哥攻釣魚城，屯兵於此，因改今名。又焦石山，在縣北四十里。山高聳，石色焦赤。又縣南六十里有麻油山，土黑而潤，因名。

嘉陵江，舊在縣治南，今在縣北十里。自順慶府南流入縣境，又南入合州界注於渠江。○涪江，在縣西南。自銅梁縣流入縣界，又東南流至合州合於嘉陵江。

花石溪，縣東三十里。下流合於嘉陵江。又苦竹溪，在縣南二十里，兩岸多苦竹；又鹽灘溪，在縣南十五里，舊有鹽泉，其下流皆注於涪江。

太平驛。在縣治南。輿程記：「自驛至岳池縣之平灘驛凡百六十里。」

忠州，府東六百四十里。東至夔州府萬縣二百六十里，南至涪州彭水縣五百九十里，西北至順慶府廣安州三百四十里。

古巴國地，秦屬巴郡，兩漢因之，後漢末屬永寧郡。晉志：「漢獻帝初平六年以臨江縣屬永寧郡。」晉仍屬巴郡，宋、齊因之。梁置臨江郡，西魏廢帝二年兼置臨州。隋開皇初郡廢，大業初州廢，屬巴東郡，義寧初復置寧州。唐初因之，貞觀八年改曰忠州，以巴臣蔓子及巴郡守嚴顏並著忠烈而名。天寶初曰南賓郡，乾元初復曰忠州。五代因之。唐末王建移鎮江軍於此，兼領夔、萬二州。朱梁乾化四年軍還治夔州。宋仍曰忠州，亦曰南賓郡。咸淳初升爲咸淳府。以度宗潛邸也。元復曰忠州，明因之，以州治臨江縣省入。編户七里。領縣二。今仍舊。

州東通巴峽，西達涪、渝，山險水深，介乎往來之衝，居然形要。萬曆中奢崇明陷重慶，石砫女官秦良玉趣援，留兵守忠州，以爲犄角之勢，兼令夔州設兵防瞿唐，爲上下聲援云。

臨江廢縣，今州治。漢縣，屬巴郡，王莽改曰監江。後漢復曰臨江縣，晉、宋皆屬巴郡。梁爲臨江郡治，西魏爲臨州治。隋大業中屬巴東郡，唐爲忠州治，宋以後因之，明初省。今州城洪武中調長沙衛官軍修築，甃以磚石。爲門五。城周四里有奇。

龍渠廢縣，州東南百八十里。宋志：「南渡後增置，屬忠州。」元初省。○石城，在縣東。水經：〔三〕「江水又東得黄華水口，左逕石城南。」寰宇記：「石城在臨江縣東百里岷江北岸。」李雄之亂，巴西郡嘗寄理於此。其城四面懸絶，亦謂之巴子城。又或謂之臨江城，漢縣蓋治此云。

屏風山，在州城南，隔江一里。一名翠屏山，一名夏祠山，以上有禹廟也。亦曰南山。又引藤山，在州南四里。山出引藤，可以吸酒。又州東南六十里有倚天山。山高聳，勢若倚天。

涂山，州東南八十里。亦曰方斗山，以形似名也。山有龍洞，亦曰蟠龍洞。華陽記：「臨江縣有鹽官，在鹽、涂二溪，一郡所仰。」今涂溪發源蟠龍洞，來經涂井，在州東八十里。

大江，在州城南。自涪州流經酆都縣南，又東入州界。今州東五十里有黄華洲，亦曰皇華洲，江浦周迴可二十里。又州西二里有石梁，亘三十餘丈，横截江中，俗呼倒鬚灘。水經注「江水逕虎鬚灘，灘水廣大，夏斷行旅」，即此灘也。郡志：州東二里江中有猴子灘，西三十里有白馬灘，皆以形似名。州東三十里又有折魚灘，石觜入江，水勢衝激，魚不能上，往往折回，舟行至此，水漲則平，水落則凶。

鳴玉溪，州西北十里。上有懸巖，瀑布高五十餘丈。潭洞幽邃，古木蒼然。亦名西溪，流經州治西二里入於岷江。

臨江鎮。州西一里。有巡司戍守。又州東一里有雲根遞運所。志云：州舊有雲根水驛，在治南，嘉靖中革。○花林水驛，在州西八十里；又有曹溪水驛，在州東百二十里；皆江行者必經之道。

酆都縣，州西二百里。西南至涪州百四十里，西至廣安州鄰水縣百八十里。漢巴郡枳縣地，和帝永元二年分置平都縣，三國漢併入臨江縣。隋義寧二年分臨江置豐都縣，屬臨州。唐屬忠州。乾寧二年荆南帥成汭與其將許存泝江略地，黔中帥王建肇棄黔州，收餘衆保豐都。汭將趙武自黔中數攻豐都；建肇不能守，降於王建。又後唐長興初孟知祥將朱偓侵涪州，武泰帥楊漢賓棄黔南奔忠州，偓追至豐都，還取涪州是也。宋初廢，紹興元年復置，仍屬忠州。元因之。明初改豐曰酆。今縣城周三里有奇。編戶四里。

南賓廢縣，縣東北七十里。唐志：「武德二年析萬州之武寧縣地置，屬臨州，尋屬忠州。」宋、元因之，明初省入酆都縣。

平都山，縣東北三里。道書七十二福地之一也，漢以此名縣。下有豐民洲，洲臨江。今亦名酆都山。又白鹿山，在縣北一里，與平都山峰巒相接。又金盤山，在縣北三十里。巖石回環，如金盤然。○鷄公觜山，在縣東北三十里；又東北二十里有石龜山；山皆臨江爲險。

尖峰山，縣東五十里。山峰矗起，如卓劍然，亦曰劍峰山。又大峰門山，在縣東七十里。峰頂二石並峙，如門之闢。又周城山，在縣南七十里。石壁四周，儼若城壁。

大江，縣城南。自涪州流入境。縣西南二里有礬石灘，又西有觀音灘，皆江流所經也。○南賓河，在縣治南二里。又縣西三里有石板溪，其下石平如板。縣東二里有龍停溪，中有龍潭。邑志：縣治西南有葫蘆溪，治東有稂溪，下流俱入於大江。

沙子關。縣南二百里。有巡司戍守。嘉靖二十七年添土副巡司。又酆陵驛，在縣東北三里，水驛也。東去忠州之花林驛百十里。

墊江縣，州西北二百八十里。東北至夔州府梁山縣百六十里，西北至廣安州渠縣百二十里。漢臨江縣地，西魏分置墊江縣，屬容山郡。後周改爲魏安縣。隋開皇初郡廢，縣屬渠州，十八年復改縣曰墊江。唐武德初屬潾州，九年改屬臨州，尋屬忠州，宋因之。元至元中省入酆都縣，至正末明玉珍復置縣。明因之。今縣城周七里。編户十二里。

桂溪廢縣，縣東六十里。本臨江縣地，唐武德二年析置清水縣，屬臨州，天寶初改爲桂溪縣。宋初仍屬忠州，熙寧五年省入墊江縣。○容山廢縣，在縣西南。隋志：「西魏置容山縣，并置容山郡治焉，隋開皇初郡縣俱廢。」

將軍崖山，縣東南十里。山形陡峻，因名。志云：有二石柱形若將軍也。又壁斗山，在縣北三十里。峰巖環列，如北斗然。又曲尾山，在縣東南六十里。岡隴延袤，如獸環尾。志云：縣東北二十里又有峰頂山，亦高聳。

高灘溪，縣東南五十里。其水險惡，自達州界流入縣境，下流入長壽縣達龍溪注於大江。○桂溪，在縣東。溪旁多桂，下流入梁山縣界。志云：縣東三十里有三河口，有三水相合，亦入梁山縣合於桂溪。

白渡驛。在縣治東，馬驛也。道出廣安、達州之界。白渡水驛，見江津縣。

附見

忠州守禦千户所。在州治東。洪武十二年建，隸湖廣瞿唐衛。

涪州，府東三百四十里。東至忠州三百五十里，西北至順慶府廣安州渠縣二百七十里。

春秋巴國地，秦屬巴郡，兩漢因之。蜀漢置涪陵郡，華陽國志：「漢建安中涪陵令謝本以涪陵廣大，白州牧劉璋分置丹興、漢葭二縣以爲郡，璋乃分涪陵立永寧、丹興、漢葭，合四縣置巴東屬國都尉，理涪陵。蜀先主改爲郡。宋白曰：「先主以地控涪江，於此立郡，領漢平、漢葭二縣。」丹興，見黔江縣。晉因之。宋、齊亦曰涪陵郡，隋初郡廢，屬渝州，大業初屬巴郡。唐武德初置涪州，劉昫曰：「於涪州涪陵鎮置。」天寶初曰涪陵郡，乾元初復曰涪州。宋因之。亦曰涪陵郡。元至元二十年以州治涪陵縣省入。明仍曰涪州。編户十里。領縣二。今因之。

州南通武陵，西接牂牁，地勢險遠，人兼獽、蜑。華陽國志曰：「涪陵，巴之南鄙也。從枳縣入，泝涪水，秦司馬錯由之取楚黔中地。」此涪水蓋指黔江。今自州以南，山川迴環，幾及千里。唐、宋時嘗以黔州控扼形要，即今彭水縣。往往置鎮設兵，以兼總羈縻州郡。唐以黔州爲都督府，督思、辰、施、播等州，兼領羈縻數十州。宋亦置軍鎮，領羈縻州至五十有六。明初以黔并入於涪，州之險實倍於前代。四裔考云：「武隆一縣爲州之要地，牂牁黔、楚，指臂東西，北枕巴江，南通貴竹，三面皆界於土司，所謂酉陽之咽喉，石砫之項背，而真州則又胸腹之患也。南蠻有事，全蜀之患，武隆實先當之。志云：武隆難先全蜀，險扼諸蠻。然則州之形勝，益可知矣。」

廢枳縣，今州治。漢縣，屬巴郡。胡三省曰：「漢之涪陵，今彭水縣也，今之涪陵乃漢枳縣也。」史記蘇代曰「楚得枳而國亡」，即此。漢因置枳縣，後漢因之。晉亦屬巴郡，宋、齊仍舊，後周廢。賈耽四裔縣道記：「涪陵故城在蜀江南，涪江西。其涪江南自黔中來，由城之西泝蜀江十五里有鷄鳴峽，上有枳城，即漢枳縣。李雄據蜀後枳縣荒廢，桓溫定蜀別立枳縣於今郡東北十里。周武帝保定四年涪陵首領田思鶴歸化，於故枳城立涪陵鎮。隋開皇十三年移漢平縣於鎮城，仍改漢平爲涪陵縣，因鎮爲名。唐涪州治涪陵，實漢之枳縣。」寰宇記：「枳縣城在巴縣北百十五里。」悮也。城邑考：「州城明初因舊址修築，成化初甃以石。有門五。城周四里。」

漢平廢縣，州東百二十里。漢枳縣地，三國漢建興中置縣，屬涪陵郡。晉因之，宋、齊仍舊，後周涪陵郡治焉。隋開皇初廢郡，仍移縣於涪陵鎮。十三年改爲涪陵縣，即今州治。胡氏曰：「漢平故城在羅浮山北，岷江之南，白水入江處側近」云。

漢復城，州南九十里。蜀先主置縣，屬涪陵郡。晉徙涪陵郡治此，宋、齊因之。後周移郡治漢平，縣省入焉。○漢葭廢縣，在州東百里。後漢建安中劉璋置漢葭縣，屬巴郡。三國漢改屬涪陵郡，晉、宋因之，後周廢。

鐵櫃山，州北五里。横亘江北，與州治相望，俯臨長江，屹立如櫃。相傳諸葛武侯曾屯兵於此，舊城猶存。一名石甕磧。山下爲北巖山，即程伊川先生註易之所。○龜山，在州東北。志云：山一名三台山，在黔江東岸。宋咸淳三年嘗移州治於三台山，即此。

五花山，州西二十里。五山排列，宛然如花。又合掌山，在州西北五十里，二山對合如掌。下有毛家泉，一日三潮。

黄草峽，在州西。唐大曆四年瀘州刺史楊子琳作亂，沿江東下，涪州守捉使王守仙伏兵黄草峽，爲子琳所擒。水經注「涪州西有黄葛峽，山高險絶無人居」，即黄草峽也。杜甫詩「黄草峽西船不歸」，註亦曰峽在涪州西。

大江，在州城北。自長壽縣流入界，至城東涪陵江水合焉，又東北入酆都縣境。

涪陵江，在州城東。志云：自思州境流入黔州界，分流爲施州江，其正流經彭水、武隆二縣凡五百餘里與蜀江會於州之東。以來自黔中，亦名黔江。其水淵澄清徹，可鑒毛髮，蓋即烏江下流矣。庾仲雍云：「別江出自武陵。」水經：「延江水從鳖縣東屈北流至巴郡涪陵縣注更始水。」酈道元曰：「更始水即延江枝分之始。」蓋皆涪陵江矣。

横石灘，在州西大江中。本名黄石灘。後漢紀：「建武十一年岑彭等討公孫述，破述將侯丹於黄石。」章懷太子賢曰：「即黄石灘也。」杜佑曰：「今謂之横石灘，亦謂之石梁。」水經注：「江水自涪陵東出百里而屆於黄石。」今黄石在涪陵西，據岑彭傳「長驅入江關，至江州，留馮駿攻圍，自引兵直指墊江，述别遣侯丹拒黄石，彭乃自墊江還江州，泝都江而上，襲擊侯丹大破之」，則黄石應在江津、壁山以上，不在涪州明矣。姑存以俟考。○銅柱灘，在涪陵江口，最峻急。昔人維舟於此，見水底有銅柱，因名。下有沙洲，水落則露，一名錦綉洲。又有百牽灘，在州東五十里大江中，以舟行至此，牽挽爲艱也。志云：州治北有歇神灘，相傳張桓侯被刺，其首曾飄泊於此。又州東十里有羣猪灘，水落見羣石如猪。

陽關，在州城西。華陽國志：「巴子所置三關之一也。」漢時恒有都尉守之。蜀漢延熙中車騎將軍鄧芝以江州都督治陽關是也。水經注：「江水東逕陽關巴子梁。」巴子梁即横石灘矣。括地志：「涪州之陽關，夔州魚復縣之江關，峽州巴山縣之捍關，此三關也。」○清溪關，在州東南，亦曰清溪鎮。唐開成三年牂牁蠻寇涪州之清溪鎮，鎮兵擊却之，即此。

安西砦，在州西。宋末張珏守重慶，城陷，順流走至涪，元人以舟師邀之，遂被執，至安西死之。又白馬砦，在州南。

宋置。旁有白馬鹽場。大觀四年砦廢。

藺市。在州西六十里。宋開慶元年蒙古主蒙哥攻合州，命其將紐璘造浮橋於涪州之藺市以杜援兵，吕文德攻浮梁，力戰得入重慶是也。今爲藺市水驛。志云：州治南四里有馬援壩，爲伏波征武陵蠻時駐兵處，蓋傳訛也。○涪陵驛，在州治東，濱江水驛也。又東六十里至東青水驛，又東北八十里至酆都縣之酆陵驛。

武隆縣，州東南百七十里。東至黔江縣二百三十里。漢涪陵、枳二縣地，屬巴郡。唐武德二年析置武龍縣，屬涪州。宋因之，宣和初改爲枳縣，紹興元年復故。元仍曰武龍，明初改龍爲隆，仍屬涪州。縣無城。編户二里。縣今省。

信寧廢縣，縣西百里。劉昫曰：「隋置信安縣，以境内有信安山而名。唐武德二年改曰信寧，屬義州。貞觀十一年州廢，來屬黔州。」宋因之，嘉祐八年省入彭水縣。今屬縣界，有巡司戍守。

龍橋山，縣東五十里。逶迤如龍，下有空洞。一名武龍山，唐以此名縣。○七龜山，在縣北二里。山高大，上有七穴。又青雲山在縣東北五里，縣北三十里又有鑽天山，皆以高聳得名也。

黔江，在縣治南。自彭水縣東北流入境，又折而西北流入涪州界。縣西三十里有白馬灘，西五里有石床灘，皆以形似名。又有關灘，在縣東五里。兩山排列，中多巨石，江經其間，飛湍激怒，聲震如雷。舊志：縣前江中有蜀江門灘，即關灘矣。今有關灘公館。○龍寶潭，在縣東北七十里。林箐幽絶，入可十里，平沙曠野，自爲一境。

信寧鎮。即縣西廢信寧縣，有巡司戍守。又縣東百五十里有郁山鹽課司。

彭水縣，州東南三百四十里。北至忠州五百九十里，東北至湖廣施州衛六百里。漢涪陵縣地，屬巴郡。晉屬涪陵郡，永嘉以後没於蠻獠。後周武帝保定四年得其地，置羈縻奉州，尋改黔州。隋開皇十三年置彭水縣爲黔州治，大業初改州爲黔安郡。唐武德初復曰黔州，四年置都督府於此。十一年罷都督府，先天二年復爲都督府。天寶初曰黔中郡，兼督羈縻五十州。十五載又置黔中節度使，乾元初復爲黔州，都督府如故。大曆以後又改節度爲團練、觀察等使，元和三年復爲節度使。光啓三年曰武泰軍節度，天復三年王建移軍於涪州，黔州屬焉。宋仍曰黔州，亦曰黔中郡、武泰軍，領羈縻州四十九。紹興以後領五十六州。紹定元年升爲紹慶府。元因之。皆治彭水縣。明初省府存縣，改屬涪州。縣無城。編户八里。

廢黔州，即今縣治。本漢之涪陵縣也。華陽國志：「涪陵，巴之南鄙。漢興，置涪陵縣，常爲都尉理。山險水灘，人多獽、蜑。蜀漢置涪陵郡於此。延熙十一年涪陵大姓徐巨反，鄧芝討平之。晉仍屬涪陵郡。」太康地記：「涪陵在江之東。」是也。永嘉以後没於蠻獠。後周保定四年蠻帥首領田思鶴歸化，因以涪陵地置奉州，尋改爲黔州。説者遂以黔州爲秦之黔中，非也。胡三省曰：「漢涪陵地大而遠，唐之夷、費、思、播及黔府五州悉涪陵地。晉季多故，涪陵陷於蠻獠，延至西魏，圖記不傳。後周始置奉州授蠻帥田思鶴，尋曰黔州。隋人因之，大業中又改黔安郡。因周、隋州郡遂與秦、漢黔中郡交互難辨。」今湖廣之辰、獎、錦、叙、溪、澧、朗、施八州，是秦、漢黔中地，與涪陵隔越峻嶺。嶺之東有沅江與諸溪並會而東注於洞庭湖，嶺之西有巴江水，亦名涪陵江，自牂牁北歷播、費、思、黔等州，北注岷江。以山川言之，涪陵與黔中炳然自分也。唐、宋皆置都督、節度於此，至明降爲屬州之邑，蓋因革不同矣。又讀書雜記：「杜氏通典云黔州治彭水縣，即秦之黔中、漢之武陵地，權載之觀察使廳壁記有云黔州地近荆、楚，候如巴、蜀、五溪，襟帶蠻蜑聚落，寰宇記曰劉先主於五溪蠻地置黔安郡，即今黔州，一統志則云自孫吴至梁皆爲黔陽地，皆未考黔州之爲涪陵也。」今黔中節鎮詳州域形勢。

盈川廢縣，在縣西南。劉昫曰：「唐武德二年分彭水地於巴江西置盈隆縣，屬黔州。先天元年避太子諱改曰盈川，天寶初改曰洋水。」宋因之，嘉祐八年省入彭水縣。又都濡廢縣，在縣南。唐貞觀二十年分盈隆縣置都濡縣，屬黔州。宋因之，嘉祐八年亦省入彭水縣。

洪杜廢縣，在縣東。劉昫曰：「唐武德二年分彭水置洪杜縣，治洪杜溪，屬黔州。麟德二年移治龔湍。」宋仍屬黔州，嘉祐八年廢爲洪杜砦，屬彭水縣。○萬寧廢縣，在縣南境。本涪陵地，劉璋分立永寧縣，蜀先主改曰萬寧，晉因之，屬涪陵郡。太康地志：「萬寧在涪陵郡南，水道九百里。」胡三省曰：「今費州是其地。」費州，見貴州思南府。

老鷹砦山，在縣治東。山形若鷹，宋元豐間屯兵於此以禦蠻寇。又壺頭山，在治西二里。亦高聳，以形似名。志云：縣治東又有甘山，峰嶺奇秀，泉石清幽。○摩圍山，在縣西隔江二里，道家以爲洞天福地。上有石泉，下有五龍室。蠻人呼天爲圍，以山高極天，因名。又十二盤山，在縣西二十里。山高險，盤折十二始至其巔。

獨勇寨山，縣東三十里。山險峻，昔人避亂居此，蠻獠不敢攻。又歌羅山，在縣東北四十九里，回旋起伏，如歌羅然。蠻獠多依阻於此。縣東二百四十里又有伏牛山，左右皆有鹽井。○惡崖，在縣西八里。高峻險惡，有小徑路出思州。志云：縣北五十里有側坡，崎嶇險側，有小路可通夔州。縣東百七十里又有梅子坡，路通湖廣之散毛、盤順、思南諸土司，爲襟要處。

涪陵江，在縣城西。亦曰黔江，亦曰巴江。自貴州思南府流入境，東北入武隆縣界。志云：縣北有木梭灘、上新灘、鹿角灘、石蛇灘，黔江經此，水勢最險，舟行必出所載，然後可行。又有曲尺、下巖、下新、替蛇、土腦五灘，水勢略平，舟過此入武隆境始爲安流。

水德江，在縣東南。其上源即烏江也。自貴州思南府流入界。入於涪陵江。

界山寨。在縣境。宋志：「彭水縣有洪杜、小洞、界山、難溪四寨。」○安定洞，在縣東南，接湖廣施州衛界。宋志：「施州南六百八十里至安定洞。」嘉祐三年詔以施州蠻向永勝所領州爲安定州，即安定洞矣。其相近者又有安遠洞，亦曰安遠州。宋天聖二年詔安遠等州蠻道遠，聽以方物留施州，蓋皆宋時羈縻蠻酋屯聚處。

校勘記

〔一〕晉志至前巴東郡爲巴郡　晉志卷一四益州下云：「獻帝初平元年劉璋分巴郡立永寧郡。建安六年改永寧爲巴東，以巴郡爲巴西，又立涪陵郡。二十一年劉備分巴郡立固陵郡。蜀章武元年，又改固陵爲巴東郡，巴西郡爲巴郡。」本書所引與晉志有異。

〔二〕又勝已山至錫以今名　勝已山原名何山？文中不明。鄒本無「因名」二字，「錫以今名」作「錫名」。

〔三〕巫山　此巫山條共六十七字，敷本、鄒本全脫。

〔四〕漢朐忍縣地　「忍」，底本原作「肕」，據漢志卷二八上「巴郡朐忍縣」改。

〔五〕丕氏　今中華書局標點本宋史卷八九據九域志卷八、輿地紀勝卷一七九改「丕氏」爲「石氏」。

〔六〕縣北五里　「北」，底本原作「治」，今據職本改。鄒本作「縣治東五里」，與職本異。

〔七〕章武元年改巴東仍屬巴郡　巴東亦爲郡，不得云「仍屬巴郡」。晉志卷一四云：「蜀章武元年又改固陵爲巴東郡，巴西郡爲巴郡。」本書當有訛脱。

〔八〕來鳳驛　此來鳳驛條共四十二字，敷本、鄒本全脱。

〔九〕隆龕山　「隆」，底本原作「龍」，今據敷本、鄒本及舊唐志卷四一改。

〔一〇〕府東三百三十里　長壽縣距府治不當有此數，清史稿卷六九地理志長壽縣下作「府東北百五十里」，較合實情。

〔一一〕凡二十有七　宋志卷八九黔江縣下云有二十九砦，本書有誤。

〔一二〕水經　此當作「水經注」，下所引爲水經江水注文。

讀史方輿紀要卷七十

四川五

遵義府，東至貴州偏橋衛界四百八十里，南至貴州養龍坑長官司界九十里，西至瀘州合江縣界九百里，北至重慶府六百九十里，自府治至布政司千七百里，至京師九千七百里。

禹貢梁州之域，秦爲巴郡地，漢初爲夜郎侯國，武帝平西南夷，置牂牁郡，後漢因之。晉仍爲牂牁郡地，宋、齊因之。齊志曰南牂牁郡。隋開皇初置牂州，大業初曰牂牁郡。唐初没於蠻，貞觀九年始置郎州，以本夜郎地而名。十一年廢。十三年復置，改曰播州，景龍四年以州爲都督府，先天二年罷。天寶初曰播川郡，乾元初復爲播州。大中末没於南詔，咸通初收復。太原人楊端收復，遂世有其土。宋爲羈縻蠻地，大觀二年復建播州，南平蠻人楊文貴獻地，因置州。亦曰樂源郡。宣和三年州廢。端平三年復置，宋志：「宣和中州廢爲城，隸南平軍，端平中復以白錦堡爲播州。」堡見重慶府南川縣。通考：「先是置軍曰遵義，尋廢爲播川縣，隸南平軍，又改縣爲砦，隸珍州。」嘉熙三年置播州安撫司。元曰播州軍民安撫司。元史：「至元十三年楊漢英以播州降元，元仍授爲安撫司。二十八年漢英言：『所授安撫職任隸順元宣慰司，其所管地於四川行省爲近，乞改爲軍民宣撫司，直隸四川。』從之，因授漢英爲紹慶珍州南平等處沿邊宣慰司，行播州軍民宣撫司，於是播州亦兼宣慰、宣撫之稱。」明洪武四年歸附，亦曰播州宣撫司，六年升爲宣慰使，萬曆二十七年改爲遵義府。領州一，縣四。今因之。

府重山複嶺，陡澗深林，土地曠遠，延袤千里。戰國時楚威王使莊蹻將兵循江上略巴、黔中以西，即其地也。漢元鼎中欲平南越，唐蒙上書曰：「浮舡牂牁出其不意，此制越一奇也。」說者謂牂牁去越道頗迂遠，今其地介川、湖、貴竹之間，西北則塹山爲關，東南則附江爲池，蒙茸鑱削，居然險奧，川、黔有事，此亦碁劫之所矣。萬曆中楊應龍作亂，竭三省之兵力然後克之，平播考：「萬曆中應龍叛，詔川撫李化龍督兵討之。化龍督川帥劉綎進綦江，吳廣進合江，麻孔英進南川，黔帥董元鎮進烏江，曹希彬進永寧，李應祥進平越，湖帥陳璘進湄潭，朱鶴齡進沙溪，八路並進，自正月至六月始克平。」豈非以地勢險遠，負嵎難犯歟？

遵義縣，附郭。漢牂牁郡故且蘭縣地，後漢因之。晉置萬壽縣，爲牂牁郡治，宋、齊仍舊。隋置牂牁縣，州郡皆治此。唐貞觀九年改置恭水縣，〔一〕爲郎州治，州廢縣亦省。十三年復置恭水縣爲播州治，十四年改曰羅蒙縣，十六年又改遵義縣。通典：「州治播川縣，兼領遵義等縣。」今新、舊唐書皆無播川縣也。宋大觀中始建播川縣爲州治，宣和三年州縣俱廢，以播川城隸南平軍。尋置遵義砦，屬樂源縣。開禧三年升爲遵義軍，嘉定十一年復爲砦。端平二年復置州於白錦堡，不領縣，嘉熙中遷置穆家川。元因之，置播州軍民安撫司。明洪武九年置播州長官司於郭內，授土酋王慈子孫世守，黨於楊氏。萬曆二十七年播平，一城爲墟，旋於白田壩置今縣爲府治。編戶□里。

且蘭廢縣，在府南。漢初南夷且蘭侯邑，武帝平南夷，置故且蘭縣，爲牂牁郡治。顏師古曰：「牂牁，繫舡杙也。」華陽國志：「楚頃襄王時遣莊蹻從沅水伐夜郎，軍至且蘭，椓舡於岸而步戰，既滅夜郎，以且蘭有椓舡牂牁處，乃改其名爲牂牁。」漢武又因以名郡。後漢亦爲故且蘭縣。晉曰且蘭，仍屬牂牁郡，宋、齊仍舊。隋改置牂牁縣。唐爲遵義縣地，今郡治即故且蘭地云。○遵義廢縣，在府東北百里。唐遵義縣地，宋大觀三年析播州地別置遵義軍及遵義縣，宣和三年俱廢，置遵義砦，改隸珍州。開禧三年復升爲軍，嘉定十一年仍降爲砦。元初廢入播州。

帶水廢縣，府西北四十里。隋牂牁縣地，唐貞觀九年析置牁盈縣，屬郎州，旋廢。十四年復置，改爲帶水縣，屬播州，咸通以後廢。宋大觀中亦置帶水縣，宣和三年廢爲帶水城，屬南平軍。地記：「府東南有鐔封廢縣，本漢牂牁郡屬縣也，後漢因之，晉廢。」漢志注：「溫水出於此，東至廣鬱入鬱。」廣鬱，今廣西潯州府貴縣。

養馬城，府北五十里，楊氏據播時所築城也。萬曆中川帥劉綎討楊應龍，入婁山關，屯白石口，賊黨攻圍綎，綎擊敗之，追至養馬城，與南川、永寧諸路之師會，連破龍爪、海雲諸險囤，壓海龍囤而壘是也。

大婁山，府北百里。上有關曰太平關，亦曰婁山關，亦曰婁關。萬曆中討楊應龍，川師至重慶分道而進，俱刻期抵婁山關。劉綎自綦江進，戰九盤，入婁關。關爲賊前門，萬峰插天，中通一線，官軍從間道攀藤魚貫毀柵而入，進屯白石口。賊遣其黨抄後山奪關，四面合圍，綎奮擊，破走之。九盤隘，在大婁北三十里。

龍巖山，府北四十里。岡巒盤曲，怪石嶄巖。其東曰定軍山，唐咸通中楊端擊南詔，駐軍於此，因名。又龍盤山，在龍巖山西，以首尾盤曲而名。志云：府北二里又有龍山，相傳爲郡之主山也。府東一里曰鳳山，形如鳳翥。又東一里曰湘山，以俯臨湘江而名。又有錦屏山，在府西南二里。茂林修竹，如錦屏然。○碧雲峰，在府治西。四峰並峙，中一峰迥出，青碧如雲，下有碧水。

楠木峒，府北二百四十里，其南爲山陽峒及箇臺峒，名曰三峒。由綦江東溪入播，三峒素稱奇險。萬曆中劉綎討楊應龍，由綦江而進，賊力保三峒以拒官軍，綎直前奮擊，賊不能支，遂克三峒，播於是不可守。

湘江，在府治東。亦曰穆家川。四裔傳：「宋遷遵義軍於穆家川。」是也。源出龍巖山，流經湘山南，東流與烏江合。又仁江，在府東南五十里。自永安驛山澗中流出，合於湘江而注烏江。又洪江，在府東四十里。源出大樓山，合仁江入烏江。

烏江，府東七十里。源出水西蠻界，繞府南與湘、洪、仁三江合，經貴州思南府入彭水縣界爲涪陵江。或謂之邛水，或謂之胡江。今詳貴州大川。

落閩水，府西南四十里。源出水烟里，東流入烏江。又樂安水，在府東七十里。源出筋竹平里山澗中，轉流入烏江。舟楫濟此無險，因名。○彝牢水，在府北。志云：彝牢水西自帶水縣來，東流經城北一里，又屈曲南流入廢胡刀縣界。其帶水源出舊縣西大山，東流經帶水縣城北，又東流至廢胡刀縣界注胡江水。胡江即烏江矣。胡刀，見下仁懷縣。

九節灘，在府東烏江中。萬曆中永寧奢崇明作亂，其子寅據遵義，官軍討之，戰於九節灘，復追敗之於南城外鑼鋼渡，遂復遵義是也。

烏江關，在府西南烏江旁。洪武中建。又東有河渡關，萬曆中楊應龍敗官軍於烏江，旋趨河渡，貴州震動。既而黔帥童元振復克烏江關，又克河渡關是也。又黑水關，在府西九十里，路出瀘州。○老君關，在府西南。萬曆中貴州帥童元振率水西兵討楊應龍，自烏江進攻，破老君關。應龍揣其必當深入，令部兵詭服水西衣甲混入營中，內外合發，官軍大衂。進至烏江斷浮橋，官軍溺死無筭。關蓋在烏江北。

三度關，府東八十里。有上度、中度、下度三關。萬曆中貴州帥李應祥討楊應龍，自平越進兵攻四牌、乾溪、旋水、天邦、三百落等寨，盡克之。長驅直抵疆界河，屯袁家渡，得降賊爲鄉導，潛出小溪，直抵黃灘關，乘勝追至西平、張王壩及三度關。關係楚兵出入咽喉，應祥悉拔之，由是湖帥陳璘自湄潭直抵上度關以扼播州，而應龍之勢愈蹙。黃灘關，見貴州甕安縣。○桑木關，在府東北二里。萬曆中川帥討楊應龍，別將麻孔英自南川進破桑木關是也。又太平關，在大樓山上。

落濛關，府西三十里。萬曆中水西安疆臣討楊應龍，由西路沙溪、馬站、石壁、花毛田而進，奪落濛關，至大水田，焚桃溪莊，逼近播州，賊勢遂窘。○崖門關，府西北五十里。萬曆中川師討楊應龍，別將吳廣自合江進兵入崖門關，營水牛塘，進屯江水口是也。

海龍囤，府北三十里。四面斗絶，後有側徑，僅容一線，楊應龍倚爲天險，於囤前築九關以拒官軍。萬曆二十七年官軍克播州，進圍海龍囤。囤前陡絶，飛越難至，諸將以勁兵壁其間，而并力攻囤後。別將徐成奪據鳳凰嘴，賊奔土城。官軍毁城而入，賊進據月城，因縱火焚其土城、月城二樓，四面奮擊，遂克之。

沙溪囤，府南九十里，與貴州接界。楊應龍叛，遣其子朝棟守沙溪緝麻山，防永寧、貴州之師。既而安疆臣由西路入，拔沙溪囤是也。緝麻山在沙溪西南。○青蛇囤，在府東。萬曆中湖廣帥陳璘自湄潭進攻播州，破青蛇囤，即此。志曰：楊應龍反時增修各囤險隘，府西南有水烟、天旺諸屯，接貴州界者又有洪頭、高坪、新村諸屯，府北則有松坎、大阡、都壩諸屯，皆爲拒守處。

白石口隘，在府北。萬曆中劉綎自樓山關進營白石口、松埡地方，楊應龍自河渡突至，官軍大挫。次日復戰，賊敗走，追奔至冠子山。冠子山，或曰在府北十餘里。○巖頭寨，在府西南百里，入水西境内。萬曆末討水西賊奢欽，克巖頭寨，乘勝深入至織金堡，敗績。織金堡，今見水西。

官壩，在府東北。楊應龍叛，屯官壩，聲言窺蜀。酉陽宣撫司冉御龍進攻官壩，斬關直上，賊方攻婺川，聞敗遁還。婺川，見貴州思南府。○張王壩，在府東南百里。黔帥李應祥敗楊應龍之兵，屯張王壩。既而劉綎之兵自白石口入，應祥自張王壩入，吴廣自江水口入，陳璘自上度關入，安疆臣等自大水田入，共破播州是也。

湘川驛。府東二里湘江上。舊志云：自是而東南有仁水、湄潭、烏江、沙溪、昌田等驛，相去各六十里。又播川驛，在府西六十里。自是而西北有永安、橦梓、松坎等驛，亦相去六十里。橦一作「桐」。

桐梓縣，府西北百八十里。漢夜郎縣地，屬牂牁郡，後漢因之。晉初仍屬牂牁郡，永嘉五年寧州刺史王遜分置夜郎郡，治夜郎。宋、齊因之，隋并入牂牁縣。唐貞觀十六年開山峒復置夜郎縣，珍州治焉。天寶初曰夜郎郡，乾元初復曰珍州。元和初州廢，縣屬溱州，唐末没於夷。宋大觀二年復置夜郎縣，屬溱州，宣和三年廢。明初置桐梓驛於此，萬曆二十七年平楊應龍置今縣，屬遵義府。編户十里。

夜郎城，縣東二十里。志云：漢縣置於此，牂牁郡都尉治焉。其東北有且同亭，成帝河平中夜郎王興等叛，牂牁太守陳立出行縣，至興國且同亭，興從邑君數十人見立，立責興斬之，即此。又談拒城，在縣西南。漢縣，亦屬牂牁郡。始元初牂牁談拒、同並二十四邑皆反，即此。後漢亦曰談拒縣，諸志亦作「談指」。晉仍屬牂牁郡，永嘉以後屬夜郎郡，宋、齊因之，後廢。

櫃巖，縣東北百里。高百丈，廣半之。中有石穴，穴前巨石如櫃，因名。舊志：巖在播州北三百里。

廢平彝縣，在縣西北。漢置縣，屬牂牁郡，後漢因之。蜀漢建興初南中未定，使李恢爲庲降都督，治平彝。三年武侯南征，使恢按道以向建寧。及南中既定，馬忠爲督，乃自平彝進治建寧。建寧，今雲南曲靖府。裴松之曰：「庲降去蜀三千餘里，時未有寧州，置此職以總攝之。」晉爲平彝縣，屬牂牁郡。永嘉五年寧州刺史王遜表請分立平彝郡，建興三年郡守雷炤叛降於成。咸安初桓温以父嫌名改曰平蠻。宋、齊因之，梁末郡廢。

廢鱉縣，在縣北。漢置縣，屬牂牁郡。志云：〔三〕「縣有不狼山，鱉水所出，東入沅。」鱉音鷩，縣以水名也。後漢因之，晉永嘉中改屬平彝郡。華陽志平彝縣有安樂水。又云：犍爲符縣治安樂水會，南通平彝、鱉縣。符縣，今瀘州合江縣也。又符縣有温水，南至鱉入黚，黚水亦南至鱉入江。又漢陽縣，漢水東至鱉入延黚水。即今黔江水，亦名延江水，即涪陵江上流也。劉宋時縣屬平蠻郡，齊因之，梁末廢。

齋郎水。在縣東。舊志云：在播州北百里，源出蒿芰里楚米坡，過縣北，經小溪里入瀘州合江縣界會於蜀江。宋時有苗齋郎者居水旁，因名。亦曰齋郎江。

真安州，府東北二百里。北至重慶府南川縣百五十里，東至貴州思南府三百七十里。

漢牂牁郡地，晉、宋以後因之，隋亦爲牂牁郡地。唐貞觀十六年置珍州，劉昫曰：「珍州治夜郎縣，本置於舊播川城，以縣界有隆珍山，故曰珍州。」元和初廢入溱州。宋大觀二年復置珍州。亦曰樂源郡。時涪州守龐恭孫誘屬夷内附置，時又置承州。元爲珍州思寧等處長官司，隸播州宣撫司。明玉珍竊據，諱珍，改爲真州。明洪武十七年改爲真州長官司，土官鄭瑚世有其地。萬曆二十七年改置真安州。編户□里。領縣二。今因之。

州介巴、黔之間，控蠻僰之要，山溪環亘，物産饒給，西南有事，州實當其衝。

廢珍州，州西南四十里。唐珍州治此，新、舊唐書州俱治夜郎縣，通典州治營德縣。考唐志不載營德縣，或以廢州即營德縣地也。寰宇記：「宋乾德四年珍州首領田遷請改州名，詔改高州，繼以嶺南有高州，改西高州，皆爲羈縻地。大觀中復置珍州，移於今治。」四裔考「明玉珍時其將江中立築舊州城以守，州將鄭昌孫據石城扼之，今南山寨是也。明兵至，昌孫執中立以獻，因得世有其地。其判官有駱姓者，即宋大觀中獻地立州者也。萬曆中廢司置州，始涖以王官」云。

樂源廢縣，州西七十里。劉昫曰：「唐貞觀十六年開山峒置。」又有麗皐廢縣，在州西三十里，亦是時所置，俱屬珍州。元和初州廢，改屬溱州，後没於蠻。宋大觀中復置樂源縣，屬珍州，元廢。

榮懿廢縣，在州東南。漢夜郎縣地。劉昫曰：「唐貞觀十六年置榮懿縣，爲溱州治。天寶初日溱溪郡，乾元初復故。咸通以後没於蠻。」宋初爲羈縻溱州，仍治榮懿縣。熙寧七年招納降附置榮懿寨，隸恭州，尋隸南平軍。大觀二年復置溱州，改榮懿寨爲溱溪縣。宣和二年州廢，又改溱溪縣爲寨，隸南平軍。元廢。志云：播州北二十五里有廢溱州。恐悮。○樂來廢縣，在州東。唐貞觀中置縣，屬溱州，咸亨初廢入榮懿縣。

羅蒙山，州南六十里。羅蒙，唐遵義縣舊名也。志云：此山之高，遠瞰羅蒙。又松山，在州東南六十里曰東松山，其在州西南六十里者曰西松山。山多松，因名。又有豹子山，在州西八里。山恒産豹。

芙蓉江，州南百里。自烏江分流，東經故思義寨，環流出州東北境，又北入彭水縣界注於涪陵江。○三江，在州南五十里。一名明溪。源出州西境羊毛坡，東南流合於虎溪，州境諸溪悉流合焉，下流注於芙蓉江。

虎溪，州西南七十里。源出遵義北委家嶺，逕舊珍州城，下流入於三江。又思溪，在州西七十里。源出重慶府南川縣界，流入州境，東南流入於三江。州西南八十里又有虹轉山，貫珠溪出焉，東北流，盤旋屈曲亦注於三江。

南山寨。州西南七十里。亦謂之石城，即鄭昌孫屯據處也。又思義寨，在州東南九十里。志云：唐初爲思義縣，屬彝州，貞觀初屬務州，後廢。舊稱珍州五堡，曰麗皐，曰思義，皆因故縣置；曰白崖，曰安定，曰壽山，則擇險置戍處也。萬曆中官軍征播，皆屯駐於此。

綏陽縣，州東南二百五十里。劉昫曰「漢牂牁郡地，隋招慰徼外夷置綏陽縣，屬明陽郡」，蓋羈縻夷郡也。唐武德三年復置綏陽縣，屬義州，貞觀十一年改屬彝州，尋爲州治。天寶初曰義泉郡，乾元初復曰彝州。宋爲羈縻蠻地，大觀三年酋長獻其地，改置承州，仍治綏陽縣。宣和三年州廢，以縣屬珍州，咸淳末廢入珍州。明初因之，萬曆二十七年復置今縣。編户十里。

都上廢縣，縣西南二十五里。劉昫曰：「隋末置，唐武德初屬黔州，貞觀四年改置彝州於此，十一年州移治綏陽，縣仍屬焉。」唐末没於蠻。宋大觀三年復置都上縣，屬承州，宣和三年廢。○義泉廢縣，在縣西南百里。新唐書：「隋置，本隸明陽郡。唐武德二年以信安、義泉、綏陽三縣置義州，五年改曰智州，十一年曰牢州，自信安徙治義泉。十六年州廢，縣屬彝州。」宋爲羈縻蠻地，大觀中復置義泉縣，宣和中廢。志云：信安廢縣在義泉縣南，唐武德初置，貞觀中廢入義泉。

寧彝廢縣，縣東二百里。本綏陽縣地，唐武德四年析置寧彝縣，并置彝州治焉。六年州廢，縣屬務州。貞觀四年改務州爲思州，縣仍屬焉。開元二十五年改屬彝州。宋爲羈縻蠻地，大觀三年仍置寧彝縣，屬承州，宣和三年廢。寰宇記：「縣西北百里有舊明陽郡城，隋所置郡也，理明陽縣。唐武德四年明陽縣隸彝州，六年改隸務州，貞觀中省。」○高富廢縣，在縣東北百十里。唐武德四年置縣，屬彝州，六年改屬務州，貞觀十年屬黔州，十一年又改屬彝州，尋省。

洋川廢縣，縣西北百里。唐武德二年置縣，屬義州，貞觀十六年改屬彝州。宋初爲羈縻蠻地，大觀中復置洋川縣，屬承州，宣和三年省。又宜林廢縣，在縣南境。唐武德初置縣，尋屬牢州，貞觀十六年與州俱省。通典彝州所領五縣，宜林與焉。新、舊唐書有寧彝，無宜林也。○鷄翁廢縣，在縣東南。唐武德四年置縣，屬彝州，六年廢。貞觀六年又置鷄翁縣，永徽中省。

波利山，縣北二十里。又縣北十里有碧霄洞，懸石嶙峋，最爲奇勝。

涪江水。縣東十八里，即烏江别名也。流經貴州思南府界，北入涪州彭水縣境。○安微水，在縣南八里。一名孤微水，東流入於涪江。

仁懷縣，州南百里。唐芙蓉縣地，屬播州。宋大觀中爲琅川縣地，尋廢爲琅川城，屬南平軍，端平中復屬播州。元廢。明萬曆二十七年改置今縣。編户□里。

芙蓉廢縣，在縣南。唐貞觀五年置，尋隸牢州，二十年改隸播州，咸通中廢。又琊川廢縣，在縣東南。亦貞觀中置，隸牢州，十六年改屬播州，開元二十六年省入芙蓉縣。宋大觀中更置播州，兼領琅川縣，即琊川也。宣和三年降爲琅川城，隸南平軍，尋亦廢。

胡刀廢縣，志云：在縣西南五十里。唐貞觀九年置釋鷰縣，屬郎州。十一年州廢，縣亦省。十四年復置，改爲胡刀縣，以縣南一里有胡刀水東流合於烏江也。縣屬播州，開元二十六年廢。○舍月廢縣，志云：在縣東南九十里。唐貞觀九年置高山縣，屬郎州，旋廢。十三年復置，改曰舍月，以境内舍月山爲名。又胡江廢縣，在縣東南四十里。亦貞觀九年置，屬郎州，旋廢。十四年改置胡江縣，以界内胡江水爲名。〔三〕又羅爲廢縣，在縣西南二百里。貞觀九年置邪施縣，屬郎州，旋廢。十四年改置羅爲縣，以縣南羅爲水爲名。縣俱屬播州，顯慶三年悉并入遵義縣。

舍月山，志云：在縣南。山高聳，唐以此名縣。又羅爲山，在廢羅爲縣西百里。羅爲水出焉，東流經羅爲縣南入胡江水，其下流注於烏江。

仁水。縣西南一里。或曰即之溪上源也，曲折流入瀘州合江縣界而注於大江。又芙蓉水在縣東南三里，東南流合於湘江。亦曰芙蓉江，唐以此名縣。

叙州府，東至瀘州三百五十里，南至故鎮雄軍民府五百五十里，西至馬湖府四百十五里，西北至嘉定州四百五十里，東北至重慶府千一百里，自府治至布政司一千二百里，至京師九千二百五十里。

禹貢梁州之域，後爲蠻地。志云：春秋、戰國時皆爲僰侯國。漢建元六年開西南彝，置犍爲郡，治僰道縣。後漢因之。徙治武陽。晉亦曰犍爲郡，宋、齊仍舊。齊時仍治僰道。梁置六同郡及戎州，隋初郡廢州存，大業初復曰犍爲郡。唐武德初復曰戎州，貞觀四年置都督府於此。天寶初曰南溪郡，乾元初復爲戎州。劉昫曰：「州初督羈縻十七州，天寶初督三十六州，一百三十七縣，並荒梗無户口，後又增督至九十二州。」宋初因之，亦曰南溪郡。宋志：「戎州領羈縻州三十。」政和四年改曰叙州。取「西戎即叙」之義。元升叙州路，元志：「至元十三年立安撫司，尋罷，復爲叙州。十八年升爲路，叙南等處蠻彝宣撫司治焉。」明洪武六年改爲叙州府，領縣十。今因之。

府負山濱江，地勢險阻，蜀中有事，取道外水，此其必出之途也。且自府以南，蠻獠環錯，通接滇、黔，尤爲衝要。秦時破滇通五尺道。漢開蜀故徼，使唐蒙發蜀卒治道，自僰道抵牂牁。蜀漢時武侯南征，亦嘗取途於此。隋史萬歲入南中，〔四〕路經石門。唐韋皋亦由此以通南詔。宋白曰：「戎州西南取曲、協州及南寧州安寧鹽井路，至南詔所居羊苴咩城二千三百里。唐貞元九年南詔異牟尋遣使一出戎州，一出黔州，一出安南，詣韋皋是也。」今西南不靖，我出我車，自敘而南，遠近蠻部皆將環伏而聽命矣。豈非藩屏重地歟？

宜賓縣，附郭。漢置僰道縣，爲犍爲郡治。後漢徙郡治武陽，縣仍屬焉。晉、宋因之，蕭齊復爲郡治。梁置戎州，亦治此。後周改爲外江縣，隋開皇初因之，大業初復改僰道縣，爲犍爲郡治。唐初戎州治南溪，貞觀中還治僰道。宋因之，熙寧四年省宜賓縣入僰道，政和四年改僰道爲宜賓縣，爲敘州治。今編户二十八里。

僰道城，圖經：「故城址有三：漢武帝時治中方鄉，在今府西南接慶符縣界，即元光五年發巴卒治道處；唐太宗時徙於蜀江之右三江口，即今治也；武宗會昌中大水，徙城於蜀江北岸，今謂之舊州城。」宋咸淳三年蒙古入蜀，安撫郭漢傑移郡城治登高山，尋以城降元。元至元十三年毁山城，復徙治三江口，今因之。城邑考：「郡城唐貞元中韋皋所建，會昌中爲江水齧，城廢。元時復循舊址築城，至正末城毁。明玉珍將楊琮立栅以守，明洪武中復因舊址增拓，砌以磚石。有門六。城周六里有奇。」

存䣕廢縣，在府西南。漢縣，屬犍爲郡，後漢省。諸葛武侯南征，置存䣕戍，晉曰存駆縣，改屬建寧郡，宋、齊因之，梁廢。隋大業中置存䣕縣於此，屬犍爲郡。唐武德二年省，三年復置，屬戎州。天寶初改爲義賓縣。宋初因之，太平興國初避諱，改曰宜賓，熙寧四年省爲宜賓鎮。志云：今府西北百六十里有存䣕灘，疑近舊縣治。○宣化廢縣，在府西百八十里。唐義賓縣地，宋太平興國初改置宣化縣，屬戎州，熙寧四年省爲鎮，宣和初復升爲縣。元屬叙州路，元貞二年置萬户府，領軍屯田。明初省。今爲宣化驛。

朱提廢縣，在府西南。漢縣，屬犍爲郡。蘇林曰：「朱提讀曰銖時。」應劭曰：「朱提山在其西南也。」後漢初犍爲南部都尉治此，永初元年改爲犍爲屬國都尉，建安二十年又改爲朱提郡。晉、宋因之。齊曰南朱提郡，後没於蠻。唐武德初復置朱提縣，屬戎州，尋屬南通州，貞觀四年廢入撫彝縣。○堂琅廢縣，志云：在故朱提縣西南二百里。漢置，屬犍爲郡，後漢省。南中志：「朱提縣有堂琅山，多毒草，盛夏之月，飛鳥過之，不能得去。」縣蓋置於山下。蜀漢復立堂琅縣，屬朱提郡。晉因之。太寧二年成李驤等攻寧州，刺史王遜遣將姚嶽拒之，敗驤於螳蜋，追至瀘水而還，即堂琅縣矣。宋仍曰堂琅縣。齊屬南朱提郡，後廢。水經注：自堂琅縣西北行，上高山，羊腸繩曲八十餘里，或攀木而升，或牽索而上，緣陟者若將階天。又有牛叩頭、馬搏頰坂，其艱險如此。

開邊廢縣，府西南百六十里。漢僰道縣地，隋開皇六年置開邊縣，以開拓邊境爲名，屬戎州，大業初屬犍爲郡。唐仍屬戎州。新唐書：「戎州舊領石門縣，貞觀四年以石門、開邊、朱提三縣置南通州，五年析置鹽泉縣隸焉。八年改曰賢州。是年州廢，以石門、朱提、鹽泉三縣置撫彝縣及開邊縣，隸戎州。」又云：「自開邊縣西南行七十里至曲州，又四百八十里至石門鎮，又一千二百五十里至柘東城。即南詔置柘東節度處。」寰宇記：「開邊縣界諸山自嘉州來，每峰相接，高低隱伏，奔走三峽，石狀難名。」宋初縣廢，今爲開邊鄉地。柘東，今見雲南昆明縣。○奮戎城，在府南。唐志：「戎州有奮戎城，乾符二年置。」

廢協州，府西南四百九十二里。隋開皇中所置羈縻州也，大業初廢入開邊縣。唐武德初開南中復置。本在今雲南曲靖府界，東北去府八百餘里，治東安縣，兼領西安、湖津二縣，天寶末雲南殘破，因移置於此。又廢恭州，亦隋所置羈縻州也。大業中與協州俱廢，唐武德初開南中復置。東北去府九百餘里，治安上縣。七年改爲朱提縣，八年又改州爲曲州，兼領唐興縣。天寶末移治於開邊縣西南百二十七里。又廢悦州，在府南二百七十里。領甘泉等六縣，亦天寶中自南中移治此。新唐書：「諸蠻州自南寧州以下屬於戎州都督者凡九十有二，皆無城邑，椎髻皮服，惟來集於都督府則衣冠如華人焉。」宋時所屬羈縻諸州，自協州以下凡三十餘州而已。樂史曰：「羈縻州邑，雖有名額，皆散在山峒，不常厥居也。」南寧州與恭、協諸州，今俱見曲靖府。○廢殷州，在府境，唐開元中所移置州也。唐志：「咸亨三年昆明蠻十四姓内附，置殷、敦、總三州，尋廢。開元十五年分戎州復置，後又廢。貞元二年節度使韋臯復表置，隸戎州都督府，後改隸黔州。」胡氏曰：「爨蠻西有昆明蠻，亦曰昆彌蠻，以西洱河爲境，即葉榆河也，去長安九千里。後移於戎州境内。」殷州在戎州之西北，敦州在南，總州在西南，遠者不過五百里，近者三百里。

登高山，府治東二里大江東岸，險固可憑。宋咸淳中移郡治此，遺址猶存。又七星山，在府治東。七峰圓秀，狀若連珠。其相接者曰小梁山。寰宇記：「郡有大黎山、小黎山，四時常雨，霖霪不止，俗呼大漏天、小漏天，即此也。」○仙侶山，在府治西北。竹木聳翠，山腰有清泉一，石洞四。其北曰翠屏山，以山色常青也。又西北曰赤崖山，崖岸壁立，下瞰大江色若綺霞。治西五里又有天倉山，相傳前代屯兵處。其北有天倉灘，近大江。

朱提山，府西五十里。連綿高聳，上侵雲霄，舊嘗産銀，諸葛武侯所謂「漢嘉金，朱提銀」也。或曰故朱提縣以此名。

土語樂爲牢也。

○可峰山，在府西北七十里。峻險難越，一名梯雲嶺。又彝牢山，在府西北百四十里。山高曠，夷人嘗會聚於此，

石城山，府西南百里。山高峻，環列如城，又有石夾立如門。志云：漢武使唐蒙鑿石以通南中，迄於建寧二千餘里。山道廣丈餘，深三四丈，塹鑿之迹猶存。隋史萬歲南征經此，賦詩云「石城門峻誰開闢」是也。唐貞元九年韋皐遣崔佐時由石門趨雲南、南詔復通石門者，即史萬歲南征路也。自天寶中鮮于仲通下兵南溪，道遂閉，至是蠻徑北谷，近吐蕃，皐治復之。又貞元十七年韋皐遣威戎軍使崔堯臣引兵出石門南路攻吐蕃，即此也。

朝陽崖，府西北二十里。一名赤崖。水經注：「僰道江中有崖阻險，不可穿鑿，李冰積薪燒之，故其處懸崖猶有赤白玄黄五色。」或曰公孫述以岑彭來伐，使侯丹將兵拒黄石，即此。既而彭自平曲分兵浮江下還江州，泝都江而上襲擊侯丹，大破之，因晨夜兼行二千餘里，徑拔武陽是也。平曲，見合州定遠縣。武陽，見眉州彭山縣。按涪州横石灘在江州之東，而朝陽崖至武陽不及千里，或者總計彭自江州至武陽之道云。

大江，在城東。一名都江。自嘉定州犍爲縣流入境，經宣化故城，又東流遶府城北，而東南出合於馬湖江。志云：府城北兩岸有大石屹立，昔人置鐵絚横絶其處，控扼蠻寇，名曰「鎖江」。漢紀：「河平三年犍爲山崩，壅江水逆流。」疑即此處。今爲濟渡處，亦曰鎖江津。又東流入南溪縣界。詳見大川岷江及川瀆異同。

馬湖江，在府城南。一名瀘水，一名金沙江。自馬湖府流入界，經城西南一里有蠻口津，蠻人津渡處也。又東合於大江。歐陽忞曰：「馬湖之上源即若水。」是也。詳見大川瀘水。

石門江，府西南百三十里。俗呼橫江，又名小江。自烏蒙蠻部流經府界，又北與馬湖江合，又東北會於蜀江，所謂三江口也。江中有灘，其水常若鐘鳴，名曰鍾灘。

黑水，在府東南十五里。自西南夷界流經南廣洞，又北入於江。一名南廣溪。漢書注：「黑水出南廣汾關山，北至僰道入江。」或以爲即慶符縣之南廣水，悮。

馬鳴溪，府西十九里。俗名龍馬溪，源出慶符縣西，會馬湖江達於大江。昔土人鄭氏牧馬溪上，產龍駒，因名。又越溪，在府西北百二十里。自嘉定州滎縣流入界，有石梁橫截，溪水冒越而過，流入大江。又城北二里有蘇溪，又北八里有涪溪，以蘇軾、黃庭堅而名，下流皆入大江。

天池，府西二十里。一名滇池，又名波凌池。志云：池長五十里，闊七里，風起則波浪凌山，秦惠王破滇池始通五尺道，即此也。池畔有石如梁，橫亘南北，往來者由之。

摸索關，府南三百里，當蠻彝溪口。蠻有摩些種，洪武初禁私茶不得入蠻境，俗呼爲摩些關，語訛爲摸索也。又落捍關，在府南五百里；又有鬧造關，在府西南五百里；皆捍禦蠻獠之所。○石門鎮，在府西南。或云鎮置於石城山下。新唐書：「戎州有石門、龍騰、和戎、馬湖、移風、伊禄、義賓、可封、泥溪、開邊、平寇等十一鎮。」是也。

橫江鎮。府西南八十里。有巡司戍守。又宣化鎮巡司，即宣化故縣也。宣化水馬驛并置於此。志云：府城南有姜維屯，羣峰環秀，一峰突立如筆，高千仞，其頂平正，相傳姜維曾屯兵於此。○汶川驛，在府治東北，水驛也。又牛口水驛，在府西北六十里。真溪水驛，在府西北百二十里。又西北六十里即宣化水驛矣。嘉靖中改宣化驛爲來節馬驛。志云：府西北二百四十里爲月波水驛，自是而西北六十里至嘉定州犍爲縣之下壩驛，皆江行所經之道也。

南溪縣，府東南百二十里。東至瀘州江安縣百二十里。漢犍爲郡南廣縣地，後漢因之，晉屬朱提郡，尋置南廣郡爲治，宋、齊因之，梁改置六同郡治焉。隋開皇初郡廢，仁壽初改縣曰南溪，屬戎州。新唐志：「戎州本治南溪，貞觀中徙僰道，長慶中復治南溪。」宋南溪縣仍屬叙州，乾德中移治舊戎城，今府境廢城也。尋復舊。今縣城周三里有奇。編户十九里。

南廣城，在縣治南，漢縣也。蜀志：「後主延熙中立南廣郡，以常竺爲太守。」晉廢，以縣屬朱提郡。懷帝復分置南廣郡，治南廣縣。宋、齊因之，後廢。梁改置南廣縣於此。元和志「後周於南廣廢縣置南武戍，隋改龍源戍」，蓋以控禦諸蠻也。又舊志：縣西南七十里有廢戎州，唐武德初戎州治南谿，蓋嘗置城於此。

龍騰山，縣東二里，下瞰大江。其北有石横空，長四丈許，俗呼爲龍橋。○平蓋山，縣西十五里。其地有三山九隴，惟此山一峰特出，頂圓而平，故名。一名牛心山，又名瑪瑙山。

雲臺山，縣北八十里。聳秀干雲，俯視衆山，懸崖石壁，有石磴縈紆而上。○可盧山，在縣南五十里，山多筇竹。蜀志補遺云：「古宜賓縣也。本名可無山，訛爲可盧」。

大江，縣東三里。自宜賓縣流入境，逕縣北，又東入瀘州江安縣界。縣西三十里有石笋灘，江漲時險甚，窮冬水落，岸有石笋長數丈；又縣東三里有九龍灘，石磧凡九，皆狀如龍頭；又東七里有銅鼓灘，舊時灘濤極險，後忽有石磧障水高數丈，勢稍平，皆江流所經也。

青衣江，縣南十五里。志云：蜀中以青衣名江者凡三：一在漢嘉，即大渡河所經，漢書「公孫述僭據，青衣人不賓」是也；一在青神，以蠶叢氏衣青而教民農事，人皆神之也；此則以古有青衣國與叙州鄰，慕義來賓而名。又北入於大江，亦謂之龍騰溪。

九盤谿，縣西北四十里。其水盤曲入於江。又縣西六十里有僰溪，相傳武侯南征，僰彝於此歸服。一名服溪，又名福溪。志云：治西北舊有覆溪，唐改爲福溪，即此溪矣。○魚符津，在縣西北三十里。亦曰魚梟津。津南有鴛鴦圻，以唐人張真妻王氏自沉於江求夫屍而名。志皆以爲桓温討李勢，勢將昝堅拒温處，悮。

龍騰驛。治西二里，青衣江口水驛也；又李莊水驛，在縣西七十里，或曰南溪縣舊治於此；又西至宜賓縣之汶川驛六十里；皆江行所經。

慶符縣，府南百二十里。西南至高縣九十里。漢南廣縣地，唐南溪縣地，宋叙州徼外地也。政和三年置慶符縣，并置祥州治焉。宣和三年州廢，縣屬叙州。今城周三里有奇。編户六里。

漢陽廢縣，在縣西南。漢縣，屬犍爲郡，郡都尉治此，後漢永初元年改屬犍爲屬國。蜀漢屬朱提郡，晉、宋因之。齊屬南朱提郡，後廢。○撫彝廢縣，志云：在縣西。唐貞觀八年置縣，屬戎州，天寶初廢入義賓縣。

來附廢縣，縣西北十五里。宋政和三年置，屬祥州，宣和三年并入慶符縣。今爲來復鋪，訛附爲復也。○歸順廢縣，在縣北四十里。本郁鄢縣地，唐聖曆二年以生獠户析置歸順縣，屬戎州，宋省入僰道縣。又廢支江縣，在縣東南，唐羈縻定州屬縣也。宋亦爲羈縻定州地，元爲豕蛾彝地，至元十三年置四十六囤蠻彝千户所領之。明初廢。

迎祥山，縣東二十里。宋置祥州，以此。又縣南十五里有興慶山，縣因以名也。志云：縣治南有石門山，下瞰石門江，即故石門道也。唐石門路有羈縻協、靖等十二州，領縣三十七，蓋控扼南蠻之要隘矣。○漢陽山，在縣北八十里。相傳諸葛武侯南征駐軍此山，或云故漢陽縣蓋治此山之側。又七星山，在縣北百二十里。七峰連秀，狀若七星。

石門江，在縣西南。自蠻界流經此，又北入宜賓縣境。縣北四十里有荔枝灘，即石門江所經也。○南廣水，在縣東南。舊志：源出吕部蠻部，逕豕蛾彝界，歷縣東北至南廣鎮，南去縣百三十里入於江。或以爲即黑水云。

靖邊堡。縣東五里。明宣德中建，有叙南衛官軍戍守。又石門寨，在縣南。宋志：「縣有柔遠、樂從、清平、石門、懷遠等五砦，靖康初廢柔遠、樂從二砦入懷遠。」元俱廢。

富順縣，府東北百八十里。西北至嘉定州威遠縣百三十里。漢犍爲郡之江陽縣地，後周析置富世縣，并置洛源郡治焉。隋開皇初廢郡，縣屬瀘州。唐初因之，貞觀二十二年改爲富義縣。宋乾德四年升爲富義監，太平興國元年諱義，改曰富順監。治平初置富順縣屬焉，熙寧初縣省。嘉熙元年蜀亂監廢，尋復置。元至元十三年置富順監安撫司，二十年升爲富順州，屬叙州路。明初降州爲縣。舊有城濱江，周三里有奇，今多傾圮。編户九十二里。

虎頭城，縣西南六十里虎頭山上。其山高六十餘丈，蹲踞江邊，狀若虎頭。宋咸淳元年徙富順監於山上，因山爲城，不假修築，足以禦寇。元復還今治。○來鳳廢縣，在縣東。唐武德初置，屬瀘州，九年并入富世縣。

凌雲山，縣治西。大江前横，一峰突兀。其相接者曰馬腦山，西北諸山惟此最高。有二巖，曰中巖、北巖，皆奇勝。又西有養秀山，一峰聳秀。一名積草山。○勸農山，在縣治南。巖洞殊勝，前接聖燈山。山之西有石峰峭拔。又龍山，在縣治北一里。山勢蟠回，如卧龍然。

兜子山，縣西南三十五里。聳拔高峻，有拒石若兜輪之形，因名。又西南三十里有虎頭山，虎頭城在其上。

大江，縣南六十里。江中有海螺堆，山峙江中，形若海螺也。西南接宜賓縣界，東南接瀘州江安縣界。

金川，縣治東。一名中江，亦曰中水，即雒江也。自成都府内江縣來，逕重慶府榮昌縣西入縣界，自縣西遶而東至隆昌縣界，至瀘州入大江。志云：中水中流有石堆高出水面，分布兩層，前三後七，世傳爲「三臺七曜石」。又云：雒水經金堂峽，故曰金川。亦謂之釜川，以其盤繞縣治形若釜然。○榮溪，在縣西二十里。發源成都府仁壽縣，過嘉定州榮縣合金川入於蜀江。又有鰲溪，在縣治東五里，亦合於金川。

西湖，在縣治西。方廣二頃，水潔魚美，菱芡蒲荷，充牣其中。又百支池，在縣西北四十里。灌溉田畝，支派不一，故名。

鹽井，在縣治南。劉昫曰：「縣界有富世鹽井。井深二百五十尺以達鹽泉，俗呼玉女泉。以其井出鹽最多，人獲厚利，故曰富世。」郡國志：「劍南鹽井，富順爲最大。舊日爲額八百餘斤，今日爲額千五百餘斤。宋置富井監，專掌鹽税。」今有富義鹽課司在治南，新羅鹽課司及税課局在縣西。

趙化鎮。縣東五十里。有巡司。志云：縣東九十里有柳溝公館，宋置。縣西八十里又有通郵馬驛，陸走成都之道也。○西疇，在縣西南。紀勝云：「由城南絶江而上，西行六七里，廣六十畝，萬松森列，嘉樹離立，爲李氏西疇。」

長寧縣，府東南二百七十里。東北至瀘州二百六十三里。漢犍爲郡漢陽、江陽二縣地，隋爲瀘州瀘川縣地。唐置羈縻長寧州，宋亦爲羈縻州，熙寧八年内附始置淯井監，屬瀘州。政和四年建爲長寧軍。元因之，改屬馬湖路。明初降爲縣，改今屬。城周五里有奇。編户十七里。

安寧廢縣，在縣東南。本蠻地，唐置婆員縣，屬長寧州。宋初蠻名婆娑寨，熙寧七年改置安彝寨，大觀四年廢。政和六年復置，嘉定四年升爲安寧縣，屬長寧軍。元廢。又廢武寧縣，在縣東，蠻名小溪口。宋熙寧七年置砦，十年改曰武寧砦。元豐四年廢，五年復置。政和四年建長寧軍，以武寧爲倚郭。五年晏州叛彝卜漏攻長寧軍武寧縣，官軍却之。宣和二年廢縣爲堡，四年復爲砦。元廢。

新定廢縣，在縣西北。唐志：「久視元年置羈縻淯州，治新定縣，兼領淯川、固城、居牢等縣。」宋時亦爲羈縻淯州，後廢。

寶屏山，縣治北一里。環列如屏，縣之主山也。一名登雲山。又金龜山，在縣治南一里。四面平廣，中突一峰。一名松子山。又筆架山，在治西五里。壁立萬仞，三峰如削。又有牛心山，以縣治東。山形崒嵂，如牛心然。○龍翱山，在縣北四十里。山形蜿蜒如龍，一名龍峨山。

虞公峽，在縣治東。昔有石閉塞水道，不通舟楫，宋嘉定間虞抗孫來知軍事，開鑿大石，舟楫始通。名勝志：「峽在縣東十五里武寧溪上。」○燕崖，在縣治北三里。列名數百，巉巖高聳。又小離堆，在城北溪中。有怪石如離堆，因名。

渞溪，在縣東。志云：縣治東有東溪，發源縣東白崖山；縣治西有西溪，發源縣南二十里之越王山；合流而爲渞溪。又有泠溪，亦在縣治西。出筆架山，下流會於西溪而合東溪，三溪流合處亦名三江口，下流爲武寧溪，東北流入瀘州江安縣界注於大江。

清溪，縣東七十里。其地有徑灘，山頂出泉，懸流爲瀑布，高數丈，下有深潭，流爲清溪，又東合於渞溪。又硯石溪，出縣東牛心山北；梅嶺溪，出縣東梅嶺；與梅洞溪合，皆流匯於渞溪。○介湖，在縣西城下。今廢爲田。又享德池，在縣東五里松山下，源泉湧出潴爲池。又嘉魚泉，出縣東一里馬鞍山下，與享德池水俱流合於東溪。

渞井，在縣治北。泉有二脈，一鹹一淡，取以煎鹽。塞其一，則皆不流，又謂之雌雄井。宋置渞井監以收鹽利，祥符六年瀘戎蠻酋斗望寇渞井監，奪鹽井。轉運使寇瑊合兩路兵至江安，誘溪、藍十一州長吏及八姓烏蠻首領進討，緣渞井溪與斗望鬭，凡十一戰大破之，賊多墜崖死。七年更城渞井監，濬三濠以環之。今城即其遺址。會典：「縣有鹽水壩巡司。」

梅洞堡，在縣東五十里，宋政和五年置梅洞砦，元廢，明因舊址設堡於此，并置梅洞巡司；又城西堡，在縣西三里；俱有瀘州衛官軍戍守。又縣治東有東溪公館。

寧遠砦。縣東七十里。宋置，本名三江砦。慶曆四年叛彝犯三江砦，尋復來攻，官軍擊走之。皇祐二年改曰寧遠砦，宣和二年降爲堡，四年復爲砦。又清平砦，在縣西北。政和二年置，屬祥州，州廢改隸長寧軍。又石笋堡，在縣南。宋政和五年置梅賴堡，後改今名。元時俱廢。志云：縣治東有烽火臺，在馬鞍山上。

高縣，府西南百五十里。西北至馬湖府二百里。本夜郎屬境，唐置羈縻高州，隸瀘州都督府。宋因之，熙寧八年内屬，隸於長寧軍。元亦置高州，屬敘州路。明改州爲縣。今城周二里。編户一十七里。

柯巳廢縣，〔五〕在縣南，唐所置羈縻縣也。新唐書：「久視初置高州，領柯巳、移甫、徙西三縣。」〔六〕宋設長寧軍，附近十州族姓皆效順，高州其一也。元志云：「至元十五年雲南行省遣官招諭諸蠻内附，十七年仍置高州。其蠻人皆散居村囤，無縣邑鄉鎮，其故縣不可得而考矣。」舊志：唐高州故址在今縣南百二十里，元移州治懷遠砦，明初復移今治。景泰初始創築縣城，成化二年增修，邑始有定址云。

宋水廢縣，在縣西。新唐書：「羈縻宋州，領縣四，柯龍、柯支、宋水、盧吾也，屬瀘州都督府。」宋因之。今縣有宋水，州縣蓋因以名。

閣梯山，縣南七里。峭壁如閣，有路盤旋如梯。又連珠山，在縣治北一里，以九山錯峙如連珠也。又馬鞍山，在縣治西二里。俗呼朝天山。又西一里有遠眺山，蠻人出没登此，可以遠眺。志云：縣西五十里有滕山，山多霧雨。

清泠溪，在縣治東。出珙縣九砦，流入縣界，又東北經慶符、南溪縣境注於大江。溪多石，舟楫難行，昔人鑿去險阻，方可通筏。一名復寧溪。又宋水，在縣西五十里。水流屈曲，東合清泠溪。

安邊堡。在縣城北。志云：其地當興、珙、筠三縣之要道，永樂中置堡於此以爲控禦，敘南衛官軍戍守。又江口鎮，在縣南四十里，有巡司戍守。

筠連縣，府西南二百五十里。南至鎮雄軍民府三百二十里。本夜郎屬境，唐置羈縻筠、連二州，屬戎州都督府，宋因之。元并爲筠連州，屬永寧路。明初降州爲縣，改今屬。城周二里有奇。編户四里。

騰川廢縣，在縣南。唐爲羈縻唐川縣，屬筠州，尋廢。元置騰川縣，屬筠連州。明初廢。又鹽水廢縣，在縣境。唐志：「筠州所領有鹽水、雲山等八縣，連州所領有當爲、都寧等六縣，後俱廢。」名勝志：「今縣南通芒部，西控烏蒙，四山皆竹，一色相連，縣名筠連，蓋以此也。」

亭臺山，縣南二十五里。山形壁立，狀如亭臺。又南五里爲黄牛山，山高聳，亦以形似名。〔七〕志云：縣東五里有蠻彝山。山多巖穴，蠻彝依阻其中，因名。

定川溪，在縣治西北。亂流自山而下，匯積成溪，其下流入石門江注於大江。又縣西南有孔雀溪，志云：舊有孔雀巡司，土舍主之，唐武后時開拓邊境置。

縣西堡。縣西二十五里。明初置，亦叙南衛官軍戍守。又三岔鎮，在縣東南，有巡司戍守。縣南又有三土巡司，正德中置。

珙縣，府南二百三十里。東南至貴州普市所二百二十里。本蠻地，唐儀鳳二年開山洞置鞏州，先天初降爲羈縻州，隸瀘州都督府。天寶初亦曰因忠郡，尋復故。宋因之，熙寧八年内附，政和中屬長寧軍。元亦爲羈縻蠻部，明玉珍時改爲珙州。明初降州爲縣。城周五里。編户九里。

哆樓廢縣，在縣西南。唐志鞏州所領有哆樓、都檀等五縣，後廢。

廢納州，在縣南。唐志：「儀鳳二年開山洞置納州，領羅圍、播羅等八縣。先天二年降爲羈縻州，屬瀘州都督府。天寶初亦曰都寧郡，尋復故。」宋因之。又廢薩州，在縣西。亦唐儀鳳二年招生獠置，領黃池、播陵二縣，尋降爲羈縻州，隸瀘州都督府。天寶初曰黃池郡，尋復故。宋初因之，熙寧八年内附，政和中隸長寧軍。後俱廢。薩或作「薛」，悮也。名勝志：「元上、下羅計長官司，即納州、薩州之地。」

芙蓉山，縣北三十里。有九十九峰，環錯聳秀，狀若芙蓉。又南有二峰突起，亦曰小芙蓉。○冠帽山，在縣北一里。峰巒巍峨，形若冠冕。又北二里曰麒麟山，蹲踞如角端然。志云：縣南三十里有落浦洞，甚深邃。

珙溪，在縣治南。多石不通舟楫，民以筒車引水灌田，利澤甚廣。又魚孔洞溪，在縣治西一里。水從洞口出，魚亦從中來，因名。下流合於珙溪。

上羅計堡，縣南六十里，景泰初置；又下羅計堡，在縣西五十里，洪武中置：俱有官兵戍守。志云：上、下羅計堡，即元上、下羅計長官司也。自古爲夜郎地，宋置長寧軍，晉、薩等十州族姓俱效順，各授官羈服之，爲西蜀後户屏蔽。其後分姓析居，遂有上、下羅計之分。元至元十三年蠻彝部宣撫沓順率蠻酋歸附，因置上、下羅計長官司分授之。二十二年上羅計部蠻多叛，尋擊平之。其民人散居村箐，無縣邑鄉鎮。明初改置下羅計堡，調叙南衛兵戍守，以控扼蠻獠。景泰初羣蠻叛服不一，因復設上羅計堡，增置官兵戍守。正德十一年撫臣馬昊討都掌叛蠻，屯駐於此。○羅星渡堡，在縣南八十里。元至元中亦嘗設羅星長官司於此，後廢。洪武中設堡，并調叙南衛官軍戍守。又底東堡，在縣南三十里。亦洪武中置，有官軍戍守。

鹽水鎮。府南百二十里。志云：明初置鹽水壩巡司於此，萬曆初改爲歇馬堡巡司。會典：「鹽水巡司在長寧縣。」又縣北有洞門巡司，明初置，萬曆初移於建武所城内。○都寧驛，在縣南八十里。萬曆初增置。

興文縣，府東南三百四十里。東北至永寧宣撫司二百三十里。本蠻地，唐儀鳳二年招生獠置晏州，先天初降爲羈縻州，隸瀘州都督府。天寶初曰羅陽郡，尋復故。宋亦爲羈縻晏州，熙寧八年内附，政和四年隸長寧軍。元至元十七年設大壩都總管以授蠻酋，二十二年升爲戎州，隸馬湖路。明初降爲縣，萬曆四年改今名。城周不及二里。編户十二里。

思晏廢縣，在縣境。唐志晏州領思峨、柯陰、新賓、思晏等縣七，後俱廢。或云今縣西南有晏峰，思晏縣舊置於山下。元志：戎州本西南蠻種，號大壩都掌，分族十有九。唐時恢拓蠻徼，設羈縻十四州五十六縣，晏州其一也。宋時亦嘗内附，元雖置戎州而叛復不常。州治在林箐間，所領俱村囤，無縣邑鄉鎮。○哆剛廢縣，〔八〕在縣東南，亦唐所置羈縻七縣之一也。後爲多剛寨，爲都掌蠻屯據處，蓋以故縣名。

甘泉廢縣，在縣北。唐置羈縻悦州，領甘泉、臨川、悦水等六縣，屬戎州都督府。宋仍爲羈縻州，改隸瀘州都督，後廢。舊志：廢悦州在府南二百十七里。

凌霄城，縣東百二十里。宋置，屬長寧軍。明初屬戎縣，都掌蠻依爲巢穴。成化四年樞臣程信督兵討叛蠻，别將李磺破凌霄城。城三面峭壁，不可登。其南則深箐連亘數十里，賊縋藤架木而巢其上。磺循南崖而北，梯巖架壑以進。賊不意官軍躡其後，後山高，自高攻下，賊多墜崖死，遂破之。隆慶中蠻復據險叛，萬曆初撫臣曾省吾復督兵進討。帥臣劉顯攻凌霄城，遣别將先下落豹諸砦，遂拔凌霄。時賊據九絲城爲巢穴。凌霄，九絲門户也，最高險，以落豹、惡戾坎兩砦爲羽翼，官軍破凌霄城，賊勢始蹙。事平，詔改凌霄曰拱極城。

九絲城，在縣東南。山箐峻深，至爲阻隘，自宋、元以來常爲都掌蠻依阻之地。明隆慶中蠻叛，據爲巢穴，四出焚掠。萬曆初官兵進討，蠻固守雞冠嶺及九絲大城兩地，雄峻相望，幾四十里。其間龍坂盤折，崖壁對峙，中阻長谷、軍人谷，兩陣夾攻，無得脱者。又有内官、釣猴諸砦相形援。既而官兵攻九絲，一由黑帽山入其西，一由印壩山入其南，一由得皂、麥易口入其東北，一由㲉爆洞入其北。九絲山形盤礴，上修廣可容萬竈，而西面峭仄壁立，真蠻中天險。其旁有鳳頭山，賊據守其頂，官軍襲奪之，爲營以逼賊，尋破九絲城。賊平，詔改九絲城爲平蠻城，仍置官兵戍守。志云：九絲城壁立萬仞，周圍三十餘里。上有九崗四水，極廣，可以播種，僅通一徑鳥道。又去城十五里有左榜山，今立頭、腰、尾三墩堡。

南壽山，縣南五里。山高大。宋時蠻酋卜漏據山爲寨，一豆一蠻，數有五斗，故名五斗彝。山其依阻處也。旁有砲架山，即趙遹征蠻遺址。○摩旗山，在縣東五里。山峻聳，形如展旂。

晏峰，縣西南五里。峰巒峭拔，唐以山名州。又丹霞箐，在縣南二十里。山多林木，霞彩照映，其色如丹。又惡戾坎，在縣東南五十里。山高道險，宿草荒塞，故名。萬曆初官軍擊敗蠻賊於此。

水車河，縣北十里。源出三都鄉，流經瀘州江安縣入大江。居人以竹爲輪，高二三丈，斜列以筒汲水而上，可溉田疇，號曰筒車。

李子關，在縣東南百餘里。成化四年攻都掌種大壩叛蠻，督臣程信駐永寧，命一軍由戎縣進，一軍由芒布進，一軍由普市水腦洞進，又以貴州帥毛榮爲左哨，由李子關進，别將辛用爲右哨，由渡舡舖進，又分遣羅秉忠等由金鵝池進。毛榮進至李子關，伐木開路，疊石成橋。諸將又攻破其落崖、落魏及鐵爐、勇播等寨。賊登高倚險，力拒我師，諸軍力攻，賊不能支，遁入深箐。我軍乘風縱火，焚其屋廬，蓄聚殆盡。各路軍復破其龍背、豹尾等百餘寨，前後共焚賊寨七百五十六處。賊黨平，於渡舡舖置瀘州衛。金鵝池，見永寧宣撫司。

昔乖寨，在縣東，蠻寨也。相近有昧漏寨，又有大穴塘、天井洞諸寨，皆都掌叛蠻保聚處。宣德二年招撫昔乖等寨叛蠻，景泰初復叛，官兵進討破其箐前、昔乖等寨。成化三年大征，官軍分五路同時俱進，焚破諸蠻寨，又進破大穴塘及昔乖、昧漏、天井洞諸寨，蠻賊以次就平是也。

石頭大寨，在縣西南，亦都掌蠻寨也。正德十年蠻部葛魁種普法惡等作亂，詔撫臣馬昊等討之。昊遣兵分道東從珙縣，西從筠連，南自烏蒙、東川進討，攻取老虎、牡猪、巖底等寨。既而西路軍圍石頭大寨，恃險無備，爲賊所敗。官軍尋復破其落崖川山洞，猫兒崖、雞爪山等寨。又攻青山寨，不下。崖旁有碓丘坡，高峻略與寨比，乃營其上以逼賊，尋克其峰崖寨及磨底等呰，又擒賊渠於大井壩，賊黨悉平。

都都呰，在縣東南，亦蠻據險處。志云：呰爲九絲左壁，險比凌霄，而廣袤過之。萬曆初官兵克凌霄城，進攻都都呰。呰旁有藍蝦坡及洪崖等險，又有阿兒等呰爲脣齒。官兵進奪其藍蝦坡及阿兒呰，又會兵攻破其高呰、平呰、董木等壩，又仰攻洪崖至絶巘，尋拔都都呰，進兵搜兩河、印壩諸處，斬獲甚衆。事平，詔改都都呰曰都定呰，印壩山砦曰文印砦，仍置兵戍守。

落豹砦，在縣東，亦蠻砦也。萬曆初大帥劉顯討都掌蠻，襲破其落豹寨，取其惡戾坎，遂進克凌霄城，於是分兵攻落亥寨，一軍軍藍瑕坡襲洪崖，一軍軍董木壩相犄角，盡收都都砦部落是也。

鷄冠嶺砦，在縣南，亦都掌蠻依阻處也。其相近又有内官、釣猴諸寨。萬曆中官軍克九絲城，拔其旁砦十三，又克其鷄冠砦，平旁砦十六。追至後山釣猴崖，崖巉巇不可登，官兵造敵樓發鳥銃擊之，賊不能支，於是盡克其附崖十三砦。又進破其牡猪寨，追獲賊渠於貴州境上大盤山，都掌悉平。前後共下砦柵六十有奇，拓地四百里。詔改釣猴山砦曰降蠻，鷄冠砦曰金鷄，而内官砦曰武寧砦。其地廣衍，旁皆沃壤，遂均田授甿，即其列雉爲城，設官兵屯戍，詔名爲建武所是也。

輪縛大囤。在縣東南。宋政和四年晏州蠻卜漏反，破梅嶺砦。梓州轉運使趙遹倍道趨瀘州，時賊據輪縛大囤，其山崛起數百仞，林箐深密，壘石爲城，樹柵以守，軍不能進。遹用奇計以火猱攻囤，遂克之，闢地十餘里。志云：即今南壽山也。梅嶺砦，見瀘州江安縣。○兩河口鎮，在縣東北。有巡司，萬曆初增置。

隆昌縣，府東北二百六十里。東北至重慶府榮昌縣百十里，東南至瀘州百二十里。本榮昌縣之隆橋驛，介瀘州、富順之間，曠遠多盜。隆慶元年撫臣譚綸奏割瀘、富、榮犬牙地置縣，命名隆昌。編户二十里。

玉蟾山，縣南四十里。盤旋聳峙，如蟾蜍偃仰。南眺雒江，迴環如帶，爲登臨之勝。志云：山東南去瀘州八十里。○金鷄洞，在縣西里許。亦曰换鷄洞，在孤山峭壁間。有溪水東來，遶城西折，環山之趾，下爲縣崖，壁立千尺，飛流如練，稱爲奇勝。

雒江，在縣西南。亦曰金川。自富順縣流入界，又東南至瀘州北入於大江。縣境山溪諸流皆附雒江而注大江。

隆橋驛。在縣治東。明初置。志云：縣址故屬榮昌而爲隆橋驛之地，故以隆昌爲名。

附見

叙南衛。在府治東。洪武四年建守禦千户所，十年升爲衛，隸四川都司。

建武守禦千户所，府南四百二十里。東北至瀘州衛九十里，東至永寧宣撫太平長官司八十里，西至珙縣百五十里，南至鎮雄府安静長官司八十里，北至長寧縣百五十里。古僰國地，唐、宋以來爲羈縻晏州地。宋政和間蠻卜籠謀叛，先據五斗壩，後據九絲天險，號九絲山都掌。元至元間歸附，爲水都四鄉、山都六鄉，隸於戎州。明初爲戎縣地，其水都則陽順陰逆，山都則猖獗日甚，先後凡十有二征，俱弗克。萬曆元年勦平山都，水都震懼，悉歸編户，拓地五百餘里，於是擇山都六鄉適中處建所城，設將領。所治即内官砦也。砦址坐西向東，前對印壩山，後坐雞冠嶺，左扼九絲城，右挹都都砦，實爲雄勝。前有大河，因爲城濠。城開四門，周七里有奇。環四山而連雲、貴，襟三水而接叙、瀘，屹然雄峙矣。萬曆二十三年松潘多事，將領多奔命於西北，而建武之守備弛。

得勝營。在所西北。經略志：「建武道路可以通行者，西則由歇馬漢村達黑帽尖山入得勝營，東則由長寧達蠻啞口至毛壩營，北則由得窓口達魚井坎至文印山。外有南廣水路一道，自慶符直達所城。中間有躓、木二灘，亦當開濬，徑通舟楫。陸路至叙州經慶符、高縣至珙縣，計程速則三日，緩則四五日。若自南廣間道從穴口、漢陽、薄刀嶺、羅洗場、龍灣鎮，日半可以徑透珙縣，因於羅洗場適中處設一公館。今慶符於薄刀嶺、漢陽壩二處添設遞舖，則往來便矣。」

校勘記

〔一〕唐貞觀九年改置恭水縣　「縣」，底本原作「郡」，今據職本、鄒本及舊唐志卷四〇、新唐志卷四一改。

〔二〕志云　下引見漢志卷二八上牂牁郡鼈縣班固自注，此宜作「漢志云」。

〔三〕又胡江廢縣至以界内胡江水爲名　此胡江縣原名何縣，文中不明。據新唐志卷四一，胡江縣原名貢山，此當作補敘。

〔四〕隋史萬歲入南中　「史萬歲」，底本原作「史萬義」，據隋書卷五三史萬歲傳改。

〔五〕柯已廢縣　「已」，新唐志卷四三下作「巴」。

〔六〕徙西　「徙」，新唐志卷四三下作「徒」。

〔七〕亦以形似名　「似」，底本、職本作「峙」，鄒本作「似」，今從鄒本。

〔八〕哆剛廢縣　「剛」，新唐志卷四三下作「罔」。

讀史方輿紀要卷七十一

四川六

潼川州，東至順慶府三百五十里，東南至重慶府九百里，西至成都府漢州二百二十里，西南至成都府簡州百八十里，西北至成都府綿州百三十里，北至保寧府劍州三百六十里，東北至保寧府三百十五里，自州治至布政司三百六十五里，至京師一萬二千六百六十五里。

禹貢梁州地，後爲蜀國地。秦屬蜀郡，漢屬廣漢郡，後漢因之。晉仍屬廣漢郡。宋置新城郡，齊因之。梁末置新州，梁武陵王紀置。西魏改置昌城郡。隋初郡廢，開皇末改州曰梓州，大業初曰新城郡。唐初復曰梓州，天寶初曰梓潼郡，乾元初復爲梓州。先是至德初分置劍南、東川節度，其後分合不一。詳見州域形勢。五代因之。朱梁乾化四年王建改東川節度曰武德軍。宋仍曰梓州，亦曰梓潼郡。宋志：「乾德四年改軍號曰靜戎軍，太平興國中改曰靜安軍，端拱二年曰東川節度，元豐三年復曰劍南東路節度，本路安撫司治此。」重和初升爲潼川府。元因之。明初仍曰潼川府，洪武九年降爲州，以州治郪縣省入，編户六里。直隸布政司。領縣七。今仍曰潼川州。

州左帶涪水，右挾中江，居水陸要衝，爲劍南都會。後漢初討公孫述，述使其將延岑悉兵拒廣漢及資中，岑彭使臧宫將降卒五萬從涪水上平曲拒之。平曲，見合州定遠縣。或曰在州境。先主之入蜀也，諸葛武侯等分定州郡，略地至郪。劉裕伐譙縱，遣劉敬宣從墊江今合州。轉戰至黄虎，縱悉衆拒之，不能克也。既而遣朱齡石從外水取成都，而以别將從中水取廣漢，中水即綿水，廣漢今漢州。以疑兵從内水向黄虎。内水即涪水。州實據涪水之上游，從來有事蜀中者，用奇用正，不一其法。自唐季分兩川，東川與西川，常爲争衡之地。顧彦暉敗滅於前，董璋覆亡於後，二子皆庸才，故不足以有爲耳。地居成都肘腋間，恒足以制西川之命。志云：州有鹽水、銅山之富，農桑果食之饒，山川綿衍，人物阜繁。州之形勝甲於西南，有自來矣。

廢郪縣，今州治。漢縣，屬廣漢郡。後漢因之，晉省。劉宋復置。元嘉十年賊程道養等兵敗，逃入郪山，郪山即郪縣山也。尋分置北伍城縣，爲新城郡治，蕭齊因之。梁始置新州，併郪縣入武城縣。西魏又改曰昌城，并置昌城郡。隋郡廢，尋爲梓州治，大業初改伍城曰郪縣，爲新城郡治。唐仍爲梓州治，宋、元因之，明初省。宋白曰：「故郪城在縣南九十里，臨江。一名郪王城，蓋以郪江名也。」一云漢郪縣在今州西百里，梁移今治。城邑考：「州城唐、宋以來故址，狀若蛇盤，與西川龜城對峙。明天順、成化中修築，皆甃以石。又於城外鑿池闊四丈，引西溪、九曲水注於中。嘉靖初湮廢，復加疏濬，仍於城東築堤三十餘丈以禦水害。城爲門四，周九里有奇。」

涪城廢縣，州西北五十里。漢涪縣地，屬廣漢郡，晉、宋因之。蕭梁僑置始平縣及始平郡，西魏改郡曰涪城，後周又改曰安城郡。隋開皇初郡廢，改縣曰安城，十六年又改爲涪城縣，屬綿州。劉昫曰：「東晉置始平郡，後魏改涪城郡及潼縣，隋改潼縣爲涪城也。唐仍屬綿州，大曆十三年改屬梓州。」中和四年東川帥楊師立拒命，舉兵屯涪城，西川帥陳敬瑄遣高仁厚拒破之，即此。宋仍屬綿州，元至元二十年併入郪縣。志云：縣在綿州東南四十里，蓋境相接也。

黄虎城，在州北。涪水所經。晉時李氏據蜀，嘗置戍守於此。其後譙縱叛，亦置戍焉。義熙四年劉裕使劉敬宣討縱，泝涪江而上至黄虎，去成都五百里，縱遣譙道福悉衆拒險，相持六十餘日，不得進而還。胡氏云：「黄虎近涪城。或曰當在今遂寧縣西北。」○廢富國監，在州南九十里。本郪縣新井鹽場，宋置監領之，後廢。宋志：「梓州所領縣皆有鹽井，而最多者涪城則二十七鹽井，郪縣則三十四鹽井，蓋置監領鹽税也。」或云監蓋五代時所置。今有華池鹽課司，在州西三十里。

牛頭山，州治西南二里。形如伏牛，俯臨城郭，上有浮圖。州西三里又有龍頂山，蜿蜒於牛頭山之後。又長平山，在州城北。岡隴延袤而平廣，因名。○東山，在州東四里涪江之左，修阜如長城，下顧州郭。有蘇公泉及石塔諸勝。志云：州西五里有三臺山，突起三級，狀若層臺。

五層山，州北五十里。一名天柱山，有重岡五層。又北十里曰馬頭山，山勢昂起，形若馬首。又香積山，在州西北五十里，北枕涪江。○靈臺山，在州南百里。山形如臺，高聳雲漢。又望川山，在州南百二十里。天晴日霽，登絶頂遥望西川。

涪江，在州城北。自綿州羅江縣流經州城西北，又東南流經州城東，歷射洪縣及遂寧縣至重慶府合州而合於嘉陵江。唐時曾以涪江逼近郪城，横溢爲患，乃鑿江東壖地別爲新江，東北注，使水道與城相遠。至宋漸堙，往往修築長堤以防衝齧。慶元中暴溢爲患，提刑王勳度水所向，依江堧伐石爲堤，由是横流不至西齧城址，謂之王公堤。至今以時修築。餘詳大川。

郪江，在州城西南。源自中江縣銅官山，流至廢飛烏縣，會衆流遶牛頭山下，又東南經射洪縣至遂寧縣界而合於涪江。其合處謂之郪口。○桃花水，在州東三十里，流入涪江。又州城西有西溪，流入郪江。

張杷寨，在州南。九域志郪縣有張杷鎮。唐中和四年高仁厚討東川帥楊師立，圍鹿頭關，師立將鄭君雄出兵掩擊，軍中驚，別將楊茂言走至張杷而還，仁厚斬之，或以爲即此張杷也。又乾寧四年王建攻梓州，軍於張杷砦，即此。○楸林寨，在州北。唐乾寧二年王建攻東川顧彦暉，拔其楸林砦是也。今爲秋林馬驛。

平陽鄉。在州西北。後漢岑彭討公孫述，分遣臧宫泝涪水而上，宫破延岑於沈水，乘勝追北至平陽鄉，王元舉衆降，遂拔綿竹。酈道元曰：「平陽鄉蓋在故綿竹境内。」今由州境抵故綿竹，不過百餘里。○皇華驛，在州治南，馬驛也。又州西六十里有建寧馬驛，州北六十里秋林馬驛。又板橋在州東南，道出遂寧。

射洪縣，州南六十里。西北至中江縣百七十里，西南至成都府金堂縣百八十里。漢廣漢、郪二縣地，西魏置射江縣，後周改曰射洪，屬昌城郡。隋屬梓州，唐、宋因之。今城周五里。編户三里。

廣漢廢縣，縣東南百里。漢縣，屬廣漢郡。華陽國志：「高帝置廣漢郡，本治廣漢縣之繩鄉，後移治涪。」是也。後漢因之，建武十一年岑彭等伐公孫述，述悉兵廣漢、資中以拒漢，即此廣漢矣。三國漢嘗析置東廣漢郡於此。晉爲廣漢郡治，永和中改屬遂寧郡。水經：「涪水自涪縣，又南至小廣魏，與梓潼水合。」酈道元注：「小廣魏即廣漢縣也。」宋、齊因之，西魏廢。

德陽廢縣，縣東南三十里。本後漢析陰平縣置，在今龍安府東，晉太康中移治於此，仍屬廣漢郡。永寧元年李特攻廣漢，太守辛冉潰圍奔德陽，時廣漢仍治雒也。大安元年詔以張微爲廣漢太守，軍德陽，復爲特所敗，特因置德陽郡，使其黨騫碩守之。二年詔荆州刺史宗岱、建平太守孫阜率水軍救羅尚於成都。阜爲前鋒，進逼德陽，特遣李蕩等拒之。永和中郡廢，改屬遂寧郡，宋、齊因之，西魏併入射洪縣。

通泉廢縣，縣東北七十里。蕭梁時置縣，并置西宕渠郡治焉。西魏改郡縣俱曰湧泉。隋郡廢，縣復曰通泉，屬梓州。唐、宋因之，元至元二十年省入射洪縣。又廢光漢縣，在廢通泉縣境，梁置，屬西宕渠郡，隋初廢入通泉縣。一統志：「通泉城在潼川州東百三十里。」

金華山，縣北二里。上拂霄漢，下瞰涪江。又縣東七里有武東山，亦高秀，以武水經其西而名。武水即郪水也。又玉屛山，在縣南十五里。一名白崖山，遠望懸崖，皎如白雪，巖阜逶迤，宛類玉屛。亦曰懸崖山。

獨坐山，縣東南二十里。射江、涪江左右合流，此山卓然孤立，因名。○通泉山，寰宇記云：「在通泉縣西北二十里。東臨涪江，絶壁二百餘丈，水從山頂湧出，下注涪水。西魏因以湧泉名郡縣。」

涪江，縣東北七里。自州境流入，經獨坐山下合於射江，又東南入遂寧縣界。又郪江，在縣北。自州境流入，經武東山下，又東南入遂寧縣界。

射江，縣東南十五里。源出劍州界，歷潼川東境，至獨坐山下合於涪江。益州記「婁僂灘東六里有射江，西魏因置縣。土人訛江爲洪，後周從俗改縣爲射洪」云。○大彌江，在縣東，源出劍州，經鹽亭縣流入境；又有小彌江，在縣北；下流皆注於涪江。

沈水，縣東南八十里。後漢建武十一年岑彭等討公孫述，别將臧宫從涪水上平曲，述將延岑盛兵沈水以拒，宫擊破之，斬溺萬餘，遂北至平陽鄉。水經注：「沈水出廣漢縣，下入涪水。」寰宇記：「通泉縣北有沈水，即臧宫破延岑處。」○可波水，在縣東，流入鹽泉縣界合梓潼水。又鹽井，在縣界。宋志：「射洪縣有鹽井。」又通泉縣有三鐵冶。

九井驛。在縣西，馬驛也。嘉靖中自廣元改今屬。

中江縣，州西百二十里。北至綿州羅江縣六十里，西北至漢州百里。漢郪縣地，三國漢析置伍城縣，屬廣漢郡，尋廢。晉咸寧四年復置，仍屬廣漢郡。太康六年廢，七年復置。宋、齊因之，後周置玄武郡治焉。隋開皇初郡廢，改縣曰玄武，屬益州。仁壽初增置凱州，大業初州廢，仍屬蜀郡。唐武德初屬益州，三年改屬梓州。宋因之，大中祥符五年改曰中江縣。今城周七里。編户五里。

伍城廢縣，縣治南三里。華陽國志：「漢時立倉於此，發五萬人，尉部主之。」〔一〕晉咸寧四年因立伍城縣，亦曰五城，屬廣漢郡。寧康二年時苻秦置寧州於墊江，以姚萇爲刺史。晉將竺瑶等敗之，萇退屯五城。太元七年桓沖遣將楊亮等攻蜀，拔伍城，進攻涪城，苻秦遣張蚝等救却之。隋改曰玄武縣。唐元和初劉闢以西川叛，高崇文討之，敗其衆於玄武。乾寧四年王建攻東川，鳳翔帥李茂貞遣軍來救，建敗茂貞將李繼徽等於玄武是也。九域志：「玄武縣在梓州西九十里。」

飛烏廢縣，在縣東南。舊志云：古郪王城也，在梓州西南百三十里。隋開皇中置飛烏縣於此，屬新州，尋屬梓州，以飛烏山爲名也。唐仍屬梓州。乾寧二年王建攻東川，其將王宗侃略地至飛烏，爲東川帥顧彦暉所擒。宋屬潼川府，元初廢入中江縣。○銅山廢縣，在縣西南九十里。本飛烏縣地，唐貞觀二十二年置鑄錢監，調露初改置銅山縣，并析郪縣地益之，屬梓州。宋因之，元至元二年并入中江縣。

玄武山，在縣城東南。澗中石多龍蛇狀，因名。聖水泉出焉。九州要記：「山一名朱雀山，一名宜君山，又名大雄山。」華陽國志：「玄武山亦名三嵎山，其山六屈三起。」又天柱山，在城西南，山巒孤秀如柱。志云：縣東南三里有烽火山，諸葛武侯置烽火處也。又城東北有五城山，或曰晉以此名縣。

覆舟山，縣西南三十里。高五里。山腹有風穴，人往視則風起，甚至折木。益州記：「覆舡山中十五里有七里坂，一名羊腸坂，屈曲壁立，艱於登陟。」又十道録：「山亦名泊山，堯時洪水，州人泊舟於此，山因以名。」

銅官山，縣西南九十八里，産銅。志云：爲卓王孫、鄧通冶鑄之所。又縣南九十五里有賴應山，産銅及空青。○可蒙山，在縣西南百二十里，産銅。又縣南百三十里有私鎔山，産銅礦。唐因置銅山縣。

會軍山，縣東南百六十里。漢昭烈入蜀，遣諸葛武侯、張飛略地至此，百姓以牛酒犒師，因名。○飛烏山，在縣南百七十里，峻削如飛烏之狀。寰宇記：「大飛烏山高二里，周迴二里；小飛烏山高一里，周迴二里。兩山相向，隋因以名縣。」

中江，在城東南。有二源，一爲南江，來自舊神泉縣，經縣城西南；一爲東江，來自廢涪城縣，經城東北；至玄武山下合流，又東南會於郪江，舊謂之五城水，其合處爲五城水口。東晉義熙初毛璩討桓振，使參軍譙縱等出涪水，至五城水口，縱遂作亂。志云：中江一名玄武江，唐大和五年玄武江漲高二丈，溢入梓州羅城是也。舊神泉縣，見成都府安縣。

郪江，縣東南十五里。源出銅官山下赤岸溪，東北流，會中江水東入州界。一名武水，以中江有玄武江之名也。又有小郪江，出縣南蓮池鄉，東流六十里入郪江，故有大郪水、小郪水之稱。○鹽井，在縣界。宋志：縣有鹽井。又飛烏縣有五鹽井，銅山有銅冶是也。

五城驛。縣治北。又縣西五十里有古店馬驛。

鹽亭縣，州東百里。東至保寧府南部縣百七十里，東南至順慶府西充縣百二十五里。漢廣漢縣地，梁置鹽亭縣，西魏置鹽亭郡。隋開皇初郡廢，縣屬新州，尋屬梓州。唐、宋因之。今城周六里。編户三里。

永泰廢縣，縣東南三十里。本鹽亭縣地，唐武德四年析置永泰縣，又分劍州之黄安、閬州之西水二縣地益之，屬梓州。宋因之，熙寧五年省爲鎮，屬鹽亭縣。紹興中復爲永泰縣，屬潼川府。元初復省入鹽亭縣。志云：廢城在州東百三十里。名勝志云：「在縣東北八十里。」恐悮。○東關廢縣，在縣南四十里。宋乾德四年置縣，屬梓州，元至元二十年併入鹽亭縣。名勝志：「廢城在縣東百里。今名東關市。」

高渠廢縣，縣西十六里。西魏置高渠縣，屬鹽亭郡。隋開皇初屬新州，尋屬梓州，大業初廢。志云「縣西北二十六里有故宕渠郡城，蕭梁時廢」，蓋即高渠之訛矣。○略城，在縣西南。晉末益州刺史毛璩東討桓振於江陵，至略城，會譙縱作亂，奔還成都。晉書：「略城去成都四百里。」

負戴山，在縣城西。自劍門南來，起伏四百餘里，自此屹然蹲峙。上有飛龍泉，味甘美，南流入梓潼水。寰宇記：「負戴山一名高山，有龍拏虎踞之勝，下瞰梓潼水。」○董叔山，在縣城東九十步。高一里，西臨鹽亭水，孤峰絶島，峭壁千仞。舊名潺亭山，隋開皇四年縣令董叔封有德政，時遊宴於此，後人因號曰董叔山，亦曰董政山。十道記：「董政山原名鳳凰山。」

金紫山，縣北十五里。相傳以唐邑人嚴震、嚴礪俱貴顯而名。一名紫金山，宋寶祐二年西川帥余晦城紫金山。山，蜀之要地也。蒙古將汪德臣襲取之。○龍固山，在縣西北六十里。山高四里，四面懸絶，可以固守。

女徒山，縣東北七十里。昔有女徒千人行役，路逢賊，乃於山頂置柵禦之，因名。又鼓樓山，在縣東百二十里。山有三層，高五十餘丈。志云：前蜀時嘗營鼓樓置烽火於此。

梓潼水，在縣治南。亦曰潼江。自劍州梓潼縣南流入縣界，又西南流注於涪江。志云：縣南有白馬河，與梓潼水會流而注於涪水。○鹽亭水，在縣城東。亦謂之瀰江。自劍州南境流入縣界，又南流達射洪縣界而注於涪水。

鵝溪，縣西北八十里，自綿州界流入，地産絹，所謂「鵝溪絹」也；又有麟溪，在縣西；下流皆入於梓潼水。○楊溪，在縣東南。自順慶府西充縣流入境，合於鹽亭水。

鹽井，在縣東。宋志：「縣有鹽井六。」又縣與射洪縣舊皆産鐵，其利屬於官。

雲溪驛。在縣治西，馬驛也。又西六十里有富村馬驛。〔二〕

遂寧縣，州東南二百四十里。東北至順慶府百七十里，東南至重慶府合州三百三十里。漢廣漢縣地，後漢因之。晉爲德陽縣地，仍屬廣漢郡，永和以後於德陽東南界置遂寧郡。宋仍曰遂寧郡，齊亦曰東遂寧郡。梁因之，郡治小溪縣。西魏改縣曰方義，後周又改郡曰石山，兼置遂州。隋開皇初郡廢，仍曰遂州。仁壽初置總管府，大業初府廢，又改州爲遂寧郡。唐武德初復爲遂州，二年仍置總管府，貞觀初府罷。十年復置都督府，十七年又罷。天寶初改爲遂寧郡，乾元初復故。天祐二年王建請置武信軍，孟氏因之。宋仍爲遂州，亦曰遂寧郡、武信軍節度。太平興國初復改方義縣曰小溪。政和五年升州爲遂寧府。宣和五年又升爲都督府，以潛邸所在也。元初因之，至元二十二年降爲遂寧州。明初因之，以州治小溪縣并入，洪武九年改爲縣。今城周十里。編户十七里。

方義廢縣，在縣治南。晉德陽縣地，齊分置小漢縣，梁曰小溪，爲郡治。西魏改小溪曰方義，自隋以後州郡皆治此。或曰小溪即小漢之訛也。廣漢縣舊屬廣漢郡，謂之小廣漢，省文爲小漢，如沛郡之沛縣爲小沛，桂陽郡之桂陽縣爲小桂也。梁時訛漢爲溪耳，未知然否？宋復改方義縣曰小溪。劉儀鳳曰：「遂州平原沃野，貫以涪江，氣象寬舒，爲東蜀之都會。」元人降府爲州，明初又以小溪縣省入，降州爲縣。今城相傳後唐天成中武信節度使夏魯奇築，明天順、正德中皆因故址增脩，甃以磚石，環城爲池，嘉靖中又復營治。有四門。

青石廢縣，縣西北五十里。東晉置晉興縣，尋屬遂寧郡，宋、齊因之。西魏改曰始興縣，尋又改曰青石，置懷化郡治焉。隋初郡廢，縣屬遂州，唐因之。宋熙寧六年省入遂寧縣，七年復置，仍屬遂州。元至元十九年省入小溪縣。一統志：「青石故城在今州北五十里。」悮。又遂寧廢縣，在縣西七十里。唐景龍元年以故廣漢縣地置遂寧縣，仍屬遂州，宋因之，元至元十九年省入小溪縣。

長樂山，在縣治西。形如蟠龍，頂平如砥。其相接者曰寶臺山，頂平如臺。又梵雲山，在縣西南二里。寰宇記：「山三面懸絕，東臨涪江，西枕落星池。」○玉堂山，在縣北十五里。峰巒聳秀，氣象雄峙，縣之主山也。又縣東北二十里有鶴鳴山，亦高秀。

靈泉山，縣東十里。數峰壁立，有泉自岩滴下，流注不竭。宋寶祐六年蒙古將紐璘侵蜀入成都，蜀帥蒲擇之命其將楊大淵等守劍門及靈泉山，自將兵復成都，紐璘大敗大淵等於此。又銅盤山，在縣東五十里。壁立四絕，人莫能上。志云：縣西五十里有石城山，以四面如城而名。

廣山，縣北二十里。山極孤峭，斗入江心，涪江、郪水會其下。下有龍潭，相傳山常動摇，以龍潛其中也。又繖子山，在縣北十五里。山形圓聳如繖，環山之民以植蔗凝糖爲業。○隆龕山，在縣南百四十里。其東有廢隆龕縣，今入重慶府之安居縣界，蓋境相接也。

涪江，在縣城南。自射洪縣流入境，至城西南復折而東，又東南入合州銅梁縣界。縣東有箭灘渡，即涪江津濟處也。宋寶祐六年蒙古紐璘入蜀將趣成都，蜀帥蒲擇之遣劉整據遂寧江箭灘渡以斷東路，璘至不能渡。既而整敗走，璘遂長驅入成都。

郪江，在縣北。亦自射洪縣流入境，至廣山下合於涪江謂之郪口。宋元嘉十三年遣將蕭汪之將兵討賊程道養，軍至郪口，賊黨帛氏奴請降，道養兵敗，還入郪山。

赤溪，縣北十五里。自蓬溪縣流入界，經縣治東流入涪江。又倒流溪，在縣西十五里。水流旋遶，北入涪江，即樂至縣勝水河之下流也。○湧泉，在縣西北至壘鎮之曲。有清泉湧出，灌溉壘旁之田。

倒流鎮。在縣西南，以近倒流溪而名。萬曆中永寧賊奢崇明作亂，據重慶侵掠城邑，西逼成都，官軍赴援，復安岳、樂至縣，與賊戰於倒流鎮，石橋、永清舖皆克之，賊尋逸去。志云：安岳縣東十里有石橋舖，樂至縣東十里有永興舖。永清蓋永興之訛矣。○廣福鎮，在縣西百里，有鹽課司。

蓬溪縣，州東南二百二十里。東北至順慶府西充縣九十里。漢廣漢縣地，唐初爲方義縣地，永淳初析置唐興縣，長壽二年改爲武豐，神龍初復故。景龍二年分唐興置唐安縣，先天二年廢唐安，移唐興治焉。天寶初改爲蓬溪縣，屬遂州。宋、元因之，明初改今屬。城周四里。編户六里。

長江廢縣，縣西百十里。漢廣漢縣地，晉永嘉中李雄置巴興縣，東晉置遂寧郡，治巴興。宋、齊皆因之，梁始改治小溪。西魏改縣曰長江，屬懷化郡，隋屬遂州。唐因之。劉昫曰：「舊治靈鷲山，上元二年徙治白桃川也。」宋仍屬遂州，元至元十九年省入蓬溪縣。一統志：「長江故城在今州北三十里。」悮。○唐興故城，在縣東北三十里。唐永淳初置縣於此，後移今治，改曰蓬溪。

赤城山，縣東一里。中峰蔚然，左右環拱，上有高臺五層，山皆赤土。又蓬萊山，在縣治西，縣因以名。

青石山，縣南七十餘里。山出青石最佳，可爲鐘磬。益州記：「青石嶺有九折，亦名九節嶺，九嶺溪水出焉。山下有九節鎮，其東麓入合州界。」又風門山，亦在縣南百七十里。四面峻絶，常有清風，因名。○龍多山，在縣南二百二十里。山綿亘深遠，下有放生池，相傳武后常令放生於此。其南亦接合州界。

伏龍山，縣西二百里。其山盤曲，形如伏龍，下有火井。異物志：「山下地窪若池，以火引之，有聲隱隱出地中，少頃炎熾。夏月積雨停水，則焰生水上，水爲之沸，而寒如故。冬月水涸，則土上有焰，觀者至焚衣裾。」

明月山，縣西二百二十里。兩峰對峙，下臨涪水，相映而明。一名鼓樓山，以登其巔可望數百里也。其下有明月池。五代唐天成中孟知祥、董璋連兵十萬侵遂州，突次明月池。武信軍節度使夏魯奇力不敵，乃堅壁清野，退守州城。知祥等自明月池進攻，陷之。

蓬溪，縣城北。源出蓬萊山，東流遶赤城山下，又西南流入遂寧縣界入於涪江。○珠玉溪，在縣西北七十里，昔時溪旁有珠玉村；又鳳凰川在縣北百二十里，以旁有鳳凰山而名。其下流皆東入順慶府界注於流溪而達嘉陵江。

朝天驛。在縣西，馬驛也。志云：嘉靖中自廣元改今屬。

安岳縣，州南三百八十里。南至成都府内江縣九十里，東至重慶府大足縣百七十五里。漢爲資中、牛鞞、墊江三縣地，後周置安岳縣，并置普州治焉。隋初因之，大業初州廢，縣屬資陽郡。唐武德二年復置普州，治安岳縣。天寶初曰安岳郡，乾元初復曰普州。宋仍爲普州治，亦曰安岳郡，寶祐以後州縣俱廢。元末復置安岳縣。或曰明玉珍置，屬遂州。明洪武四年復置普州，九年省州入縣。城周三里有奇。編户十九里。縣今省。

廢普州，今縣治。劉昫曰：「梁置普慈郡，後周改曰普州。隋州廢，唐復置。」宋亦曰普州。宋志：「端平三年兵亂，淳祐三年據險置治，寶祐以後州廢。」是也。明初亦置州於此。縣初無城，今城成化初築，尋圮。正德七年改築，甃石爲固也。

普康廢縣，縣南五十里。漢犍爲郡資中縣地，後周置永康縣，屬普慈郡。隋開皇初屬普州，十八年改縣曰隆康，大業初屬資陽郡。劉昫曰：「本名永唐，隋改曰永康，移治伏强城，尋又改曰隆康也。唐先天初諱隆，改曰普康，仍屬普州。」宋因之，熙寧五年廢入安岳縣。○石羊城，志云：在縣東百二十里，元置縣，明初廢爲石羊鎮。未知所據。一云石羊城在樂至縣南。

鐵峰山，縣治北。高聳壁立，一名鳳凰山。山之後曰大雲山，亦高峻。杜佑曰：「安岳郡城因山爲址，四面險固。」謂此也。○雲居山，在縣東南十里，岩壑深秀。縣北二十里又有鰲魚山，亦高廣，以形似名。

岳陽溪，在縣治西。一名青竹溪，繞縣治東南流入大足縣界合於赤水溪。宋時太守彭乘嘗臨溪疊石爲曲水。一名翰林灘，以乘嘗官翰林也。又大安溪，在縣北八十里，下流東注於涪江。

龍臺鎮，在縣境，唐所置也。天復初王建遣龍臺鎮使王宗侃討妖賊杜從法等於昌、普、合三州，平之。或云鎮蓋王建所置。

茗山鎮。縣西七十里。故普慈縣地，與樂至縣接界。傍有茗山，因以爲名。宋嘉定十一年漢中叛將張福轉掠巴、蜀入普州，屯於州之茗山。安丙自果州趨遂寧，會諸軍合圍，絕其樵汲之路，福窮請降。

樂至縣，州西南三百九十里。西至簡州九十里，東至安岳縣百二十里。漢犍爲郡牛鞞縣地，隋爲普慈縣地，唐武德二年析置樂至縣，屬普州。宋因之，寶祐中廢。明成化二年復置今縣，隸潼川州。正德十年改隸簡州，嘉靖九年還隸潼川州。今城周五里。編户七里。

普慈廢縣，縣東北三十五里。後周置多業縣，并置普慈郡治焉。隋開皇初郡廢，縣屬普州，十三年改縣曰普慈，大業初縣屬資陽郡。唐仍屬普州。宋乾德五年廢入樂至縣。郡志：普慈廢縣在安岳西北百里，境相接也。

大娑婆山，縣治南一里，又治北一里有小娑婆山，山高險，皆可屯兵。志云：縣治北又有鎮山，治南又有印山，與大、小娑婆山相接。○七盤山，在縣南四十五里。岡巒曲折，凡有七盤，因名。又金馬山，在縣西北十里，亦高聳。

勝水河。縣東六十里。一名倒流河，北流入遂寧縣界入於涪江。亦曰倒流溪。○放生溪，在縣西十里。西流入簡州界注於雁水。

眉州，東至成都府仁壽縣八十里，南至嘉定州百七十里，西至邛州百六十里，北至成都府崇慶州二百里，自州治至布政司百八十里，至京師一萬四百一十里。

禹貢梁州之域，秦蜀郡地，漢犍爲郡地，後漢因之，晉、宋仍屬犍爲郡。齊析置齊通郡，地記：「齊建武三年置齊通左郡於犍爲郡南安縣之西界。」梁因之，兼置青州，西魏改曰眉州，以峨眉山名也。後周復曰青州，尋改嘉州。隋開皇初廢郡存州，大業二年又改州曰眉州，三年廢州，屬眉山郡。唐武德二年復置眉州，天寶初曰通義郡，乾元初復曰眉州。宋因之。亦曰通義郡。

元仍曰眉州，屬嘉定路，而以州治眉山縣省入。明洪武九年降州爲眉縣，十三年復爲州，編户二十一里。直隸布政司。領縣三。今仍曰眉州。

州迫近江滸，密邇成都。吴漢之攻公孫述也，戰於武陽、南安之間；桓温之平李勢也，戰於合水、彭模之上；朱齡石之討譙縱也，亦戰於彭模以北；蓋自外水而指成都，不得眉州未足以制成都之肘腋也，眉州舉而成都在掌中矣。且江山清秀，土田腴衍，志稱爲岷、峨奥區，允矣。

眉山廢縣，今州治。漢武陽縣地，晉、宋因之。齊建武中析置齊通縣，爲齊通郡治，梁置青州治焉。隋開皇初郡廢，改齊通曰廣通，仁壽初又改曰通義，嘉州治焉。大業初爲眉州治，尋廢州，改屬眉山郡。劉昫曰：「後周改齊通爲安洛，尋曰廣通。」隋志不載也。唐復置眉州於此。宋太平興國初改縣曰眉山縣，元至元二十年併縣入州。明初降州爲眉縣，屬嘉定州。尋復曰眉州。城邑考：「州城五代時攝守山行章築。宋淳化五年亂賊李順攻圍半年不能下，俗謂之卧牛城，以其坦而難攻也。又沿城多芙蓉，亦謂之芙蓉城。歲久城濠頹塞，明成化十七年因舊址修築，正德中復繕城濬濠，甃石爲固。有門四。城周八里有奇。」

裴城，志云：在州治東。相傳昔有裴姓者夜築此城，天明而畢。又州治東北二里有洛城，相傳後漢時築，三國時廢。皆未知所據。

峨眉山，州西南二百里。綿亘寥遠，蟠踞嘉、眉二州，並爲形勝。詳見前名山。

蟇頤山，州東七里。自象耳山連峰壁立，西瞰玻瓈江，五十餘里，至此磅礴蹲踞，形類蟇頤。上有淘丹井。山腹有穴曰龍洞。大江流至山下曰蟇頤津，唐田令孜沉左拾遺孟昭圖於此。又白虎山，在州東北八里。其山壁立，西臨導江。一名白獸山，下有白虎潭。○醴泉山，在州西八里，環遶州城。山半有八角井，清甘如醴。又州西北九里有快活山，平地突起，高百餘丈。

盤龍山，州北四十里。狀若盤龍，一名走馬山。下有鱟魚堰水。志云：州西北十里有迴龍岡，自盤龍山南來，或起或伏，至此岡阜高出，遇雙河口水折而西旋，狀若迴龍云。○七龜山，在州西北二十里。南北兩山對峙，延亘十餘里，中平坦，有七山羅列前後。又筆架山，在州西二十五里，有三峰峙立。山之陰爲瀘崩溝。又州西四十里有息臺山，在東館鎮之北，亦雄峻。

大旺山，州東南五十里。自蟇頤山南趨，或起或伏，至此峰巒屹立，回拱州城。又連鰲山，在州西南九十里。山勢連續，其形如鰲。又石佛山，在州西南二十五里。下有尒家川，〔三〕地膏腴宜種植。

大江，州東六里。自成都府新津縣流入彭山縣境，其華陽、雙流之支江亦流合焉，流經蟇頤山下，山在江之東岸，江流至此瑩若玻瓈，因名玻瓈江，亦曰蟇頤津，又南流入青神縣界。志云：州東四里有玉津，即玻瓈江渡口也。餘詳大川岷江及川瀆異同。

松江，在州城東南。自蜀江分派，西南流遶州城，與醴泉江合，復入蜀江。江中有哭王灘，孟昶降宋入朝，國人哭送之於此，因名。○醴泉江，在州西八里。其上流曰雙河，源出蟠龍山，分流自山東者曰鱟魚堰水，自山西者曰栢椿堰水，至州西北十里而合流名雙河口，又東南流爲醴泉江，遶州城與松江合入蜀江。

思濛江，州南五十里。其上流即青衣江也。自丹稜縣東南流入州界，過思濛鄉至青神縣境下流入蜀江。詳見大川青衣水。○金流江，在州西南八十里。源出丹稜縣，東南流經州境金流鄉，至青神縣南而入青衣江。以其峻急難渡，亦名難江。又有多稜川，在州西南七十里。亦自丹稜縣流入，南接青神縣界，下流入金流江。

環湖，在州治西。舊有沼，州人爲碪梁塞之。宋魏了翁爲守，特疏鑿之，名曰環湖。又龍潭，在州西南十餘里。源自筆架山瀘崩溝，東流而入醴泉江。又有白龍池，在州西南八十里。四山環遶，中爲池。其水久旱不竭，久雨不溢。

蟇頤堰，州東七里。唐開元中益州刺史章仇兼瓊開，障蜀江水溉眉山、青神田畝七萬二千有奇。宋嘉定間魏了翁來守是州，又畚武陽石壘隄，其利視昔尤博。

魚耶鎮。志云：在州東兩河口，有巡司。又東館鎮，在州西七十五里。○眉州驛，在州東七里，水驛也。又州東南三十里有石佛水驛。志云：州東玻璨江濱有江都館，舊名共飲亭，宋邑宰胡文靖建，爲迎勞賓客之所。嘉定間魏了翁來爲州，更拓之，改曰江都館。

彭山縣，州北四十里。北至成都府雙流縣九十里。秦置武陽縣，屬蜀郡。漢屬犍爲郡，後漢爲犍爲郡治，晉、宋因之。齊仍屬犍爲郡。梁改犍爲縣，置江州。西魏改縣曰隆山，後周省州置隆山郡。隋開皇初郡廢，縣屬陵州。唐初因之，貞觀元年省入通義縣。二年復置，屬眉州。先天初改曰彭山縣。宋、元因之。明洪武九年省，十三年復置。編户五里有奇。縣今省。

武陽城，縣東十里。相傳蜀國故城也。秦惠王使張儀伐蜀，開明拒戰不勝，退走武陽，即此。秦因置武陽縣。漢因之。後漢建武十一年岑彭破公孫述將侯丹於黃石，晨夜兼行二千餘里，徑拔武陽是也。晉仍曰武陽縣，兼置西江陽郡治此，蕭齊因之。蕭梁改縣曰犍爲，因置江州。今亦謂之江州城。周省江陽郡，隋初省江陽縣。又郡志：縣西北五里有犍爲城，漢昭帝時犍爲郡自僰道移治武陽，蕭齊時郡還治僰道，因名故郡治曰犍爲城。或曰蕭梁時犍爲縣蓋治此，今縣唐貞觀初所改置。

綿水廢縣，縣東南十餘里。劉宋置綿水縣，屬江陽郡，蕭齊因之。志云：後周改爲白水縣，隋廢。

鼎鼻山，縣東北二里。山形曲如鼎鼻。劉昫曰：「西魏改犍爲縣曰隆山，以界内有鼎鼻山，地形隆起故也。」廣記曰：「今縣南十餘里之打鼻山乃故鼎鼻山，縣東北之鼎鼻山是其支峰耳。」地志：「打鼻山山形孤起，東臨江水。俗云昔周鼎淪於此，或見其鼻，故名鼎鼻。」晉義熙中劉裕遣朱齡石伐譙縱，縱將譙小苟塞打鼻山以禦之，即此。益州記：「山上有城亦名鼎鼻，鼎鼻、打鼻音相近也。」大江過山下有灘，朱齡石伐蜀時立砦於此。括地志：「鼎鼻山北有龍洲，東接導江水。」○平蓋山，在縣治北，下臨繫龍潭。潭在縣西北四里，有繫龍橋。又金華山在縣東六里，又縣東北六里有盤石山，皆近郊之勝也。

彭亡山，縣東十里。郡國志：「周末彭祖家於此而亡，因名。」後漢岑彭擊公孫述，至武陽營所，問山名彭亡而惡之，改曰平無，欲徙，會日暮而止，是夜果爲刺客所殺。山亦名彭女山，亦曰平模山，亦曰彭模山。桓温伐李勢，至彭模直指成都，留參軍孫盛等守輜重於此。李勢將李福等來攻，盛擊走之。既而温平蜀，命益州刺史周撫鎮彭模。義熙九年朱齡石伐譙縱，自外水至平模，去成都二百里。縱遣其黨侯暉等屯平模，夾岸築城以拒。齡石攻拔其北城，南城亦潰，遂趣成都是也。水經注：「江水自武陽東至彭亡聚，謂之平模水，亦曰外水。」彭亡聚蓋在山下。

象耳山，縣東北二十五里。山形聳秀，連峰接嶺，南至蟇頤山，下有寶研、磨鍼二溪，龍池、蟹泉諸勝。又岷崍山，在縣東北十二里，導江水在其南。○天社山，在縣北。華陽國志：「武陽去成都百五十里，渡大江。昔人作大橋曰漢安橋，廣一里半，每夏秋水盛斷絶，歲歲修理，百姓苦之。建安二十一年太守李嚴乃鑿天社山，尋江通車道，省橋梁，〔四〕吏民悅之，即此。」

北平山，縣西北三十里。上有天柱峰。志云：縣東北二十五里有石倉，在半山石壁間，岩竇如蜂房，相傳竇中嘗出米，謂之石倉米洞。

大江，縣東北二里。又成都府之内、外江俱自雙流縣流入焉，合流而南，亦名武陽江。志云：縣東北二里有龍爪灘，在江中。又有鼓樓灘，在縣南十餘里。江流峻急，聲如擊鼓，因名。○赤水，在縣東北二十八里。自成都府仁壽縣流入境，注於大江。漢建安末黄龍嘗見於此，一名黄龍溪。

馨堰，縣西南二十里。擁江水爲六堰門、六水門，灌郡下田，相傳亦李冰故址也。後漢初公孫述僭位，犍爲不屈，述攻之。功曹朱遵拒戰於六水門，先埋其車輪於橋側以示死守。今縣北二十里有埋輪橋。

通濟堰，縣西北四十里。有大堰一、小堰十。自成都新津口引渠南下，灌溉彭山、眉州沿江之田，凡百二十里，計田千六百頃。唐開元中益州刺史章仇兼瓊所開。五代時張琳復自新津修覺山濬故址至州西南合於松江，其利尤博。

魚鳧津，縣東北二里。或曰即魚涪津也。後漢志：「南安縣北有魚涪津，廣數百步，臨大江。」建武十二年吴漢破公孫述將魏黨等於魚涪津，遂圍武陽。晉惠帝永康元年趙廞據益州以叛，遣兵襲殺西彝校尉陳總於南安魚涪津。舊志：津在嘉定州夾江縣界。○沙頭津，在縣北，亦大江津濟處也。晉永和三年桓温自平模直指成都，李勢將昝堅與温異道，還自沙頭津濟，比至，温已軍於成都陌，其衆遂潰。志云：津在縣北二十里。

武陽驛。在縣治東，水驛也。隆慶二年自眉州改今屬。或曰驛舊置於龍爪灘旁，亦名龍爪驛。

丹稜縣，州西八十里。西南至嘉定州洪雅縣六十里，西北至邛州蒲江縣百五十里。漢南安縣地，後周置齊樂縣，屬齊通郡。隋開皇中改曰丹稜縣，屬嘉州。唐屬眉州，宋因之，元省。明洪武十三年復置。城周不及三里。今編户四里。

齊樂城，縣東北二十里。劉昫曰：「蕭齊置齊樂郡。」今齊志不載。州志云：齊曰南樂縣，後周改爲齊樂。亦悮。縣蓋後周時置，本治此，隋、唐間遷於今治。

赤崖山，縣北二十里。高聳赤色，如烏斿之狀，拱翼縣治。又北五里曰簸箕山，山圓而大，以形似名。又三箐山，在縣東北三十里，接彭山縣界。○龍鵠山，在縣北十五里。山高聳，宋李燾父子讀書於此。一名龍鶴山。

飄然山，縣西五里。山幽勝。又縣東南二十二里有金釜山，下臨平羌江。

青衣水，縣東南十七里。一名平羌江，源出雅州蘆山縣之蘆山，經洪雅縣北流入縣境，又東南流經州南，歷青神縣東而入嘉定州夾江縣界。○雍泔水，在縣南二十里，下流合青衣水。州志：蠻語藥曰雍，漿曰泔，是水可以愈疾，而甘美如漿也。又彝郎川，在縣東二十里。土地平廣，宜耕稼。本名彝朗，訛爲郎。

柵頭鎮。縣南四十里。鎮有九龍洞，其中幽勝，上有峰巒。志云：鎮當嘉、眉、雅往來之衝，人物阜繁，商旅輳集，甲於西南。

青神縣，州南八十里。西南至嘉定州夾江縣六十里，東至成都府井研縣百里。漢南安縣地，西魏置青衣縣，蓋取蠶叢氏青衣以勸農桑爲名。後周爲青神縣，并置青神郡。隋初罷郡，以縣屬嘉州。唐屬眉州，宋、元因之。明洪武九年省，十三年復置。城周五里有奇。編户四里。縣今省。

青衣城，在縣東南。劉昫曰：「青神縣臨青衣江，魏因以青衣名縣。本治思濛水口，唐武德八年移於今治。」州志：梁青州城在今縣南五里，後周改爲青神郡。悮。

熊耳山，縣治西。蜀志：「望帝以褒斜爲前門，熊耳、靈關爲後户。」水經注：「江水又東南逕南安縣，西有熊耳峽，連山競險，接嶺争高。河平中山崩地震，江水逆流。懸溉有灘名壘坻，亦曰鹽溉，李冰所平也。」華陽國志：「青衣有沫水，觸山脅爲溷崖，水脈漂疾，破害舟舡，歷代患之，李冰發卒鑿平溷崖，通正水道。」漢書溝洫志「李冰鑿離堆避沫水之患」，即此。堆，古堆字。寰宇記：「古老言諸葛武侯鑿山開道，即熊耳峽東古道云。沫水即青衣水之異名矣。」○伍渡山，在縣東十里。水逕山下，遶流屈曲，渡處凡五，因名。

上巖，縣東北五里。又五里爲中岩，上有喚魚潭、羅漢洞。岩之半有三石筍，青衣水經其下。又下巖，在丹稜縣東南二十五里。一統志：「縣東五里有慈姥岩，下臨青衣水，亦曰慈姥磯。」

大江，縣東二十里。自州境南流至此，又南入嘉定州界。縣東南舊有松栢灘，昔多覆舟之患，相傳宋天禧中縣令張逸爲文檮江神，不越月而灘徙五里。

青衣水，縣東五里。自丹稜縣流經州界入縣境。晉永和三年桓温伐蜀，軍至青衣，即此處也。又南入嘉定州夾江縣界。或曰縣境之青衣水以青衣教民事而名，非即雅州之青衣江。似悮。○魚蛇水，在縣南二十里。源出成都府仁壽縣界之木梓山，流經縣境入大江。以水中有魚似蛇，因名。一名魚鯽江。

芙蓉溪，在縣東。南流入大江，夾岸多芙蓉，因名。又東爲五渡溪，在五渡山下，亦流入大江。○青神渠，在縣西。唐志：「大和中榮縣夷人張武等百餘家請田於青神，鑿山釃渠，溉田二百餘頃。」

筰關。在縣南境。漢唐蒙通夜郎，從巴蜀筰關入。郡國志：唐蒙破西南夷，路始於此邑。蓋漢建元中未開西南夷，縣與夷接界云。○犁頭灣巡司，在縣境。青神驛，在縣東三里，水驛也。又縣東南六十里有峰門水驛，接嘉定州界。輿程記：「峰門驛又南五十里至嘉定州之平羌驛。」

邛州，東至眉州百六十里，東南至嘉定州四百二十里，西南至雅州二百里，北至成都府崇慶州百十里，自州治至布政司三百十里，至京師一萬五千七十里。

禹貢梁州地，秦屬蜀郡，兩漢因之。或曰蜀漢時屬漢嘉郡。晉仍屬蜀郡，永和以後屬晉原郡，宋、齊因之。梁置臨邛郡，兼置邛州，西魏因之。隋開皇初郡廢，大業初州廢，改屬臨邛郡。隋志：「大業初改雅州爲臨邛郡，治嚴道縣，臨邛縣屬焉。」唐武德初復置邛州，治依政縣，顯慶三年移州治於臨邛。天寶初改臨邛郡，乾元初復故。咸通九年置定邊節度，治邛州，尋省。文德初復置永平節度，大順中又省。五代時王建亦嘗置永平軍於此。宋仍曰邛州。亦曰臨邛郡。元至元十四年立安撫司行邛州事，尋復爲州，併臨邛縣入焉，屬嘉定路。明洪武九年降州爲縣，成化十九年復升爲州，編户十里。直隸布政司。領縣二。今亦曰邛州。

州屏蔽川蜀，控扼西番，邛崃、零關近資羽翼之勢，清溪、大渡遥爲肩背之形，使任得其人，未始不可以靖西山之烽火，戢南詔之戈矛也。説者謂唐置定邊軍而西川益以多事，州不足爲緩急之藉也，豈篤論哉？

臨邛廢縣，今州治。秦置縣，屬蜀郡，漢因之。王莽改蜀郡太守爲導江卒正，治臨邛，公孫述因以篡竊者也。後漢仍屬蜀郡。章武三年漢嘉太守黄元叛，燒臨邛城，即此。晉仍屬蜀郡，永嘉中李雄分立漢原郡，臨邛縣屬焉，永和中屬晉原郡。宋、齊仍舊。梁置臨邛郡。劉昫曰：「西魏移臨邛縣於故縣西置郡，隋罷郡移治於今所。唐因之，初屬邛州，顯慶三年始爲州治，寶應元年又置鎮南軍於城內。」宋仍爲邛州治，元至元二十一年省縣入州。城邑考：「州舊無城，成化中始築土城，正德六年甃以石。有門四。城周八里。」

依政廢縣，州東七十里。漢臨邛縣地，西魏置依政縣，改置邛州於此。隋初因之，大業初州廢，縣屬臨邛郡。唐初復置邛州治焉，尋移治臨邛。宋仍屬邛州，元至元二十一年省。劉昫曰：「依政故城本秦之蒲陽縣，漢爲臨邛縣，後魏析置依政縣，爲蒲陽郡治，隋改爲臨邛郡治。」似未核也。舊志：依政故城在州東北三十里。又公孫述城，在州南十里。志云：即漢時臨邛縣治也。公孫述爲導江卒正時治此。華陽國志：「秦張儀城臨邛，周圍六里，高五尺，其址與成都郫同。」一云臨邛故城在州南五里，蓋西魏時臨邛縣治也。

火井廢縣，州西南八十里。劉昫曰：「後周置火井鎮，隋改爲火井縣，屬臨邛郡，唐屬邛州。」宋因之。宋志：「開寶三年移縣治平樂鎮，至道三年復舊。」元省。一統志：「火井城在大邑縣東四十五里。」悮。又州志：在州東南八十里。按火井，今在州西南八十里，其東北有相臺山，以袁天綱爲火井令登山相視縣治而名，州志蓋悮以西南爲東南也。新唐書：「火井縣有鎮兵，有鹽。」宋志：「邛州有惠民監，鑄鐵錢，建炎二年廢。」

古城山，州西七里。亦謂之古石山。華陽國志：「臨邛有古石山。山出石礦，大如蒜子，火燒合之，成流支鐵，甚剛，因置鐵官。」有鐵祖廟。漢文帝以賜鄧通。通假民卓王孫，歲取千匠，〔五〕故王孫貲累巨萬億，鄧通錢亦遍天下。寰宇記：「鐵山鑄錢，即此山也。」州志云：山在州南十里，山有五面，對拱州治。○銅官山，舊志：在州東南八里。史記：「卓氏之先趙人，秦破趙，遷卓氏，夫妻推輦而出曰：『吾聞岷山之下沃野，下有蹲鴟。』乃求遠遷，致之臨邛，即山鑄錢。」即此山也。漢文帝嘗以此山賜鄧通。今州南五里有卓王孫宅基，方十里，耕者往往得古錢。州志云：山在州治東南二里。

七盤山，州西八十里。有石徑自趾至巔，委曲七盤。其相近者曰馬崖山，以崖石如馬形也。○白鶴山，在州西八里。舊名四明山，一名羣羊山。魏華父曰：「白鶴林麓蒼翠，江流縈紆，蔚爲是州之望。」又盤陀山，在州西十里。山高峻，絶頂寬平。志云：縣南八里有邛崍山，漢張騫奉使西域，得高節竹植於邛山，故名。自沉黎千里至州，環抱爲鎮。

相臺山，州西八十里，即火井令袁天綱登山相視縣治處。山之西南即火井也。華陽國志：「火井有二，一燥一水。取井水以井火煮之，一斛水得五斗鹽，〔六〕家火煮之不過二三斗耳。民欲其火，先以家火投之，頃許如雷聲，火焰出，通耀數十里，以竹筒盛其光，藏之可拽行，終日不滅。」博物志：「臨邛火井，諸葛丞相往視之，後火轉盛。」蜀都賦「火井沉熒於幽泉」是矣。其井深二三丈，以竹木投取火。後人以火燭投井中，火即滅絶不復然。隋、唐間於其地置火井縣云。

邛水，州南五里。俗呼南河。源出雅州邛崍山，流入州界與山谿諸水合，東流至崇慶州新津縣境而入大江。酈道元曰：「邛水南入青衣江。」似悮。又牙江，在州東四十里。源出大邑縣鳳凰山，東南流至州東合於邛水。其合處有石如象牙，因名。

斜江，縣東七十里。源出大邑縣鶴鳴山東，斜曲流逕廢安仁縣，又東南流至州東，亦入於邛水。志云：縣東六十里有泉水河，平地湧出，流合斜江入於邛水。○郲水，在州西。源亦出大邑縣鳳凰山，流至州西南合於邛水。志曰：郲水發源處亦曰郲壩。又有布濮水，在州西八十里。源出獠界，流合於郲水。

東湖池，州治東一里。志云：孟昶所鑿。又有西湖池，在州西十里白鶴山之左。○鹽井，元史：「邛州有二鹽井，宋名金鳳、芳池。天曆初地震，鹽水湧溢，州民侯坤願作什器煮鹽，而輸課於官，詔四川鹽運司主之。」今廢。

夾關，在州西南。兩山夾立，聳峙如門。自關以西則土漢接壤，蠻獠錯雜處也。昔嘗置兵於此，爲戍守重地。

火井鎮。州南二十五里。有巡司戍守。志云：司本置於故火井縣，後移於此。○石盤戍，在州西百里。相傳諸葛武侯征羌，駐軍於此，俗呼望軍頂，與獠界相接。又白鶴驛，在州治東一里。

大邑縣，州北六十里。北至成都府灌縣九十里，東至崇慶州百三十里。本蜀郡晉原縣地，唐咸亨二年析置大邑縣，屬邛州。今城周八里。編户七里。

安仁廢縣，縣南三十里。九域志云：「在邛州東北三十八里。」是也。唐武德三年析臨邛縣置，屬邛州。貞觀十七年廢，咸亨初復置。宋仍屬邛州，元初并入大邑縣。

鶴鳴山，縣西北三十里。形如覆甕，上有二十四洞，應二十四氣，七十二穴，應七十二候。又東西二溪出其兩腋。山之東南又有石峰，名曰天柱，三面懸絶。其形如城，亦曰天城。又有青霞嶂、環玉潭，皆稱佳勝，蓋川西之名山也。今亦見崇慶州。

鳳凰山，縣西八十里。山形如鳳，有虎跨泉、騎鯨柏諸勝。又霧山，在縣北五十里。山多雲霧。名勝志：「縣有静惠山，一名東山，上有土城，相傳蜀漢趙雲所築，蓋雲嘗防羌於此。」

𨛭水，在縣西，出鳳凰山，下流入州界；又有牙江，在縣東，亦流入州界；俱注於邛水。又牡丹池，在鶴鳴山牡丹坪上，水極清潔。

延貢砦。在縣東南二十里。志云：在安仁廢縣北是也。唐中和二年高仁厚降阡能之衆於此。胡氏曰：「自成都雙流縣西南出新穿口，又西至新津縣，又西至延貢砦，相去皆不過四五十里。」宋志安仁縣有延貢砦。○思安砦，在縣西。宋置，爲戍守處。元廢。

蒲江縣，州西南百里。東南至眉州丹稜縣百五十里，西至雅州名山縣百二十里。本臨邛縣地，西魏置廣定縣，并置蒲原郡治焉。隋開皇初郡廢，縣屬邛州，仁壽初改縣曰蒲江縣，大業初屬臨邛郡。唐武德初仍屬邛州，大和四年改隸嶲州，尋復故。宋仍屬邛州，元至元二十一年省，洪武十三年復置。今城周三里有奇。編户七里。

蒲江舊城，縣治北一里。蒲，隋志作「蒱」。志云：西魏置蒲口鎮，并置蒲陽郡，尋改縣曰廣定。恐未可據。今縣城天順間築，正德中重修，蓋移治於舊縣之南。

臨溪廢縣，縣北五十里。本臨邛縣地，西魏析置臨溪縣，屬蒲原郡。隋屬邛州，唐因之。宋仍屬邛州，熙寧五年廢爲臨溪鎮，屬臨邛縣。明改屬今縣，仍曰臨溪鎮。

長秋山，縣東二十里。山高聳，一名主簿山，以昔有主簿王興者得仙於此而名。寰宇記謂之小可慕山。又九仙山，在縣西三十里。山有九峰，如列屏然。○金釜山，在縣南八里。下有鹽井，亦以金釜爲名。宋志：「縣有鹽井監及鹽井寨，以此。」又有白鶴山，在縣北三里。山亦聳秀。

蒲水，縣治南。發源雅州名山縣界，亦謂之蒲江，漢宣帝地節中穿蒲江鹽井，并置鐵官是也。蒲水流合邛水，出新津縣而入大江。

鐵溪河，縣北二十里。其上流爲百丈河，自雅州名山縣流入界合蒲水，又東北注於邛水，故邛水亦兼鐵溪河之名。唐志臨溪縣有鐵官，蓋溪旁山中舊産鐵也。下流入崇慶州新津縣界注於大江。

雙路鎮。縣西六十里。有巡司。宋九域志：「蒲江縣西有合水鎮，爲戍守要地。」又縣南十五里舊有莫佛鎮，今廢。

校勘記

〔一〕發五萬人　華陽國志卷三蜀志五城縣下云：「漢時置五倉，發五縣民，尉部主之。」此引作「五萬人」，誤。

〔二〕富村馬驛　「驛」，底本原作「里」，今據職本、鄒本改。

〔三〕下有尒家川　「尒」，底本原作「尓」，今據鄒本改。

〔四〕省橋梁　華陽國志卷三蜀志作「省橋，梁三津」，此引有脱誤。

〔五〕卓王孫歲取千匠　「匠」，華陽國志卷三蜀志作「疋」。

〔六〕一斛水得五㪷鹽　「㪷」，底本原作「斛」，今據華陽國志卷三蜀志改。㪷小於斛，於理爲順。

讀史方輿紀要卷七十二

四川七

嘉定州，東至成都府内江縣二百六十里，東南至叙州府四百五十里，西至雅州二百三十里，北至眉州百七十里，自州治至布政司三百六十里，至京師九千八百四十五里。

禹貢梁州地，漢爲犍爲郡地，後漢因之。晉仍屬犍爲郡，宋、齊因之。梁屬齊通郡，後周析置平羌郡，隋開皇初郡廢，屬嘉州，時州治廣通縣，廣通今眉州治也。或曰隋移嘉州治此，大業二年又改眉州。大業三年改置眉山郡於此。唐復爲嘉州，天寶曰犍爲郡，乾元初仍曰嘉州。舊唐書：「是年劍南節度使盧元裕請升州爲中都督府，尋罷。」宋因之，亦曰犍爲郡。慶元二年升嘉定府。以寧宗潛邸也。開禧初又賜軍號曰嘉慶節度。元曰嘉定府路。明洪武四年復爲嘉定府，九年降爲州，以州治龍遊縣省入，編户十里。直隸布政司。領縣六。今仍曰嘉定州。

州倚三峨而帶二江，唐杜佑曰：「州在大江、青衣二水之會。」宋鮮于繪曰：「州背負三峨，襟帶二江。」山川之勝，爲蜀冠冕。且北去成都不過五驛，東指江陽易於一葦，從來繇外水而指成都，犍爲、武陽其必争之道也。宋牟子才言「嘉定爲鎮西之根本」，以州據黎、雅上游也。然津途便利，密邇叙、瀘，詎非成都之噤吭乎？

龍遊廢縣，今州治。漢南安縣地，屬犍爲郡。後周置峨眉縣，〔一〕平羌郡治焉。隋初郡廢，縣屬嘉州。開皇九年改縣曰青衣，平陳日有龍見水中，隨軍而進，十年因改曰龍遊。大業初爲眉山郡治。唐爲嘉州治。宋因之，宣和初改曰嘉祥縣，尋復故。明初省。城邑考：「州城宋開禧中故址，西北依山，東南臨江，江水齧城城輒壞。明正統中障以木柵，成化中復捍以石堤。正德中於城東南兩面掘地甃石，深厚皆八尺餘，高倍之，復編柏爲柵以附石，始稱堅完。嘉靖二年復改築西北一隅，又於水城增崇雉堞，自是皆以時脩葺。城周十二里有奇。」

平羌廢縣，州北四十里。後周置平羌縣，屬平羌郡。志云：本漢時平羌戍也，後周保定間因故址置縣。隋因之，屬嘉州，大業初屬眉山郡。唐仍屬嘉州。宋初因之，熙寧五年廢爲平羌鎮，屬龍遊縣。一統志：「平羌故城在州南十八里。」似悮。○廢豐遠監，在州界。宋志嘉州有豐遠監，掌鑄鐵錢。元廢。

九頂山，州治東一里，隔江。山有九峰，曰鳳集，曰棲鸞，曰靈寶，曰就日，曰丹霞，曰祝融，曰擁翠，曰望雲，曰兑說。山下有凌雲寺。唐開元間，僧海通者於濆江、沫水、蒙水之會，悍流怒浪之濱，鑿山爲彌勒大像，高三百六十尺，建七層閣覆之。咸通十年南詔蠻陷犍爲，掠陵、榮二州。既而大集於凌雲寺，與嘉州對岸。州刺史楊忞等勒兵拒之，蠻潛遣奇兵自東津濟，夾擊官軍，官軍潰，遂陷嘉州。志云：寺在州城東南。又烏尤山，在九頂山之東。舊名烏牛，突出水中作犀牛狀，黄庭堅改爲烏尤，亦名烏龍山，俗仍呼爲烏牛山。明初明玉珍據重慶，元將完者都將攻之，屯嘉定之大佛寺，明玉珍遣兵刼烏牛山砦，擣嘉定是也。大佛寺，見犍爲縣。山之左又有馬鞍山。唐志嘉州有二十四鎮兵，〔二〕一曰馬鞍鎮，蓋置於此。一云在州南八里。又有聖岡山，在州治東南。山岡與凌雲寺相連，因名。一名東山。

高標山，州治西半里。一名高望山，巍然高峙，萬象在前，舊有層樓，江山千里，一目可盡。其相接者有楊雄山，有洞深邃，相傳子雲所居。志云：在治西一里。又城西門外有古像山，有石鐫佛像，如凌雲大佛而略小，俗云初作此爲式也。又茶山，在州西二里，産茶。

三龜山，州治東，以形似名。中間一峰，循其趾而上，彎環有九洞。宋德祐初元將汪德臣攻嘉定，守將昝萬壽戰敗，籍境内三龜、九頂、紫雲諸城以降，即此。紫雲城見犍爲縣。又州治南有洛都山，俗名龜子山，郭璞所云「將州對洛都」者也。

青衣山，在州東南大江中。屹然迥秀，崖壁蒼峭，周廣七里，長波四匝。又九龍山，在州東二里，俯臨大江。○錦江山，在州北四十里。大江自成都環流至此，登山下瞰，縈繞如帶。又白崖山，在州北八十里。山有清風、白雲、朝霞三洞，稱佳勝。

大江，在州城東。俗名通江。自眉州流入界，又南經烏尤山下爲三江會流處。中有洲曰黑水尾，舊爲茶商批驗之所。又東南流入犍爲縣界。志云：大江經州東，青水、沫水從西南來注之，謂之合水。晉永和三年桓温討李勢，循外水西上，勢遣李福拒温，自山陽趨合水。山陽，峨眉山陽也。又唐咸通十年南詔陷犍爲，薄嘉州，刺史楊忞與蠻夾江而軍，蠻陰自上游濟，背擊王師，忞走，嘉州陷。江蓋州之襟要也。餘詳大川岷江及川瀆異同。

陽江，州西南九十里。亦曰陽山江，陽一作「羊」，即大渡河也。源出雅州羌界，下流自越巂衛境流入州界，逕峨眉縣南至州西，又東逕州城南入大江。通典謂之青衣江，以與青衣水合流也。或謂之峨水，以峨眉山水流入也。自蜀以西之水交會於此。詳見大川大渡河。

青衣江，州西十五里。其上流自青神縣流入夾江縣界，至此會於陽江而東入大江。圖經：「青衣、沫水合流處有觀音灘，自灘而上曰魚村，曰浮橋口，路出雅州之道也。」郡志：州境有瀆江，發源成都府温江縣，逕雙流縣界，又逕眉州丹稜縣、青神縣入州境，至州城東而入大江。蓋即青衣水訛爲瀆江耳。詳見大川青衣水。

泥溪河，州東北五里。源出平羌縣山谷中。每歲泛漲，水色甚渾，泥凝於岸，因曰泥溪。西南流會於大江。又臨江溪在州西二十里，源出三峨山，流合青衣江而入大江。志云：州治北有竹公溪，又平羌縣界有三溪，今皆湮。○明月湖，舊在州治南，今爲平陸。又西湖，在城西，方廣十里。

呂公堤，在城東。志云：州城三江門當二水之會，岸被水齧，易於決圮。宋守呂由誠築堤，連延不斷，以禦衝波。郡人德之，號曰呂公堤。

平羌關，在州西北。唐志平羌縣有平羌關。州志云：白崖山南有臨江關，今廢。即平羌之訛也。又嘉禾關，亦在州北。又有紫石關，當嘉、眉兩州分界處。山石皆赤，因名。二關皆近代所增置。○嘉慶關，在州城東大江東岸。志云：凌雲寺之西即嘉慶關。

二石闕，在州西南舊市鎮。郡國志：龍遊縣有二石闕，漢武使唐蒙下夜郎置。輿地碑目云：舊市鎮石闕上有「唐李德裕領重兵過此』九字。」晏殊類要悮作「二石闕」，近志皆從之，宜辯。又州志云：闕在州東。亦悮。

凌雲驛。州治東，水驛也；又州北四十里有平羌水驛，即故平羌縣；皆大江所經也。志云：州東南四十里有金石井巡司，萬曆中革。

峨眉縣，州西八十里。西北至洪雅縣八十里。漢南安縣地，後周爲峨眉縣地。隋開皇九年改峨眉曰青衣，十三年復置峨眉縣於此，屬嘉州，大業中屬眉山郡。唐仍屬嘉州，宋因之。今城周八里。編户六里。

綏山廢縣，縣西四十里。劉昫曰：「本名榮樂城，隋招致生獠置縣於此，因山爲名也。」唐屬嘉州，宋乾德四年省入峨眉縣。

羅目廢縣，縣西南九十里。唐麟德二年開生獠置縣，并置沐州治焉。上元三年州廢，縣亦省。儀鳳三年復置，屬嘉州。劉昫曰：「縣初治峨眉縣界内陀和城，如意初移於今治，距舊縣三十餘里。」宋乾德四年廢爲羅目寨，屬峨眉縣。

三峨山，志云：大峨山在縣西百里，所謂峨眉山也；中峨山在縣南二十里，一名覆蓬山，一名綏山；小峨山在縣南三十里，一名鏵刃山。三山相連，謂之三峨。詳見前名山峨眉。

龍門山，縣西十里。兩崖峭峙，仰觀青天，僅露一罅，巖壑奇勝，不一而足。又羅蒙山，在縣南三十里，一名羅目山，亦高廣。二山蓋即峨眉之别阜。

陽江，縣西南百里，即大渡河也。自越嶲界流入境，經廢羅目縣南，羅目江流入焉，亦謂之峨水，又東入州界。

羅目江，在縣西。出峨眉山麓，右溪自小天池以東，左溪自黄茅平以北，至羅目廢縣合二溪之委爲江，水石甚奇險，下流入於陽江。寰宇記「羅目縣西南五里有小銅梁」，蓋在羅目江之上。○符文水，在縣西三十里。出峨眉山洞中，北則白水，南則黑水，過雙飛橋下而匯流爲一，下流亦注於陽江。

彝惜水，縣東南五十里；又天津水，在縣西南百五十里；皆出越巂界，東北流入縣境注於陽江。○秦水，在縣西南二十里。亦出峨眉山麓，下流匯於陽江。志云：秦惠王克蜀，移秦人萬家以實之，秦人思秦之涇水，遂於此水側置戍，謂之涇口。唐天寶六載改曰秦水。名勝志：「今夾江縣治名涇上，涇水疑在其地。」又種玉溪，在縣西十里。出龍門山，亦曰龍門溪，流合於秦水。

土地關，縣西南四十里。邊略：「縣地西南二邊鄰松坪、木瓜、大小赤口等處，自縣三十里至高橋，又十里至土地關，二十里至龍池場，二十里至大圍關，五里至鐵索橋，五里至射箭下坪，三里至射箭上坪，此縣之舊界也。坪外八里至黑龍溪，四里至虎皮岡，始分兩岐：右路由上馬勝溪至金口廠爲邛部司新附之民，名歸化鄉，有陽化堡設焉，由金口廠二十里至楠木園，五十里至天池，八十里至萬家石，三十里至松坪，則黎州境内矣。左路由下馬勝溪至古金寺，渡中鎮河，有中鎮巡簡戍之，又十七里而至太平坪墩，墩有兩岐：右路過陽村行百里乃至玀狪，玀狪，亦新附蠻種也。左路上蠻鬼岡，岡勢險峻，樹木叢雜，入冬徂春，煙霧不收，雨雪層積，即蠻人亦鮮踪跡；又十五里至空木，即永寧墩，八里乃至栖雞坪，今築平彝堡處，城池候館咸備焉；由栖雞五里至泠溪，二十里至熱水河，十里至四百囤，又二十五里而至西河，設有鎮遠墩，過墩四十里爲殺馬溪，懸崖峭壁，中逼河流，人過此者兩頭牽索，緣索而步至下山處，名爲溜馬漕；又五十里則木瓜彝種巢穴也。」栖雞，一作「茜雞」。

靖彝堡。在縣西南。志云：萬曆初猓彝猖獗，增設此堡以備之。又中鎮亦在縣西南，臨中鎮河，明初置巡司於此。又陀和鎮，在縣西南。後周時置戍於此，唐儀鳳中爲羅目縣治，尋改置陀和鎮兵於此。宋廢。○峨眉驛，在縣西南。唐置峨眉鎮於此，尋改爲驛。明初傅友德於大渡河造舡以達建昌，曹震言：「建昌驛道經大渡河多瘴癘，峨眉至建昌有古道，平易可行，乞以時開通，移温江至建昌各驛馬置峨眉新驛爲便。」從之。尋廢。

夾江縣，州西北八十里。東北至青神縣六十里。本龍遊、平羌二縣地，隋開皇三年析置夾江縣，屬嘉州，唐、宋因之。

今城周五里有奇。編户一十五里。

南安廢縣，縣西北二十五里。漢縣，高帝封功臣宣虎爲侯邑，武帝時屬犍爲郡，後漢因之。自晉以後皆屬犍爲郡，梁屬齊通郡，後周屬平羌郡，尋廢。今爲南安鎮，亦曰南安鄉。○夾江舊城，劉昫曰：「本夾江廢戍也，在今縣北八十里，地名涇上。隋於此置夾江縣，唐武德初移於今治。」

萬松山，縣東北三十里。山有三峰，中峰尤爲峻聳，環山皆松也。其南曰天馬山，山勢高騫，一名馬鞍山。相近者曰伏龜山，岡巒綿亘，盤曲有九。又有葛藤山，以形如葛藤也。濱江又有簾鈎山，志云：以兩山夾江，狀若簾鈎而名。自天馬以下，俱在縣東三十里。○丈人山，在縣東十里。亦曰九盤山。上有石峭拔如人立，俗謂之丈人峰。

相近者曰虎履山，上多虎跡，因名。

平羌山，縣西十五里。山高廣，下瞰平羌江，後周以此山名縣。又鳳凰山，在縣南十里。岡巒攢列，飛翥若鳳。又縣西三里有雲吟山，亦聳秀。○千佛崖，在縣西八里。數峰嶄然，崖石峭拔，崖旁多鐫佛像，因名。西崖瀑布懸流，響震林壑。

青衣水，縣西十九里。自眉州青神縣流經縣界，洪雅川亦自縣西流合焉，因有夾江之名。或曰非也，大江經縣東，青衣經縣西，故云夾江。舊志：青衣水經南安故城亦謂之南安峽口，蜀漢章武三年漢嘉太守黄元叛，楊洪度其必乘水東下，勅諸將陳曶等於南安峽口邀擊，果得元是也。青衣水又東南流至州城西而入於陽江。

洪雅川，縣西三十里。自洪雅縣流入界，東南曲流百三十里與青衣水合，〔三〕亦謂之雅江。○至川溪，在縣西三十五里。源出峨眉山麓，流入縣界合青衣水而注大江。又龍鼻溪在縣西南十五里，其地有龍鼻山，溪流遶其下，因名；又飛水溪在縣西十里，狀如素練，一名瀑布泉：皆流注於大江。志云：江西去縣三十里也。又天水溪，亦在縣西。有天生橋，在依鳳岡東。其橋天成，澗水出其下，流而爲溪，灌田千頃。

向君堤，在縣西南，延袤數里。志云：蒙江齧岸，縣令向君捍之，鍤沙濘中得白金一篋，資以就堤，亦名白金堤。蒙江即青衣江也。

弱漹鎮。在縣東南。有弱漹渡，蓋青衣水渡口。後漢志：「縣有魚涪津。」蜀都賦注：「津在縣北三十里。」或以爲即今武陽縣之魚符津也。

洪雅縣，州西北百三十里。東北至眉州丹稜縣六十里。漢南安縣地，後周爲齊樂縣之洪雅鎮。隋開皇十三年改置縣，屬嘉州。唐武德初置犍州治此。貞觀初州廢，改屬眉州。開元七年復置義州於此，明年州廢，仍屬眉州。宋初因之，淳化四年改隸嘉州。元至元二十年廢入夾江縣。明成化十八年復置今縣。城周六里有奇。編户三里。

南安廢縣，在縣東南。賈躭曰：「後周廢南安縣，隋義寧初改置南安縣於廢縣西，屬嘉州。唐武德二年改屬眉州，五年省入洪雅縣。開元八年復以獠户置南安、平鄉二縣，屬義州。明年州廢，二縣俱併入洪雅。」是也。州志：縣西四十五里有洪雅故縣，縣初置於此，後移今治。

九勝山，縣北一里。九峰屹立，近如屏闌，遠如户閾，爲縣之勝。又八面山，在縣南三十里。峰巒高峻，黛色參差，八面如一，因名。又縣東南二十五里有金釜山，岡隴回環，草木叢鬱。一名主簿山。下有金釜渡，洪雅水所經也。或以爲即丹稜縣之金釜山，恐悮。

竹箐山，縣西三十里。上多竹，蒙茸茂密。昔人以石甃梯磴，盤折而上。宋嘗置關於其巔，設巡簡司，後廢。嘉靖中復設竹箐山巡司。又雲占山，在縣西七十里，高出諸峰之上，四時雲氣籠罩常半。縣西百里又有阿吒山，岩石雄峻。其東岩瀑布千仞，響撼山谷。志云：縣西又有思經山，與雅州分界。其北有廢嚴道縣址。

雪坡，在縣南，即峨眉山麓也。胡氏以爲雪嶺之坡。今夾江縣西有雪嶺，一名寶子山，坡蓋在其西。唐咸通十年南詔入寇，與官軍相持於大渡河，蠻密分兵開道逾雪坡奄至沐源川，渡江陷犍爲。沐源川，今在犍爲縣界。

青衣水，縣西北七十里。自雅州名山縣東南流入縣界，又東南入眉州丹稜縣境，亦曰平羌江，下流入夾江縣。○洪雅川，在縣西七十里。一云源出阿吒山，遶流縣界而入夾江縣境，縣以此名。唐武德九年益州將郭行方擊破眉州叛獠於洪雅川是也。

花溪。縣西六十里，其上流爲雅州之周公水，流入縣界東北流入青衣水；又有龍溪在縣西南六十里，分流爲二，左流爲大龍溪，右流爲小龍溪，盤曲圍抱，如游龍然；下流皆注於洪雅川。

犍爲縣，州南百里。東南至叙州府三百里。漢南安縣地，後周置武陽縣，隋初改名，屬戎州。唐初因之，上元初改屬嘉州，宋、元因之。今城周二里有奇。編户八里。

沈犀城，縣南十五里。志云：後周保定初置沉胥郡，治此，隋開皇初廢。或曰即故犍爲縣治。宋志「大中祥符四年徙縣於懲非鎮，即今治」云。○紫雲城，在縣東南十五里。亦曰子雲城，相傳揚子雲曾居此。宋寶祐中兵亂築城置戍於此，德祐初昝萬壽以紫雲城降元是也。今其地爲水月市。

玉津廢縣，縣西北三十九里。志云：隋大業中置，唐初屬嘉州，宋乾德四年廢入犍爲。

犍爲山，縣南十五里。相傳漢以此名縣。又南五里曰沉犀山，近大江，亦曰沉犀灘，沉犀城以此名。○四望山，在縣東北百里。山高聳，可以四望。

大江，在縣城東。自嘉定州南流經此，又東南入叙州府宜賓縣界。唐咸通十年南詔攻黎州，分兵東出，詭服漢衣濟江，襲陷犍爲，遂焚掠陵、榮二州間。州志：縣北十里有蟇頤灘，大江所經也。湍流峻急，爲行舟患。近鑿而平之，公私便利。

沐源川，縣西南百里。自馬湖府沐川長官司流入界，經縣南入於大江。今縣南有清水溪，源出馬湖界，流入境，下流至孝女渡入江曰清溪口，即故沐源川矣。唐咸通中南詔蠻自雪坡奄至沐源川，尋陷犍爲，即此。又四望溪，在縣東北百里。發源三江鎮，下流入岷江。○漢水，志云：在縣東北百八十里。漢成帝時得古磬十六枚於水濱，名寶磬川。其下流東入資江。

鴐鵞碕，在縣東北，臨大江。晉永和三年桓温伐蜀，李勢將昝堅拒温。至合水，諸將欲設伏於江南以待晉兵，堅不從，引兵自江北鴐鵞碕渡向犍爲。温軍至青衣，從彭模直指成都。堅至犍爲，知與温異道，還自沙頭津濟，軍遂潰。合水，今州東陽江合大江之口也。彭模及沙頭津，俱見眉州彭山縣。

沐源鎮，在縣西南，以近沐源川而名。唐嘉州二十四鎮兵之一也。乾符初高駢築沐源川城，蓋即故鎮築以禦蠻寇。新唐書：「縣又有犍爲、寺莊、牛徑等鎮。」

石馬灘鎮，縣北四十里。有巡司。又縣東北百里有四望溪口巡司，其相近者又有永通鹽課司。又税課局在縣西十里。○沉犀驛，在縣城南，水驛也。又南四十里爲下壩驛，又六十里接叙州府境之月波驛。縣北五十里又有三聖驛，〔四〕又北六十里達於凌雲驛。

大佛寺。縣東南四十里。唐所建。元末完者都以明玉珍據重慶，屯兵大佛寺將攻之，明玉珍遣兵擒嘉定，遂攻破大佛寺。

榮縣，州東二百里。西北至成都府井研縣百五十里。漢南安縣地，隋大牢縣地，屬資州。唐武德初置榮州，治大牢。貞觀初析置旭川縣，永徽二年移州治焉。天寶初曰和義郡，乾元初復曰榮州，繼又增置威遠軍於城内。宋因之，亦曰和義郡，治平四年改旭川縣曰榮德。紹熙中又升州爲紹熙府，以光宗潛邸也。端平以後廢徙不一。元亦曰榮州，以州治榮德縣省入。明初因之，洪武九年降州爲縣。今城周五里有奇。編户七里。

大牢廢縣，縣西南五十里。宋白曰：「蕭齊置南安郡，治南安縣，即此地也。後周廢。」隋置大牢鎮，開皇十三年改置縣，屬資州。仁壽初山獠作亂，以衛文昇爲資州刺史，到官，獠方攻大牢鎮，文昇單騎諭降之，即此。唐初析置榮州，尋治大牢。永徽中州移治旭川，大牢屬焉。天寶初改曰應靈郡。宋仍屬榮州，明初省。○羅水廢縣，在縣南。唐初置。新唐書：「景龍二年省雲州及羅水、雲川、湖連三縣入大牢。」其地皆與大牢相接也。

公井廢縣，縣東三十五里。劉昫曰：「唐武德元年割資州之大牢、威遠二縣地於公井鎮置榮州，以界内榮德山爲名。是年改鎮爲公井縣，六年州移治大牢，公井屬焉。」宋初因之，熙寧四年省爲公井鎮，入榮德縣。宋志：「公井有鹽場一，端平三年廢。」

資官廢縣，縣西南百二十里。本南安縣地，晉義熙十年置治官縣，屬犍爲郡，宋、齊因之，後周省。隋末復置，改曰資官。唐武德初屬嘉州，六年改屬資州。縣有鹽有鐵，故曰資官也。宋仍屬榮州，元省。邑志：縣治西一里有榮王城，宋寶慶初築以封弟與芮，周一里有奇。元末隳。

鳳鳴山，縣治西北。志云：自縣治北至縣治西南之浮圖崖有五山相連，亦曰五山。

榮德山，縣東北四十一里。唐因以名州。志云：山在羣山中峭拔突起，高五百餘丈。有小徑至山頂，以木爲梯。上有石室二十四，相傳皆仙真幽棲之所。一名老君山。又有榮隱山，在縣北三十里，亦幽勝。一名石�山。又榮黎山，在縣東十五里。上有龍池。縣有三榮之名，以此。

榮川，在縣東。亦曰榮溪。自成都府仁壽縣界流入，又東南與雙溪合流，東南入敘州府富順縣合金川注於大江。志云：榮川亦名逊水。又有東川，在縣北。亦自仁壽縣山谷中出，東南流經城下會於榮川。○雙溪，在縣北。其水一自西來流濁，一自東來流清，二水相合，流經城下會榮川、東川而入富順縣界。

新羅鎮。縣南八十里。有鹽課司。或曰司蓋與富順縣接界。

威遠縣，州東三百里。東南至敘州府富順縣百三十里。亦漢南安縣地，隋開皇初置，屬資州。唐初改屬榮州，宋因之。元省，後復置。明洪武四年省入榮縣，九年復置，改今屬。城周二里有奇。編户四里。縣今省。

義和廢縣，在縣東南百里。隋末置，唐初屬瀘州，貞觀八年改屬榮州，宋乾德五年并入威遠縣。又至如廢縣，亦在縣東南。唐貞觀初置婆日、至如二縣，屬榮州，二年又割瀘州之隆越縣來屬，八年俱併入威遠縣。

中峰山，縣北百里。山峰高聳，與資縣分界。又兩母山，在縣西北百三十里。二峰並聳，皆有石崖下垂，望之如乳。又佛頂山，在縣西北三十里。懸崖百尺，上鐫佛像，因名。志云：縣東十五里有葛仙山，亦高秀。

獻寶溪。縣西北七十里。志云：溪源一出仁壽縣界羅泉山下，一出兩母山，合流而東南入富順縣界注於金川。又有中溪，在縣南。下流合於榮縣之榮川。○龍會河，在縣東。曲流如盤龍，合於獻寶溪。又硫黄川，在縣北四十里。溪自山壑中來，旁有一竅，硫黄隨泉而出。

瀘州，東北至重慶府五百七十里，南至永寧宣撫司三百四十里，西至敘州府三百五十里，北至重慶府合州五百五十里，西北至嘉定州六百五十里，自州治至布政司一千五百五十里，至京師九千二百里。

禹貢梁州地，春秋時巴國地。漢屬犍爲郡，後漢因之，建安十八年析置江陽郡，三國漢及晉因之。宋、齊仍曰江陽郡，按沈約志：「江陽郡晉安帝時亂失本土，乃僑置於武陽，宋時始復舊土，因爲東江陽郡。」蕭齊志亦曰東江陽郡。梁兼置瀘州。隋郡廢州存，仁壽中置總管府，大業初府廢。大業初改曰瀘川郡。唐初復爲瀘州，武德初置總管府，尋曰都督府。劉昫曰：「州督羈縻十州，天寶初督十四州。」天寶初曰瀘川郡，乾元初復故。宋仍曰瀘州，亦曰瀘川郡。宣和元年賜軍額曰瀘川節度，乾道六年移潼川路安撫司於此。宋志：「瀘州領羈縻州十八。」景定初没於蒙古，尋復取之，改曰江安州。元仍曰瀘州，以州治瀘川縣省入，隸重慶路。明初改直隸布政使司，仍曰瀘州，編户七十里。領縣三。今仍舊。

州西連僰道，東接巴、渝，地兼彝、漢，江帶梓、夔，控制邊隅，最爲重地。今自州而北，一軍出中水可以徑達廣漢。自州而東，江水兼衆水之流，浩瀚洋溢，吴、楚百石大舟可方行而至。自州以西，水陸兼濟不十日可抵成都。瀘州驚則兩川盡城守矣。宋紹定中魏了翁知瀘州，時瀘爲大藩，控邊面二千餘里，了翁乃脩武備，治城郭，爲捍禦之計。既而叛將劉整以州降蒙古，教之侵宋，瀘州失而蜀益不可爲，宋之亡亦日迫矣。瀘實當東西腰膂之地，謀蜀者所當先也。

瀘川廢縣，今州治。漢置江陽縣，屬巴郡，景帝六年封趙相蘇嘉爲侯邑。武帝改屬犍爲郡，後漢因之，建安中爲江陽郡治。三國時諸葛武侯嘗屯兵於此。晉仍爲江陽郡治，宋、齊因之。梁爲瀘州治。或曰州治馬湖江口，悞也。隋瀘州亦治此，大業初改縣曰瀘川，仍爲郡治。唐因之。宋淳祐三年徙治於江南崖神臂山，謂之鐵瀘城。元還舊治，至元二十年省縣入州。城邑考：「州舊爲土城，宋政和間舊址也。元燬。明初因故址脩築，甃石爲固。弘治初增脩，嘉靖中又復營治，隆慶三年復增拓之。有門四，城周七里有奇。」

涇南廢縣，州西南四十五里，在涇水之南。唐貞觀八年析瀘川縣置涇南縣，屬瀘州，尋復省入瀘川縣。

九支城，州西南百餘里。本南廣蠻地，宋大觀二年内附，因置純州，領九支、安溪二縣。宣和二年州廢，改縣爲九支城，屬瀘州。州志：九支城在州西五十里。似悞。○武都城，在州西南境。亦南廣蠻地，宋大觀三年内附，建滋州，領承流、仁懷兩縣。宣和三年廢州爲武都城，以仁懷爲堡，承流縣并入焉。元初廢。

思峨廢州，亦在州西南境。唐天授二年所置羈縻州也，領多溪、洛溪二縣，屬瀘州都督府。宋因之，熙寧八年内附，政和中屬長寧軍。又羈縻順州，亦在州境。唐載初二年置，領曲水、順山等五縣，屬瀘州都督府。宋因之。後俱廢。今州有思峨洞，或云州蓋因洞而名。

神臂山，州東八十里。亦曰神臂崖，北臨江渚，險固可憑。宋淳熙三年余玠遷州城於山上，所謂鐵瀘城也。○方山，在州西南三十五里。志云：山分八面，有九十九峰，下瞰江流，深窅無際，頂有巔池，周圍一里，唐時嘗改名曰回峰山。又水經注：「綿水至江陽縣方山下入江，謂之綿水口。」綿水即資江也，南去方山猶十餘里，蓋逕山北東入江耳。

寶山，在州城西。初名堡子山，宋陳損之易今名。兩江合流，下瞰城郭，爲郡之勝。一名瀘峰山。又三華山，在治北一里，有三峰聳秀。州東三里曰歸子山，下臨江濱。○南壽山，在州南十里。初名博望山，宋政和中晏州叛彝平定，守臣繪圖以進，詔改今名。又州南五里有瑞鹿山，亦高秀。

思峨洞，州西南二百里。初入稍隘，已乃宏廣。相傳爲故思峨州地也。又龍女洞，在州東北二十里。崖壁高峻，有二洞甚幽邃，人不能到。又州南十里南田鎮有飛雲洞，亦幽勝。

瀘江，在州城東，即大江也。自叙州府南溪縣流逕江安、納溪縣，過州城南，又東北出而會雒江。今州治東隅即爲江滸，夏潦水漲，兩江環合，瀰漫浩渺，如大海然，州人謂之「海觀」，並流而東入合江縣境。志云：瀘江中有大石闕，亦曰黄龍堆，春水漲則堆没闕平，水涸時常爲舟楫患。餘詳大川大江及川瀆異同。

資江，在州城北，即中江也。自叙州府榮昌縣東南流至州城東，合於瀘江。水經注：「江陽縣枕帶雙流，據江、雒會。」是矣。詳見前大川雒水。

支江，州城西北，大江分流也。自叙州府南谿縣鴛鴦圻而東入州界，經安夷鎮，〔五〕又東入於資江。又有赤水，自隆昌縣界流入州境，合於支江。○九曲溪，在州東北十里，蜿蜒九曲，可通小舟，引流灌溉，爲利甚溥，又有澄溪，在州治南，源出寶山下，流常澄潔，下流俱入於大江。

龍透關，州南七里。相傳諸葛武侯所立。又州南二十里有棘道砦，志云：東漢征南蠻嘗屯軍於此。○博望砦在州南十里，宋政和七年置，亦曰南壽砦，以砦在南壽山下也。又綏遠寨在州西南，宋大觀中置，隸滋州，宣和三年改隸瀘州」，宋末俱廢。

板橋堡，在州西南，相近有政和堡，俱宋政和初置。宋志：「州境有羊羝寨，治平四年廢。又有白芳砦，皇祐初知益州田況發白芀子弟討叛彝是也。元豐二年廢。又有大硐寨，元豐三年廢。」○石門堡，在州境。宋李燾知瀘州，首葺石門堡以扼夷人是也。或曰即今州南石棚鎮。

石棚鎮。州南二十里，有巡司。又有李市鎮巡司，在州北百里。○瀘川水驛，在州治東。又東六十里有黄艤水驛。又立市馬驛在州治北，蓋州當水陸津塗也。

納谿縣，州西南四十里。西南至敘州府長寧縣二百二十里。本瀘川縣地，宋爲納谿堡，皇祐二年增置軍寨巡簡，紹定五年升爲納谿縣，屬瀘州。舊有土城，今廢。城址不及三里。編户三里。

舊縣城，縣北十里。元大德中移縣於江北以避水害，即此城也。至大初復還今治。今亦謂之舊縣壩。

樓子山，縣治東一里。層峰疊嶂，儼若樓閣。又縣東四里有掇旂山，相傳武侯樹旂於此，以讋蠻人。又舞鳳山，在縣西南十五里。山勢起伏，横開如鳳舞。

大江，在縣城北。自江安縣流入界，又東南出瀘州城南。輿程記：「自縣至州江道凡七十里，蓋水流盤曲也。」又有掇旗灘，在縣東二里江濱，相傳亦以武侯名。

納溪，縣治西，縣境大川也。永寧宣撫及瀘州衛以北之水，匯流經江門峽口大洲而北，至縣西門入於大江。亦謂之納江。舊志云：源出阿永番部，即永寧屬彝也。今縣有納溪河口巡司。

倒馬關，縣南百三十里。明初置，路通雲南、交趾，因倒馬坎爲名。又石虎關，在縣南百五十里。明初置，通雲、貴之道。關前有石如虎，因名。○保子砦，志云：在縣西十里。相傳武侯南征，嘗駐兵於此。

江門砦。在縣西南。宋元豐四年置江門砦，屬樂共城，後城廢，寨屬納溪縣。今爲江門堡，南去永寧一百三十五里，江門水馬驛亦置於此。輿程記：「由江門水道而北，逕峽口水驛，至納溪縣共二百四十里是也。」○大洲堡，在縣南百四十里。亦宋元豐中置，屬樂共城。今爲大洲水驛。又改大洲驛爲通郵驛，屬江安縣。輿程記：「縣南七十里至渠壩驛，又七十里至大洲水驛，又南六十五里爲峽口水驛，與永寧接界。」州志：渠壩驛在瀘州治南，大洲驛在江安縣治東。似皆悮。

江安縣，州西南百二十里。西至叙州府南谿縣百二十里。漢江陽縣地，後漢置漢安縣，屬犍爲郡。晉屬江陽郡，劉宋爲東江陽郡治，齊、梁因之。隋開皇初仍曰漢安縣，屬瀘州，十八年改縣曰江安。唐仍屬瀘州，宋因之。今城周六里。編户二十里。

綿水廢縣，在縣西綿水溪口汶江中洲上。晉太元中置縣，屬江陽郡，劉宋屬東江陽郡，齊、梁因之。隋仍曰綿水縣，屬瀘州，唐仍舊。宋乾德五年廢入江安縣。○施陽廢縣，在縣西。唐貞觀初以夷獠户置施陽縣，又置思隸、思逢二縣，屬瀘州。八年省施陽縣入江安，十三年又省思隸、思逢入焉。又廢南井監，志云：在縣東北，宋南渡後置監。有鳳凰山。山有鴈塔。元初置戍，今爲南井舖。

柯陰廢縣，在縣西南。唐羈縻晏州所領縣也。宋熙寧七年熊本降瀘彝柯陰酋不下，本合晏州十九姓之衆發黔南軍討敗之於黄葛下。追奔深入，柯陰乞降。本受之，以其酋笴恕知歸徠州，於是淯井、長寧、烏蠻、羅氏、鬼主諸蠻皆願内附。黄葛，或曰山名也，在縣南。歸徠州，即柯陰縣改置。

樂共城，在縣南百里小龜山上。宋元豐四年置城於此，後并入江安縣。宋史：「元豐元年命韓存寶經制瀘州納谿蠻，存寶破其後城。二年羅苟蠻叛犯納谿，議者言羅苟不加誅，則烏蠻觀望，爲害不細。存寶檄歸徠酋乞弟擊平之。既而乞弟率兵至江安城下，責賞，尋益桀敖，官軍擊之，敗没。四年改命林廣討之。廣敗乞弟於納谿，破樂共城，進至斗滿村，又次落婆囤，乞弟遁。廣率兵深入，自發納江即入叢箐，無日不雨雪，士卒死者不可勝計。過老人山，山形劍立。度黑崖，歷鴉飛不到山，進抵歸徠州，竟不得乞弟。師還，築樂共等城爲戍守。政和五年晏州犛卜漏反，攻樂共城，官軍拒却之是也。」納江即納溪。

漢陽山，縣南四里。孤高突起，爲南境之望。又縣南四十里有照山，峰巒岩壑，爲一邑之勝。○連天山，在縣南七十里。回旋曲折，高聳連天。又南三十里即小龜山矣，樂共城舊置於山上。

大江，在縣北。自南溪縣流入境，又東接納溪縣界。志云：縣西舊有三江磧，控江爲險，宋嘉熙三年築城於此以禦蒙古。或曰三江磧即綿水口也。

綿水，在縣治西。源出連天山，北流經廢綿水縣入於大江，謂之綿水口。或曰綿水合於淯溪諸水同入大江也。○淯溪，在縣南。源出叙州府長寧縣，流入縣界入大江。又安樂溪，宋鄧綰云：「在縣東北。自合江縣南境上接蠻界，西北流至縣境入江。」一云即納溪分流也。時未建納溪縣，故云自合江境流入耳。○溼灘，在縣南三十里。灘上有山插天，瀑布懸流，側有卧石。下流會於綿水。

安遠寨，縣南七十里。世傳諸葛武侯征蠻於此屯駐。宋志：「元豐三年廢平彝堡，於羅池改築安遠寨，屬瀘州，後廢入江安縣。又有西寧等寨，亦元豐中置，後廢。」

梅嶺堡，縣西南百二十里。相傳亦諸葛武侯屯兵處。又南有鎮溪寨，宋志：「元豐四年置樂共城，領江門寨、鎮溪堡、梅嶺堡、大洲堡。」是也。政和中晏州蠻卜漏反，攻破梅嶺砦，尋討平之。元廢。江門、大洲，見上納溪縣。○席帽溪砦，亦在縣境。宋史：「元豐五年林廣入歸徠州，師還，築樂共、江門、梅嶺及席帽溪等砦，西達淯井，東到納谿，皆控制要害是也。砦旋廢。」

江安驛。在縣西，水驛也。輿程記：「自南溪縣之龍騰驛東六十里至江安驛，又六十五里爲董霸驛，自此而東六十里即納溪縣之納谿驛。」會典：「有通郵驛，即納溪之大洲驛，改今屬。」

合江縣，州東百二十里。東北至重慶府江津縣二百七十里。漢犍爲郡符縣地，後漢爲符節縣。晉仍曰符縣，屬江陽郡。縣尋廢，永和中改置安樂縣。宋、齊因之，梁時亦曰安樂戍。後周置合江縣，屬瀘州，隋因之。今城周不及二里。編户七里。

廢符縣，在縣南。漢置縣於此。水經注：「漢建元六年以唐蒙爲中郎將，從萬人出巴符關，即此。」元鼎三年始置符縣。後周時置合江縣於今治，隋以後因之。宋嘉熙三年兵亂，移縣治於榕山，四年又移縣治於安樂山，皆築城爲守。元復還今治。明天順中始築土城，成化中甃以石，弘治、正德中皆增葺之。

安溪廢縣，縣西南百里。本蠻地，宋大觀中置純州，并置安溪縣隸焉；又南爲美利城，亦屬純州。宣和二年州廢，縣及美利城皆降爲砦，屬合江縣。元俱廢。

榕山，縣南五里。山高秀，上有芙蓉池，即宋嘉熙中築城處也。俗亦名容子山。其相近者日月臺山，孤峰突立，之溪環繞其麓，如新月然。○安樂山，在縣西五里。三峰奇秀，中有八洞及泉石諸勝，亦宋嘉熙中築城處。志云：唐天寶中嘗改山名曰合江山，俗亦謂之筆架山。

大江，在縣北。自州東流入縣界。縣西北二十里有白龍灘，即大江所經也。至縣治東有之溪流合焉，因謂之合江。又東北入重慶府江津縣界。

之溪，在縣治西南。一名小溪。源出遵義府仁懷縣境，環遶如之字，逕縣南十里之丁山及安樂山之麓，復遶流而東北出合於大江。

遥壩砦，在縣南。宋大觀中置，屬合江縣。宣和二年廢，四年復置。志云：縣境又有安溪、小溪、青山等砦，皆宋皇祐以後置，元初俱廢。

岡門鎮。在縣南，路通遵義。萬曆中楊應龍之亂，合江募兵扼岡門以拒之是也。○牛腦水驛，在縣治北。縣西六十里又有神山水驛，西去瀘州黄艤水驛六十里。又史霸驛，在縣東六十里。又東七十里爲漢東驛，即江津縣界也。

附見

瀘州衛。州西南二百九十里。志云：衛地東西廣二十里，南北袤九十里，東至永寧衛界、西至九姓長官司界各十里，南至太平長官司界五十里，北至納溪縣界四十里。洪武二十五年陝西長安衛軍征雲南還，命駐守州城，改爲瀘州衛，分立左、右、中、前、後五所隸焉。正統中調前所於利州衛，後所於青川所。成化四年都掌種大壩蠻叛，事平，因遷衛於宋江渡。其地本名渡舡舖，增置官軍，并調重慶衛前所充之，即今衛也。衛城即成化初築，甃以石，周四里有奇，有門四。弘治間復於東城外築土城周一里有奇，控制蕃落，爲西南之要害。

腰營山，衛北二十里。明初命將南征，師出州境，嘗屯駐於此。又有仙洞，在衛治南半里。深一里，中有池，水常不竭。

宋江，在衛治東。志云：源出大壩兒北洞，即今叙州府興文縣界也。又悦江，在衛東北。源出興文縣之渃武箐。志云：以流經廢羈縻悦州而名。又有思晏江，在衛西四里。源亦出興文縣界，以逕故羈縻思晏縣而名。皆北流逕江門驛至納谿而注於大江。

洞掃堡，衛南三十里。本蠻砦，成化四年官軍攻都掌蠻，破其洞掃、海納、龍背、豹尾等砦，事平改爲堡，屬瀘州衛。又定遠堡，在衛南五十里；太平堡，在衛南九十里；水峽堡，在衛東南一百里，亦曰水流崖堡；俱成化四年所置也。○江門堡，在衛北五十里，即納溪縣之江門砦也；又大洲堡，在衛北百三十里，即納溪縣之大洲驛；渠壩堡，在衛西北百八十里，即納溪縣之渠壩驛也；又三層堡，在衛西北百六十里；俱成化四年置，俱分撥衛兵戍守。

瀘州驛。衛西五里，馬驛也。又有來節驛，亦在衛境。或云本在州北近隆昌縣之玉蟾山，萬曆初移於此。

雅州，東至嘉定州二百三十里，西南至黎州所二百四十里，西至天全六番招討司百里，北至邛州二百里，東北至眉州二百四十里，自州治至布政司四百五十里，至京師一萬一千一百里。

禹貢梁州地，秦屬蜀郡，漢爲蜀郡西部，後漢延光初置蜀郡屬國，三國漢改漢嘉郡，晉因之。宋屬晉原郡，齊、梁仍舊。西魏置蒙山郡。隋開皇初郡廢，屬邛州，仁壽四年置雅州，大業初改曰臨邛郡。唐初復爲雅州，開元三年置都督府於此，督羈縻十九州，天寶以後多至五十七州。劉昫曰：「羈縻州並生獠、生羌，但有州名，無屬縣，亦無實土。」天寶初曰盧山郡，乾元初復曰雅州。督羈縻州如故。五代因之。五代史：「王建時以雅州爲永平軍。」一云後唐清泰初孟知祥置，悞。宋仍曰雅州，亦曰盧山郡。宋志：「雅州領羈縻州凡四十有四。」元亦爲雅州。初屬嘉定路，尋屬吐蕃等處宣慰司。明初仍曰雅州，以州治嚴道縣省入，今編户四里。直隸布政司。領縣三。今因之。

州襟帶西川，咽喉彝落。唐韋皋、李德裕由此以撻伐吐蕃，鞭弭南詔，所謂邛崍、大度之險也。寰宇記：「州西和川路去吐蕃松城四日程，羌蠻混雜，連山接野，鳥路沿空，不知里數。」今州之西徼迫近番、戎，山高谷深，天險陡絶，靈關、碉門、始陽向稱三路，而碉門要害尤爲巨防也。

嚴道廢縣，今州治。秦縣，屬蜀郡。華陽國志云：「始皇滅楚，徙嚴王之族以實其地，因名嚴道，後往往徙罪人於此。」漢文帝六年詔徙淮南厲王長於嚴道邛郵，即此縣，亦屬蜀郡。後漢延光初屬蜀郡屬國，三國漢屬漢嘉郡，晉因之，宋省入漢嘉縣。杜佑曰：「永嘉以後李雄據蜀，此地蕪廢。」是也。齊亦爲漢嘉縣地，梁因之。西魏置始陽縣，并置蒙山郡治焉。隋開皇十三年改縣曰蒙山，尋爲雅州治，大業初復曰嚴道縣，自是州郡皆治此。明洪武四年省縣入州。城邑考：「州城明初因舊址脩築，壘石爲固。有門四。城周五里。」

徙陽廢縣，在州西。漢縣，屬蜀郡。徙音斯。或曰徙榆蠻也，亦曰榆。漢紀「元狩中發使者出駹、出冉、出徙、出邛僰，指求身毒」，即此徙也。又西南夷傳：「自嶲以東北君長以十數，徙、筰都最大。」又西域傳：「建元中司馬相如使西夷，邛、筰、冉、駹、斯榆之君皆請爲内臣。」元鼎中始置徙縣，即斯榆地也。後漢改屬蜀郡屬國都尉。晉曰徙陽縣，屬漢嘉郡。太寧初越嶲、斯叟攻成將任回，斯叟即徙之遺種也。宋屬晉原郡，齊因之，後廢。

蒙陽廢縣，在州西北。新唐書：「唐初析州界置蒙陽、長松、靈關、陽啓、嘉良、大利六縣，〔六〕屬雅州，武德六年俱省入嚴道縣。」

羅巖廢州，州西四百八十里。寰宇記：「雅州管和川路、夏陽路羈縻州凡四十有六，羅岩其首也。諸州去雅州近者四百餘里，遠者六百餘里，和川路有羅巖以上三十七州，夏陽路有讓川州以下九州。」宋史：「雅州西山蠻有部落四十六。」是也。○會野廢縣，通典云：「在州西北五百七十里。」貞元中吐蕃會野首領高萬唐等來降。又有東西二嘉梁州，在州西五百六十餘里。貞元中其首領亦來降。又欠馬、白坡等州，亦在州西五百餘里。宋時諸州仍在四十六州之列。按新唐志雅州羈縻有欠馬州，而無白坡，惟黎州羈縻有栢坡州。

晏山城，在州西界。唐置。新唐書雅州有和川、始陽、靈關、安國四鎮，又有晏山、遏臨、統塞、集重、伐謀、制勝、龍遊、尼陽等八城，蓋皆置兵以控扼蠻部處。○逋租城，在州西徼外。又西北境有木波城。唐貞元中韋皐使雅州，將路帷明趨吐番逋租、偏松等城，既而皐敗吐番於雅州，克木波城是也。又有嵬龍城及業城，俱唐時吐番所置，近雅州西界。

蔡山，州東五里。禹貢「蔡、蒙旅平」，即此蔡山也。岩巒高聳，爲州之望。州東十里有地名旅平，即大禹旅祭處，俗呼爲落平。又諸葛武侯祀周公於蔡山，今亦名周公山。○雅安山，在州治西。由沉黎而來，一名月心山。州舊治山上，宋大中祥符間州守何昌言以地多嵐瘴，徙治於山麓。

嚴道山，州南五里。本名鹿角山，唐天寶六載改今名。又懸空山，在州南二十里。層巒聳翠，稱爲奇勝。○金雞山，在州北二十里。上有金雞關。又北十里有鳳飛山，峰巒起伏，如鳳飛然。又翠屏山，在州西二十里。山峰環列，因名。

萬勝岡，在州西。山勢起伏，環繞州治。相傳諸葛武侯擒孟獲，還師至此岡下，人聚觀之，因名。

青衣江，州西六十里。源出盧山，東南流至州境合沬水，經名山縣南，又東入嘉定州洪雅界。詳見大川。

平羌江，在州城北。源出徼外，流入境，繞州城西北郭，下流合於青衣江，故青衣亦兼平羌之名。舊傳羌彝入寇，諸葛武侯擊平之於水上，故曰平羌。又長濆江，在州東南二里。一名邛水。其源自邛崍山濆湧而出，繞城東北入於平羌江。

沬水，州西五十里。源亦出盧山，東流至此會於青衣江，故青衣江又有沬水之稱。又有周公水，在州東四里。源出榮經縣瓦屋山，流經周公山，因名。下流入嘉定州洪雅縣界，即花溪也。志云：周公山下有麒麟渡，即周公水津濟處，相傳麒麟嘗遊此。

和水，州西南四十里。源出蕃界，流入境合於平羌江。禹貢「和夷底績」，唐有和川路，皆以此水名。

金雞關，在州北金雞山上。一名雞棟關。〔七〕又金沙關，在州東北二十里。○雅安驛，在州治東，馬驛也。志云：州城内舊有茶場，宋熙寧中置。城南又有阜民司，明洪武九年置，收買番馬，後罷爲民居。今州治北有税課司。

繩橋。在州西北平羌江上，所謂多功路之繩橋也。舊名高橋，以繩架棧，下瞰峽江，爲險要處。志云：州西北一里曰清源橋，東北十里曰龍門橋，三十五里曰道遠壩橋，五十里曰魚喜河橋，州西七里曰銅頭河橋，其近多功路者曰大繩橋，皆索橋也。

名山縣，州東北四十里。東至邛州蒲江縣百二十里。漢蜀郡青衣縣地，後漢爲漢嘉縣地，晉以後因之。西魏置蒙山縣，屬蒙山郡。隋初屬邛州，開皇十三年改始陽縣曰蒙山，因改縣曰名山，尋屬雅州。唐、宋、元因之。明洪武十年省入州，十三年復爲縣。土城周二里。編户三里。

漢嘉廢縣，在縣西。本青衣羌地，漢高六年置青衣縣，屬蜀郡。十一年廢梁王彭越爲庶人，傳處蜀青衣是也。武帝天漢四年廢沉黎郡，分置西部都尉，治青衣。後漢延光元年置蜀郡屬國都尉，陽嘉二年改青衣曰漢嘉。三國漢爲漢嘉郡治。章武二年漢嘉太守黄元以漢嘉叛，尋討平之。晉仍爲漢嘉郡治，尋廢。宋以縣屬晉原郡，蕭齊因之，後廢。水經注：「漢嘉縣，故青衣羌國。」竹書紀年：「梁惠成王十年瑕陽人自秦道岷山青衣水來歸。」漢武置西部都尉，主青衣。公孫述有蜀，青衣不服，世祖嘉之，建武十九年嘗置青衣郡云。

百丈廢縣，縣東北六十里。劉昫曰：「在臨邛縣南百二十里。唐初置百丈鎮，以百丈山爲名。貞觀八年改置縣，屬雅州。」宋初因之，熙寧五年省入名山縣，元祐二年復置。元因之，明初廢。今爲百丈驛，有百丈橋。又廢土城，邑志云：在縣東北三十四里，周七十二丈，相傳武侯征蠻時所築，遺址猶存。

蒙山，縣西十五里。山有五峰，前一峰最高，曰上清峰。有甘露井。禹貢「蔡、蒙旅平」，此即蒙山也。水經注：「青衣水出於蒙山。」宋人謂梁州之山，西山皆岷，北山皆嶓，南山皆蒙，峨眉在禹貢則蒙山之首云。○蓮花山，在縣北十五里。山有五峰，聳列如蓮花。

百丈山，縣東北六十里。上有穴，圓百尺，深百丈，唐以此名縣。又泉池山，寰宇記云：「在百丈縣東四十里。其山四面懸絶，上有泉池。」邑志云：百丈縣近南五里有銅鼓山，爲漢、唐戍守之地。○鷄棟山，在縣西南十七里。一名鷄鳴山，王象之曰：「鷄鳴山即古之名山，因爲名山戍，隋以此名縣。」蓋即州北之金雞山矣。

大嵲山，縣東四十里。南接河羅戍，北入邛州，高七十里，上聳天際。寰宇記：「縣西又有羅繩山，自蒙山西北入盧山縣界，東北接邛州火井縣界，皆山之高大者。」

青衣江，在縣南。自州界流入，又東南流逕嘉定州洪雅縣北入眉州丹稜縣境。亦謂之邛峽水，又名平羌水。○百丈河，在縣東北六十里。源出蓮花山，逕百丈廢縣東，下流入邛州蒲江縣界爲鐵溪河，一名千尺潭，以水源遠而深也。

雞棟關。縣西南雞棟山上，即金雞關也。唐志名山縣有雞棟關。○百丈馬驛，在縣東北，即故百丈縣治。

滎經縣，州西南百二十里。南至黎州所百三十里。本嚴道縣，後廢。唐武德三年改置滎經縣，屬雅州。宋因之。元末省入嚴道縣，設巡司焉。明洪武十三年復置今縣。土城周三里。編户二里。

鄧通城，在縣東三十里。相傳漢文帝賜通嚴道銅山，鑄錢於此。旁有餓死坑，亦以通名。又古城，在縣西五里。相傳諸葛武侯征南時屯兵處也。唐李德裕增築之，置兵戍守。

禦侮城，在縣西。唐大和中李德裕帥西川，作仗義城以制大度、清溪關之阻，作禦侮城以控滎經犄角之勢，作柔遠城以扼西山吐蕃，復邛崍關，又於雅州築伐謀、制勝等八城是也。仗義城，今見黎州所。○静寇城，在縣西境。唐乾符二年於雅州置金湯軍，并置静寇軍是也。新唐書：「静寇軍，故延貢地。」

邛崍山，縣東四十里。一名邛筰山，亦曰邛僰山。山峻阻，凝冰夏結，冬則劇寒。産竹，高節而中寔，所謂邛竹杖也。有九折坂，亦曰邛崍坂。李吉甫曰：「邛崍山自沉黎直走千里，至臨邛環抱爲鎮山」云。詳附見前重險臨關。

銅山，縣東北三十里。山産銅，相傳即漢文帝賜鄧通鑄錢處。蕭齊永明八年議更錢法，益州行事劉悛上言：「蒙山下有嚴道銅山，舊鑄錢處，可以經略。」不果。宋初平蜀，其故將全師雄等復叛，討平之。餘黨據銅山，推謝行本爲主，復擊敗之，即此。○自由山，在縣東二十里。志云：山深遠，連亘黎州界，上出羣山之表。又有孟山，亦在縣東二十里。俗傳孔明擒孟獲處，其下有七縱橋，蓋傳訛也。

大關山，縣西八十里。山極險隘，當西南彝要路。或曰山即邛崍之西麓，邛崍關置於此，因名。又曬經山，在縣北二十里。山高峻，俗傳唐三藏晒經處。○瓦屋山，在縣南百二十里。山多靈異，上有雷洞。又石狗山，在縣南六十里，以石形似狗而名。寰宇記：「縣東西皆連接大山，巖巒阻絕，不辨疆界。」

雞止崖，縣西二十五里。本名棲止，其崖西臨險路，由大關山而東至此方坦平，肩擔背負者悉棲止於此，因名。寰宇記謂之雞心山，傳訛也。又大相公嶺，在縣西百里。相傳諸葛征南時經此，因名。志云：大相公嶺有虛關險崖，明洪武二十四年景川侯曹震嘗脩治之，以通行旅。

滎經水，〔八〕在城東。滎水出大相公嶺，流至城北；經水出瓦屋山，流經城南；會流而東北入於平羌江。隋時置滎經口戍，唐因置縣。○菩薩溪，在縣南六十里。源出瓦屋山，東北流入州界注於平羌江。

邛崍關，縣西八十里。今曰大關，隋大業十年置，爲控扼番、戎之要隘。詳附見重險臨關。○天險關，在縣東北四十里，據邛崍九折坂之險，至爲要害。又紫眼關，在縣西北三十里。昔有紫眼番人流寓於此，因名。土彝考：「紫眼彝編氓殆半里。其地紫眼關與西番相接，廣可四十里，袤百里。自甕溪、飛水小路直透冷磧番，皆爲紫眼關地。又飛水關，亦在縣西北，路出西番。」

碉門砦，縣西北百五十里，即和川鎮，雅州西通蠻路也。元至元初置碉門等處安撫司於此。二年安撫司高保四言：「碉門舊有城邑，中統初爲宋所廢，衆依山爲柵，去碉門半舍，欲復戍故城，便於守佃。」敕秦、蜀行省相度行止。明初亦設碉門百户所，有石城足以控禦。蓋州之靈關、碉門、始陽皆通番之道，而碉門最爲要害，兩山壁立，一水中通，特設禁門以限中外。碉門以外即天全境，所謂「萬里乾河直達碉門」者也。○蠻宿川，在縣西境，亦唐時招納吐蕃之道；又有夏陽路，俱近天全招討司界。

雄邊寨，在縣西北。中有講武堂，宋淳熙間創屯營於此。○太平堡，在縣西北二十五里；又有黄土堡，在縣西五十里；俱明初置，屬大渡河千户所官軍戍守。大渡河所，今見黎州所。

箐口驛。縣東三十里。縣南三十里又有新店驛。○大通橋，在縣西三十里。洪武五年因征雲南置爲笮橋，往建昌、雲南之要路也。

蘆山縣，州西北百里。東至名山縣九十里。本嚴道縣地，隋初置盧山鎮，仁壽末改爲盧山縣，屬雅州。唐、宋因之，元末省入嚴道，設巡檢司。明初復置今縣。土城周五里。編户三里。

大渡廢縣，縣西北五十里。唐儀鳳二年析盧山縣置，屬雅州，長安二年復省入盧山縣。又故靈關道，在縣西北六十里。漢置，屬越巂郡，後漢因之，晉廢，即今臨關也。○姜維城，在縣治南。志云：姜維置城於此以拒西羌，隋開復此地，即故城置縣。又開明城，在縣西七里。相傳蜀王開明所築。

盧山，縣東九里，接黎州所界。隋以此名縣。或謂之盧奴山。其相接者曰始陽山，俗呼爲羅繩山，在縣東十里。西魏以此置始陽縣。寰宇記：「盧山高八里，東道控川，横亘入邛州火井縣界，〔九〕青衣水出焉。」○百步山，在縣北四十里。路接蠻界，僅百步許，險隘難行。

靈山，縣西北五十里。峰巒竦峻，林木深阻，爲蜀西之襟要。劉昫曰「縣西北六十里有盧山，下有峽，口開三丈，長二百步，俗呼爲盧關，關外即生獠」，蓋即靈山矣。又龍頭山，在縣西南。綿亘四十里，遶縣前後，夭矯如龍。連接番部，實爲要害。又有崖鉢山，在縣西百里。上聳雲漢，莫測其高。崖上有石，其狀如鉢，因名。

大渡河，縣北四十里。從生羌界流入境，邛、雅西道往來者必渡此水，又南入黎州界。詳見大川。○青衣江，在縣東南。源出盧山，流入州界。詳見大川青衣水。

龍門河，縣東北五十里。有二源，一自邛州界九子山西流，一自徼外東流，經泠砧河南流會於金雞峽口，過魚喜河、八步關、青源河南流入於青衣江。○浮圖水，在縣西北五里。亦從生羌界來，中有孤崖如浮圖，因名。流合於大渡河。

聖水，縣東十里，連筒引之，行里許，伏流二三里復湧出，分爲五，因以聖名；又老君溪，在縣南六十里，相傳以老聃曾經此而名，下流皆入青衣水。

石波堰，縣東三里。源出始陽山，用木槽接水溉田。又湧泉，在縣東北五里。泉水湧出，爲居民灌溉之利。○三江渡，在縣南十里，路通天全六番。志云：三江渡水注多功峽入平羌江。又多功河上有飛仙閣，爲木棧道，即古漏閣也。

臨關，縣西北六十里。本曰靈關，亦稱零關，正統初改今名，有巡司戍守。詳見前重險。○八步關，在縣東北五十里。

飛仙關。縣南五十里。亦曰飛仙閣，即古漏閣也。梁益紀：「大、小漏天在雅州西北，山谷高深，沈晦多雨，而黎州常多風，故謂黎風雅雨。」宋宇文普新路賦「惟天下之至險，有嚴道之漏閣焉。孤峰上絶於青天，湍波下走於長川。斷崖横壁立之岸，飛溜濺千丈之泉」。蓋謂此。

附見

雅州守禦千户所。在州治南。洪武四年建，直隸四川都司。

校勘記

〔一〕後周置峨眉縣　元和志卷三一龍游縣下云：「周武帝保定元年于此立平羌縣，開皇三年改爲峨嵋縣。」舊唐志卷四一、寰宇記卷七四同。則此縣後周時名爲平羌，作「後周置峨眉縣」誤。

〔二〕嘉州有二十四鎮兵　新唐志卷四二嘉州下作二十二鎮兵，非二十四。下同。

〔三〕東南曲流百三十里　「南」，底本原作「西」，據鄒本改。

〔四〕縣北五十里又有三聖驛　底本原脱「有」字，據職本補。

〔五〕安夷鎮　底本原作「安流鎮」，今據鄒本及輿地紀勝卷一五三、大明一統志卷七二改。

〔六〕大利　新唐志卷四二作「火利」。

〔七〕一名雞棟關　底本「雞」上原有「山」字，今據鄒本及新唐志卷四二删。本書同卷名山縣下有雞棟關條。

〔八〕滎經水　「滎」，底本原作「榮」，今據鄒本及明志卷四三改。

〔九〕横亘入邛州火井縣界　「火井縣」，底本原作「大井縣」，據新唐志卷四二、宋志卷八九改。

讀史方輿紀要卷七十三

四川八

龍安府，東北至陝西沔縣五百里，南至成都府綿州三百五十里，西北至松潘衞三百三十里，北至陝西文縣三百三十里，東至保寧府劍州二百九十里，西南至成都府茂州三百二十里，自府治至布政司四百八十里，至京師一萬二千二百四十里。

禹貢梁州之境，周、秦時爲氐、羌地。漢屬廣漢郡，武帝開西南夷置陰平道，屬廣漢郡，北部都尉治焉。後漢安帝改爲廣漢屬國，仍領陰平、甸氐、剛氐三道。三國漢屬陰平郡，晉志云：「泰始中置。」今詳見州域形勢。晉以後因之。南渡後分置南、北二陰平郡。宋、齊時梁、益二州皆有南、北二陰平郡，地居梁、益間，往往交屬焉。〔一〕梁普通間没於氐。志云：普通三年爲土豪楊傑、李龍遷所據。西魏得之，置江油郡，治江油縣。兼置龍州。隋初郡廢，大業初又改州爲平武郡，義寧初改曰龍門郡。尋曰西龍門郡。唐曰龍門州，武德初仍曰西龍門州，貞觀初始去西字。天寶初曰江油郡，至德二載改應靈郡，乾元初復爲龍門。宋初因之，亦曰江油郡。政和五年改曰政州，紹興初復曰龍州。元因之，屬廣元路。志云：元升龍州爲元帥府，尋改爲宣慰司。今正史皆不載。明洪武七年仍爲龍州，二十三年改龍州軍民千户所，尋復故。宣德七年又改爲宣撫司，隸布政司。嘉靖四十五年升爲龍安府。領縣三。今仍舊。

府控扼氐、羌，山川重阻，峭壁雲棧，連屬百里，真四塞之地也。說者謂松潘介在生番，糧援之道恃龍安以無恐。龍安者，南重成都之防，北壯松潘之勢，故改建郡縣，不可緩也。自魏鄧艾伐蜀，而陰平遂爲取蜀之捷徑。艾之伐蜀也，自陰平行無人之地七百里，鑿山通道作橋閣，山谷高深，至爲險難。艾以氈自裹縛而下，將士攀木緣崖魚貫而進，先登至江油，而蜀人膽喪矣。後唐長興二年石敬瑭等攻兩川，前軍克劍門，西川帥孟知祥急遣軍爭劍門，而命別將李筠將兵趨龍州守要害，蓋劍門拒守，又恐奇兵自陰平故道而入也。既而官軍果分道趣文州，將襲龍州，爲西川兵所敗。明洪武四年伐蜀，傅友德亦自階、文而進克青川杲陽，〔三〕下江油，遂趨綿州。修造記：「龍安路通階、秦，嚴稽出入，直與劍閣爲比。」蓋自蜀入秦之道，東則劍閣，西則陰平。劍閣之防顯而易知，陰平之道僻而易忽，故出奇制勝者，往往托足於此焉。詳陝西階州陰平道。

平武縣，附郭。漢廣漢郡剛氐道地，蜀漢析置廣武縣，屬陰平郡。晉太康初改曰平廣縣，尋又改爲平武縣，仍屬陰平郡。宋元嘉二十七年以故氐王楊文德爲輔國將軍，使引兵自漢中西入，搖動汧、隴，遂取魏陰平、平武是也。齊、梁仍曰平武縣，西魏改置江油縣，并置江油郡治焉。尋又爲龍州治。隋以後因之。宋端平三年兵亂，寶祐六年徙州治今縣東之雍村壩，縣亦徙治焉。元以江油縣省入龍州，又徙州治武都鎮。明洪武中又徙州治樂平鎮，即今治也。嘉靖四十二年土司薛兆乾作亂，事平，改爲府。萬曆十九年始置今縣爲附郭。編户二里。

龍州城，在今府東。祝穆曰「龍州城，梁李龍遷所築，去江油東北三里」，蓋即隋、唐州城也。宋寶祐以後州益遷而東。其故城皆土築，旋圮。明洪武七年土官知州薛文勝創設州城於青川所。二十二年知州薛繼賢奏移今治，周以木栅。宣德五年知州薛忠義奏築磚城，嘉靖十三年宣撫薛俊卿又復營築，四十五年改爲府城。今城周五里有奇。

平武城，府西三十里。隋志：「梁末李文智自立爲藩王，以平武爲國都。西魏復爲縣，而别置江油縣，龍州治焉。隋亦曰平武縣，仍屬龍州。」唐貞觀八年省入江油。近志：西魏廢帝二年定蜀置龍安縣，尋改曰平武。似悮。

方維城，府東北百二十里。西魏置秦興縣，爲建興郡治。隋廢郡，改縣曰方維，屬龍州。唐武德四年改屬沙州，貞觀初州廢，又省縣爲方維鎮，屬景谷縣。貞元初南詔、吐蕃合兵入寇，分道趨扶、文，掠方維、白壩，即此。白壩，見昭化縣。

德陽城，府東二百里。本漢梓潼縣地，後漢改置德陽縣，屬廣漢郡。華陽國志：「德陽有劍閣道三十里，至險。」蓋與劍門相近也。建安十九年先主軍涪，張飛自江州而上，定巴西、德陽；鄧艾由陰平邪經漢德陽亭，至江油出劍閣西百里；皆謂此。晉移德陽而南，因謂此爲漢德陽。

陰平城，府東北五十里。東南至劍州百六十里。宋白曰：「文州爲古陰平，魏、晉之陰平郡及陰平縣治也。」永嘉末太守王鑒以郡降李雄，晉人悉流移於蜀、漢，其氐、羌並屬楊茂搜，於是有南陰平郡，屬益州。宋永初以後晉人流寓於蜀者，於益州立南、北二陰平郡，寓於漢中者，亦於梁州立南、北二陰平郡，劍州之陰平，即宋所置北陰平郡也。宋文帝元嘉九年益州流民許穆之詐稱「司馬飛龍」，招合蜀人攻殺巴興令，逐陰平太守，刺史劉道濟遣軍擊斬之。或以爲此漢州葭楊之南陰平。梁天監十四年魏人侵蜀，詔任大洪自陰平入魏晉壽，招誘氐、羌，絕魏運路。十五年將軍王光昭與魏戰於陰平敗還，即此陰平也。又大寶末蕭紀將楊乾運攻叛氐楊法琛，拔劍閣，進據南陰平，對古陰平而言，因謂此爲南陰平耳。隋志：「宋置北陰平郡，治陰平縣，後魏置龍州於此。西魏改郡曰陰平，而徙龍州治江油。後周嘗改郡曰靜龍郡，隋郡廢，縣屬始州。」唐屬劍州，宋因之，端平以後兵亂縣廢。舊志：陰平城南去梓潼縣六十里。似誤。

藥叢山，府南十里。多產藥材，因名。或訛爲落叢山，俗名樂從山。又馬頭山，在府西南五里，以形似名。○火風山，在府北十里。山勢峭險。其麓即箭樓山，擁抱府城，一名旂山。又崆峒山，在府西北十里。山谷深險，直接蕃界，似平涼之崆峒。又化豹山，在府東北十五里。山勢高峻，林木豐茂，限隔蕃塞。

九龍山，府東五十里。其地峻險，前拒鐵蛇關，抵蕃地，一山九嶺，疊聳如龍。又羊盤山，在府東北六十里。石徑九曲，如羊腸然。又箐青山，在府東南六十里。重峰疊嶂，樹木森鬱。

馬盤山，府東南百二十里。高三千三百丈。其形似馬，盤旋而上，重巒疊嶂，行者難之。後魏馬盤縣以此名。○牛心山，在府東百五十里。山秀拔，形如牛心。西魏李虎葬此。唐武后時鑿斷山脈，玄宗幸蜀修復之，回鑾後，升龍州爲都督府，賜名靈應郡。唐志云：「山在江油縣西一里。」長慶四年龍州刺史尉遲鋭上言山有掘斷處，請加補塞，於是役數萬人於絶險之地，東川爲之疲弊。

馬閣山，在廢陰平縣北六十里。峻峭岐嶒，極爲艱險。鄧艾軍行至此，路不得通，乃懸車束馬，造作棧閣，始通江油，山因以名。舊唐書：「陰平北有十八隴山。」其山有隴十八，或以爲即馬閣山。又左擔山，志云：在府東百八十里。鄧艾伐蜀，路經江油，因山高江險，修鑿棧閣以通擔負，今七里閣是也。胡氏曰：「自文州青塘嶺至龍州一百五十里，自此而南者右肩不得易所負，謂之左擔路，鄧艾伐蜀之道也。」祝穆云：「左擔路上涪水崖壁有閣道六，曰青崖，曰藁頤，曰石回，曰七里，曰東閣，曰石城；又有二閣不在左擔之數，曰猿臂，曰黄林；皆閣道之險者。」○兩埡山，在府東北七十里。山嶺分峙，兩埡路通青川、廣、昭等處。

弩牙山，府東南百六十五里。狀如弩牙。相傳鄧艾伐蜀屯軍於此。又東南五里曰石門山，兩崖相對如門，與氐、羌分界處。左思蜀都賦：「緣以劍閣，阻以石門。」梁大寶中氐酋楊法琛據黎州附魏，益州刺史武陵王紀遣楊乾運討之，拔劍閣，法琛退保石門。輿地紀勝：「龍州江油縣東百里有石門戍。」唐志利州景谷縣西有石門關，即此石門也。

涪江，府西北二百里。源出松潘衛小分水嶺，經小河所而東至府城西，又歷城南而東下入江油縣境，盤紆縈帶，爲郡境之險。詳見大川涪水。○青漪江，志云：源出落叢山，下流至綿州彰明縣合於涪江。

青川溪，府東百二十里。源出西蕃界，經青川所下流合白水入嘉陵江。又醍醐水，源出府東清潭嶺，接青川溪流入嘉陵江。圖經云：「清水出嗁胡山，闊五丈，東流入利州界。其水清美。」亦云嗁胡水，志作「醍醐」，美其名也。○

大溪河，在府西北二十五里。志云：源出白馬路西番界，流至此入於涪水。又府境有木瓜官渡、古城、高村、大印等河，皆源出蕃界，下流入於涪江。志云：廢陰平縣西四十里有揚帆水，下流入梓潼縣界合於潼水，泛漲奔注，勢若揚帆云。

利人渠，在廢陰平縣西北二里。引馬閣山水入縣溉田。唐龍朔二年縣令劉鳳儀開，寶應中廢。後復開，景福二年又廢。

胡空關，府西北四十里。永樂中置。又羊昌關，在府西北十五里。其地有羊昌山，山崖層疊，通鐵蛇官道。○鐵蛇關，在府東十里，爲番彝出入之衝。又有黄楊、和平、大魚等關，與胡空諸關共爲六關，俱永樂中置，爲府境之要險。

涪水關，府西北涪水上。唐志江油縣有涪水關，即此。又龍門關，亦在府西。隆慶中置。○芍藥戍，在府南九十里。唐置。本名撁溪戍，永徽中改今名。

興文閣，在府東南二十里海棠舖。山路盤束，下臨急湍，置閣其上，以通行旅。又南巖閣，在府東六十五里。正德初修鑿，平坦可行。陰平修路記：「龍安棧閣，在治東者凡八，曰石城，曰佛崖，曰麻園，曰蕎頤，曰黄林，曰三店原，曰七里，曰飛仙；在東南者凡三，曰石回，曰興文，曰猿臂；在東北者凡二，曰秦隴，曰東閣；在府東者凡九，曰金鼓，曰芭蕉，曰楮株，曰盧崖，白天井，曰桑坪，曰兜索，曰木蕊，曰飛泉；在西北者凡十五，曰金匱，曰桐油，曰隆奉，曰胡空，曰黄梗，曰劉邨，曰鵝頂，曰禪峰，曰石門，曰仙女，曰馬桑，曰溪壩，曰黑水，曰羅漢，曰羊腸。」志云：鄧艾伐蜀，置秦隴等閣道一十二處。明洪武十一年開設松潘衛，又置飛仙等閣道二十五處。

溪子驛，在府西。志云：府東百二十里有古城驛，百七十里有武平驛，二百里有小溪驛。又水進驛在府西北九十里，又府西二百里有小河驛。會典：「縣有明月所巡司。」○永濟橋，在府西北二十五里，路接小河所。明洪武中土官薛文勝以篾纜架橋。永樂初薛忠義造鐵索六條，長十五丈，架板爲橋，名曰垂虹，俗名鐵索橋。詳見小河所鐵龍堡下。又天生橋，在府西北九十里，通羊洞寨。河水奔險，中有三巨石如柱，居民架木爲橋。

白馬寨，府北三百里，番寨也。志云：白馬番北通階、文，西抵漳臘，其生番號「黑人」，延袤數百里，碉房不計，有名色可舉者凡十八寨，多不過四五百人，少可百人而已。嘉靖元年白馬跳梁，用兵五千，分五路，一由松潘小河所之鐵龍堡，一由松潘東路之三舍堡，一由府西北之黄楊關，一由青川所之北雄關，一會兵陝西由階、文而進，蠻畏懾聽命。今爲府境屬彝。

白草寨。府西南四百里。亦曰白草壩，番寨也。志云：白草番東抵石泉縣約七十里，西抵南路生番，南抵茂州番，北抵平武界，凡十八寨，部曲素强，恃險阻，往來剽奪爲患。成化十四年撫臣張贊督兵勦白草壩及西坡、禪宛諸大寨，生番皆順命，尋復叛。嘉靖十三年撫臣宋滄遣兵擊平壩底、白草等寨，諸蠻獻侵地二千餘里，未幾復叛。十五年大征，用兵三萬七千，一由龍州，一由壩底，斬獲甚多。事平，增置雙谿、大魚、永平、奠邊諸堡，革撫賞，斷鹽茶。萬曆七年壩底、河西、風村等十一寨，永平、河東、白草等十七寨相率來降，許爲編氓，自走馬嶺一帶分十村，由平一至平十村，又西射溪溝一帶分八村，由一化至八化村，村立一長以統率之。又有風村嶺等十八寨尚承舊名，亦同時歸順者。○木瓜番寨，在府西北二百里，近小河所。境土迫促，種類不繁，雖有五寨，約男女不過二三百人。嘉靖二十三年導白草番爲亂，事平止許歲至小河領賞，不得過府西大魚關。

江油縣，府東南百三十里。東北至劍州二百五十里，東南至梓潼縣百里。漢爲剛氐道地，蜀漢置江油戍，鄧艾至陰平，欲與諸葛緒自江油趣成都是也。晉、宋爲平武縣地，屬北陰平郡。西魏爲江油縣地，龍州治焉。宋末屢經遷改，元至元十二年并入龍州，至正中嘗遷縣於興教鎮，屬廣元路，即今治也。明洪武十年并入梓潼縣，十四年復置，屬劍州，嘉靖四十五年改今屬。城周二里有奇。編户二里。

江油城，志云：在縣西北。今縣所轄之鄉曰武都，曰雍邨，皆故龍州治也。一云今青川所之明月關，即故縣治，似悮。元末移治於此。防險説：「江油雖在腹裏，實龍安糧道之咽喉也。」今有石城，明天順六年創築，成化、正德、嘉靖、萬曆以來相繼增修。

竇圌山，縣北十里。兩峰聳立，山麓紆迴，南接彰明縣界。杜光庭云：「山西接長岡，乃通車馬，東臨峭壁，陡絶一隅。自西壁至東峰石笋如圌，兩崖中斷，相去百餘丈，躋攀絶險，人所不到。」○大匡山，在縣西三十里。高聳盤紆，亦接彰明縣界。其南二十里有點燈山，即彰明之小匡山也。一名讀書臺，以李白得名。

天柱山，縣北五里。山小而峻，形如立柱。一名天池山，以山頂有池也。又名石人山，天寶六載敕改爲靈液山。○太華山，在縣南十里。三峰奇秀，有似西嶽，亦南接彰明縣界。

涪水，縣北一里。自平武縣界流入，又東入劍州境。○匯溪，在縣西十五里，源出縣西二十五里之百匯洞，細流十里合於雍邨河；又龍潭溪，在縣北，源出竇圌山，下流俱合於涪水。

馬啼關。縣西二十里。又縣境舊有鬼門關，兩山險迫，暴風從中出。○平渡驛，舊在縣北五十里，接龍安府界。亦曰西平驛。

石泉縣，府西南二百十五里。南至成都府二百九十里。本漢蜀郡汶江道地，晉屬汶山郡，後周爲汶山縣地，屬汶州，隋初屬會州。唐貞觀八年分汶山縣地置石泉縣，屬茂州。宋初因之，熙寧九年改屬綿州，政和七年於縣置石泉軍，宣和三年仍屬綿州，七年復置軍。元廢軍，以縣屬安州。明初屬成都府，嘉靖四十五年改今屬。城周二里有奇。編户三里。

北川城，縣西三十里。本汶山縣地，後周置北川縣，屬北部郡。隋屬會州，唐屬茂州，永徽二年省入石泉縣。

威蕃城，縣西三十里。唐之威蕃栅也，亦曰威蕃亭。唐書王涯傳：「吐蕃有兩道，一由龍安青川，一由綿州威蕃栅抵棲鷄城，皆番之險要。」宋神宗時靜州蠻攻茂州，窒隴東道以孤石泉。成都守孫羲叟經畫事宜，以石泉爲邑，介綿、茂之間，道里闊遠，緩急不相應，非扼其衝要不足捍外患，於是請改石泉爲軍。德陽人張上行言於羲叟曰：「去石泉三十里威蕃亭，地名栅底，即唐之威蕃栅也。宜先築堡寨以禦其來，然後建軍調兵以圖之。」於是城其地。棲鷄、隴東道，俱見茂州。

石紐山，縣治南一里。帝王世紀：「禹生於石紐。」譙周曰：「禹生於汶山廣柔之石紐，其地爲刳兒坪。」陳壽曰：「禹生汶山石紐，至今番人不敢牧其地。」宋祁曰：「汶川縣有石紐山。」志以爲即此山云。又鳳凰山，在縣治北二里。其下有二水合流，形如飛鳳。○三面山，在縣北六十里。上有龍湫。

湔水，縣西一里。源亦出玉壘山，分流入縣界，經縣東十里，復東南出合於新都之湔水。○安昌水，在縣東南。源出三面山，合諸山溪之水東流入安縣界，又經綿州西而入於涪水。亦曰龍安水。志云：縣南一里有甘泉，水甘冽，縣因以名。

松嶺關，縣西北七十里。杜佑曰：「在龍安縣西北七十里，開元二十八年關廢。」今仍爲守禦處。龍安，見前安縣。○石板關在縣西六十里，又有上雄關在縣西北，舊皆爲戍守處。

壩底堡，縣西北四十里，與茂州接界，成化以後爲戍守要地。其地東抵通寧堡，西連白草番，南拒石泉，北通青片。由壩底而南十五里即石板關，東十五里有石泉堡，又東五里爲白印堡，俱壩底將領分兵屯戍。○永平堡，在縣東二十里。志云：堡設在山崖，形勢陡拔，控制白草諸番隘口。由永平而西三里爲奠邊關，關南里許爲火草坪，坪北十五里爲萬安堡，萬安東二十里爲喜定堡，俱屬永平偏將戍守。

大印堡，在縣東北。邊略：「堡設在山阜，巍然天險，亦白草番出没要路也。堡西二十里爲茅堆堡，又西五里爲山茅堡，山茅東三十里爲徐塘堡，徐塘北三十里爲伏羌堡，伏羌北六十里爲大方關，俱屬大印將領駐守。」志云：大方相近者有觀子、徐坪、平通三堡，而諸堡中徐塘又爲控扼之要。

復土堡，縣西北十里。堡南十里爲青岡堡，二堡之間有青泗口，路通壩底，爲河東、河西、白草、青片諸番出入處。○奠酒啞堡，亦在縣西，其相近又有平番、赤土諸堡，皆控扼白草番之處。嘉靖二十四年白草等一十八寨番蠻聚衆於羊角、白泥一帶劫掠，攻陷平番、奠酒二關，截占漩坪以阻石泉兵糧之路，撫臣張時徹督偏帥何卿剿平之。志云：舊有馬坪口巡司，今革。

寶珠寨。縣北百二十里。志云：寶珠古寨口與縣西北百五十里之赤珠古寨口，俱爲番蠻出入要口，昔時立此二寨以限隔之，今故址猶存。○漩坪橋，在縣東二十里，縣之津要也。又有上、下索橋，在縣東十五里。

附見

青川守禦千户所，府東百二十里。漢剛氐道地，後魏置馬盤縣，兼置馬盤郡，隋初郡廢，縣屬龍州。唐因之，天寶初改爲青川縣。宋仍隸龍州，端平以後兵亂縣廢。元初復置，至元二十二年省入龍州。明洪武四年置守禦千户所，隸四川都司。其地當白草番之後路，東抵白水陽平關，接陝西寧羌州界，西通白馬路，轉古城驛而抵龍安，南至椒園堡，叢林密箐多盜賊，北通青塘嶺直達階、文、秦、蜀間襟要處也。嘉靖四十五年改屬龍安府。所城洪武四年築，周二里。

大雄山，所北十里。山形峻峭，夐出羣山。又飛龍山，在所東三十里。其相近者曰東山。○丁平山，在所北一里。志云：元平章丁世珍擊番蠻嘗屯兵於此，因名。

白水江，所東三十四里。自陝西文縣流入境，又東過劍州界，至昭化縣入嘉陵江。魏鄧艾伐蜀，作浮橋於江上。明初傅友德伐蜀，渡白水江，即此。○青川溪在所南，又杲陽河在所西北，亦自文縣界流入，下流俱入於嘉陵江。

明月關，所東五里。有巡司戍守。會典：「關屬平武縣。」又杲陽關，在所南。明初傅友德伐蜀，下文州，進拔青川杲陽是也。

北雄關。在所北，接陝西文縣界。相近又有控彝關，稍南爲瓦舍壩。控彝關蓋萬曆中增設。一統志：「所界自北雄關以下并杲陽、迪平、白水、三牢、明月、馬轉、清平、胡空、葉棠、三路口，共十一關。」

馬湖府，東至叙州府四百十五里，西至建昌行都司越嶲衛六百十里，南至烏蒙府界百四十五里，北至嘉定州犍爲縣界二百里，自府治至布政司千一百里，至京師九千三百三十里。

禹貢梁州之境，後爲彝、獠所居，或曰府境即古僰侯國，漢唐蒙鑿石開道處也。漢屬犍爲、越嶲二郡，晉没於蠻。華陽國志：「越嶲郡有馬湖縣，水通僰道入江，晉省。」水經：「若水自三絳又逕馬湖縣，謂之馬湖江，又左合卑水，又東北至朱提。」唐爲羈縻蠻州地，屬戎州都督府。志云：唐爲馴、騁、浪、滈四州地，總名馬湖部。宋仍爲蠻地，元至元十三年内附，尋置馬湖路。明洪武四年改爲馬湖府。土官總管安濟歸附，因使世守其地，五傳至安鰲而叛，弘治九年討平之，改土官爲流官。編户二十五里。領縣一，長官司三。今仍舊。

府倚山控江，屏翼瀘、叙，唇齒嘉、眉。隋開皇十七年以南蠻叛，命史萬歲南征，自越嶲進兵，經馬湖番山而進。唐乾符二年高駢帥西川，修復邛崍關、大渡河諸城栅，邛崍關見前重險，大渡河見前大川。又築城於戎州馬湖鎮號平彝軍。及沐源川，皆蠻入蜀要路也。各置兵數千戍之，自是蠻不復入寇。宋末蒙古入蜀，往往取道馬湖，蓋府爲西南之要地矣。

屏山縣，附郭。元末置泥溪長官司。明初蠻酋王邦彦來歸，命世守其地。萬曆十七年改置今縣。編户三里。

馬湖城，在府西。唐乾符初高駢築馬湖鎮城，號平彝軍，或以爲即此城也。宋時蠻酋皆屯據湖內，元初置馬湖路，遷於彝部溪口，瀕馬湖南岸創府治。然其民皆散居山箐，無縣邑鄉鎮，至正中復置泥溪長官司。或曰明玉珍所置也。明初改路爲府，復移今治。隆慶初始甃石爲城，有門五。城周二里有奇。

廢浪川州，在府西南，本蠻地。志云：唐嘗置羈縻長樂浪州於此，開元十九年南蠻大酋長樂浪州刺史楊盛顯爲邊患，詔內常侍高守信爲南道招慰處置使討之，拔其九城，即此。後廢。貞元十三年荆南帥韋臯表置浪川州，領郎浪、河渡等五縣，〔三〕屬戎州都督府。又府西有廢馴州，領馴禄、天池等五縣；廢騁州，領斛木、羅相等二縣；皆唐所置羈縻州，領於戎州都督府。宋因之。宋志：「浪川、馴、騁等州皆在馬湖江岸。」○廢滈州，在府南，亦唐所置羈縻州也，領拱平等三縣；又廢柯連州，亦在府南，領柯連等三縣；皆屬戎州都督府。宋因之。宋志在石門路。胡氏曰：「即馬湖南境也。」元初俱廢。

寶屏山，府東十里。山如屏障，縣以此名。又赤崖山，在府東北三里。○鏡山，在府西三十五里。山下有水，澄清如鏡。

雷番山，府西三百八十里。隋史萬歲征西南夷時道經此。山中草有毒，經過頭畜必籠其口，行人亦必緘默，若或高聲，雖冬月必有雷霆之應。

馬湖江，在府南，即金沙江也。自烏蒙府流入府界，經蠻彝長官司南，又東流逕府城南，至叙州府界流合於大江。宋慶元二年地震馬湖界，山崩八十里，江水不通。寶祐中蒙古將紐璘侵蜀，自成都入馬湖，既而復渡馬湖江入蜀是也。今府西十五里有結髮灘，江流經此，灘水縈迴，狀如結髮；府西四十五里又有鐵索灘，夾江兩岸石壁峭立，每夏秋水漲，舟楫不通，用索懸於江之北岸，舟行至此，數人攀援崖上，拽舟而退，故名；志云府西四十里又有鷄肝石灘，峻險；俱在馬湖江中。又有鷄公灘，在府東二里。崖勢聳立，如鷄公然。餘詳見大川瀘水。

馬湖，府西百七十里。湖在山頂，長二十里，廣七里餘。中有土山，可居四百餘人。亦謂之龍湖，志云：龍湖四圍皆峻崖，去大江止二里。水與江同消長，日夕作潮，相傳昔曾有龍馬見於此。

泥溪，府西二里。源出叙州府宜賓縣，流入馬湖江。又三公溪在府西五里，黄龍溪在府西四十里，金魚溪在府南三里；又有悔泥溪在府東十五里，源出寶屏山；皆流注於馬湖江。○鹽井渦，在府北四里。其水鹹滷，可以煎鹽。

新鄉鎮，府北二百里沐川司境内，本名賴因鄉。志云：鎮東去犍爲縣二百里，西至建昌都司千二百里，南接大凉山五百里。萬曆十六年於此建城垣，設安邊同知駐焉，又於煙草峰設守備司以資彈壓。北有水池爲後營，南有大河壩爲前營，中有兩河爲中營，以成犄角之勢，蓋於諸蠻所出没處扼其吭而守之也。其水池一帶則界老鷹山，大河壩一帶則界大凉山，雷坡、黄郎等處則界分水嶺，爲西陲障蔽。

泥溪驛。府東一里。又東六十里有羅東驛。又龍華驛，在府西百里。本名蠻彝驛，萬曆中改今名。志云：縣有悔泥溪、寧戎二巡司。

平彝長官司，府東南四十五里。元至正間置，明初因之，長官王氏世守其地。編户一里。

隆馬崖山，司西北二里。山形峻聳。又書樓山，在司東百二十里，以巖石層疊而名。

大紋溪。司治南。又司東十里有小紋溪。二溪俱出烏蒙府界流入境，水流洄漩，宛如羅紋，俱流注於馬湖江。向設羅東驛。又檜溪，在司東二里；又大龍渦，在司南二十里；流匯紋溪入馬湖江。

蠻夷長官司，府西百四十里。元至正間置，明初因之，長官文氏世守其地。編户二里。

大鹿山，司東南二十里。山谷深邃，多麞鹿。又小悍山，在司西北百里。山崖斗峻，水流急悍，因名。

馬湖江，司治南。自烏蒙府流入境，又東入屏山縣界。

什葛溪，司西二里，源出小悍山；又大鹿溪，在司東二十里，出大鹿山；二溪俱流入馬湖江。志云：司東二十里有水海，相傳舊有龍生海中，當即馬湖矣。

檜溪堡。在司南。志云：司境有四山、龍源、青岡、黄郎、麻坡等處諸蠻，與建昌烏蒙、沙罵連接，萬曆中設檜溪、烟溪等堡及龍源巡司以爲守備之禦。

沐川長官司。府西五百二十里。元至正中置，明初因之，長官悦氏世守其地。編户二里。

神木山，司西二十里。舊名黄種溪山，永樂四年伐楠木於此，一夕自移數里，因改今名而祀其山神。又南現山，在治南半里。山高峻，爲南境之望，永樂五年建神木祠於山上。又治北有彝都山，亦高聳。

青孤山，司東十里。山多林木，望之鬱然，突出羣山之上。又龍源山，在司西北六十里。山頂有潭，深不可測。

沐川，司北百里。源出彝都山，曲折流至嘉定州犍爲縣界入於蜀江，即沐源川矣。唐咸通十年南詔寇嶲州，既而分兵四出，掩至沐源川，尋渡江陷犍爲。乾符初高駢築沐源川城以扼蠻險，皆以此川爲名也。志云：川旁有峰崖竦立，如人新沐，故曰沐川。

芭蕉溪。司東四十里，源出隆馬山；又黄種溪，在司西二十里，源出神木山；下流皆入於馬湖江。志云：舊有蠻彝土官驛。

鎮雄軍民府，南至烏撒軍民府二百十里，西南至烏蒙軍民府二百四十里，北至叙州府珙縣界二百二十里，自府治至布政司一千五百八十里，至京師九千二百三十里。

禹貢梁州南裔，代爲蠻彝所居。宋時蠻名芒布部，志云：故名屈流大雄甸，其後烏蠻之裔阿統與其子芒布居此，因名芒布部。熙寧以後爲羈縻蠻地，尋置西南番部都大巡簡使於此。元至元中置芒布路，隸烏撒烏蒙宣慰司。明初改爲芒部府，屬雲南布政司。洪武十六年升爲芒部軍民府，改隸四川布政司，土官隴氏世守其地，廣袤五百六十里。嘉靖三年改爲鎮雄軍民府。編户一里。土彝考：「時土官隴慰嫡子壽繼職，庶子政弑壽竊據，官軍進討，事平改今名，設流官。七年蠻酋普奴等叛，尋以事宜改命壽子勝世襲本土，而流官復罷。」領長官司四。府今省。

府山川險扼，地勢崎嶇，控禦羣番，屏障内地。成化中程信言：「永寧抵江門、永寧北百里江門水驛是也。戎縣，今叙州府興文縣。川、貴、雲南水陸噤喉之會也，普市、芒布又川、貴、雲南肘腋腹背之所也。」

芒布城，府西南七里。志云：府舊無城，明洪武中潁川侯傅友德調指揮鄭祥駐兵芒布，因築土爲城。後班師還，城廢。今名舊土城。又今府治地名納冲，在舊府治西北七里。成化中舊治燬於火，因遷今治。舊治本洪武中所建也。

烏通山，府北五里。蠻語首曰烏，立曰通，謂此山巍然獨峙，如人翹首而特立。又綽紐山，在府東二十里。蠻語清氣曰綽紐，謂此山清氣鬱然可愛。○硌砌雄山，在府西百八十里。蠻語石曰硌，鹿曰砌，涼曰雄，謂此山之石類鹿而又高聳清涼也。又樂安山，在府北二百二十里。山有數峰，路徑曲折，乃芒布、敘州之界山。

白水江，府西北二百八十里。其上源曰八羌河，却佐溪、黄水溪、勿食料溪會流於此，北入敘州府界，合石門等江而注於大江。

納冲河，府東十里。源出烏通山麓，過府治東南流入苴斗河。又白烏河，在府東北二十里。源出白烏地界，南流入烏撒府境之七里關河。○苴斗河，在府南二十四里。其地有六丈山箐，河源出焉，經阿赫關合納冲河而入七星關河。又八羌河，在府西八十里。源出烏撒，下流入烏蒙界。又托諾河，在府西南二百五十里，流入烏蒙界。蠻語松曰托，砂石曰諾，以此河畔有松樹及砂石，故名。

却佐溪，府西百五十里。下流入白水江。又勿食料溪，在府北百八十里。源出樂安山，西流入白水江。又黄水溪，在府東北二百四十里。下流入勿食料溪。○沱泊溪，在府治西。源出山澗，下流入納冲河。志云：府北百八十里有鹽泉二，其水俱可以煮鹽。

阿赫關。府南二十五里，乃芒部、烏撒地界。洪武二十一年建，有官軍戍守。

懷德長官司，府西百五十里。本却佐砦，嘉靖三年撫臣王軏討平隴氏之亂，增置四長官司，懷德其一也。

威信長官司，在府南。本毋響寨，嘉靖三年改置是司。

歸化長官司，在府西南。本彝良寨，亦嘉靖三年改置。

安静長官司。在府西北。本落角寨，嘉靖三年改置。

烏蒙軍民府，東至烏撒軍民府界二十五里，西至建昌衛界四百九十里，南至東川軍民府界百五十里，東北至叙州府界六百三十里，自府治至布政司千三百里，至京師九千八百二里。

禹貢梁州荒裔，歷代爲蠻獠所據。後爲烏蒙部，志云：故名竇地甸，唐時烏蒙仲牟由之裔有阿統者始居此，其十一世孫烏蒙時强，因號烏蒙部。宋封阿杓爲烏蒙王，元初歸附。元至元間置烏蒙路，隸烏撒烏蒙等處宣慰司。明初改爲烏蒙府，以土酋阿普效順，使世其職，地東西廣五百十五里，南北袤七百六十里。洪武十六年改烏蒙軍民府，編户一里。隸四川布政司。府今省。

府下臨滇、黔，俯視巴、蜀，地高山險，圪然屏障，亦西南要地也。

烏蒙城，府東二十里。志云：府舊無城，元初遣兵戍守於此，因築土城，尋廢。洪武中土官阿普即元總管府舊址建立府治。又有小烏蒙，在府治北七十里。四圍皆山，中央平坦，蠻人畊種於此，號爲「傑紀」。

鐵鑪山，在府治東。山形如鑪。又我未山，在府東二十五里。有五峰横列，蠻語五爲我，横爲未也。○朴窩山，在府東南三十里。其山四望平坦，蠻語謂平坦爲朴窩云。

博特山，府東南五十里。有兩峰對峙，蠻語相對爲博特。又撒途山，在府東北八十里。其山懸崖陡峻，蠻語陡峻爲撒途。○涼山，在府西百里。高廣百餘里，絶頂頗平，風氣甚肅，蠻酋每夏於此避暑。府西百三十里又有雪山，其巔冬有積雪，春半方消。又界堆山，在府北六百三十里，與叙州府爲界。

金沙江，府西南二百九十里。其上流自會川衛界會瀘水流經東川府界，又東北入府境，復東北出經馬湖府爲馬湖江。元至正初雲南諸王禿堅等舉兵烏蒙，土官禄余應之，禿堅敗，禄余據金沙江自固，尋擊平之。今詳見大川瀘水。

撒由河，府西南十里。源出涼山之麓，北流與龍洞河合。○龍洞河，在府東北三十里。源出小山石洞中，灌溉田畝。俗謂石洞爲龍洞。志云：府北六百里有土獠蠻江，即撒由、龍洞二河下流也。兩山夾水五百餘里，中多巨石湍流，峻急如萬馬之奔，舟行灘石中甚險側，經三十餘灘而始出峽，至叙州府合於大江。

羅佐關。府北二百五十五里。下有羅佐橋。又索橋，在府西南百三十里，即金沙江渡處。

烏撒軍民府，東至貴州畢節衛界二百五十里，西至烏蒙軍民府百九十里，南至雲南霑益州界九十五里，北至鎮雄軍民府二百十里，自府治至布政司千八百五十里，至京師九千四百八十里。

禹貢梁州荒裔，代爲蠻獠所居。後爲烏撒部，志云：故名巴凡兀姑，後爲巴的甸，烏蠻居之。唐時烏蠻之裔烏些者居此，至阿蒙始得巴的甸。其東西又有芒布、阿晟二部，皆他酋所居。宋時烏些之後日析怒者始并其地，號烏撒部，元初歸附。元至元中置烏撒路招討司，尋改爲軍民總管府，又改軍民宣撫司，後升烏撒烏蒙等處宣慰司。明洪武十四年改爲烏撒府，隸雲南布政司，時大酋那者來歸，置府授之。今土官安氏其裔也。地廣四百四十里，袤二百五十里。十六年改烏撒軍民府，編户一里。隸四川布政司。府今省。

府介諸蠻之中，據高臨險，地形衝要。土彝考：「府有鹽池、銀礦之饒，其民習奸利，往往侵掠鄰境。」今自貴州畢節衛而西，凡二百六十里而至烏撒，由烏撒至雲南霑益州治不過二百四十里，烏撒驚而滇、黔俱不得安矣。天啓初其酋安效良者黨於水西，議者謂欲攻水西，先制烏撒，使滇兵出霑益遏其應援，而分屯天生橋、見下。尋甸雲南尋甸軍民府。等處以防其飛逸，然後可專意於水西。既而滇兵下烏撒，水西形援益孤。用兵於西南，府豈非必争之地哉？

烏撒城，今府治。洪武十四年傅友德平烏撒，築城甃以石。有門四。城周七里有奇。

大隱山，府東南三里。林巒高秀。又東山，在府城東。下有龍泉。府南九十里又有龍山，蜿蜒起伏，官路經其上。志云：府北二里有鳳嶺，一名瞭高山。山勢絶高，可以瞭遠。

翠屏山，府東北二十里。山巒秀拔。又烏門山，在府東北百四十里。兩崖相對如門。○千丈崖，在府西南七十里。下臨可渡河。又石洞，在府東南百七十里。有門可入，中容百人。一名華蓋洞。又有赤岡，在府東北五十里。

盤江，府西百五十里。出亂山中，流逕府南九十五里，謂之可渡河。明初傅友德征雲南，駐師於此。鄭旻曰：「今烏撒南八十里有普德歸驛，門對可渡河堧，河之南霑益境，河之北烏撒境也。詢之候吏，云河源在衛西百里，注壑而出，盤江實導流於此。今其上有可渡橋。」詳見貴州大川及川瀆異同。

七渡河，府西三十里。其水縈曲山谷間，人渡者凡七處。府西南百十里又有九十九渡水，南八十里又有桃花溪，皆流合於可渡河。○養馬川，在府東百四十里。蠻人牧馬於此，一名野馬川。又北海子，在府北二里。源出東山之龍泉，蠻人築二壩以積水，漸成陂澤，恃爲城隍。其環城東南而西者謂之南海子，廣袤百里，中可耕。又有龍潭灣，在府東南八里羣山中，其深莫測。元志云：「烏撒山崖險阨，襟帶二湖，羊腸小徑，十倍蜀道。」二湖，即南、北海子也。又烏撒之地多雨少晴，潦澤常溢，志謂其上值天井之宿。諺云：「烏撒天，常披氈，三日不雨是神仙。」皆實録也。

七星關，府東南百七十里。有七星山，置關其上。有七星關巡司，與貴州畢節衛接界。今詳見貴州重險。

老鴉關，府東三百里，入畢節衛界，有畢節官軍戍守。又石駝關，在府治東南。有石如駝，立關下，因名。志云：府西百里又有分水嶺關。○趙班鎮，在府西百里，有趙班巡司。府東南二百十里又有可渡河巡司。又黑章遞運所，在府東百十九里，與府治東之烏撒遞運所俱明初置。

在城驛，府東南十五里。志云：府西一里有烏撒驛，南一里爲烏撒站。又瓦甸站，在府東南六十里，又六十里爲黑章站，又六十里接畢節衛之周泥站。元至順初川兵擊雲南叛者，因進擊烏蒙酋禄余，分道自永寧青山並進，陳周泥驛是也。又普德歸站在府南九十里，會典作「昔德歸驛」。○儻唐驛，在府南百二十里。又霑益站，在府南百八十里，南至雲南霑益州六十里，滇、蜀通道也。

天生橋。府東北百里，石梁横截，拱架如橋，而府東八十里衆山中亦有橋曰天生橋，俱爲府境控扼之處。

附見

烏撒衛。在府治南。洪武十五年置，屬雲南都司，永樂十二年改隸貴州都司。

守禦七星關後千户所。在府東南。洪武二十一年置於七星關，屬烏撒衛，永樂十二年改隸貴州畢節衛。

東川軍民府，東至烏撒軍民府界百二十里，西至建昌行都司會川衛界二百五十里，南至雲南尋甸軍民府界百十里，北至烏蒙軍民府界百五十里，自府治至布政司千四百里，至京師九千七百九十里。

禹貢梁州南裔，代爲蠻獠所據。唐時屬於南詔，僞置東川郡，既而蠻復據其地，曰閟畔部。志云：故名東川甸，烏蠻仲牟由之裔閟彈得之，改曰那札那彝，屬於南詔蒙世隆，置東川郡。後烏蠻閟畔强盛，自號閟畔部。元初置萬户侯，至元中改閟畔部軍民總管，尋爲東川府，隸烏撒烏蒙等處宣慰司。明洪武十四年仍爲東川府，烏蠻禄設姑歸附，令世守其地。東西廣四百二十里，南北袤二百七十里。隸雲南布政司，十六年改爲軍民府，編户一里。隸四川布政司。府今省。

府山川環峙，道路險巇，介滇、黔之間，分川、貴之險，部族富强，甲於他種。

東川城，即府治。志云：府舊無城，洪武初建治於馬鞍山後，尋移治於萬額山南，伐木爲栅以衛府治云。

萬額山，府治北二里。其形上闊而下鋭，如猪首然。又府治東有石鼓山。山有大石如卧牛狀，叩之有聲，蠻人呼爲石鼓。又府治南有白婆山。山頂有泉，四時無盈縮。又有馬鞍山，在府西南十里。舊府治在其北。亦高廣。

絳雲弄山，府西南二百里，接雲南禄勸州界。一名烏蒙山，訛曰烏龍山，亦名雲屏山。高峻百里，有十二峰，北臨金沙江，南詔封爲東嶽者也。今詳見雲南。○七雄山，在府東北百二十里，石崖陡峻。又納雄山，在府西五十里，

金沙江，府西百五十里。其地有金沙渡，蠻人鑿大木爲槽以濟，即金沙江津口也。一名納彝江，又名黑水。自會川衛流入界，入濟慮部，又東北歷烏蒙府至馬湖府境而爲馬湖江。今詳見大川瀘水及雲南大川金沙江。

牛欄江，府東南百二十里。源出雲南故尋甸軍民府，至府北境而合於金沙江。江之下流江闊水急，彝人用篠索横江，貫以木筩，過者縛於筩上，用遊索往來相牽以渡，謂之索橋。今在府北百二十里。○壁谷川，在府西南一百三十里。源出尋甸界白澤河，西流入金沙江。

嘈齒化溪。府東南百里，西流至絳雲弄山北入金沙江。又府西南有麥則彝溪，源出南山澗中，西北流入託渠溪；又惠沙溪，在府東北百里，流入東川甸中匯而爲澤，亦流入託渠溪；俱注於金沙江。○海子，在府治南。長二十里。又龍泉，在府東。出石鼓山下，有溉田之利。府西南三十里又有湯池，自石竇中出，熱如沸湯。

永寧宣撫司，東至遵義府界二百五十里，西至瀘州江安縣界百五十里，南至鎮雄府界四百里，北至瀘州合江縣界百六十里，自司治至布政司千八百里，至京師八千七百八十里。

禹貢梁州南境，秦爲蜀郡地，漢爲犍爲郡地，晉以後没於蠻。唐爲羈縻藺州，志云：元和初

置，宋乾德二年廢。今唐志不載。宋爲瀘州南境。志云：宋爲江安、合江二縣地。元置永寧路，領筠連州及騰川縣。志云宋置，誤也。尋改軍民宣撫司，明玉珍時增置永寧鎮邊都元帥府，而宣撫司如故。明初改爲永寧長官司，酋長禄照歸附，因置司授之，俾世守其地。廣四百五十里，袤五百六十里。洪武八年仍升宣撫司，編户七里。隸四川布政司，領長官司二。今設永寧營。

司山川峻險，水陸交通。唐天寶中由東路伐南詔，起瀘州，泝永寧，走赤水，達曲靖，此即今日自川入滇之道矣。元置郵傳而道益通利。天啓二年土酋奢崇明作亂，襲據重慶，又陷遵義、瀘州諸處，勢甚張，官軍四集，乃克平之。既而水西安邦彦作亂，官軍討之未克。督臣閔夢得言：「貴州抵大方路險，賊惟恃畢節一路，外通用兵，宜從永寧始。自永寧而普市，而摩泥，而赤水，百五十里皆坦途。赤水有城郭可憑而守，宜結營於此，漸進漸逼。四十里爲白巖，六十里爲層臺，又六十里爲畢節。畢節至大方不及六十里，賊必并力來禦，須以重兵扼之，斷其四走之路，然後遵義、貴陽克期並進，賊可平也。」既而朱燮元代督五省之兵五省，川、湖、雲、貴、廣西也。進討水西，扼各路要害。賊以鋭師趨永寧，先犯赤水，燮元使永寧將誘賊深入，而以他道兵擣其虚，賊遂潰壞。蓋永寧北接叙、瀘，南通雲、貴，界壤相錯，咽喉所繫也。

廢藺州，司東百八十里。志云：唐置州於此。其旁有地名唐朝壩。元置永寧路，在今治西八十里，所謂馬口崖鎮。

其北魚漕溪横其南者也。尋又遷界首，在今治西。明洪武四年築永寧衛城，十五年土官禄照誉司治於蠻彝千户所故址。舊城有門七，周八里有奇。

米利城，司北八十里。志云：其地有大田，饒米穀，無水旱憂，蓋昔時蠻所置城也。

海漫山，司城北。志云：山延袤八十餘里，如海水之汗漫。又青龍山，在司南二里，以山形環繞而名。司治西南又有西珠山，以山形圓潤而名也。又有土保山，在司治南，相傳蠻人土保者昔居於此。○紅崖山，在司東北十里。山高聳，多赤石，爲西面之勝。志云：司西北五十里有烏降山，秀拔霄漢，林木蓊鬱。又西北六十里爲匹絹山，以山頂飛瀑下垂如匹絹也。

獅子山，在司東南。天啓初永寧逋賊奢崇明借兵水西，安邦彦遣兵過赤水河到獅子山，山蓋在赤水河北也。

青山，在司西南。亦曰青山崖。元至順初雲南諸王秃堅等作亂，烏蒙酋禄余附之，四川軍進擊，一自永寧，一自青山而進是也。明天啓初奢崇明據永寧爲亂，撫臣朱燮元討之，陽列營於納溪，而潛自長寧會兵進討。首攻麻塘坎、觀音菴、青山崖、天蓬洞等處，乘霧奪險而入，敗崇明之子奢寅於土地坎，追至老君營、凉繖舖，盡燒賊營。復敗賊於横山、八甲、青崗坪等處，直抵城下，一鼓拔之。麻塘坎諸處，蓋皆賊據險立營備官軍西入處也。箐口嶺，在司東六十里。有箐口關。又馬口崖，在司西南。華崖，在司西百六十里。又西二十里爲梅子坎。

永寧河，在司城西南。亦曰水東河，亦曰界首河。源出落郎連山澗中，蓋司東南蠻境也。有三源，北流經司南合爲一，復繞流而東北，至江門峽入瀘州納溪縣界，又北入於川江。明洪武二十四年景川侯曹震開通川、貴河道，謂水之險惡者莫甚於永寧，其灘一百九十有五處，至險有名者八十二，即此水也。志云：司南十里有甘溪，西北五十五里有銅鼓溪，皆流入永寧河。

赤水河，司東南百里。源出鎮雄府界水腦洞，流逕赤水衛，又東北合於永寧江。明初郭英等出永寧，敗賊於赤水河是也。天啓初永寧賊借兵水西，水西將曾仲英駐兵赤水河，謀分兵一自鎮雄而東乘永寧之後，一自普市而北攻永寧之前，即此。

羅付大河，在司東，接遵義府界。其下流東南出，入於烏江。天啓初奢崇明及其子寅作亂，官軍克遵義，追敗奢寅於羅付大河口是也。又有陶公灘，在司東南，或曰即羅付大河所經。天啓初永寧賊黨符國禎營於司東之三呰，官軍自遵義擊之，分軍進陶公灘以牽賊，而以精兵夜經三寨抵賊巢，爲賊所敗。○芝蔴塘，在司東南。天啓三年水西賊安邦彥及永寧逋賊奢崇明窺遵義及永寧，官兵合長、納兩路擊之，敗賊於芝蔴塘，賊從青山遁去。

天生池，司西北六十里。四面山繞，水積於中，不假穿鑿，故名。又靈湫泉，在司西五十里。有山洞，深二丈許，泉出其中，四時不竭。

魚涪關，司東三里。洪武四年建，有兵戍守。又箐口關，在司東箐口嶺上。○鎮遠關，在司西。又司西三十里有青岡關，又西二十里至貴州普安所之猫兒關。又梯口關在司北九十里，大關坎口關在司北百里。又三塊石關在司西北六十里。西北百里又有江門關，即江門水驛也，道出瀘州納谿縣。又雪山關，在司南百二十里。又界首茶課司，在城西北二里。洪武二年建。

永寧驛。司城北。又西北烏降山下有永安水驛，又北五十里即江門水驛。又三十五里爲峽口水驛，所謂江門峽也。或謂之石夾口。永樂中少監謝安採木於此，二十年乃還。會典：「司有永寧土官驛丞，又有赤水、普市、摩泥、阿永、永安五驛。」

九姓長官司，宣撫司西南百二十里。元初立彝民羅氏黨九人爲總把，至元初改爲九姓黨蠻彝長官司，明洪武四年改置是司。編户五里。

通江溪，司南十五里。源出貴州界，流入境，東北出會於江門峽。一名落卜姑溪。又魚槽溪，在司東五十里馬口崖下，西北流會於通江溪。

金鵝池。司西南五十里。成化三年都掌蠻爲亂，議者欲分兵三路，南路從金鵝池進攻大壩，中路從戎縣進攻箐前，北路從高縣進攻都掌是也。既而督臣程信分遣别將羅秉忠等由金鵝池進擣都掌云。

太平長官司。宣撫司西南二百五十里，地名大壩。北連都掌，南迫芒布，西接烏蒙，東抵永寧，延袤二百餘里。元置大壩軍民府授土酋得蘭紅等，明初廢。後諸彝附於都掌，屢爲寇亂。成化初議於都掌、箐前、大壩三處設三長官司，不果。四年討都掌彝克之，改大壩爲太平川，設太平長官司。編户二里。

附見

永寧衛。司治西南。洪武四年建，屬貴州都司。又赤水衛在司東南百四十里，普市守禦千户所在九姓長官司東百二十里，俱屬貴州都司。今見貴州。

黎州守禦千户所，東北至雅州二百四十里，南至四川行都司越巂衛二百六十里，西至雜道長官司百五十里，北至雅州榮經縣百三十里，自所治至布政司六百九十里，〔四〕至京師一萬一千一百四十里。

古西南夷筰都地，史記：「秦惠文王後十四年，蜀相壯殺蜀侯，并丹、犂二國來降秦。」又武王元年伐丹、犂，孔氏曰：「丹、犂二戎，在姚府管内，唐初置丹州、犂州。」或曰俱在黎州境内。漢武帝元鼎六年定西南夷，以爲沉黎郡，天漢四年并入蜀郡。時置兩部都尉：一治旄牛，主外羌；一治青衣，主漢民。並隸蜀郡。後漢延光初改屬蜀郡屬國都尉，三國時屬漢嘉郡。晉初因之，永嘉以後李雄據蜀，析置沉黎郡。永平中蜀平，郡廢，尋復置。宋、齊因之。齊志作「沉黎獠郡」，荒塞，無縣邑户口。後周置黎州，尋廢。隋初屬邛州，仁壽末置登州於此，大業初州廢，屬臨邛郡。唐武德初屬雅州，尋復置登州，九年州廢，還屬雅州。貞觀二年改屬巂州。大足二年析巂、雅二州地置黎州，神龍三年州廢，開元四年復置。亦爲下都督府，督羈縻二十三州，後增至二十四州。天寶初曰洪源郡，時又置洪源軍於城内。志云：尋又改漢源郡。今唐史不載。乾元初復故。宋仍曰黎州。亦曰漢源郡，所領羈縻州並如唐舊。元因之，屬吐蕃等處宣慰司。明洪武八年以州治漢源縣省入，改爲黎州長官司，十一年升安撫司，土酋馬氏世守其地。廣二百十里，袤百十里。屬四川布政司。萬曆二十四年降爲千户所，土彝考：「萬曆十九年黎州世襲安撫副使馬祥卒，無後，部族作亂，參將吴文傑勦平之。二十四年改爲黎州土千户所，仍擇馬氏後世其職。」直隸四川都司。今置黎州守禦所。

所南控六詔，西接吐蕃，憑深據險，爲蜀西門。李吉甫曰：「黎州之地，鬪沫、若而徼牂牁，居越巂、邛、蜀之中，最爲衝要。」樊柔直曰：「全蜀五十餘州，恃爲襟喉者，沉黎其最也。」

漢源廢縣，今所治。故沉黎地。志云：沉黎故城在所南四十餘里，本筰都國。茂陵書：「沉黎郡治筰都。」是也。郡旋廢，以其地屬旄牛縣。後漢因之。晉永嘉中李雄復置沉黎郡，永和中郡廢，尋復置。宋沉黎郡治城陽縣，蕭齊以後縣廢。後周置沉黎縣爲黎州治，既而州縣俱廢。隋開皇初復置沉黎縣，仁壽末爲登州治，大業初州廢，縣屬臨邛郡。唐初省沉黎入漢源縣，屬雅州，尋爲登州治。武德九年還屬雅州，貞觀二年改屬巂州，永徽五年復屬雅州。大足元年置黎州，治漢源縣。神龍三年州廢，縣屬雅州。開元三年復爲黎州治。宋、元因之，明初省。元和志：「古黎州城在大渡河外，自唐以來徙治大渡河內，而水源在城外。韋皋始築今城，東西南三面臨絶澗，惟北面稍平。地多井泉，與諸城鎮戍烽火相通，爲西南之險要。」今所治西北隅大渡河千戸所城，即韋皋所築土城也。明初因故址修築，甃以磚石。既而土安撫司馬芍德復營築司城，今亦謂之沉黎城。周二里有奇。

黎州城，志云：在所東北聖鐘山下。唐大足初置黎州於此，貞元中始移今治。又漢源故城，志云：在所南三十里。隋大業初置漢源縣，屬臨邛郡，唐徙治於黎州郭內，而以故縣爲漢源鎮。

旄牛城，在所南。漢縣，初屬沉黎郡，後屬蜀郡。范曄曰：「天漢四年省沉黎郡屬蜀郡，爲西部立兩都尉，一居旄牛，主徼外彝。」是也。後漢因之，延光初改屬蜀郡屬國。二年旄牛彝反，益州刺史張喬討平之，後漸荒廢。三國蜀張嶷傳曰：「越嶲郡舊有道徑旄牛彝中，至成都既平且近。自旄牛道絶已百餘年，延熙中嶷厚賂其帥狼路，開通舊道，奏封狼路爲旄牛畇毘王。」晉屬漢嘉郡，宋屬沉黎郡，蕭齊後廢。華陽國志曰：「旄，地名，在邛崍山表。」水經注曰：「漢沉黎郡以蜀郡西部置，治旄牛道。」名勝志曰：「通望郡有古旄牛城，俗呼爲牛頭城。」又旄牛縣有鮮水，出徼外。

通望城，所東南九十里。漢旄牛縣地。新唐書云：「臺登縣地也，武德元年析置陽山縣，屬雅州，旋屬登州。州廢，還屬雅州。貞觀二年改屬嶲州，大足初割屬黎州，神龍二年還屬嶲州，開元中復來屬。天寶初改曰通望縣。」宋初仍屬黎州，慶曆二年省入漢源縣。寰宇記：「陽山縣，隋大業二年置，唐曰通望，在大渡河北十五里。」○飛越廢縣，在所西北七十里。唐儀鳳三年分漢源縣地於飛越水置縣，屬雅州，大足初屬黎州，神龍三年還屬雅州，開元中復來屬。宋初因之，尋省。志云：飛越城西又有飛越山，山下有唐時所築之三碉城，後訛爲三交城。

大渡城，所北百里。唐儀鳳二年置大渡縣，屬雅州，大足初改屬黎州，明年省入飛越縣。乾符二年高駢帥西川，築大渡城列險戍守以拒吐蕃，或以爲即此城也。宋爲大渡鎮，屬漢源縣。後廢。志云：司北十五里有王建城，地名木瓜園，蜀王建時築，後人因以名城。

瑠璃城，在所南境，大渡河南。唐大和五年李德裕築，以蠻界琉璃溪爲名。志云：琉璃溪在司西南四百里，接蠻羌界。又潘倉城，在司東，亦唐大和中築。五代梁乾化四年南詔寇黎州，蜀將王宗範等擊之，出邛崍關，敗南詔兵於潘倉嶂，又敗之於山口城，又破其武侯嶺十三砦，又敗之於大渡河。路振九國志：「潘倉在邛崍關南，山口城又在潘倉南，武侯嶺即武侯城旁之山矣。」

武侯城，在所東南。相傳諸葛武侯築，濠塹故壘存焉。唐大和中李德裕復增築之，爲戍守處。紀勝云：「武侯城在舊黎州城外三里。」又有武侯戰場，今爲安靖寨。○銅山城，在所東百八十里。又定番城，在所東南二百二十里。唐韋皋所築。貞元四年吐蕃分兵寇銅山，五年皋遣將劉彰彩出銅山道，吴鳴鶴出清溪關道，鄧英俊出定蕃柵道，逼臺登城，與蕃部兩林王苴那時大破吐蕃青海、蠟城二節度軍於北谷，進拔於葱栅。北谷，即臺登北谷也。見行都司。

仗義城，所南九十里。唐李德裕築此以制大渡、清溪之險。又有大定城，在大渡河南。唐志：「自清溪關南逕大定城，一百一十里而至臺登也。」○要衝城，舊志云：在所南百里，臨大渡河。唐貞元中韋皋所築，俗呼炒米寨，亦曰炒米城。或曰今在越嶲衛西三十里，恐悮。新唐書：「黎州有定番、飛越、和孤三鎮兵，又有武侯、廓清、銅山、肅寧、大定、要衝、潘倉、三碉、仗義、琉璃、和孤十一城，皆大和五年李德裕修築以奪蠻險之處。」

廢葉州，在所西南。黎州所領羈縻州也。唐武后長壽元年遣張元遇迎吐蕃降酋曷蘇等於大渡水西，曷蘇事覺爲吐蕃所擒，其別部酋昝插率羌蠻内附，元遇即其部置葉州授之，仍於大渡西山勒石紀功是也。尋改爲米川州。

邛崍山，所北五里。邛人入蜀必度此山，故名。亦名邛筰山，蓋山接榮經縣界矣。其道至險，有長嶺、弄棟、八渡之難，楊母閣路之峻。楊母閣者，楊氏婦始造閣其上也。又登高山，在所西五里。峰巒高聳，俯瞰城中通衢，官舍民居，一一可數。上有一小阜，曰望州坡。○聖鐘山，在所東北五里。昔嘗掘地得鐘，因名。舊黎州城在其下。或曰山近武侯城，一名武侯山。

大田山，所西南三十里。下有大井水田。萬曆二十四年改立黎州土千户所於司南大田壩，壩蓋在山之東麓。又寶蓋山，在所東南二十里。山形如蓋，俗名凉繖山。又司南三十里有盤陀山，以山勢盤回而名。○試劍山，在所南八十里。嶄然高聳，上列三峰，中峰又析爲二，狀如劍削。又避瘴山，在所南九十里，近大渡河。山側有二峒，一空闊高燥，一有水出其中，土人名爲乾濕洞。夏秋之交境多嵐瘴，飛鳶羣集其中，至立冬前後瘴已乃飛去。土人避瘴於此，出入每以鳶爲候。又通望山，在大渡河南三十里。與衆山相連，入嶲州界。唐以此山名縣。

冲天山，所東八十里。險絶無路，僅通樵採。古碑云「沉黎界上，山林參天，嵐霧晦日」，謂此山也。又和尚山，在所東百里。山峰矗立，盤紆十餘曲方至其巔。其相接者曰獅子山，亦高聳。○朝陽山，在所北百里。志云：隋、唐時嘗置朝陽縣於山下，城址猶存。今正史不載。又飛水山，在所東北二百五十里。與榮經縣接界，險惡不通人跡。

飛越山，所西北百餘里。山高險，兩面與羌、戎接界，爲沉黎西境之要害。唐飛越縣以此名。又畫崖山，在所西北二百五十里。山勢險峻，不通人跡，山外即生蕃界。○笋筤山，在所西北五十餘里曰前筤，又行數十里曰後筤。山多笋，又多林木，樵蘇者以爲衣食之源，號曰「錢筤」。宋紹興間嘗立筤租以贍學，歲收緡錢八十千。又白崖山，在所西北二十里。山險峻，有風穴，亦名風穴山。山北有仙人洞，稱幽勝。又雅山隼，郡國志云：「在漢源縣，即離山隼也。秦時蜀守李冰所鑿。」離，古雅字，雅州之名蓋取於此。

大渡河，所南九十里。源出徼外，經雅州蘆山縣北而入州境，自州西折而東南入建昌行都司界。寰宇記：「大渡河自吐蕃經雅州諸部落，至黎州東而入通望縣界，爲黎州南邊要害。」九國志：「黎州三面阻大渡河，南至大渡河百里，東南百二十里，西南二百里是也。」詳見前大川。

漢水，所南二十里。一名流沙河，源出飛越山。寰宇記：「漢水在漢源縣西北二十里，從和孤鎮山谷中逕飛越縣界，至通望縣合大渡河。不通舟舡，每至春冬，有瘴氣中人爲瘧。」又羅目溪，在通望縣北。其水流逕山谷中，入嘉定州峨眉縣界。

兩澗水，在所西。志云：所東西各有澗，至登高山下合爲一，漢源之田仰此以灌溉。○渥洼池，在蠻部，中產良馬。其前後之田皆膏腴也。

清溪關，在所南大渡河外。唐時爲控禦南蠻之重地。或云即清溪鎮也，唐末僑置寧州於此，去黔州二十九日行。洪源志：「關去嶲州七百二十里。」似悞。詳見前重險。

黑崖關，所西二十里。洪武十六年置。志云：司西一路爲黑崖關所轄，有黎州上七枝等蠻；又一路自椒子岡、冷磧寨直抵長河，則爲大西天，烏思藏進貢路。諸關堡皆大渡河官軍戍守。其間東西峻嶺，中流一河，有大壩、筒車等五姓蠻結茅以居，貿販茶利，資爲捷徑，賦税未嘗敢後也。

松坪寨，司東南百八十里，安撫土舍馬氏所居也。九州志：「黎州石樓之地多長松，不生雜木，即松坪寨矣。自炒米城抵松坪寨，連接峨眉縣，凡三百六十里，皆高山峻坂，密樹深箐。熟彝下七枝名曰落凶，曰吽哄，曰沙置，曰俺立，曰母姑，曰阿輝，曰他他，皆隸松坪馬氏。」

安靖寨，在所西。相傳即諸葛武侯戰場也，亦曰安靜砦。相傳又有白水寨及大、小壩等寨，俱宋置。乾道九年青羌、吐蕃奴兒結等侵掠安靖寨，至大、小壩。淳熙二年白水寨將王文才復誘之盜邊，州守陸柬之誅文才而禍熄是也。○砂坪砦，在所東南，接峨眉、犍爲之界，苗寨也。宋乾道中砂坪番高志良爲亂，犯雅州碉門。明嘉靖末木瓜番作亂，出砂坪，嘉定峨眉、犍爲皆震擾，即此。

鐧金堡，在司西。唐書「黎、邛二州西百里有三王蠻，謂之淺蠻」，蓋筰都彝白馬氏之遺種，有楊、劉、郝三姓，爲雄長稱王，部落疊甃而居，號曰「鐧金」。後又有趙、王二族，共爲五部，皆去黎州百餘里，限以飛越嶺。其居疊石爲鐧，積糗糧器甲於其上。朱粱乾化五年，蜀王建以楊、劉、郝三王潛通南詔，爲詗導，斬之，毁鐧金堡，自是南詔不敢犯邊。史炤曰：「鐧，大也，多也，音丁幺反。」胡氏曰：「黎、雅西南皆大山長谷，所在深遠，蠻居其中。劉、郝、楊三王部落居皆近漢界，謂之『淺蠻』。」○消瘴堡，在司南，與避瘴山相近。志云：司南抵大渡河舊有文武、消瘴、香樹、黑石、流沙等堡，爲戍守處。

沉黎驛，所治北二里。明初置。志云：所南百四十里舊有河南驛，又南百二十里有鎮西驛，入建昌越嶲衛界。又大渡河巡司，在所南九十里。

鬻馬場。在司南。亦名買馬務。舊又有茶馬務。唐時劍南則市馬於文、黎、珍、叙等州，號川馬。王建亦於汶、黎、雅、茂等州市湖馬。宋韓億知益州，移永康鬻馬場於黎州，以灌、茂地接西川番部，歲來互市，覘我虛實也。今市馬者多由成都中江縣轉販入黎、雅云。又宋志：「有博易務，在廢飛越縣。」

大渡河守禦千户所。在黎州所治西北隅。洪武十五年建。今亦置大渡河守禦所。

天全六番招討使司。東至雅州界百里，南至雅州滎經縣界六十里，西至西番長河西宣慰司界一百四十里，北至董卜韓胡宣慰司界百五十里，自司治至布政司五百五十里，至京師一萬一千二百九十里。

古西南夷地，漢屬蜀郡西部，梁、陳時爲蠻獠所據。唐、宋時皆爲羈縻之域，隷於雅州。元置碉門魚通黎雅長河西寧遠等處宣撫司，〔五〕屬吐蕃等處宣慰司，後改六番招討司，一云初名六安，後改六番。又分置天全招討司。明初合爲天全六番招討使司，土酋高國英來歸，世守其地。廣一百九十里，袤二百十里。所轄部落曰馬村、蘇村、金村、楊村、隴東村、西碉村，是爲六番也。隷四川都司。

司襟帶黎、雅，控扼蠻獠，爲西蜀之屏蔽，通南詔之噤喉。雅州向以三路爲要害，此所云始陽路也。勝覽云：「司爲魏始陽縣地。」

天全城，今司治。漢徙縣，西魏始陽縣地。元分六番置天全招討司，明洪武初并二司爲一。尋甃石爲城，有四門，周四里。

禁山，司西二里。兩崖對峙，高峻險絶，中有飛流，四時不竭，古謂之禁門關。又龍頭山在司北二里，又北二里爲雲頂山，皆峭聳。○泥山，在司東三里。四時積雨，山多泥濘。一名梅嶺，以嘗有梅生其上也。又有金鳳山，在司東北二里。山形聳峙，因名。

多功山，司東五十里。昔禹鑿此山以通峽水，用功甚多，故名。又女城山，在司東百四十里。相傳宋、元間楊招討家女將守此，壘石爲城，遺址尚存。又東七十里有鎮西山，志云：三國漢時姜維曾駐師於此也。又臥龍山，在司東二十里，相傳孔明南征嘗屯軍於此。○旃纛山，在司東南二十里，狀若旌旃。又東南六十里有玄空山，卓立天半，清雅絶倫。

玉堡山，司南五里。亦曰玉壘山，以積雪如玉也。其相近者又有白崖山，矗立如雪，亦名雪山。圖經：「自長河西至董卜砦二百餘里，皆遶雪山而行。」雪山垂盡有山曰大鐵圍山，蓋西境高寒，山常積雪，故多以雪山爲名。

和水，司南四十里。勝覽云：「源出蠻界羈縻羅岩州是也，東流經司境，又東入雅州界合於平羌江。」○硫黄溪，在司東三十里。溪水作硫黄氣，浸灌瘠田，禾苗特盛。

禁門關，司治西禁山下，又紫石關在司西百里，仙人關在司西六十里，俱雅州千户所官兵戍守。

碉門砦，在司東。與雅州接界，有守禦千户所。洪武中百户盛茂壘石爲城，險固可守，屬雅州千户。又西有柘木場，亦要口也。明初重茶市，洪武五年命左都督徐增壽曰：「碉門拒河西口，道路狹隘，跋涉艱難，市馬數少，聞自碉門出柘木場徑抵長河西口，通雜道長官司，道路平坦，爾宜檄所司開拓，以便往來。」是也。餘詳見雅州榮經縣。○冷磧砦，在司西南。志云：司有冷磧等十八寨，爲三十三種番人出入之路。

劍山屯。在司西南。唐貞元中韋皐分兵侵擾吐蕃，攻下羊溪等三城，取劍山屯。既而吐蕃大發兵欲出西山、劍山，收巂州以絶南詔是也。○安橋，在司西三十五里。以竹索爲之，路通番界，亦曰龍安橋。又太平驛，在司治西。明永樂八年設。

松潘衛。東南至龍安府三百三十里，南至疊溪所一百八十里，北至陝西洮州衛界八百六十里，西至吐蕃草地界四百八十里，自司治至布政司七百六十里，至京師一萬一千四百七十里。

古氏、羌地，秦、漢時亦爲羌、戎地。劉昫曰：「松州歷代生羌之地，漢時招慰之，置護羌校尉，別無州縣。後魏時白水羌像舒活據此地。」後周置龍涸郡，兼置扶州。治嘉城縣。後周本紀：「天和元年吐谷渾龍涸王莫昌率部落内附，以其地爲扶州。」是也。隋郡廢州存，隋志：「後周置扶州總管府，開皇初府廢，三年郡廢，七年改鄧州曰扶州，而嘉誠之扶州廢。」鄧州見陝西文縣。大業初屬同昌、汶山二郡。唐武德初置松州，貞觀二年置都督府，督羈縻二十五州。其後多至百有四州，皆生羌部落，或臣或否，無縣邑户口。天寶初曰交川郡，乾元初復爲松州，廣德初陷於吐蕃。宋仍爲吐蕃地，元時内附，屬吐蕃等處宣慰司。明洪武十一年置松州、潘州二衛，尋并爲松潘衛。二十年改松潘等處軍民指揮使司，有左、右、中、前四千户所，俱在治内。編户二十五里。隸四川都司。嘉靖四十二年改松潘衛。領千户所一，長官司十七，安撫司四。今因之。

衛控制番、戎，山川險峻，川蜀之襟帶，而亦闗、隴之藩籬也。形勝志：「衛東連龍安，南接威、茂，西盡吐蕃，西北則與洮、岷連壤，直接虜界，蓋四面皆險也。」説者謂：松潘爲西陲重地，深入番境，東南兩路，僅通一線，故置闗設堡，綢繆聯絡，爲慮切焉。然自宣德以後，患多在蠻族；萬曆二十四年以來，患又在北部矣。說者又謂：松潘，蜀西之門户也，漳臘又松潘之咽喉也。高屯堡居漳、松之間，爲適中要地，宜添設戍守，以犄角漳臘，屏衛松潘，然勢且日蹙矣。夫松潘舊界廣六百七十里，袤千六十里，今乃亟亟於三十里之漳臘乎？噫，無具甚矣。

邊略云：「松、茂之俗，大抵相似。自松達茂，不三百里，路循江岸，彝碉碁布山岩，如蜂房然。明初以戎俗尚異端，故於松潘復立番僧二人爲國師，曰商巴，曰綽領；二人爲禪師，曰黎巴，曰完卜。商巴事道，黎巴事佛，皆受銀印，分建寺觀於諸寨落，化導番族。宣德二年漸倡誘其屬攻圍城堡，遣兵攻勦不克。三年復征之，猶弗靖。八年益調兵進討。十三年撫臣寇深議伐之，景泰二年復議討之，患稍息。天順五年復熾，入龍州、石泉等處。成化十一年勢益張，十三年撫臣張瓚督官兵攻滅掇坪、懦弱、白羊嶺、鵓飲溪、大白、飲馬地、通林等二十一砦，又攻破木瓜、竹頭坪等砦，於是商巴等二十六族降。十四年僉事林壁進攻黄頭、復水諸砦，别將復攻西坡、禪宛等寨。又分兵爲五哨：一從靖彝崗，一從擂鼓坪，合攻西坡；一從回子嘴，一從蕎壩，合攻列四柯；一直攻雙橋兒寨。又分精兵：一從牛尾巴山口，一從雙橋兒山嶺，進攻樹底砦；一從麻荅山口，一從山嶺，進攻麻荅砦；一從永鎮堡山崗，一從禪定山口，進攻禪定砦；一攻乞撒寨；前後殺獲甚衆。會裨將謝琳等窮追牛尾巴山賊被殺，我軍奪氣，蠻亦困憊，乃輸款。弘治中蠻復縱，官軍失陷，南路梗阻。正德二年官兵又殺其綽領等國師，雪郎、三出諸番怨恨。嗣後本寺、小宛卜等屢屢圍殺官軍，松城之外不敢晝牧。十一年别將張傑等整兵擊賊，賊稍斂。嘉靖初烏都、鵓鴿、鵓兒、雞公、刁農五砦番蠻，糾合黑虎等寨八百餘番，攻圍長安等堡，阻絶南路，勢甚猖獗。十二年撫臣朱廷立等調官兵協勦烏都等十一砦，次第皆平，又屠遮花砦，於是黑虎等寨亦送款，自是寇患稍息。萬曆初河東羌爲亂，十四年討降之。時河西恃長江之阻，頗逆我文告，至是亦震讋請命。」王廷相曰：「松、茂諸番居止皆依山險，壘石爲室，高者十餘丈，謂之碉房。天氣多寒，土地岡鹵，不生穀粟麻菽。番性勇戇嗜利，往往侵奪內地，使民失業。涖茲土者，非以德懷之，以計困之，患未易弭也。」

嘉誠廢縣，今衛治。三國漢時爲平康縣地，屬汶山郡。晉因之，後沒於羌，尋爲吐谷渾所據。後周天和初得其地，置嘉誠縣，龍涸郡及扶州治焉。隋仍曰嘉誠縣，屬扶州，大業初屬汶山郡。唐武德初改置松州治焉，廣德以後廢於吐蕃。劉昫曰：「嘉誠本生羌地，後魏時白水羌舒彭遣使朝貢，乃拜龍驤將軍、甘松縣子，始置甘松縣。魏亂而絕。後周復招慰之，於此置龍涸防，天和六年改置扶州。隋改甘松爲嘉誠縣。」或曰劉昫悞也，甘松蓋在陝西岷州境。城邑考：「今衛城明洪武十七年築，即隋、唐嘉誠縣地也，甃石爲城，有濠環之。門五，城周七里有奇。」

龍鵠城，在衛東。志云：龍涸本名龍鵠。後魏太和九年宕昌王梁彌博爲吐谷渾所逼，奔仇池。仇池鎮將穆亮帥騎三萬軍於龍鵠，擊走吐谷渾，改立梁彌承而還。後周龍涸防蓋置於此。杜佑曰：「龍涸城爲吐谷渾之南界，去成都千餘里。」是也。宕昌，見陝西岷州衛。仇池，見陝西成縣。

平康廢縣，在衛西南。蜀漢時置平康縣，屬汶山郡。延熙九年汶山平康彝反，姜維討平之是也。晉仍爲平康縣，亦屬汶山郡，後廢。後周復置，隋因之，屬會州，尋屬汶山郡。唐初廢，垂拱元年復置平康縣，屬當州。天寶初改屬松州，後廢。○交川廢縣，在衛南。本嘉誠縣地，隋開皇初析置交川縣，屬會州，尋屬汶山郡，隋志：「縣有關官。」是也。唐仍爲交川縣，屬松州。後廢。寰宇記云：「交川縣亦後周天和中置。」悞。

廢潘州，志云：故潘州在衛北七百五十里。漢武逐諸羌渡河、湟居塞外，築此城置護羌校尉禦之。唐廣德初松州以北皆陷於吐蕃。宋崇寧三年秦鳳招納司言：「階州生番納土，得邦、潘、疊三州。」潘州蓋屬吐蕃首領潘羅支，故名。又分潘州爲上下中三州，元屬吐蕃宣慰司。明初本設松州、潘州二衛，後并爲松潘衛。今阿失寨蓋上潘州也，班班簇即下潘州地也，中潘州界其間。其地愈北山愈平，舊漳臘之設在下潘州。邊略：「中潘州去衛二百五十里而遠。」

廢崌州，在衛西北。唐貞觀中党項部細封、拓跋等氏相繼來降，以其地置崌、奉、岩、遠等州。又軌州亦在衛西境，貞觀三年置。唐史：「党項，漢西羌別種，魏、晉後微甚，周滅宕昌鄧至，而党項始强。其地古析支也，東距松州，西距葉護，南春桑、迷桑等羌，北吐谷渾，山谷崎嶇，亘三千里，姓別爲部，太宗置松州都督府，督羈縻崌、懿、麟、雅等二十五州是也。」○廢麟州，在衛西，唐貞觀五年置以處生羌；又廢劍州，唐永徽五年羌酋凍就内附，以其地置劍州；俱屬松州都督府。

廢霸州，衛西南二百五十里。唐貞觀中置。十二年霸州山獠反，殺其刺史向邵陵，州廢。儀鳳初復置，屬松州都督府，尋復廢。天寶初招附生羌，置静戎郡，治信安縣，乾元初改爲霸州。貞元中劍南節度使韋皐招納降蠻，處之於維、保、霸等州是也。又廢柘州，亦在衛西南。通典：「柘州東至静州三十里，南至維州三百里，本生羌地，顯慶元年置，天寶初改爲蓬山郡，領柘縣及喬珠二縣。」又有廢拱州，顯慶中以生羌鉢南伏浪恐部置，與柘州俱屬松州都督府。静州，見疊溪所。○廢闊州，在衛西境，相近者又有廢諾州，俱唐貞觀五年置，以處党項及降羌，屬松州都督府。十二年吐蕃破党項、白蘭諸羌，屯松州西境，尋進攻西州，敗州兵，闊州、諾州二部遂叛歸吐蕃，尋復内屬。

雪欄山，衛東三十里。山勢蟠蜒，四時積雪，其色如銀，俗呼寶頂山，亦名雪嶺。巉崖路險，有雲欄關。又風洞山，在衛東五十里。山高險，行數里始至其巔。上有風洞，深不可測。志云：洞多惡風，每午輒大作，作則灰沙蔽天，人馬俱辟易，寒氣襲人，觸之多死，否則喘息旬日始止，蓋山嵐鬱結之氣所發。

紅花山，衛南十五里。有屯田名紅花屯，岷江所經也。又牛心山，在衛東南十五里。峰巒圓秀，若牛心然。又東四十里爲火焰山，山無草木，色如赭。○金蓬山，在衛東南五里。志云：羌人金蓬者昔居此山。

甘松嶺，衛西北三百里。亦曰甘松山，一名松桑嶺，土人謂之松子嶺。後魏有甘松縣，唐置松州，皆以此山名。新唐書：「開元十九年吐蕃請互市於甘松嶺，宰相裴光庭曰：『甘松嶺中國之阻，不如許赤嶺。』」是也。今大江經其下。杜佑曰：「甘松嶺乃江水發源處。」似悮。赤嶺，見陜西西寧衛。

大分水嶺，衛北二百三十里。其山高峻，水分二流，或以爲大江導源處也。又小分水嶺，在衛北九十里。其山平坦。有龍潭，其水亦分二流。○羊峒，在衛北，接陜西洮州界。志云：松潘東通任昌、蠟梅，北接羊峒、洮州。任昌、蠟梅，蓋番族也。

野狐峽，在衛西境。唐貞觀八年别將李道彦分道擊突厥，至闊水，党項酋長拓拔赤辭等屯野狐峽拒之，道彦不得進，爲其所敗，退保松州。

岷江，在衛西。江源記：「岷江發源於臨洮木塔山山頂，分東西流，由甘松嶺八百里至漳臘西，其水漸大，復逕鐮刀灣達松潘，於下水關入紅花屯達疊溪界。」一統志：「司西北六十里有潘州河，即岷江矣。」河東、河西諸蠻蓋以江爲界云。餘見大川及川瀆異同。

涪江，在衛東。發源小分水嶺，東南流入小河所界，又東南入龍安府。漢志注：「涪水出剛氏道徼外，南至墊江入漢。」是也。詳見大川。

闊水，在衛西北。唐貞觀八年李道彦分道伐吐谷渾，經党項中至闊水，出不意襲敗之。党項忿怒，拒道彦於野狐峽，道彦敗還松州。十二年命侯君集等分道伐吐蕃，將軍牛進達出闊水道，即此。胡氏曰：「闊水在故党項中，羈縻闊州以此名。」今亦見陝西西寧衛。○響水泉，在衛北六十里。泉流湍急有聲，居民資以灌溉。

望山關，衛東十里；又東二十里曰雪欄關，在雪欄山上；又二十里曰風洞關，在風洞山上；皆峻險。志云：風洞關北有鹽井墩，即古鹽川廢縣。似悮。○黑松林關，在司東七十里。地多黑松，因名。一名松林堡。又東十里曰伏羌堡，其相近者曰紅岩堡，亦曰紅崖關，皆東路設險處也。

三舍關，衛東九十里，東至小河所此爲適中之地。關東十里爲鎮遠堡，又東二十里爲小關子堡，又東十里爲松埡堡，又東十里爲三路堡，又東八里爲師家堡，又東十里爲四望堡，堡東二里即小河所也。志曰：三舍關有偏將駐守，所轄上至望山，下至四望，共十三關堡。四岩絶壑，一線僅通，羊腸鳥徑，峭磴危湍，險巇萬狀。附近有水牛、毛公、羊洞諸番，不時窺伺。嘉靖中何卿鎮松潘，節制東南，大修長安、馬路、師家、永平等堡，於善地增修禦寇、靖虜諸墩，以扼險要。長安堡，見茂州境内，即長寧堡。馬路堡，見疊溪所。

西寧關，衛南三十里。其北八里曰熊楨屯堡，亦曰熊溪屯，南路關堡之首也。有鐵爐溝，諸彝在界内。萬曆中河西商巴導土韃伏於鐵爐溝以牽制我，事覺撲擒之。關南八里有小屯堡，共爲形援。又東勝堡，在衛東南三十五里。志曰：紅花屯下七里爲雄溪屯，雄溪左十三里即東勝堡。○安化關，在衛南四十五里。其北七里爲雲屯堡，南十里曰鎮革堡，又南七里曰新塘關，又七里曰艾蒿堡。志云：衛南七十里有新鎮關，其北十五里曰百勝堡，其南十餘里曰龍韜堡，皆南境之襟要也。

歸化關，衛南百里。志云：唐嘗置羈縻歸化縣，屬霸州，關蓋因以名。地形險要，有龍溪等砦，大、小横梁爲諸番出没處。自衛城南至疊溪之永鎮堡，此爲適中之路。關南二十里爲北定關，嘉靖七年守將邊輪與横梁、竪兒等番戰，敗没於此。邊略：「松潘至茂州三百里，山嘴險惡，一蠻擲石，百人不能過。其路隨河曲折，蠻下山搶掠爲易，當有以削平而制禦之。」

浦江關，衛南百五十里。有别拓、大小耳别等寨在界内。寰宇記：「歸化縣有大聾山、小聾山，在霸州西北十里，號苻堅城。」又於小龍山上村置牙利縣，或即大、小聾故迹矣。關南四里曰平番堡。弘治中科臣張文言：「松潘南路浦江關地勢稍平，介松、疊之間，極爲要害。若聚兵屯糧，築城固守，三面聯絡，什伍相保，卒然有警，松、疊聲援可立應也。」

平彝關，衛南百七十里，即平彝堡也。其地寬平，可容千騎，爲四十八寨歃盟歃血之地，即黄沙壩矣。又南六里爲金瓶堡，又南七里爲鎮平關，又南七里爲鎮番堡，又南十里爲靖彝堡，又南十里爲平定堡。自平定堡至疊溪所之永鎮堡止八里，亦松、茂接界處也。志曰：萬曆十四年於平彝堡建城堡，增將領，所轄上至西寧，下至平定，共十七關堡。其附近諸番，有河東大姓屬牛毛土官管轄，河西小姓屬羊毛土官管轄，所謂牛腦、羊腦也。蠻砦以數十計，其最强者爲烏都等砦，亦屬茂州北境，與松潘相出入云。

流沙關，衛西北十四里，敵騎經由地也。萬曆二十八年以後，遇秋防嘗以重兵駐此。四裔考「松潘西至流沙關，相連天竺，西南連紅土坡生番，多係北虜出没，地勢遼絶，非可限越」云。

虹橋關，衛北三十一里，又北去漳臘堡七里，爲衛境之北隘。有落虹橋，長二十丈，餉道必經之地也。關南七里曰譚郱屯堡，又南七里爲塘舍屯堡，又南六里爲羊裕屯堡，堡南六里即衛城也。志云：虹橋西北十五里爲絶塞墩，北界黄山尖、殺鹿塘、黄勝草場等處，路通洮、岷。宣德三年蠻族作亂，陳懷奉詔趣救，由此道入解松圍。今爲番部間阻，下潘州白利等番或由阿玉嶺，或由鐵門墩出抵寒盻、祈命諸寨貿易茶斤，稍失防範，釁端輒起，且阻絶長溝，救援難及。議者欲於墩前石砌聯城一座，直抵河下以通水道，又依山掘壕，絶其乘高來犯云。

漳臘堡，衛北三十八里。舊治於下潘州，在司北七百餘里。景泰中撫臣羅綺記曰：「漳臘，潘州城故址也。下有岩穴，空洞幽邃，廣可容列騎。旁有玻璃泉，冬夏淵然不竭。其土地膏腴，山川秀麗，自唐盛時所開拓，而旋入於吐蕃。洪武十一年始建置屯堡，且耕且守，邊人安堵。宣德二年爲氐、羌竊據，景泰六年復收其地，蓋自是以後益徙而南，今且撫松州之背矣。」邊略：「漳臘有隘口可通北虜，嘉靖十一年寇賊深入爲害，撫臣宋滄議於漳臘後山嶺建靖虜墩，西小高嶺建禦寇墩，設兵戍守。二十年復展修城堡，增置官軍，并築邊墻一萬三千五百三十丈，又於大壩建立一堡，修築城垣，於西山平墕更修一墩，以防敵騎侵擾。萬曆六年備兵使者楊一桂以漳臘所屬鎮虜、絶塞、譚厮等十七屯堡去松遼遠，支糧不便，議於漳臘舊基修建新倉，改運關支，卒伍稱便。二十八年敵騎突自寒盻、黄勝草場分道馳入圍漳臘，守將張良賢破之，又追破之於思荅弄，寇遁去。」志云：漳臘一鎮、五隘、九屯、一十八墩堡，延袤二百餘里，襟帶山河，雜居番族，其最切者有寒盻口、上中潘州、上下羊洞等隘口，自漳臘北去，遼廓幽遠，一望無際，萬騎可從容矣。思荅弄地在堡西北。

高屯堡，衛西北二十里。北去虹橋關八里，又南八里爲穀粟屯堡。志曰：高屯堡在虹橋之内，禦寇之下，譚厮之西，乃適中要地，松城之藩屏也。萬曆三十七年嘗議城此，與漳臘爲犄角云。

鎮虜堡，在漳臘北十五里。其後爲天險墩，前爲觀化墩，東於襄臺，西制虜臺，聲勢相望。直北則爲敵貢墕，舊掘品字賺坑數百，以防敵人侵擾。北去三里爲城墻岩，東臨河畔，西抵山麓，掘壕寬深丈許，長六百餘丈。河西爲川盻溝，壕塹之制亦如之。越溝二十里，登阿玉嶺之巔可瞷黄勝草場。場之東有阿玉口，凡二十里透嶺，出川盻則東西南北惟所馳驅。議者欲於天險、觀化二墩充廣寬拓，石砌墻垣一周，外掘壕塹以防衝突，庶幾扼其吭。萬曆二十八年番騎圍漳臘，攻鎮虜，守將杜世仁禦之。又攻制虜臺，復敗却。志曰：鎮虜堡北二十里之柏木橋即塞外矣。

水草坪，在衛東。又衛東境有猪兒嘴諸險。正德初撫臣劉洪言：「松潘天寒地瘠，物産不多，負販者以險遠難致。東路自江油縣入山口七百餘里，如猪兒嘴、野猪山等處甚險，然俱可開通偏橋；如七里閣、黑旋窩、泥兒灣等處甚危，然有可改河移之彼岸者，有可用石疊爲堤者。有新開一路至水草坪與舊路接，當立一墩，宜相度修改，非惟糧運便益，而物價亦稍減矣。」

赤磨鎮，在衛東北。唐武德七年扶州刺史蔣善合擊吐谷渾於松州赤磨鎮，敗之，即此。○古松驛，在衛治南。又歸化驛，在衛南百里。鎮平驛，在衛南百七十里。三舍驛，在衛東百四十里。志云：衛東九十里有松林堡站，又東八十里有三路堡站。

人荒寨。在衛東南，番砦也。萬曆六年備兵使者楊一桂言：「松潘諸番最桀驁者無如丟骨、人荒、没舌三寨，屢爲邊患。」議先勦之。既而三砦蠻謀劫軍餉，糾衆伏於安化關之凝水溝，突傷官軍，别將曹希彬等擊却之，復追敗之於安貫頂。未幾蠻衆復熾，官軍禦之於安貫頂及黄草嶺諸處，皆敗之，乘夜進攻，焚其丟骨、人荒小砦。七年丟骨砦蠻突犯，裨將李承芳等奮擊，羣番潰走。官軍進擊其斂坎，焚河西大小碉房五十餘座，追至河東，番皆震懾，呷竹、林洞等四十八寺砦首領俱率其衆降，三砦始戢。

小河守禦千户所，衛東百九十里。古曰涪陽，宣德四年調成都前衛後所於此，爲小河千户所，增置城堡，又添調官兵更番戍守。編户一里。今設小河營。

師家山，所北二十里。一名文山。宋時有師、文二大姓居此。山麓有文山關，又有師家舖，與龍安府接界。

涪水，所北二里。自衛境流入，又東流入龍安府界。其水淺隘，故有小河之稱。

葉堂堡，所東南十六里。志曰：小河以東凡七堡，惟葉堂爲要隘，有官軍屯戍。東通白馬、毛公，西逼竹頭、野猪、白草諸寨。其西北六里曰峰岩堡。○馬營堡，在葉堂東四里，又東七里爲水進堡，又東八里爲鎮彝堡，又東十里爲乾坤堡，皆有兵戍守。

鐵龍堡。所東七十六里。有兩山對峙，峭壁萬仞，二水會流，深不可測。上爲鐵索橋，索凡六條，各長一十五丈，引於河之西岸，繫以鐵柱，中道板蕩，行者戒心焉。嘉靖間龍州宣撫薛兆乾作亂，斬鐵橋以拒官兵，旬日松州米貴如金矣。志曰：鐵龍堡至龍安府不過二十五里。○小河驛，在所治北。所東十里有水浸驛，又東十里有溪子站。

占藏先結簇長官司，

蠟匝簇長官司，

白馬路簇長官司，

山洞簇長官司，

阿昔洞簇長官司，

北定簇長官司，

麥匝簇長官司，

者多簇長官司，

牟力結簇長官司，

班班簇長官司，

祈命簇長官司，

勒都簇長官司，

包藏簇長官司，

阿昔簇長官司，以上俱洪武十四年置。

思曩兒簇長官司，洪武二十六年置。

阿用簇長官司，宣德十年置。

潘斡砦長官司。〔六〕正統初置。

八郎安撫司，永樂十年置。

麻兒札安撫司，永樂十五年置。

阿角寨安撫司，

芒兒者安撫司。俱正統初置。

疊溪守禦軍民千户所，東至龍安府石泉縣八十里，南至成都府茂州百二十里，北至松潘衛一百八十里，西至黑水生番界六十里，自所治至布政司五百八十里，至京師一萬一千二百七十里。

古氐、羌地，漢屬蜀郡，後漢因之。晉屬汶山郡，宋、齊亦爲汶山郡地。後周置翼針郡。隋開皇初郡廢，屬翼州。大業初州廢，改屬汶山郡。唐武德初復置翼州，咸亨三年置都督府，上元二年府罷。天寶初曰臨翼郡，乾元初仍曰翼州，後没於羌、戎。明洪武十一年平定西羌，以古翼州置疊溪右千户所，隸茂州衛。二十五年改疊溪守禦軍民千户所，編户一里。〔七〕隸四川都指揮使司。領長官司二。今設疊溪營。

所北瞰松潘，西控維州，制禦生番，良爲要地。唐之中葉吐蕃據此，屢爲西川之禍。韋皐鎮蜀，於西山南北分道出師，翼州其必争之地也。明初雖收其地，而迫及諸番，東西不過六十五里，南北不過九十五里，蓋視漢、唐之舊封，地利有未盡廓者矣。使赫然芟除，建爲雄鎮，北接洮、岷，南連威、茂，西北之藩衛，不且益壯歟？邊略云：「松、茂所以隔絶吐蕃，疊則松、茂脈絡也。大抵吐蕃入寇，必道松、茂，由松、茂而東，必經灌口，灌口失守，則長驅入蜀矣。疊州與松、茂，蓋灌口之障蔽也。」

蠶陵廢縣，所西百三十里。漢縣，屬蜀郡，後漢因之。元初元年蜀郡彝寇蠶陵，延熹二年復來寇。晉亦爲蠶陵縣，屬汶山郡。其後荒棄。後周改置翼針縣，爲郡治。隋郡廢，縣屬翼州，大業初屬汶山郡。唐武德初屬翼州，六年移州治焉。咸亨三年州僑治悉州之悉唐縣，上元二年還治翼針。天寶初改曰衛山縣。劉昫曰：「漢蠶陵城在蠶陵山下，隋時翼針縣治七頃城，唐貞觀十七年移治七里溪。」唐末縣廢。志云：今所西五里即唐廢衛山縣治。

翼水廢縣，所西南九十里。本蠶陵縣地，後周置龍水縣，并置清江郡治焉。隋開皇初郡廢，改縣曰清江，十八年又改縣曰翼水，屬會州。唐屬翼州，後廢。太子賢曰：「翼水縣西有漢蠶陵故城。」○雞川廢縣，在所西南百里，有栖雞川。唐先天二年置縣，屬翼州。又昭德廢縣，亦在所西。劉昫曰：「顯慶中置識臼縣，屬悉州。天寶元年改屬翼州，更名昭德。五載分雞川、昭德二縣置真符縣，并置昭德郡治焉。乾元初改爲真州，以州治真符縣爲名。尋廢。」

峨和廢縣，所西北六十里。本蠶陵地，唐武德初析置峨和縣，屬翼州。貞元十年韋皋敗吐蕃，克峨和城，既又遣將出峨和薄松州，是也。○左封廢縣，在所西百九十里。後周置廣年縣并置廣年、左封二郡，又置翼州治焉。隋開皇初郡俱廢，縣屬翼州，仁壽初改縣曰左封，大業初屬汶山郡。唐武德初隸翼州，三年省。貞觀四年復置，二十一年改隸當州。劉昫曰：「縣在當州東南四十里。顯慶初改屬悉州，咸亨初移州治焉。儀鳳二年羌叛，悉州寄治當州城內，尋還舊治。載初元年移治匪平川，在舊治東南五十里。天寶初改州爲歸誠郡，乾元初復爲悉州。」唐末州縣俱廢。又歸誠廢縣，在廢左封縣西南。唐垂拱二年析左封縣置，屬悉州。今皆爲生番地。

廢静州，所西二百六十里。南至成都府威州界百里。劉昫曰：「左封縣，有悉唐川。顯慶初置悉唐縣，併置悉州治焉。咸亨初移州治左封，於故悉唐縣置南和州。天壽二年改爲静州，仍治悉唐縣。天寶初曰静川郡，乾元初復故。」又南有静居廢縣，天授初以悉唐縣之静川地置，其相近又有清道廢縣，俱屬静州。後皆廢。○廢當州，在所西北二百七十里。本羌地，後周置通軌縣，并置覃州及覃川、榮鄉二郡治焉。隋開皇初郡俱廢，四年州廢，縣屬翼州，大業初屬汶川郡。唐初屬松州，貞觀二十一年置當州治焉。劉昫曰：「以地出當歸也。初治利川鎮，儀鳳二年移治蓬白橋。〔八〕天寶初曰江源郡，乾元初復曰當州。」杜佑曰：「故通軌縣在州西北二百里。」隋志：「縣有甘松山。」是也。蓋後移今治。會要：「大曆五年當、悉、柘、静、恭五州並徙置山陵要害地以備吐蕃，而舊封不可問矣。」

白岸城，在所西。唐貞元中韋皋破吐蕃論莽熱兵，進屯白岸，西山諸羌皆降。新唐書翼州有峨和、白岸、都護、祚鼎四城，合江、穀堆、三谷三守捉城，隴東、益登、清溪、禦藩、吉超五鎮兵。

疊陵山，在所西北。漢因以名縣。又犁牛山，在所東五里。志云：所之東界止此。正統中番賊窺境，官軍追之，遇伏於犁牛山，敗績。又雲峰山，在所東六里，高聳凌雲。○排柵山，在所南五里。洪武十一年大軍至此屯駐，立柵爲營，山因以名。

汶江，在所西三里。自松潘衛流經此，又南黑水流合焉。江源記：「岷江自松潘達疊溪至穆肅堡，〔九〕黑水從南合之，入深溝逕茂州界是也。」詳大川岷江及川瀆異同。

翼水，所南五十里。一爲汶江，自松潘界流至此；一爲黑水，自生番界流至此；合流如張兩翼，故州以爲名。或謂之合水，亦謂之合江，唐因置合江守捉云。○七里溪，在所東七里，源出松坪寨；又城東有飲馬溝，自雲峰山頂懸崖而下；俱流入於汶江。

玉津泉，在城南。導流直抵城下，居民取汲甚利。又天湧池，在所治南。正統間開鑿，引飲馬溝水瀦其中，以便民居之汲。

南橋關，所南五里。又有小關，在所東五里。疊溪橋關，在所西五里。志云：所南十五里有中橋關，又南十五里有徹底關，所北四十三里有永鎮橋關，九十七里有鎮平關，俱洪武十二年置，共爲七關。

穆肅堡，所南五十里。江水經此，黑水流合焉。志所云穆肅爲兩河之會也。堡南與茂州接界，爲控扼之所。今亦見茂州。

新橋堡，所北十里。稍南爲漢關墩堡。萬曆十八年鬱即長官嗷保者與黑水、松坪攻我新橋，明年伏罪。先是漢關墩附近勒骨諸小姓屬於鬱即，至是改屬疊溪。志云：新橋堡北爲普安堡。正統十二年撫臣寇深議討松潘叛蠻，於疊溪迤北添設普安、静彝、鎮番三堡是也。又普安堡旁有葫蘆崳嘴，弘治中番賊攻圍普安，守將胡澄拒戰，追賊至此死之。

太平堡，所北三十里。其附近爲楊柳溝，河西强種也。萬曆十八年糾合松坪、白泥、黑水三千餘番同陷新橋，十九年討降之。又永鎮堡，在所北四十餘里，有永鎮橋關。其相近者又有白石坎，正統中番賊來犯，官軍拒之於此。志云：永鎮堡附近爲牛尾寨，萬曆八年及十二年麻搭内犯，十四年討降之，又北抵松潘衛界。

馬路堡，在所南。又南爲小關堡，接茂州界之實大關。志云：新堡附近爲巴猪大砦，衆逾千數，性喜黠盗，嘉靖二十三年以來屢渡河入犯。議者欲於舊關腦搭橋進兵，及馬路堡後長寧、沙壩潛師繞其後，上下夾攻，可大創也。《四裔考》「疊路生番最惡，而五巴猪爲尤甚，牛尾、麻搭、楊柳、麥兒次之，凡四十八寨。其地南連黑苦，西通黑水，北接松潘，加兵征之即逃入黑水。黑水蓋廣饒之地，莫知紀極」云。又疊溪長官郁氏所轄有河東熟番大姓八寨及馬路、小關七族，河西小姓六寨云。

麻荅嘴寨。所北五十餘里。本番寨也，路入松潘。正統中撫臣寇深議討松潘叛蠻，欲於麻荅崖、青崗嘴、畫佛崖、海螺洞、萬江崖沿山鑿石架木懸棧是也。志云：堡南爲牛尾巴，又南爲楊柳溝。弘治十二年撫臣張文言：「松潘南路，國初以來增置墩堡，開設倉厫，屹爲天險。自牛尾巴失利之後，蠻人乘險殺掠，饋夫戍卒，號南路爲死亡城，

是南路必不可不復也。此路一復，其間麻苔嘴險要之處，據高設堡，添撥防軍，以遏賊衝，亦規恢全蜀之策矣。」〇

雙馬寨，在所西百二十里。志云：亦番寨也。

疊溪長官司，所北一里。永樂四年置，領渴卓等五寨。

鬱即長官司。所西十五里。永樂四年置，領松坪等五砦。又有來遠驛，在司治西。

酉陽宣撫司，東至湖廣保靖宣慰司界三百里，南至平茶洞長官司界五十里，西至重慶府彭水縣界三百里，東北至湖廣大田千户所界四百里，自司治至重慶府九百五十里，至布政司二千里。

古巴國地，秦屬巴郡，兩漢因之。諸志皆以爲漢武陵郡之酉陽縣，悮。三國漢屬涪陵郡，晉因之，永嘉以後没於蠻獠。後周時爲羈縻黔州地，隋屬庸州，志云：隋屬清江郡地。唐屬思州，五代時仍没於蠻。寰宇記：「黄巢之亂，酉陽蠻叛，駙馬冉人才征之有功，留守其地。五代時中國無主，冉氏遂據有之。」宋政和六年仍屬思州，尋置酉陽州於此。元因之，冉氏仍有其地。屬懷德府。明玉珍改爲沿邊溪洞軍民宣慰司。明洪武五年仍爲酉陽州，冉如彪納土歸附，仍令世守其地，廣六百里，袤七百里。七年升爲酉陽宣撫司，編户十三里。隸四川布政司。永樂十六年改隸重慶府。

司當西南之要衝，接黔、楚之邊境，山川阻深，蠻獠錯雜，撫循未可無策也。四裔考：「酉陽所屬有九溪十八蠻，而九江、後溪西南一帶，近爲鎮筸叛苗殘破，境土日蹙。」

酉陽廢縣，在司東。胡氏曰：「三國漢時分置酉陽縣於此，屬涪陵郡，晉省。」或以爲漢武陵郡之酉陽，悮也。隋爲

務川縣地，屬庸州，大業初屬巴東郡。唐仍爲務川縣地，屬思州，後廢。宋政和中亦爲務川縣地。或云宋嘗置酉陽縣，屬務州。今宋志不載也。元始置酉陽州，明因之，尋爲宣撫司治。司無城，其民曰犵獠，曰冉家，曰南客，分三種云。

遷陵城，在司東南，接湖廣辰州府界。漢縣，屬武陵郡。三國時爲吴界，魏已亡蜀，遣漢葭長郭純試守武陵太守，率涪陵民入遷陵界，屯於赤沙，誘動諸戎，進攻酉陽，吴遣鍾離牧討平之。志曰：遷陵、酉陽兩縣，相去水道可四百許里，赤沙在其間，此漢之酉陽也。

酉陽山，司西北百八十里，接黔江縣界。又龍山，在司東一里，旁有龍家砦。司東三十里又有火山。其山高聳，日射返照，其色如火。又司東百二十里有唐店山，司南百里有何家山。山皆高聳，以山旁居民多唐姓、何姓者而名。○胡子崖，在司北百里。崖下路通司治，行者過此，有水自崖懸流可以濟渴。

三江，司東北九十里。源出酉陽山，亦曰酉水，有三小溪流合焉，又合平茶水及楠溪東注辰州大江。○楠溪，在司西二百里。其溪清淺，旁多楠木，下流合於酉水。

通達砦。司東南二百五十里。志云：元置通達等處五路蠻彝洞長官司於此，明初廢爲通達砦。又云：司有後寧江土人巡司。〔一〇〕

石耶洞長官司，司南七十里。本酉陽地，宋宣和間有楊昌安者據守其地。元置石耶軍民府，洪武初其酋楊金隆歸附，改立長官司，附庸酉陽。志云：司東至石凱子界，西至平茶司界，南至邑梅沙子凹，北至酉陽石閑，與鎮筸苗密邇，地勢稱孤懸。今編户二里。

巴慣山，司治南一里。山崖多板石，土人呼板石爲巴慣也。又南一里有石崖，土人呼爲密那崖。崖石陡峻，中間空洞，嘗有泉流。

漫溪。在司治南。源出邑梅洞，漫流東注入辰州大江。

平茶洞長官司，東至石耶長官司界十里，西至貴州烏羅長官司界十里，南至貴州銅仁府界百里，北至酉陽宣撫司界五十里，自司治至重慶府一千一百二十里，至布政司二千一百七十里。

漢、晉以來爲蠻彝地，唐屬思州。宋政和中爲羈縻平茶洞，仍隸思州。元改溶江芝子平茶等處長官司，隸思州安撫司。楊氏世守其地，元時楊大雷有之。明初爲平茶洞長官司，洪武七年楊抵剛歸附，置司授之。廣三十里，袤百五十里。編户三里。初隸酉陽宣撫司，洪武十七年改隸四川布政司。

岑仰山，在司治西。巍然秀拔，仰望可愛。又團山，在司治南。山勢團聳，特出衆山之上。又高秀山，在司治北。高立千丈，丹崖翠壁，秀色如畫。

白歲山，司西三十里，高聳插天。土人以山積雪則有年，故名。○諸葛洞，在司治南。石崖屹立，旁有石洞數丈，相傳武侯征九溪蠻時留宿於此。

哨溪，司治東南。發源白歲山，山水激石，有聲如哨。又有滿溪，在司西南十里。亦出白歲山，以水常溢不竭也。合流而東北曰平茶水，至酉陽東南會於酉水。

龍潭，司治西。兩旁山崖陡峻，潭中水深莫測。又治北石洞中有龍泉，四時不涸。○濟渴井，在司治北。水清甘，夏月行者汲飲之以濟渴，因名。

小平茶砦，在司南。嘉靖二十七年大征叛苗，分兵屯平茶、地架二營，剿境内小平茶、地崩、岑沙苗、地龍庭、地龍箐五砦是也。地架堡，見貴州平頭著可長官司。

通蜀橋。司治南，跨哨溪上，以路通蜀境而名。又司治東北有迎恩橋，亦跨哨溪上。

邑梅洞長官司，東至湖廣鎮溪千户所界七十里，西至貴州烏羅長官司界二十里，南至貴州平頭著可長官司界百里，北至酉陽宣撫司界百三十里，自司治至重慶府一千五十里，至布政司二千一百三十里。

唐思州地，元爲佛鄉洞長官司，明玉珍時改爲邑梅沿邊溪洞軍民府。明洪武五年改爲邑梅洞，八年改置長官司，宋末楊光甫據其地，元置司授之。明初楊金奉歸附，仍令世守其地。廣九十里，袤二百三十里。編户五里。隸酉陽宣撫司。永樂初改隸重慶衛。

壽山，司西南六里。屹立層漢，四時林木鬱然。又黄牛山，在司東三里。山旁土地膏腴，宜於耕稼，相傳昔時土官楊四舟高殿始自貴州烏羅遷此，喜而搥牛相慶，因名。又韭山，在司南八里。昔有人遺韭種於此山頂，長丈餘，四時茂盛，民皆取以供食。○鼎硅山，在司西北五里。三山齊聳，屹如鼎峙。又擎團山，在司西北四里。四圍峭壁，擎摩雲漢。

凱過河。司西北二十里。源自烏羅三洋溪流出，會買寨河，東入辰州大江。旁有凱子砦，行者於此過渡。又地磴溪，在司西南十五里。溪水清澈，可鑒毛髮。又司西十五里有遵岫溪，溪水屈曲，緣山西流。

石砫宣撫司，東至重慶府黔江縣二百里，西至忠州酆都縣百七十里，南至涪州武隆縣百七十里，北至忠州百二十里，自司治至夔州府九百四十里，至布政司二千三百五十里。

古蠻彝地，宋景定中置石砫安撫司，蠻酋馬什用敗蒙古兵，繼又平九溪洞彝，因置司授之。元改石砫軍民府，尋升軍民安撫使司。明玉珍竊據，亦授其酋石砫安撫司。明洪武七年得其地，八年仍爲石砫宣撫司，土酋馬克用歸降，使世守其地。廣三百七十里，袤二百九十里。編户三里。隸重慶府。嘉靖四十三年改隸夔州。

大峰門山，司南百五十里。兩崖壁立，中通人行，有故壘在焉。又鼓樓山，在司東南二百里。山高聳，其巔舊有鼓樓。又斑布山，在司西南二百二十里，色斑如布。

石涼纖山，司東北百四十里。形如張蓋，或謂之石幢山。〔一〕又萬聚山，在司北百里。衆山環聚回合，因名。又司西北二百四十里有馬黄山，又十里爲鳳凰山，皆高聳。

三江溪，司東北二十里。有三水合流，北注大江。志云：司西北二十里有清水潭，四時澄澈。又司西四百里有龍潭，深杳無際。

支羅砦。在司西南。嘉靖中石砫宣撫司人黄俊據支羅砦，假龍潭土舍名色霸占民田，尋以叛誅。子中復據寨叛，四十四年詔川、湖會兵夾攻，川兵進攻牛欄坪，湖兵自施州衛進，中由思南遁去，爲楚軍所獲，川軍擣其巢穴，支羅平。

校勘記

〔一〕漢屬廣漢郡至往往交屬焉　此段文字，三處小注底本原無，今據敷本、鄒本補。職本原有，後删去。

〔二〕而進克青川杲陽　「青川」，底本原作「青州」，今據鄒本改。

〔三〕河渡　新唐志卷四三下作「何渡」。

〔四〕自所治至布政司六百九十里　「所」，底本原作「司」，今據鄒本改。

〔五〕元置碉門魚通黎雅長河西寧遠等處宣撫司　底本原脱「遠」字，今據元史卷八七百官志補。

〔六〕潘斡砦長官司　「斡」，底本原作「幹」，今據鄒本及明志卷四三改。

〔七〕編户一里　職本與底本同，敷本、鄒本作「十里」。

〔八〕移治蓬白橋　「白」，舊唐志卷四一作「皿」，職本作「臼」。

〔九〕岷江自松潘達疊溪至穆肅堡　「岷江」，各本原作「岷州」。此云汶江經流各地，「州」字顯爲「江」字之誤，今據上文「汶江」及下文「岷江」改。

〔一〇〕司有後寧江土人巡司　「後寧江」，明志卷四三作「寧後江」。

〔一一〕或謂之石幢山　職本「石幢山」下還有：「漢志牂牁郡有柱蒲關。華陽國志：『郡有石潼關，石砫之名蓋本此云。』」各本皆脱。

讀史方輿紀要卷七十四

四川九

四川行都指揮使司，東至烏蒙府四百九十里，西至常郎堡生吐蕃界五十里，南至雲南武定府七百八十里，北至黎州所界五百里，自司治至布政司一千四百八十里，至京師一萬一千五百里。

禹貢梁州之域，後爲西南夷所據。漢初邛都國地，元鼎六年置越巂郡，巂音髓。治邛都縣。後漢因之。晉仍曰越巂郡，治會無縣。宋仍舊。仍治邛都。齊爲越巂獠郡，獠一作「獠」。後周置西寧州，天和五年鄭洛平越巂置。尋曰嚴州。隋開皇六年復爲西寧州，十八年又改爲巂州，大業初曰越巂郡。唐武德初復曰巂州，治越巂縣，三年置總管府，尋改爲中都督府，督羈縻一十六州。天寶初亦曰越巂郡，乾元初復爲巂州。唐紀：「至德初沒於南詔，尋入於吐蕃，貞元四年收復，大和六年巂州徙治臺登縣。」咸通三年爲蒙詔所據，改爲建昌府。以烏、白二蠻實之。宋時羈屬於大理。元憲宗時降附。元史：「南詔衰，建昌諸蠻争强不相下，分地爲四，推段興爲長。其裔浸强，遂併諸酋，自爲府主，大理不能制。」元得其地，置建昌路，又立羅羅斯宣慰司以統之，至元十二年置。隸四川行省，尋隸雲南。明洪武中罷宣慰司置建昌衛，隸四川都司；又改建昌路爲府，隸四川布政司。府尋廢，而改建昌衛爲軍民指揮使司。二十七年置行都司，是年克元將月魯帖木兒、賈哈剌，因設行都司於建昌。領衛六。今亦置都司，各衛所隸焉。

司連接滇、蜀，隔閡番、戎，爲邊陲形勝之地。漢武開西南夷，欲通身毒道，北方閉氐筰，南方閉巂、昆明，〔一〕蓋自巂以西南道阻險，羣蠻糾結於抵拒也。〔二〕其後諸葛武侯定南中，道出越巂，蠻皆順命。宋元嘉二十七年吐谷渾王慕利延爲魏所逼，上表求入保越巂，胡氏曰：「此即唐時吐蕃與雲南窺蜀之路，蓋自漢武開昆明之後，後人遂通此路。」許之不至。梁史：「大同三年武陵王紀都督益州。」先是蜀亂，建寧、越巂之地累朝不能有，及紀開越巂，通建寧，於是貢獻踵至。唐武德七年以韋仁壽爲簡較南寧州都督，寄治越巂。時仁壽兼領巂州。貞觀二十二年巂州都督劉伯英請討松外諸蠻，以通西洱、天竺之道，勅將軍梁建方發巴、蜀諸州兵擊敗之，諸蠻部皆來歸附，遂通西洱河，招降其部帥，此即漢所欲通道也。新唐書：「西洱河蠻道，由郎州走三千里，由巂州千五百里。」韋臯嘗言：「巂州爲西南往來通道，捍蔽數州。」貞元四年收復巂州，屢破吐蕃，大和中李德裕復經營於此，以扼南詔。志云：司山川清秀，土田膏腴，蓋西南之雄鎮也。

建昌衛軍民指揮使司，附郭。漢越巂郡邛都縣地，晉以後因之。後周置越巂縣，西寧州治焉。劉昫曰：「隋分邛都所置也。大業初爲越巂郡治，唐亦爲巂州治。大和五年州徙治臺登，縣屬焉。咸通以後没於蠻。」明洪武二十五年置衛，領千户所四，長官司三，尋置行都司治焉。編户四里。今亦置建昌衛，有中、前所。

建昌前衛指揮使司，

附郭。洪武二十七年增置，編户五里。新志云：萬曆三年并入建昌衛。

越嶲廢縣，

即司治。後周置縣，以漢郡爲名。自隋以後皆因之，唐末没於南詔。南詔改置建昌郡，領建安、永寧二州。元至元十六年分建昌爲二州，在城曰建安，東郭曰永寧，俱屬建昌路。明初因之，尋廢。城邑考：「今司城洪武中築，甃石爲固。有四門，周四里有奇。」

瀘沽廢縣，

司北百二十里。漢臺登縣，屬越嶲郡。晉因之，太寧初李雄將李驤等寇臺登，將軍司馬玖戰死，越嶲遂降於成。咸和三年朱提太守楊術與成將羅恒戰於臺登，術敗死。永和以後復屬於晉。宋仍曰臺登縣。後周置白沙郡治焉。隋郡廢，縣屬嶲州。唐武德初屬登州，貞觀初改屬嶲州，貞元四年韋臯大破吐蕃於臺登北谷，克嶲州。五年韋臯復遣將曹有道等出臺登谷，大破吐蕃青海、蠟城二節度。十三年吐蕃寇嶲州，刺史曹高任大破之於臺登城下。大和六年李德裕徙嶲州治臺登，以奪蠻險。其後陷於蒙詔，以烏蠻酋守此。後漸强，自號落蘭部，或稱羅落，以其先爲羅落蠻也。元至元初内附，尋叛。九年平之，設千户。十三年升萬户，十五年改爲瀘沽縣，屬禮州。明初因之，縣尋廢。志云：洪武二十四年景川侯曹震開河道，謂路之險者莫甚於瀘沽縣，於是架閣鑿崖，更闢新道，即此也。今有瀘沽巡司。

廢中縣，

司東四百里。元志：「縣治在住頭回甸，越嶲之東境也。所居烏蠻，自别爲沙麻部，以酋長所立處爲中州。至元十年内附，仍爲中州。二十二年降爲縣，隸建昌路。」明初因之，後廢。又北舍廢縣，在司東三百里。志云：元置，屬建昌路。今元志不載，或曰元末所增置也。明初改爲碧舍縣，旋廢。

遂久廢縣，在司西南。漢縣，屬越巂郡，後漢因之。元初五年越巂郡卷彝大牛種封離等反，〔三〕殺遂久令，蓋境内屬彝也。晉改屬雲南郡，後廢。章懷太子賢曰：「廢縣在今靡州界。」靡州，唐西徼羈縻州也。武德七年置西豫州，貞觀三年改靡州，後廢。○可泉廢縣，在司西北。漢邛都縣地，後周置可泉縣，並置宣化郡治焉。隋初郡廢，以縣屬巂州。唐初因之，天寶元年更名西瀘縣。劉昫曰：「縣蓋蕭梁時置，隋移治姜磨戍，唐武德初移於今治，後廢於南詔。」

寶安廢州，在司東。本越巂縣地，元至元十五年置寶安州，屬建昌路，二十六年省入建安州。○廢里州，在司東三百里。元志云：「蒙詔時落蘭部小酋阿都之裔居此，因名阿都部，後附於元。至元十年隸烏蒙路，十八年設千户，二十三年升爲軍民總管府，二十六年降爲州，隸建昌路。」明初因之，後廢。又廢闊州，在司東南四百里。蠻名密納甸，烏蒙所居，其裔有名科者因爲部號，後訛爲闊。元至元初降附，九年設千户，二十六年升爲州，隸建昌路。明初因之，後廢。

廢瀘州，司西南二十五里。唐爲巂州沙野城之地，蠻名沙城瞼。相傳即諸葛武侯擒孟獲處，悮也。北近瀘水，亦名熱水甸。蠻酋於甸增築一城，謂之洟籠，屬建昌府。元至元十五年改爲瀘州。明初因之，後廢。今曰瀘州堡。○武侯城，在司南三十里瀘水東，相傳諸葛武侯所築，所謂五月渡瀘處也。又有孟獲城，在司東二里，相傳孟獲所築。又司東南二十里有善住城，志亦以爲武侯征南時築，皆傳訛也。

廢隆州，在司南，與會川衛接界。蒙氏改會川爲會同邏，立五瞼，此爲邊府瞼。後瞼主楊大蘭者於瞼北壋上立城，名曰大隆城。元至元十四年改設千户，十七年升爲隆州，屬建昌路。明初廢。志云：廢隆州在會川衛北二十里。悮也。又廢姜州，在司東南，亦近會川境。本名龍納城，羅落蠻世居此，其後烏蠻之裔阿羅者攻奪其城，名曰絳部，以其祖名阿壇絳也。元時内附，隸闊畔部。至元九年隸會川路，尋屬建昌路，十五年改置姜州。姜，蠻名也。二十七年復屬闊畔部，後又屬建昌。明初因之，尋廢。志云：廢姜州在會川衛東百八十里。

新安城，在司南界。唐開元中所置城也，後廢。咸通五年南詔寇巂州，戍將顔慶請築新安、遏戎二城，從之。旋爲南詔所陷。唐會要：「咸通六年西川節度牛蘩於蠻界築新安城以遏戎寇。」又有保塞城，在司西南，亦唐所置。咸通五年西川奏保塞城使杜守連不從南詔，帥衆詣黎州降，即此。新唐書巂州有寧遠軍，有新安、三阜、沙野、蘇祈、保塞、羅山、西瀘、蛇勇、遏戎九城，皆戍守要地。

瀘山，司南十五里，以山之西近瀘水而名。又南十里有馬鞍山，兩峰並聳，狀如馬鞍。志云：司西四里有吕金坂山，以昔有土酋吕金居此山之坂也。又西十里有天王山。○青山，在司北三十里。上有松林，四時蒼翠。又北有鸜鵒山，近臺登縣界。九州要記：「臺登縣有鸜鵒山、奴諸水。」

螺髻山，司東南四十里。山高聳，狀如螺髻。又鹿角山，在司東百十里。山峰尖削，狀如鹿角。元至順初羅羅斯酋撒加伯等合諸蠻軍攻建昌守將躍里帖木兒等，追戰於木托山下，敗之。或以爲即鹿角山之訛也。又凉山，在司東百三十里。羣峰嵯峨，四時多寒。○落腰山，在司治南二百六十里。東西高而中凹，蠻人因呼爲落腰也。

瀘水，司南十里。源出番界，流入境，又南流入金沙江，至廢黎溪州而接馬湖江。或謂之若水。史記「黃帝子昌意降居若水」，蓋在此。通鑑注：「自嶲州西南行八百餘里渡瀘水。」元史云：「瀘水深廣而多瘴，鮮有行者，冬夏常熱，其源可燖雞豚。」今司西十里有瀘川橋，亦曰瀘水橋。唐貞元五年韋臯招東蠻内屬，絶吐蕃盟。東蠻斷瀘水橋攻吐蕃，臯亦遣精卒與蠻共破吐蕃於臺登東北谷是也。詳見前大川。

孫水，在司北。一名長河。源出西番界，南流逕寧番衛東流入境，會於瀘水。漢志注：「臺登縣有孫水，南經會無入若，行七百五十里。」若水即瀘水也。

懷遠河，司城南大通門外。源出東北山麓，經城南合於瀘水。今城南三里有懷遠橋。又寧遠河，在城北寧遠門外。源出青山，西南合於瀘水。

海子，司東十五里。其水澄澈，浩闊如海，多產嘉魚。又熱水池，在司北七十里。四時常熱，流入溪河合瀘水，接金沙江。○深市井，在司南三十里。自山頂流下，如白練然。

瀘沽關，司東北百里。有瀘沽峽，爲險阨之道。又有瀘沽巡司，或曰即故臺登縣治也。又老君關，在瀘沽關南。有棧道，至爲險峻。又司東北百二十里有太平關。○甸沙關，在司東南三百七十五里，建昌、會川分界處，北接威龍州，南近米易所，東連普雄、法果諸彝。志云：關在會川衛北百六十里。

磘山堡，司南十里瀘水上。又理經堡，在司北十里。志云：自禮州行四十里歷安寧、北哨、青山、理經四堡，又十里而至建昌衛。○金川堡，在司東南二百十五里。志云：自司北禄馬驛東南行，歷巴西、鹿角、凹腦、者者、黃泥、什結諸舖至阿用驛。自阿用至白水驛百里，金川堡當適中之地。由白水三十里至可郎舖，係威龍州地，彝猓出入之鄉。又二十里有公母石，以兩石相隨而名。又五里即甸沙關矣。

紙房堡，司西四十里。輿程記：「鹽井衛之沙平驛在瀘河西，東十五里爲紙房堡，又東十里爲瀘州堡是也。」志云：建昌衛所屬有紙房、瀘州等堡。又高山、沙平、德力、黄泥諸堡皆接鹽井衛界，其前衛所屬則有青山、松林、平蠻、鎮彝等堡，皆分撥衛軍戍守。

龍溪鎮，司東四十里。有龍溪巡司。又司東南三百里有白水巡司，司南三百八十里有麻剌巡司，北廢瀘沽縣又有瀘沽巡司。志云：司南百四十里舊有打沖河巡司，又瀘川遞運所在司南。○瀘川驛，在司西五里，馬驛也。又溪龍馬驛，在司北八十里。其前有溪龍橋。

瀘沽驛。司北百八十里，馬驛也。元至順初雲南諸王秃堅等作亂，羅羅斯土官撒加伯合烏蒙蠻兵攻建昌，蜀軍敗撒加伯於瀘沽驛，即此。又北八十里曰禄馬驛，東去馬湖府七百里，北至邛部長官司二十里，往來通道也。又阿用馬驛，在司南二百里。又南百里爲白水馬驛，白水巡司亦置於此。志云：司東四百里有龍溪索橋，東出烏蒙之道。

守禦禮州後千户所，都司北六十里。漢置蘇示縣，屬越嶲郡，後漢因之，晉廢。宋曰蘇祁縣，仍屬越嶲郡，後廢。後周復置蘇祇縣，并置亮善郡治焉。隋開皇初郡廢，縣屬嶲州。唐曰蘇祁，仍屬嶲州。後爲吐蕃烏、白蠻所竊據，號曰籠麽城。元至元九年設千户，十五年改爲禮州，屬建昌路。明初改爲守禦禮州後千户所，屬建昌衛。編户一里。今亦置禮州守禦所。

守禦禮州中中千户所，都司北六十里。亦漢蘇示縣地，與後千户所同置。編户一里。今亦置禮州中所。

蘇祁廢縣，今所治，即漢蘇示縣也。示讀曰祇。劉昫曰：「後周開越巂，於漢故城復置蘇祇縣。唐因之。」新唐書：「自臺登城南九十里至蘇祁縣，又南八十里至巂州，又經沙野二百六十里至羌浪驛，又經楊蓬嶺百餘里至俄準添館。楊蓬嶺北巂州境，其南南詔境也。又經箐口、會川四百三十里至河子鎮城，又三十里渡瀘水，又五百四十里至姚州，又南九十里至外沴蕩館，又百里至佉龍驛，與戎州往羊苴咩城路合。貞元十四年内侍劉希昂使南詔，出清谿關，由臺登、蘇祁南行之道也。」

瀘河，在所西南。流入建昌衛界。

安寧堡。所南四十里。南至建昌衛二十里，舊爲戍守處。

守禦打沖河中前千户所，都司西百四十里。唐爲巂州沙野城地，後没於蠻。元爲瀘州地。明初撥官軍守禦，後置所，屬建昌衛。編户二里。

邛都廢縣，在所西北。漢縣，爲越巂郡治。後漢因之。建武十九年越巂太守邛穀王任貴謀叛漢，劉尚分兵先據邛都，掩貴誅之，是也。晉亦爲邛都縣，屬越巂郡，宋仍爲郡治。齊時越巂降爲獠郡，縣廢。後周復置邛都縣，屬西寧州。隋屬巂州，唐初因之，上元二年移治於會川鎮。志云：隋分邛都置越巂縣爲郡治，唐又改邛都爲越巂縣，而以隋所置越巂縣并入焉。亦似悮。

打沖河，在司治西。蠻名黑惠江，又名納彝江。源出吐蕃，流逕鹽井衛界，又南流逕此。水勢奔急，洪濤洶湧，因名打沖。下流至會川衛合金沙江，亦曰大沖河。明初討建昌叛帥月魯帖木兒，破之打沖河，賊兵潰，溺者甚衆。

水砦關。在所東北。明初月魯帖木兒叛，詔藍玉等討之。四川都指揮使瞿能率兵破雙狼砦，進破托落等砦，又破水砦關及上圍寨，進至大沖河三里所，叛兵潰溺者半。○天星砦，在所南。瞿能破賊衆於大沖河，還克天星、卧漂諸砦是也。又有截路砦，在所西南。時官軍入德昌，又分兵入普濟州，別將李華追托落砦餘孽，進至水西，破其截路等砦。今皆廢。

守禦德昌千户所，都司南百四十里。漢邛都縣地，唐爲越嶲地。後没於南詔，名吾越甸，苴龍蠻居此，曰頬綖部。元至元十二年立千户，十三年改爲德州，屬德平路。二十三年改隸德昌路。明初因之，洪武二十五年改置今所，屬建昌衛。編户一里。今亦置德昌守禦所。

廢德州。志云在瀘水西十五里，蓋在所西境。

昌州長官司，都司南二百里。漢邛都縣地，唐越嶲縣地。後没於南詔，烏蠻阿屈之裔居此，號曰屈部。元至元九年降附，十二年改屈部爲昌州，屬定昌路。二十三年以定昌路并入德昌路，治昌州之葛魯城。明洪武十八年蠻酋盧尼姑歸附，改路爲德昌府。二十五年府廢，改昌州爲長官司，仍以盧氏世守其地，隸建昌衛。編户二里。

威龍長官司。都司東南四百十里。蠻名巴畢部，舊領小部三，曰沙渦普宗，曰烏雞泥祖，曰媧諾龍菖蒲，皆獹魯蠻種也。元至元十五年合三部置威龍州，屬德昌路。明洪武十八年其酋吉撒加歸附，仍爲威龍州。二十五年改爲長官司，命吉氏世守其地，屬建昌衛。編户一里。

普濟長官司。都司西南二百四十里。蠻名玗甸，獶魯蠻居之，後屬屈部。元至元十五年置普濟州，定昌路治焉。二十三年廢定昌路，改屬德昌路。明洪武十五年蠻酋白氏歸附，仍爲普濟州。二十五年改爲長官司，以白氏世守其地，屬建昌衛。編户一里。

寧番衛軍民指揮使司，都司城北百九十里。東至烏蒙府界四百六十里，西至鹽井衛界百三十里，北至越巂衛九十里。

漢越巂郡地，晉、宋因之。隋、唐時皆爲巂州地，南詔隸建昌府。元末置蘇州。志云：取漢蘇示縣爲名，隸建昌路。今元志不載。明初因之。洪武二十二年改置蘇州衛，二十七年改寧番衛，編户三里。屬行都司。領千户所一。今亦置寧番衛。

衛迫臨邊隘，控扼吐蕃，志云：今環衛而居皆西番種也，故曰寧番。脣齒建昌，藩屏川蜀，亦西南之襟要也。

寧番城，今衛治。洪武中置蘇州衛於此，編栅爲城。二十五年改築土城，永樂初復甃以石，環城爲濠。有門四。城周八里有奇。

南山，衛南五里。山勢屹然南向，舊産白銅。漢志「邛都南山出銅」，即此山矣。又衛南四十里有白土山。

長河，在衛東，即孫水也。自西番界流入境，南合於瀘水。史記：「司馬相如定西南夷，橋孫水以通邛都。」漢志注「孫水入若，若水入繩，繩水出徼外，東至僰道入江」，蓋謂瀘水爲若水，金沙江爲繩水也。志云：長河一名白沙江。

温泉，衛東百四十里。或謂之温水。其水四時常温，可以療疾，居民引流以資灌溉。

沙陀關，衛東百七十里。其並列者曰羅羅關。又九盤關，在衛東百八十里，南接白石、瀘沽峽、老君等關，皆稱險絶，一夫荷鍤，千騎辟易。旁有桐槽、鐵廠諸蠻，習奸盜，尤爲行旅之患。一云九盤關在衛西南五十里。○烏角關在衛南五十里，又衛北二十里有北山關，皆爲戍守處。

瀘沽關，在衛南，與建昌衛接界。志云：寧番衛所屬有瀘沽關、鐵廠堡、北山堡、太平關、冕山堡、巡哨堡、李子坪堡、雙橋堡、白石堡、三橋關，皆分撥衛軍戍守。

定番堡，在衛西。萬曆十五年置。土彝考「寧番東南、東北諸蠻頗馴擾，惟西去月落、三渡水、妙竹等一十九寨，恃其險隘，常引水外生番入寇，自堡設而稍斂迹」云。

蘇州驛。衛治東。衛北又有龍溪馬驛，接越巂衛界。又太平橋，在衛東百二十里。或云橋在孫水上，往來通道也。

守禦冕山橋千户所，衛東一百二十五里。明初爲寧番衛之冕山堡，正統七年改置千户所，仍屬寧番衛。編户一里。今亦設冕山營。

冕山，所東三里。山高聳，而方正如冠冕然。

瀘沽河，在所西。源出越巂衛小相公嶺，引流而南經所境，又東南流至會川衛南合金沙江。或曰瀘沽河即孫水也，冕山橋舊在其上，即漢孫水道橋之址云。○東河，在所東二里。亦出小相公嶺，南流會於瀘沽河。

冕山關，所北五里瀘沽河濱，即孫水之滸也。志云：冕山所諸關堡，與建昌衛境内諸關堡皆犬牙相錯，建昌之瀘沽驛去冕山所止六里，與桐槽站同處，驛屬建昌，而供帳騎乘則寧番職也。去桐槽八里爲太平關。關在孫水上，有渡，軍守之。十里爲鹽井哨，路通東山鐵廠，軍民雜聚治鑄之所。又云：建昌之瀘沽關即瀘沽峽，兩山壁立，峽深百餘丈，澗不盈尋。孫水流其中，淙淙有聲。人行東山嶺上，俯視魂揺。南北長五里，中有觀音岩、老君關，棧道危峻，設瀘沽巡簡司於瀘河東。去巡司五里爲鎮彝堡，過此歷五十里爲平蠻、松林、深溝、龍溪、平哨諸處，又十里則建昌衛之禮州城矣。

越嶲衛軍民指揮使司，都司城東北二百八十里。東至馬湖府界三百里，西至鹽井衛百九十里，北至黎州所二百六十里。

漢越嶲郡地，晉、宋因之。後周置邛部郡，隋廢郡屬嶲州，唐因之。南詔爲邛部川，屬建昌府。元中統五年立邛部川安撫招討司，隸成都元帥府，至元十年改屬羅羅斯宣慰司。至元二十一年改爲邛部州，隸建昌路。明初因之，洪武二十二年改爲邛部軍民州，二十七年廢州置衛，編户三里有半。隸行都司。領長官司一，千户所一。今亦置越嶲衛。

衛東望岷、峨，西連吐蕃，控黎、雅之咽喉，當南蠻之衝要，邛、僰有事，衛其必争之所也。

廢闌縣，在衛治東。漢縣，屬越嶲郡。闌同蘭，或作「闌」，誤也。後漢仍屬越嶲郡，晉省。宋復置蘭縣，屬沉黎郡，蕭齊以後廢。後周置邛部縣，并置邛部郡治焉。隋開皇初郡廢，縣屬嶲州。唐因之，後没於南詔，謂之邛部川。元志：「邛部川在宋時歲貢名馬土物，封其酋爲邛部王，治烏弄城。初麼些蠻居之，後烏蠻仲由蒙之裔奪其地。元時内附，尋置邛部州。」是也。今衛城明洪武中築，永樂初甃石爲固。有四門，周四里有奇。

卑水廢城，在衛東南，近馬湖江。漢置縣，屬越巂郡。孟康曰：「卑讀曰斑。」晉以後因之，蕭齊時廢。志云：衛東有平樂城，晉永嘉以後寧州刺史王遜表置平樂郡及平樂縣治於此。建興三年平樂太守董霸以遜爲治嚴猛，憚之，叛降於成，即此。郡旋廢。後周於邛部縣兼置平樂郡，隋開皇初廢。○奴諾城，在衛北十七里。寰宇記：「諸葛武侯征蠻所築憩軍之所，以奴諾川爲名。」志云：今衛北二十五里有舊城堡，亦武侯所築。

孤山，衛西五里。又衛南二十里亦有孤山，高出衆山之表。志云：衛南十五里有金馬山。○阿露山，在衛西五十里，即大雪山，東南與小相公嶺相接。

小相公嶺，衛南五十里。山勢高聳，石磴崎嶇，自麓至頂十五里，武侯所開也。志云：嶺四時有雪，往來騎者徒步下山，易履再穿，險峻不可名狀。又石巖洞，在衛北三十里，中可容數十人。

大渡河，在衛北。與黎州所接境，東流入嘉定州界。水勢浩大，烟瘴極盛，與金沙江相似。詳見大川。

魚洞河，衛北二十里。源出吐蕃，合羅羅河入大渡河。中產大魚，因名。○羅羅河，在衛南二十三里。有三源，皆出吐蕃界，合爲一，東流入境，又東北合魚洞河而入大渡河。又温泉，在衛東二十里。亦曰温水，引流可以溉田。

清溪關，在衛北大渡河之南。唐大和中李德裕徙關於中城，或曰城在衛東北也。新唐書：「自清溪關南經大定城百十里至達仕城，西南經菁口百二十里至永安城，城當滇、笮要衝，又南經水口西南達木瓜嶺，二百二十里至臺登城是也。」今詳見前重險。

曬經關，衛東北三百里有曬經山，山嶺高峻，置關其上。關旁有廣石，相傳唐僧三藏晒經處也。又東北七里有李子坪。又東五里爲火燒營。又五里爲鎮蠻堡，亦名大樹堡，在兩山峽口，北臨大渡河，與河北羊腦山相望，爲大、小沖番往來之所。又東十里曰臨河堡，在大渡河南岸。河北有羊肆崖，漢水口與此相對。堡之上通大、小沖山及海腦壩、僰彝村，堡之下通鬼皮羅、黑麻溪、片馬敞諸蠻，山徑險絶，通望山在其處。寰宇記：「黎州通望軍在大渡河南三十里，唐至德元年置，在通望山下。山自河南與衆山相連，入嶲州界。」一云晒經關在衛北八十里。

海棠關，衛北百四十五里。志云：南去關十里爲鎮西驛，又十五里爲清水堡，東通戴羅、白石、乾溝，西抵竹麻、洗馬姑等番，有兵戍守。又二十里爲簝葉堡，在峽内平地，於此飾厨傳以禮使臣。又十五里至梅子堡，路通蠟梅、得那補、蝦蟆窩等蠻，焚劫無虚日。又二十里爲利濟驛，又十五里至青岡關。

青岡關，衛東北四十里。志云：關北通猝兒姑，南通廣洪、魚洞諸砦，越嶲之門户也。又南十五里爲通濟堡，在嶲水西岸。又南即越嶲衛，衛在嶲水西廣平之地，羣山環繞，西通羊圈、托烏、雪山，東通普雄、大小赤口、馬湖諸蠻。又刺伯關，在衛西北二十五里，亦昔時戍守處。

小相公嶺關，衛南五十里。志云：相嶺關在小相嶺絶頂。又南十里爲靖邊堡，在小相嶺南，通寧番衛界三渡水外生番，東通桐槽、那噴、沈喳等蠻，過此有新添、九盤、白石、登相四堡，共四十五里。又十里爲雙橋堡，又十里爲玀猓窟穴也。過關五里爲灣村，又八里有巡哨堡，地稍寬平，又十里則寧番衛之冕山關矣。

鎮雄堡，在衛西南，路通普雄兩河口等處。又十五里爲通相堡，一名小哨。又十五里爲長老坪，在小相嶺北，西通羊圈、托烏，東通普雄、黑骨頭諸蠻。又十里即相嶺關矣。

白馬堡，衛東北二百九十里。又東十里即晒經關也。堡爲猓玀、鐵口諸番市易處。十里至河南驛，又八里至八里堡，路通八拍橋、普馬等寨。又西十里即平彝堡也，在高山峽内，路通笋坑、紅水、黑麻等寨。又十二里至古隘堡，路通那歷、洗馬姑、乃易集、戸水、八拍等寨。其南隘廣不盈丈，兩岸壁立千仞，峽内水流淙淙，或云此即韋皐所置清溪關也。李德裕所置琉璃、仗義二城俱在此處。又西二十里至平壩堡，輶軒於此設食焉。有古隘口，路通泥水、二十戸等寨，與煖歹諸蠻相鄰。又十里至鎮遠堡，東連煖歹、椒園、燕子窩諸蠻，西通洗馬姑、赤利、草必落等寨。又十里爲鎮彝堡，在高山稍平處。又十五里即鎮西所。志云：越嶲衛所屬爲青岡堡、簝葉堡、木瓜堡、鎮遠堡、平壩堡、苦菜堡、平彝堡、八里堡、河南堡、晒經關堡、白馬堡、鎮蠻堡、李子坪堡、臨河堡、炒米關堡、小哨堡、長老坪堡、溜水堡、新添堡、黄泥堡、九盤堡，皆分撥衛兵戍守。

龍泉驛。衛南十五里。其地有龍泉山，下爲龍泉驛。又十五里有炒米關，在高山峽内，志以爲關即韋皐所築要衝城，城下有龍泉水。又五里即鎮雄堡。輿程記：「邛部州龍泉驛東北六十五里爲利濟驛，又北八十里爲鎮西驛，又東北百二十里爲河南驛，自河南驛至黎州百四十里，由龍泉驛而南凡百二十里而抵建昌之瀘沽驛。」○梅子嶺橋，在衛南五十里，路出寧番，往來通道也。

邛部長官司，在衛治東。隋、唐時皆爲邛部縣地，元爲邛部州地，明爲越嶲衛地。先是有土酋嶺真伯者以地來歸，永樂初因分設長官司，以嶺氏世守其職，屬越嶲衛。編戸一里。

平彝堡。在司東，接嘉定州峨眉縣界，邛部屬彝也。萬曆十五年時嶺氏微弱，部族黑骨、普雄等酋爲亂，郵傳不通，大兵誅討，斬馘千數，其東近峨眉者數百家相率歸附，因置平彝、歸化二堡。其猝玀、鐵口、普雄三村，於邛部屬彝中尤爲桀驁云。

鎮西千户所，衛北百五十里。本越巂衛地，嘉靖中析置。志云：寧越守備駐此。其城背高阜，南臨深坎，西通竹麻哨、阿迷羅等砦，東通煖歹、瓜羅、米頗柯、羅回諸彝，屹然一要害，屬越巂衛。編户一里。

新驛。在所東，近嘉定州峨眉縣界。隆慶中越巂指揮程昱議將鎮西千户所起至玀狪地方舊路開闢，直抵峨眉縣至四川城，避出大渡河與相公嶺之險。蓋自所至省城，中間水則大渡河，每年春秋二季瘴發，行人斷絶，雖有緊急，聲息莫通，行者又有風濤之害。山則大相公嶺，高五六十里，四時多雪，晝日晦冥，非遇哨期有百數十人，則不敢過。哨期一月三次，行者未免遲滯。其頂盤百折，層疊之險，多不可名。亦有湍流，人常病涉。過此則南站，兩旁皆西番巢穴，中通一線之路，雖有關堡防備，番夷出没無常，未免遭其劫掠。洪武十七年景川侯曹震言：「四川至建昌驛道有大渡河之險，問諸父老，自眉州峨眉至建昌古有驛道，平易可行，歲久蔽塞，今已開通，以温江至建昌各驛馬移置峨眉新驛爲便。」今開新驛，即震所請也。且較舊路近二三百里，日日可行，原有舊跡，修葺以易云。

鹽井衛軍民指揮使司，都司城西北三百里。東至寧番衛界百三十里，西至雲南麗江府界五百里，西北至雲南永寧府界三百里。

漢越巂郡地，晉、宋因之，蕭齊以後没於蠻獠。後周屬嚴州，隋屬巂州，南詔置香城郡。

宋時蠻名賀頭甸，屬大理國。元初爲落蘭部，至元十四年立鹽井管民千户，十七年改爲閏鹽州，二十七年立柏興府。隸羅羅斯宣慰司。明初因之，尋改爲柏興州，洪武二十五年改爲柏興千户所，二十七年改置鹽井衛，編户二十四里。屬行都司。領千户所一，長官司一。今亦置鹽井衛。

衛迫臨邊陲，通道滇、蜀，地饒給多鹽利，西陲之屏翰，而建昌之根底也。

定筰廢縣，在衛治南。漢縣，屬越嶲郡，郡都尉治焉。文穎曰：「古筰彝所居也。」華陽國志云：「摩沙彝所居。」後漢仍屬越嶲郡，晉因之。劉宋亦爲定筰縣，蕭齊以後廢。後周置定筰鎮，隋因之。唐武德二年改置昆明縣，仍屬嶲州。天寶末没於吐蕃，貞元中收復。後又没於南詔，置香城郡。大理時曰賀頭甸，後附於元，尋置閏鹽州，以州西獷鹿蠻部爲普樂州，俱隸德平路。至元二十七年并普樂、閏鹽二州爲閏鹽縣，以境内有鹽井也，置柏興府治焉。明洪武中藍玉討建昌叛帥月魯帖木兒，道入柏興府，玉破平之。城邑考：「今衛城洪武中築，二十九年甃以石。有門四，周四里。」

昆明城，在衛西南。本漢定筰縣地，以南接昆明彝而名。顔師古曰：「昆明在嶲州西南。」漢武求身毒道，南方閉嶲、昆明。元封六年復欲通大夏，遣使十餘輩皆閉昆明，乃命將郭昌擊之，斬首數十萬，後復遣使，竟不得通。後周爲定筰鎮地。唐置昆明縣，蓋以漢昆明地而名。天寶中置昆明軍。後吐蕃亦置城於此。貞元十一年南詔攻吐蕃昆明城，取之，尋復没於吐蕃。十五年吐蕃謀襲南詔，屯於昆明，又遣兵屯西貢川。十七年韋皋遣軍攻昆明城，不下。胡氏曰：「昆明在西爨西北，有鹽地之利。」似悮。又鹽城，亦在衛西南。志云：昆明縣有鹽有鐵，築城以衛之，因名。唐開元十七年嶲州都督張審素破西南蠻，拔昆明及鹽城。其相近者又有諾濟城，亦唐所置戍守處也，天寶末没於吐蕃。貞元十五年吐蕃分兵自諾濟城攻嶲州，十七年韋皋使嶲州將陳孝陽等及麼些蠻、東蠻三部落主苴那時等攻吐蕃昆明、諾濟城是也。後没於南詔。

廢金縣，在衛北。漢定筰縣地，唐爲昆明縣地，後没於南詔，蠻名利賨揭勒。元至元十五年置金州，後降爲縣，屬柏興府，以縣境斛薁和山出金而名。明初因之，尋廢。○寧遠城，杜佑曰：「在越嶲郡西，昆明縣南，唐開元中置寧遠軍，屬劍南節度。」

柏林山，衛南十里。多松柏，翠色參天，柏興府之名以此。○斛薁和山，在衛西三十里，産金。又衛西北七十里有鐵石山。山有弩石，燒之成鐵，爲劍戟甚剛利。又白耳山，在衛西二百里。山下有白耳村。

打沖河，衛東北百八十里。自吐蕃界流經打沖河中左所，南流經此，下流至會川衛境合金沙江。志云：打沖河兩山壁立，水勢洶湧，狼牙相拒，舟楫不通，有索橋横亘四十二丈，邊陲之天險也。自舊瀘州一帶駝運入衛，必由索橋之險，往往患糧運難通，又有土蠻時相仇殺，衛境軍民，轉徙離散，不能免矣。

雙橋河，衛西五里。源出衛東三十里之凉山，遶流逕此，又東北流入打沖河。又越谿河，在衛東百里。亦出凉山，會打沖河而入金沙江。又衛北五里有龍潭水，從地湧出，方圓四丈，極清潔，四時不竭。

琵琶川，在衛南。唐貞元七年韋皋遣兵至琵琶川討勿鄧酋長苴夢衝，大破之，遂通雲南之路。時勿鄧潛通吐蕃，扇誘羣蠻，隔絶雲南也。繼又以東蠻風琶鬼主貳於吐蕃，召斬之於琵琶川，東蠻慴服。一云川在越嶲衛北，悮。

鹽井，在衛治東。有黑、白二井。漢志：「定筰出鹽。」元因以閏鹽名縣。今黑鹽井鹽課司置於此。又有鹽井遞運所，在衛東百里。

雙橋關，衛東八十里。亦曰雙橋堡。又東十里爲杭州堡，又五里爲平川驛，又五里爲紹興堡，又十里爲禄馬堡，又十里爲梅子堡，通禄馬、禄曹諸寨，又東二十里即打沖河也。○土功堡，在雙橋西十里，又西十里爲馬蝗堡，又十里爲新添堡，又十里爲鴛鴦堡，又十里爲凉山堡，又十里爲高山堡，又十里爲箐口堡，又十里則衛治也。志云：衛西二百八十里舊有古得關，爲戍守處。

德力堡，衛東二百十里。與建昌衛接境，西去打沖河十餘里，通禄馬、禄曹諸蠻。又東十里曰沙坪堡，通麻科、七村、牙礦諸蠻。又二十里亦曰高山堡，通馬者、馬羅諸蠻。志云：鹽井衛所屬有箐口、雙橋、凉山、鴛鴦、新添、馬蝗、土功、杭州、紹興、六馬、鎮南、定遠、鎮西、新化、明遠、濟平、康寧等堡，皆分撥衛軍戍守。

鹽井驛。在衛治東。又東百里爲平川驛，平川遞運所亦置於此。又東六十里爲河口驛，有河口遞運所。志云：驛西去打沖河三里，以在打沖河口而名。又東六十里爲沙河驛。又有沙平遞運所在衛東三百二十二里。輿程記：「自沙平驛至建昌衛不過五十里。」是也。

打沖河守禦中左千户所，衛東北百六十里，元建昌路瀘州地也。洪武中置一所，今分爲五，俱屬建昌衛。土彝考「左所土千户，剌氏世其職。洪武二十五年征月魯帖木兒、賈哈剌，土人剌他效順，其子剌馬非復入貢，授中左副千户。永樂十一年升爲正，以别於四所。地與麗江、永寧二府接，麗江土官木氏每來侵之，土地人民幾失其半。又有右所土千户八氏，中所土千户剌氏，前所土千户阿氏，後所土千户卜氏，皆以明初土人歸附授官，今悉爲麗江所蠶食」云。

打沖河。所治東。自番境流入，又南入鹽井衛界。志云：中左所在河西，中前所在河東，蓋濱河爲守禦也。

馬剌長官司。衛南五百里。本定筰縣地，元屬柏興府。永樂初分鹽井衛置今司，仍屬鹽井衛。土彝考：「馬剌一名瓦剌，土官阿氏以明初歸附，世其職。其地接壤雲南北勝州，稱寬饒庶富，人亦馴擾。」今編户一里。

會川衛軍民指揮使司，都司東南五百里。東至東川府界二百五十里，南至雲南武定府界四百五十里，西南至雲南姚安府界四百里。

漢越巂郡地，晉、宋因之，蕭齊以後廢。隋屬巂州，唐因之。南詔置會川都督府，又號清寧郡。大理時仍曰會川府。元至元十四年置會川路。治武安州，隸羅羅斯宣慰司。明洪武中復曰會川府，隸四川布政司，尋降爲守禦千户所，隸建昌衛。二十七年改置會川衛，編户十八里。屬行都司。領千户所一。今因之。

衛西控瀘水，南環金沙，據兩川之間，爲衛要之地。雲南擾動，北窺川蜀，衛其必争之所也。

會無廢縣，衛治西。漢置縣，屬越巂郡，後漢因之。晉爲越巂郡治。宋仍屬越巂郡，後廢。唐置會川鎮，以川原並會而名。上元二年移邛都縣於會川鎮城內，自是改名曰會川縣。天寶中没於南詔。貞元四年吐蕃發雲南兵寇西川，屯於瀘北，既而疑雲南附唐，遣兵屯會川以塞雲南趣蜀之路，雲南怒引還。其後没於南詔，置會川府治焉。城邑考：「今衛城明洪武末築土城，永樂初甃以石。有四門，城周八里。」

三絳廢縣，在衛東南。漢縣，屬越嶲郡，後漢因之。一作「三縫」，悮也。華陽國志：「三縫縣一名小會無，讀曰『三播』，通道寧州，渡瀘得青蛉縣，有長谷，路出其中是也。晉時縣廢。」青蛉，見雲南姚安府。○姑復廢縣，在衛南。亦漢縣，屬越嶲郡。王莽時越嶲姑復夷人大牟叛，殺掠吏人，莽遣平蠻將軍馬茂擊之，不克。後漢永平初姑復夷復叛，益州兵討平之。晉亦曰姑復縣，改屬雲南郡。沈約志：「雲南有東西二古復縣，即漢姑復縣地。」蕭齊因之，梁末廢。水經注：「若水自會無經三絳縣西，又逕姑復縣北。」是也。

和集廢縣，在衛西。新唐書：「貞觀八年置，屬嶲州。」又西有昌明廢縣，本松外蠻地，唐貞觀二十二年開，置牢州及松外、尋聲、林開三縣，永徽三年州廢，三縣皆省入昌明，天寶中没於蠻。

會同城，在衛北。唐所置會同軍也。天寶九載鮮于仲通討南詔，大軍自南溪入，別軍自會同入。至德初閤羅鳳陷越嶲會同軍，據清溪關。胡氏曰：「軍在會川縣，當瀘津關之要路。」南谿，見叙州府。○黄土城，一統志云：「在衛城西。」建置未詳。

永昌廢州，衛西五里。元志云：「故歸依城即唐會川縣治也。南詔初置會川都督府，尋曰會同府，又分置五瞼以掌其地。元至元十四年改置管民千户，十七年升爲永昌州，屬會川路。」明初因之，尋廢。○武安廢州，在衛南十里，蠻名龍泥城，〔四〕即南詔清寧郡治也。宋時爲大理高凌所據。元至元十四年立管民千户，十七年置武安州，會川路治焉。明初因之，尋廢。

會理廢州，衛東南二百里。漢三絳縣地，蠻名昔陀，烏蠻阿壇絳之裔羅於則居此，亦曰絳部，其後强盛，改號蒙歪。元初隸闕畔萬户，至元四年屬落蘭部，十三年改隸會川路，十五年置會理州，二十七年還屬闕畔部，尋復故。明初廢。○黎溪廢州，在衛西南百五十里。蠻名黎彄，訛曰黎溪。南詔時閤羅鳳徙白蠻守此，大理時羅羅蠻據其地。元至元九年改置黎溪州，屬會川路。明初因之，後廢。正統初黎溪蠻失的等嘯聚金沙江，雲南帥沐節擊平之。又麻龍廢州，在衛南，地名棹羅能。烏蠻之裔居此，曰麻龍城。元至元十二年併其地入會川，十四年立管民千户，隸會川路。十七年升爲麻龍州，二十七年割屬闕畔部，尋復故。明初廢。志云：衛東南百里有通安廢州，亦元置。今元志不載。

葛砧山，衛東南八里。上産石青，有四色。又土日山，〔五〕在衛東南三十里。上産石碌，有三色。又密勒山，在衛東二百里，産銀礦。宣德五年置銀場，遣官開採，以雲南官兵充礦夫。尋罷。

玉虚沙山，衛西北四十里。山高竦，多白沙。又斜山，在衛西境。唐永徽六年嶲州道行軍總管曹繼叔破胡叢、顯養、車魯等蠻於斜山，拔十餘城。胡氏曰：「胡叢，劍山招討所領五部落之一也。」

金沙江，衛西南二百五十里。源出吐蕃，逕雲南麗江、鶴慶、姚安、武定之境至衛界，又東合瀘水，至廢黎溪州爲馬湖江。其江昔有嵐瘴，隆冬人過，雖袒裼皆流汗，惟雨中及夜渡無害。夾岸皆石，江中沙土黄色，因名。詳見雲南大川。

瀘水，衛西百五十里。自建昌南流而入金沙江。舊多瘴氣，四五月間尤甚。又水流峻急多巉石，土人以牛皮爲舡，方涉津涘。杜佑曰：「武侯南征，五月渡瀘，蓋在此處。」新唐書云：「由會川渡瀘水，經嶲州、維州三百五十里至姚州。」姚州，今雲南姚安府也。詳見前大川。

瀘沽河，衛南八十里。自冕山所逕建昌衛東境，下流至此入金沙江。水經注：「會無縣有駿馬河，水出縣東高山。山有天馬徑，厥迹存焉。民家馬牧山下，或産駿駒。漢安帝永初六年詔越嶲郡置長利、高望、始昌三苑，皆馬苑矣。」

西貢川，在衛西徼外。唐貞元十五年吐蕃謀襲南詔，遣兵屯西貢川，即此。志云：西貢川爲吐蕃要地，嘗置西貢川節度於此。

玄泉，在衛城東。泉色稍黑，灌溉山田，民獲其利。又勝功井，在衛西北五里。自石竇中出，四時不涸。

瀘津關，衛東南三十里。唐時爲南蠻要路，今廢。又永昌關在衛西三十里，又西三十里有大龍關。志云：衛南六十里有迷郎關，一名迷水鎮，舊有滇池，今堙。

甸沙關，衛北百六十里，與建昌衛分界處也。一作「河沙關」。關之東南二十里爲麼些塘，舊麼些彝之壘也。又南十里爲虎頭關，又十里爲虎頭鋪，俱威龍彝之區。又十里爲周官嘴，又十里爲大龍驛，又十里爲寒婆營。此二十餘里間有路通麻龍、仲村、捲卜、法果諸彝，不時爲患。

松坪關，衛南二百八十里，近雲南境，北去金沙江可三十里。土彝考：「衛西南三十里爲箐山口，又八十里爲火燒腰驛，去驛五里爲五里坡，又十五里爲密即關，路通紅卜苴彝寨，五十里爲七墩堡，路通黎溪州彝寨。黎溪驛北有荷花池，盛夏香來，可以避瘴。驛東去七墩堡十五里。又八十里爲塔甲渡巡司，又四十里爲松坪關。」〇石嘍堡，在衛東南十里。又四十里爲虎街堡。又四十里爲姜州堡，即元所置姜州也，會鹽守備駐於此。

會川驛。在衛治北。又北六十里爲大龍驛，又北八十里爲把松驛，又北七十里至建昌衛之白水驛。〇腰驛，在衛南七十里。又南七十里爲黎溪驛。志云：衛東南二百里有塔甲渡巡司。

守禦迷易千户所。衛西北八十里。元會川路地，明洪武十五年置今所，隸建昌衛，二十七年改今屬。土彝考：「初雲南景東府僰彝頭目阿駭徙其屬往種於此，洪武十六年歸附，授以世襲副千户。今土官賢氏居城外，專理巡捕，管束八百户僰彝而已。」

附考

董卜韓胡宣慰司，在成都府境西北，直威州保縣之西。志云：西北生蕃有孟、董二姓，十八寨，名董卜韓胡。唐時哥鄰君董卧庭求内附，處其衆於維、霸等州，居小鐵圍山，去保縣可七八日程，東抵雜谷八稜碉。模坡河在東，如卜河在北，或謂即古之孫水也。南經雅州以牛皮爲船，既渡則曝於岸上，候乾復用。永樂八年歸附，授宣慰使司。貢道有三：一由雜谷八稜碉出保縣，一由清溪口出崇慶州，一由靈關出雅州。近與雜谷不睦，故直由雅安。歷代朝貢不絶。

雜谷安撫司，在威州保縣西二百里。志曰：出保縣南岸行一日，又北渡沱江至雜谷安撫司可八十里。又十里有故城，相傳即無憂城也。其地有上碉、下碉，前臨沱水，後倚高山，東接彡姐，西接孟、董，南抵達思，北抵東布。又東至八稜碉與蒙古密邇，歲終發番兵萬餘備糧械入碉防守，至次年除夕更班，保邊寧謐，以雜谷爲保障也。永樂中建安撫司，使世其職。又有達思蠻長官司，在雜谷西五十里，亦永樂初置。其附近有金川寺禪師及草坪、大市、龍山以西諸砦，又有威州南路打喇兒砦及只臺諸番寨，皆屬雜谷安撫司。○雜道長官司，在黎州所西百五十里，領附近屬彝，以時貢獻。

西番烏斯藏都指揮使司，在天全六番司西七百里。本吐蕃種，蒙古主蒙哥取其地，於陝西河州置吐蕃宣慰司都元帥府，又於四川徼外置碉門魚通黎雅長河西寧遠等處宣撫司。元主忽必烈時復郡縣，其地設官分職，以吐蕃僧八思巴爲大寶法王、帝師領之，嗣者數世，弟子號司空、司徒、國公，佩金玉印章者前後相望。以其地連天竺，有大西天、小西天之名。其貢道由董卜韓胡、長河西、朵甘思之境，自雅州入於中華。明洪武六年詔吐蕃各族酋長，舉故有官職者至京授職，遂置五衙門，建官賜印，俾因俗爲治，以攝帝師喃加巴藏卜爲熾盛佛寶國師，元國公南哥思丹八亦監藏等爲都指揮、同知、宣慰元帥、招討等官，自是番僧有封灌頂國師及贊善王、闡教王、護教王、闡化王、正覺大乘法王、如來大寶法王者，俱賜印章誥命。比歲或間歲赴京朝貢。今計爲都指揮使司者二：曰烏思藏，曰朵甘衛；爲指揮使司者一，曰隴荅衛；爲宣慰使司者三：曰朵甘，曰董卜韓胡，曰長河西魚通寧遠；爲招討司者六：曰朵甘思，曰朵甘隴荅，曰朵甘丹，曰朵甘倉溏，曰朵甘川，曰磨兒勘；爲萬户府者四：曰沙兒可，曰乃竹，曰羅思端，曰列思麻：，爲千户所者十七：曰朵甘思，曰剌宗，曰孛里加，曰長河西，曰多八參孫，曰加八，曰兆日，曰納竹，曰倫荅，曰果由，曰沙里可哈思的，曰孛里加思東，曰撒里土兒干，曰參卜郎，曰剌錯牙，曰泄里壩，曰闊側魯孫。是爲三十三種番彝也。餘詳陝西徼外西番朵甘衛。

羅羅斯土指揮使司，在建昌行都司城東一里。土彝考：「元至正間置羅羅蒙慶等處宣慰司都元帥府，其酋長散居大渡河西。至順元年羅羅斯土官撒加伯及阿柄土官阿剌、里州土官阿荅以兵撒毁棧道，欲據大渡河寇建昌，尋擊平之。明洪武四年羅羅斯宣慰使安普卜之孫配率衆歸附，授以土指揮使，帶銜建昌衛，不給符印，置院於城東郭外里許使居之。所屬有四十八馬站，部落爲僰人、猓玀、白彝、西番、麽些、狢獞、蒙古、回子、漁人約九種，而猓玀最狰獰。諸種散居山谷間，北至大渡，南及金沙，東抵烏蒙，西迄鹽井，延袤殆千餘里，昌州、威龍、普濟三長官司隸之，西彝大長，此爲稱首。萬曆中配六世孫忠死無嗣，族黨争亂，所轄禄馬、阿用、白水、瀘沽四驛有凉山、拖郎、洞槽、熱水等彝，皆以强弱爲向背，於是讎殺無虚日，久之乃定。」

白狗國，成都府威州西南白狗嶺北，西羌别州名也。亦曰白苟。劉宋景平二年西秦乞伏熾磐遣將吉毘等南伐白苟、車孚、崔提、旁爲四國，皆降之。胡氏曰：「白苟，生羌也。其地與唐東會州接，車孚等國其地應相近。」後訛爲白狗，隋書附國有白蘭、白狗等種，風俗略同党項，或屬吐谷渾，或附附國。唐武德六年白蘭、白狗羌並遣使入貢，後開元、貞元中白狗羌並入朝貢。旁有東女國者，亦羌别種也。俗以女爲王。東與茂州、党項接，西屬三波訶，北距于闐，東南接雅州界，隔羅如蠻及白狼彝。〔六〕有八十餘城。王所居曰康延川，巖險四繚，中有弱水南流，亦用牛皮爲舡以渡。隋大業中蜀王秀遣使招之，不至。唐武德中至天寶初貢不絕。其後復以男子爲王。貞元九年其王湯立悉與哥鄰國王董卧庭、白狗國王羅陀忽、逋租國王弟鄧吉知、南水國王姪薛尚悉曩、弱水國王董辟和、悉董國王湯悉贊、清遠國王蘇唐磨、咄霸國王董藐蓬各詣西川乞內附，〔七〕韋皋處其衆於維、霸、保等州。哥鄰等國皆散居西山，所謂西山八國也。弱水本唐初女國之弱水部落，最弱小。悉董國在弱水西，亦謂之弱水西悉董王。舊皆分隸邊郡，中原多故，皆爲吐蕃所役屬，至是相率獻款，悉來朝見，於是西山、松州生羌部落相繼內附，自後節度西川者多兼西山八國使之稱。

附國，在威州西北。舊志云：在蜀郡西北二千餘里。其東部曰嘉良彝。隋大業五年附國王遣其弟子宜林率嘉良彝朝貢。嘉良有水闊六七十丈，附國水闊一百丈，並南流，以皮爲舡而濟。南有薄緣彝，風俗亦同。又西即東女國也。又白蘭羌與附國相近，亦西羌別名也。吐蕃謂之丁零，有勝兵萬人，唐武德六年遣使入朝。新唐書云：「武德七年以白蘭羌地爲維、恭二州。」似悮。今見陝西徼外西番境內白蘭山。又狗冉川亦在威州徼外，舊爲西羌別種，唐開元二十九年與白狗國共來朝貢。○槃木國，在茂州西境，後漢永平中益州刺史朱輔威懷遠彝，自汶山以西，歷代未奉正朔者白狼、槃木等百餘國皆舉種稱臣奉貢，後諸國皆爲西羌所併。

旄牛彝，在黎州所西北。蜀紀：「周赧王三十年秦滅蜀置守，蜀守張若因取笮及其江南地。」史記：「自越嶲以東北君長笮都最大。」秦時嘗爲郡縣，漢興而罷。武帝平西南彝置沈黎郡，天漢四年更置兩部都尉，一居旄牛，主徼外彝。後漢永平中益州刺史朱輔宣示漢德，自汶山以西白狼、槃木及樓薄等百餘國皆朝貢，悉旄牛徼外彝也。永初元年蜀郡三襄種彝與徼外汙衍種反叛，攻蠶陵。延光二年旄牛彝叛，攻零關。延熹二年三襄彝復寇蠶陵。蓋自諸葛武侯南征之後，而旄牛諸彝亦寢息云。蠶陵，今疊溪所也。

木瓜彝，在嘉定州峨眉縣西南五百五十里。木瓜有二：有小木瓜旁通西赤口，去煖歹只二日；過木瓜橋頭稍前十里爲大木瓜，即今三枝降彝處所，一枝凶瓜，一枝匪瓜，一枝卜特瓜。過大木瓜五十里爲利濟山，極高峻，與大凉山相接。又五十里至大赤口，口外則馬湖之地矣。卜特之先分自大赤口，凡十二枝，膩乃卜特其最著者，世居西河，屬馬湖土官安氏鈐轄。自安氏滅，諸瓜叛入邛部歸嶺氏。其地自西河、大小赤口、凉山、雪山等處周圍盤據，西連建、越，北接嘉、峨，南通馬湖，蹊徑四藏而八達焉。嘉靖末諸瓜畜牧蕃盛，心懷内擾，邛部長官嶺柏不能馭。及死，膩乃虐柏等叛出凉山，會同西河匪瓜白禄出砂砰，於是嘉、峨、犍爲一帶鄰邊居民不能安枕。建昌及上、下川南三道督邛部發兵，至栖雞坪截殺之。王師未集，賊潛從冷溪而渡，直擣栖雞，官軍大衄。賊鋒益熾，乃議大征，分建越、馬湖、中鎮三路即進，直搗巢穴，瓜惶駭請降，於是歲入貢於峨眉，恢復侵占田地自七盤子至米麻嶺共四千八百六十四畝云。砂坪，見黎州所，餘見前峨眉縣。

白羅羅彝，在叙州府珙縣南境，與鎮雄府接界。相傳廣西流彝也，有砦數十，衆數千。其屬又有羿子部。彝所居皆崖壁峻險，林箐叢密，景泰至成化中屢犯戎、珙、長寧諸縣，又時與都掌大壩彝相讎殺云。

烏蠻，在建昌行都司境。唐南蠻傳：「烏蠻分七部，有邛部六姓，而勿鄧、豐琶、兩林三部謂之東蠻，各有大鬼主爲之長，天寶中歸附，後屬吐蕃，貞元三年復歸款。韋皐帥西川，使兩林王苴那時詗伺雲南，又屢結東蠻共攻吐蕃，苴那時等皆以功授王爵。」唐紀：「貞元四年雲南王異牟尋欲内附，先遣東蠻鬼主驃旁、苴夢衝、苴烏星入見，唐封驃旁爲和義王，苴夢衝爲懷化王，苴烏星爲順政王。未幾吐蕃復發雲南兵寇西川，雲南尋引去。吐蕃怒，乃分兵攻兩林、驃旁及東蠻，進寇清溪關。」志云：兩林在勿鄧南七十里，地雖狹而諸部推爲長，號大鬼主。勿鄧在邛部之旁，豐琶在建昌城山上，亦謂之風琶。上南志云：「今會川衛即風琶蠻地也。咸通五年西川奏兩林鬼主邀南詔蠻敗之。蓋自韋皐鎮西川時招懷東蠻三部，三部嘗助皐破吐蕃。及唐將吏遇之無狀，東蠻遂附南詔。咸通十一年南詔入寇，三部皆爲之盡力，自是遂絶於唐。」胡氏曰：「東蠻跨地二千里。苴那時，勿鄧鬼主也。」又六姓蠻者，曰蒙，曰彝，曰訛，曰狼，曰勿鄧，曰白也，皆在新安城旁。其别部曰浪稽部、卑籠部、董春烏部。咸通五年東蠻浪稽助南詔屠巂州，卑籠部怒南詔殺其父兄，導忠武戍兵滅浪稽。時六姓皆懷兩端，惟卑籠盡心事唐，與諸蠻爲仇。七年西川節度劉潼遣將將兵助卑籠討六姓蠻，焚其部落。時董春烏部亦附唐，十年南詔入寇擊董春烏部破之，遂寇巂州。五代以降，烏蠻族類分析，大抵附屬於大理。元至元中伐兩林，破會川，即其地也。今境内諸土酋皆其苗裔。新安城，見上建昌衛。

松外蠻。在建昌行都司西南。唐南蠻傳云：「在巂州昆明縣徼外。」貞觀二十二年平松外蠻。先是巂州都督劉伯英請討松外蠻以通西洱、天竺之道，於是遣將梁建方發巴、蜀諸州兵討破之，遂遣使諭西洱河招降其酋帥。胡氏曰：「松外諸蠻依阻山谷，亦屬古南中地，蓋以在松州之外而得名。」或曰今東川府界有絳雲弄山，與雲南禄勸州接界。一名松外龍山，即故松外蠻之地。

校勘記

〔一〕北方閉氏笮南方閉巂昆明　文中兩處「閉」字，底本均作「開」，今據職本、鄒本及史記卷一一六西南夷傳、漢書卷九五西南夷傳改。

〔二〕羣蠻糾結於抵拒也　底本此句下原有「北方開氏笮」五字，職本、鄒本無，今據删。

〔三〕越巂郡卷彝大牛種封離等反　「郡」，底本原作「以」，今據鄒本改。

〔四〕蠻名龍泥城　「城」，底本原作「滅」。字書無「滅」字，元志卷六一武安州下云：「蠻稱龍泥城。」今據改。職本作「城」，不誤。

〔五〕土日山　明志卷四三作「土田山」。

〔六〕羅如蠻　舊唐書卷一九七東女國傳、新唐書卷二二一上東女國傳並作「羅女蠻」，此誤「女」爲「如」。

〔七〕貞元九年至各詣西川乞内附　舊唐書卷一九七東女國傳與此同，然卷一三德宗紀「湯立悉」又作「湯立志」，「羅陀忽」又作「羅陀怱」，「鄧吉知」又作「鄧告知」，「薛尚悉曩」又作「尚悉曩」，有數異。通鑑卷二三四唐紀五〇「薛尚悉曩」又作「薛莫庭」。又通鑑及新唐書卷二二一上東女國傳並無「弟」、「姪」等字，直云國王某某，與本書又有兩處岐異。

湖廣方輿紀要序

湖廣之形勝在武昌乎？在襄陽乎？抑在荆州乎？曰：以天下言之則重在襄陽，以東南言之則重在武昌，以湖廣言之則重在荆州。何言乎重在荆州也？夫荆州者，全楚之中也。北有襄陽之蔽，西有夷陵之防，東有武昌之援，楚人都郢而强，及鄢郢亡而國無以立矣，故曰重在荆州也。何言乎重在武昌也？夫武昌者，東南得之而存，失之而亡者也。漢置江夏郡治沙羡，劉表鎮荆州，以江、漢之衝恐爲吴人侵軼，於是增兵置戍，使黄祖守之。孫策破黄祖於沙羡，而霸基始立。孫權知東南形勝必在上流也，於是城夏口，都武昌。武昌則今縣也，而夏口則今日之武昌也。繼孫氏而起者，大都不能改孫氏之轍矣。故曰重在武昌也。何言乎重在襄陽也？夫襄陽者，天下之腰膂也。中原有之可以併東南，東南得之亦可以圖西北者也。故曰重在襄陽也。請得而備言之。從來善用荆州者莫如楚。楚都於郢，而其争中原也，則在方城、漢水之外，是今日襄陽以北地矣。西則以黔中、巫郡隔礙秦、雍，控扼巴蜀，非今日歸州、夷陵諸境乎？東則越冥阨以迫陳、蔡，由夏州、州來、符離以通江、淮，非今日武昌、黄、蘄之郊乎？是則全楚之形勝莫過於荆州也。若夫用武昌者，則莫備於江東。孫氏都武昌，非不知其危險墝确，僅恃一水之限也，以江夏迫臨江、漢，形勢險露，特設重鎮以爲外拒，而武昌退處於後，可從容而圖應援耳。名爲都武昌，實以保江夏也。未有江夏破而武昌可無事者。晉人伐吴，分遣一軍出夏口，一軍出武昌，此亦第徇吴人陪都之名，而未權其實也。東晉因之，而武昌與夏口並重，陶侃領荆州則鎮武昌，庾翼領荆州則鎮夏口。劉裕締造之初，亦嘗以江、沔未靖，移荆州治夏口，迨孝武時則增置郢州治焉。郢州治而武昌乃歸重於夏口矣。蓋郢州者所以分荆、襄之勝，而壓荆、襄之口者也。自此荆、襄多事，郢州實首當其鋒。沈攸之以江陵發難，不能下郢州，不旋踵而敗亡。蕭衍自襄陽而下，則必争郢州。王僧辯自荆州而下，則先入郢州。隋人以夏首爲陳氏之要衝，唐人以鄂州爲江、漢之重鎮，皆昔郢州也。及南宋之衰也，襄、樊陷，兩郢傾，而鄂州之防急。以伯顔之强狡，不敢輕犯鄂州者，誠畏其險也。及取鄂州，而東南遂不支矣。是上流之形勝，誠莫切於武昌也。若夫襄陽者，西晉用之，則以亡吴；蒙古用之，則以亡宋；次則西魏用之，亦以亡梁。苻堅之陷襄陽也，不知襄陽之可以覆晉也；西魏之擅襄陽也，不知亡梁之資，即覆陳之本也。間嘗謂南國之周瑜有用襄陽之志而無其年，關壯繆有用襄陽之勢而無其智，庾翼有用襄陽之識而無其力，桓温有用襄陽之力而無其誠，南宋諸君子有用襄陽之言而無其事，于岳武穆可謂聞其語矣，見其人矣，而又廢於讒賊。然則千百年來，北人以襄陽并東南者有之矣，南人未有以襄陽而清關、洛者也。要以襄陽爲天下之要膂則自若矣。客曰：予聞之，武昌水要也，荆州路要也，襄陽險要也。今由子之言，益信三郡之於楚如鼎足然，殆未容以優劣視歟？余曰：三要之説，亦未盡然，子遂因之而以三郡並較也。襄陽殆非武昌、荆州比也，吴人之夏口不能敵晉之襄陽，齊人之郢州不能敵蕭衍之襄陽，宋人之鄂州不能敵蒙古之襄陽矣。昔人亦言荆州不足以制襄陽，而襄陽不難於併江陵也。三國争荆州，吴人不能得襄陽，引江陵之兵以攻魏，輒破於襄陽之下。梁元帝都江陵而仇襄陽，襄陽挾魏兵以來，而江陵之亡忽焉。魏人與蕭詧以江陵，而易其襄陽，亦謂得襄陽而江陵之存亡我制之也。五代時高氏保江陵，賴中原多故，稱臣諸國以延歲月，宋師一逾襄陽而國不可立矣。蒙古既陷襄陽，不攻江陵而攻兩郢也，亦以江陵不足爲我難也。噫，孫氏有夏口有江陵，而獨不得襄陽，故不能越漢江尺寸地。晉人有襄陽矣，乃謂漢水之險不及大江，甚且輕戍江北，重戍江南，何其無志於中原也？幸而是時北人無能用襄陽者耳。彼襄陽者，進之可以圖西北，退之猶足以固東南者也。有襄陽而不守，敵人踰險而南，漢江上下，罅隙至多，出没縱横，無後顧之患矣。觀宋之末造，孟珙復襄陽於破亡之餘，猶足以抗衡强敵。及其一失，而宋祚隨之。即謂東南以襄陽存以襄陽亡，亦無不可也。客曰：然則國家省會之設，何以不於襄陽而於武昌？余曰：此亦因已然之跡，未究其本耳。漢都長安，而荆州首列南郡；晉都洛陽，荆州先治襄陽，平吴之後改治江陵；唐都長安，而十道之設，山南道則治荆州，開元改置，則山南東道治襄陽；宋都汴梁，分湖南北爲兩路，治江陵、長沙，後復增置京西南路治襄陽。蓋天下之形勢視建都者爲推移，藩屏之疏密視建都之向背何如耳。六朝、南宋以中原既失，僻在東南，武昌不得不爲重地。元起於北方，去東南最遠，當伯顔之破襄、郢而東也，宋人舉國以争鄂州矣，伯顔於是多方以圖之。既得鄂州，周覽山川，以爲江南要地，亟請城之，爲規取江南基本。其後因之，而行省建矣。僞漢逋逃，據爲窟穴，太祖克之，仍爲司治。蓋既已定鼎金陵，當混一之時，而未忘東南之慮，從金陵而論武昌，王述所云「一有緩急，駿奔不難」者也。燕都卜宅以後，亦惟成憲是遵，又何改焉？所謂因已然之迹，而未究其本者，此也。客曰：然則襄陽可以爲省會乎？曰：奚爲不可？自昔言祖中之地爲天下膏腴，誠引溠、淯之地，通楊口之道，屯田積粟，鞠旅陳師，天下有變，隨而應之，所謂上可以通關、陜，中可以向許、洛，下可以通山東者，無如襄陽。由武昌而北，非不足以叩三關，動申、蔡，然而取道紆迴，不如襄陽之徑且易也。客又曰：建國於東南，襄陽亦可以爲省會乎？曰：東晉時已僑置雍州於此矣。昔人謂東南可以問中原者，莫如襄陽。晉之桓温，宋之隨王誕，齊之曹虎、陳顯達，遠之戰於河、洛之間，近之争於穰、鄧之際，惟其有襄陽也。西魏因蕭詧以取襄陽，而東南之勢遂折而入於北。襄陽在東南，不後於武昌也。然酌其中，當設省會於武昌，而建帥府於襄陽。以全楚之資力，供襄陽之指揮，荆州引黔、粵之儲，西陵通巴、渝之蓄，而武昌集吴、會之漕，以持襄陵之後，數千里間，呼吸可通，見敵之隙，必速乘之，吾知天下之勢，且在東南矣。彼武昌者，自守或有餘，攻取或不足。且夫陽邏既下，而道出武昌之東門，嘉魚可來，而敵在武昌之南渚，漢口之重兵吾虞其未可專恃矣。至於夷陵險要，自古所推，而施州山川環結，土田蕃衍，隋、唐以來，皆爲郡縣，今等之於要荒矣。竊謂夷陵建郡，而以施州屬之，增置屬邑，南北相麗，既以通楚、蜀之援，亦以厚巴、夔之勢，或亦圖國者所當計及歟？

讀史方輿紀要卷七十五

湖廣一

禹貢：「荆及衡陽惟荆州。」荆，荆山，見襄陽府南漳縣。周禮職方：「正南曰荆州。」爾雅：「漢南曰荆州。」應劭曰：「荆，强也。言其氣躁勁。或取名於荆山焉。」又詩人所謂蠻荆也。春秋至戰國並爲楚地。其在天文，翼、軫則楚分野。秦併天下置南郡、黔中、長沙等郡。漢武置十三州，此亦爲荆州，其五溪地，自漢以後歷代開拓。後漢因之。初治武陵郡漢壽縣，今常德府廢縣也。後治南郡，即今荆州府。三國初分有其地，北境屬魏，西境屬漢，東境南境屬吴。其後蜀漢之地爲吴所并。晉亦置荆州，初治襄陽，平吴後理南郡。東晉初治武昌，其後遷徙不一。太元中王忱治江陵，自後不復移改。宋分置荆州、治南郡。郢州、孝建二年分荆、湘、江、豫州之八郡置，治江夏。雍州、治襄陽。湘州，治長沙。齊並因之。梁、陳分割滋多，不可殫析。陳時自江以北初屬周，後屬隋。隋煬帝亦置荆州，而不詳所統。大業末爲蕭銑所據，唐平之，分屬山南、今安陸、荆州、襄陽、鄖陽之境俱屬山南道。淮南、今黄州、德安、漢陽之境俱屬淮南道。江南今武昌、岳州、常德、長沙、衡州、永州、寶慶、辰州、郴州及施州衛等境，並屬江南道。詳見州域形勢，下倣此。等道，開元中又分置山南東、治襄陽，而常德府及岳州府之澧州亦隸焉。江南西、治豫章，而武昌、岳州、長沙以南皆隸焉。黔中治今四川彭水縣，而辰州府靖州及施州衛之境隸焉。諸道，後爲荆南、湖南、南唐所據。宋初爲湖南、治潭州。湖北治江陵府。及京西路，今安陸、襄陽、鄖陽及德安之隨州皆屬京西路，而黄州府則屬淮南路。後又增置京西南路。治襄陽。元始置湖廣等處行中書省，治武昌。後爲陳友諒所據。明初平之，仍置行省。洪武九年改置湖廣等處承宣布政使司，領府十五，直隸州二，屬州十四，屬縣一百有八，總爲里三千四百八十有奇，夏秋二税約二百二十萬石有奇。而衛所參列其中。今仍爲湖廣布政使司。

武昌府，屬州一，縣九。

江夏縣，附郭。武昌縣，嘉魚縣，蒲圻縣，咸寧縣，崇陽縣，

通城縣。

興國州，

大冶縣，通山縣。

漢陽府，屬縣二。

漢陽縣，附郭。漢川縣。

黄州府，屬州一，縣八。

黄岡縣，附郭。麻城縣，黄陂縣，黄安縣，蘄水縣，羅田縣。

蘄州，

廣濟縣，黄梅縣。

承天府，屬州二，縣五。今改安陸府。

鍾祥縣，附郭。京山縣，潛江縣。

荆門州，

當陽縣。

沔陽州，

景陵縣。

德安府，屬州一，縣五。

安陸縣，附郭。雲夢縣，應城縣，孝感縣。

隨州，

應山縣。

岳州府，屬州一，縣七。

巴陵縣，附郭。臨湘縣，華容縣，平江縣。

澧州，

安鄉縣，石門縣，慈利縣。永定、九谿諸衛所附見。

荆州府，屬州二，縣十一。

江陵縣，附郭。公安縣，石首縣，監利縣，松滋縣，枝江縣。

夷陵州，

長陽縣，宜都縣，遠安縣。

歸州，

興山縣，巴東縣。

襄陽府，屬州一，縣六。

襄陽縣，附郭。宜城縣，南漳縣，棗陽縣，穀城縣，光化縣。

均州，

鄖陽府，屬縣七。

鄖縣，附郭。房縣，竹山縣，竹谿縣，上津縣，今省。鄖西縣，

保康縣。

長沙府，屬州一，縣十一。

長沙縣，附郭。善化縣，附郭。湘陰縣，湘潭縣，瀏陽縣，醴陵縣，

寧鄉縣，　湘鄉縣，　攸縣，　安化縣，　益陽縣。

茶陵州，

常德府，屬縣四。

武陵縣，　桃源縣，　龍陽縣，　沅江縣。

衡州府，屬州一，縣八。

衡陽縣，附郭。　衡山縣，　耒陽縣，　常寧縣，　安仁縣，　酃縣。

桂陽州，

臨武縣，　藍山縣。

永州府，屬州一，縣六。

零陵縣，附郭。　祁陽縣，　東安縣。

道州，

寧遠縣，　江華縣，　永明縣。

寶慶府，屬州一，縣四。

邵陽縣，附郭。　新化縣，　城步縣。

武岡州，

新寧縣。

辰州府，屬州一，縣六。

沅陵縣，附郭。盧溪縣，辰溪縣，漵浦縣。

沅州，

黔陽縣，麻陽縣。鎮溪所附見。

直隸郴州，屬縣五。

永興縣，宜章縣，興寧縣，桂陽縣，桂東縣。

直隸靖州，屬縣四。

會同縣，通道縣，綏寧縣，天柱縣。

施州軍民府。大田所及宣撫、安撫、長官諸司俱附見。

永順宣慰司。南渭等羈縻州及長官司俱附見。

保靖宣慰司。五寨等長官司附見。

東距潯陽，

潯陽，今九江府。自黄、蘄而下，則九江爲都會。

南連嶺嶠，

五嶺之在南境者凡三：一曰騎田嶺，五嶺從東第二嶺也。一名臘嶺，亦曰黄岑山，亦曰黄箱山，在郴州南三十六里。嶺高二十九里，周迴三百八十一里。一曰都龐嶺，五嶺從東第三嶺也。亦名永明嶺，在永州府道州永明縣北五十里。連亘羣山，高險殊絶，又名揭陽嶺。一統志：「桂陽州藍山縣南九十里有黄蘗山，本名都龐山，與廣東連州分界，此爲五嶺之一。水經注：「都龐嶺在南平縣界。」藍山縣即故南平也，此於五嶺東西之次似合，然永明在北，而江華在南，次第似亦無嫌紊，誤。一曰甿渚嶺，五嶺從東第四嶺也。亦名白芒嶺，在道州江華縣西。水經注：「萌渚嶠有萌渚之水出焉，其山多錫，亦謂之錫方。」自騎田嶺而東則爲大庾嶺，接廣東南雄府、江西南安府界。自甿渚嶺而西則爲臨源嶺，接廣西桂林府界。横絶南北，不啻千里，土風迴別，寒燠頓殊。秦王翦降百越，以謫戍五萬人守五嶺，誠天地之關隔矣。五嶺，詳見廣東北界。

西據三峽，

三峽起自四川夔州府奉節、巫山二縣之東，達於歸州、彝陵州之西，連山疊嶂，隱天蔽日，凡六七百里。詳見西陵下。

北帶漢川。

漢水亘楚地之中。曰「北帶」，指襄陽以北而言也。自漢而北即河南及陝西之境。

其名山則有衡山，

衡山在衡州府衡山縣西北三十里，五嶽之一也。舜典：「五月南巡狩，至於南嶽。」禹貢：「岷山之陽，至于衡山。」周禮職方：「荆州鎮曰衡山。」史記：「秦始皇二十八年度淮水之衡山。」自漢武移南岳之名于霍山，隋文帝始復以衡山爲南岳。唐六典：「江南道名山曰衡岳。」至德二年李泌請歸隱衡山，從之。今煙霞峰旁有爛柯、懶殘等巖，即鄴侯隱處。名山記：「上承翼、軫，鈐總萬物，故名衡山。度應三衡，位直離宫，故曰南岳。其山高四千一十丈，長沙志作九千餘丈。盤繞八百里，有七十二峰，十洞，十五巖，三十八泉，二十五谿，九池，九潭，九井。又有九穿、三漏。而峰之最大者五，曰祝融、紫蓋、雲密、石廩、天柱，荆州記又云：「衡山三峰極秀，紫蓋、石囷、芙蓉也。其芙蓉峰上有飛泉瀑布，下灌田畝。」而祝融又爲之冠，道書以爲二十四福地。唐盧載所云十二峰中最高者也。峰之巔有風穴，有雷池。自紫蓋峰以下，各有巖洞泉壑之勝，而天柱峰形如雙柱，屹然聳拔。」九域志：「名山三百六十有八柱，此爲第六柱。五峰而降，其在衡山縣境者凡五十五峰，祝融、芙蓉、雲密、紫蓋、石廩、天柱諸峰，皆峰之大者，此外又有碧雲、香爐、石囷諸峰，共五十有五。今按七十二峰之名，大都好事者所附會，故不詳列。而在衡陽縣境者凡七峰，在長沙府湘鄉、湘潭、善化縣境者凡十峰，共爲七十二峰也。」徐靈期曰：「回鴈爲南岳之首，回鴈峰見衡陽縣。嶽麓爲南岳之足，嶽麓峰見善化縣。衡山蓋跨長沙、衡州二郡之境矣。」郭璞云：「衡山別名岣嶁。」今岣嶁峰見衡陽縣。

九疑，

九疑山，在永州府道州寧遠縣南六十里。衡郡志云「在衡州府桂陽州藍山縣西南五十里」，蓋山接衡、永之界也。太史公曰：「舜崩於蒼梧之野，葬於江南九疑。」故老相傳舜嘗登此。秦紀：「始皇三十七年行至雲夢，望祀虞舜于九疑。」漢武元封五年亦望祀焉。郭璞云：「其山九谿皆相似。」酈道元曰：「九疑山盤基蒼梧之野，峰秀數郡間，羅巖九舉，各導一溪，岫壑負阻，異嶺同勢，遊者疑焉，故曰九疑。」元結曰：「九疑山方四百里，衡、永、郴、道四州各近一隅，九峰各道一溪，四水流灌於南海，五水北注於洞庭。」孔穎達曰：「九疑即蒼梧山也。」胡氏曰：「九疑、蒼梧蓋兩處，合而言之悞。」檀弓云「舜葬于蒼梧之野」，謂此。文穎曰：「九疑山蓋半在蒼梧，半在洞庭。」九峰：一曰朱明，志以爲瀟水源。二曰石城，淹水源。三曰石樓，巢水源。四曰娥皇，池水源。五曰舜原，亦曰華蓋，瀑水源。蓋九峰之中峰也，六曰女英，砅水源。九域志：「舜陵在女英峰下，九疑之第六峰也。」七曰簫韶，洊水源。八曰桂林，洑水源。九曰杞林。亦曰梓林，洄水源。九疑山志：「朱明峰、簫韶峰各去舜峰西十五里，石城峰、桂林峰各去舜峰北十五里，石樓峰在舜峰東三十里，娥皇峰在舜峰西四十六里，女英峰在舜峰西五十里，杞林峰去舜峰西六十里，而舜原峰正當寧遠之南，有三峰鼎立，相去各五里，高接雲漢，上有飛泉，蹊徑險絶，人跡罕至，其下則衆山環合，如列屏然。」九疑爲南服之望，允矣。

大別。

大別山在漢陽府城東北百步漢、江兩岸，江水逕其南，漢水從西北來，會于大別之東南。禹貢：「內方至於大別。」又：「漢水至于大別，南入于江。」左傳定四年：「吳師伐郢，楚子常濟漢而陳，自小別至于大別。」小別山，見漢川縣。山之左即是沔口。諸州圖經：隋郎茂撰。「漢水東行，觸大別之陂，南與江合是也。」三國初，曹魏定荆州，以文聘爲江夏太守，守沔口，吳軍來攻不克；後吳人得之，嘉禾中陸遜、諸葛瑾戍守於此；東晉初荆州賊王貢敗陶侃將朱伺於沔口；皆在大別山下也。山亦名翼際山，又名魯山。志曰：山有魯肅寺，因名。司馬貞曰：「大別山，土人謂之甑山。」杜佑曰：「魯山，三國、南北之際必爭之地也。」東晉元興末，桓玄餘黨桓振等復據江陵，劉毅進討至夏口，振遣其黨馮該守東岸，孟山圖據魯山城，〔二〕桓仙客守偃月壘，壘在漢水北岸。水陸相援。毅自攻魯山城，劉道規攻偃月壘，何無忌遏中流，二城皆潰，該走石城。石城，見安陸府。宋昇明初沈攸之舉兵江陵討蕭道成，分兵出夏口，據魯山，既而攸之攻郢城不克，郢城即夏口，亦曰郢州城。帥衆過江至魯山，軍遂大敗。齊末蕭衍舉兵襄陽，東昏侯使郢州刺史張沖守郢城，〔三〕又使房僧寄守魯山，衆議欲引兵圍郢，衍曰：「魯山與郢城爲犄角，若悉衆前進，魯山必阻我沔路，搤我咽喉，糧運不通，自然離散矣。」遂分軍圍郢城，自圍魯山。魯山尋降，郢城亦下。梁大寶二年侯景攻巴陵，不克遁還，留其黨丁和等守郢城，支化仁鎮魯山，繼而王僧辯出漢口，次第攻拔之，遂引兵東下。陳天嘉初王琳據江、郢諸州附於齊，齊人守魯山爲郢城聲援，及琳敗郢州歸陳，齊人棄城走，陳因置魯山郡守之。明年以郡賂周，周人以爲重鎮。大建十二年周司馬消難以沔南地及魯山等鎮來降，尋復爲周所得。光大中華皎以湘州降周，周遣衛公直等應之，直軍魯山，使別將率步騎圍陳郢州。隋末蕭銑置鄂州於魯山，唐武德四年其鄂州刺史雷長穎以魯山來降，於是江表悉定。夫魯山江、漢之鎖鑰也，其與郢城形援密邇，齊、梁以來以重兵屯郢城，又于魯山置鎮控扼要害，魯山之險即郢城之險也，一旦有事，未有偏受其害者。唐六典：「淮南道名山曰大別。」五代梁開平二年荆南高季昌遣兵屯漢口，絶楚人朝貢之路。蓋大別之下，偏師守之，足以橫絶南北也。

唐胡曾過大別山詩云「思量鐵鎖真兒戲，誰爲吴王畫此籌」，蓋山北下有鎖穴也。又元周鏜賦云：「緊大別之爲山，鎮南北之要衝，杜荆、鄂之形勝，俯江、漢之朝宗。」時以爲實録。

其大川則有江水，

江水自四川巫山縣流入界，經巴東縣及歸州之北，又東至彝陵州南、宜都縣北，而歷枝江縣、松滋縣之北，又歷荆州府城南至公安縣、石首縣之北，又經監利縣南及華容縣東北而至岳州府之北，又經臨湘縣北而東北流過嘉魚縣西，又北至漢陽府城東、武昌府城西而會於漢水，復北折而東，歷武昌府北黄陂縣南，又東歷黄州府南、武昌縣北，又經蘄水縣及蘄州城南、興國州之北，又東南歷廣濟縣、黄梅縣之南而東入南直宿松縣界，江之南岸即江西德化縣界矣。自西而東，回環境内者約千八百里，自昔南北相争，沿江上下，所在皆險，蓋不特楚地之襟要，又爲吴會之上游也。今詳見川瀆異同。

漢水，

漢水自陜西白河縣流入界，經鄖陽府城南，又歷均州及光化縣之北，穀城縣之東，又東至襄陽府城北折而東南，經宜城縣之東，又南經承天府城西，荆門州之東，復東南出經潛江縣北及景陵縣南，又東歷沔陽州北及漢川縣南，至漢陽府城東北大别山下會于大江。禹貢：「荆州江、漢朝宗于海。」詩：「滔滔江、漢，南國之紀。」左傳：「楚漢水以爲池。」又曰：「江、漢、睢、漳，楚之望也。」史記楚世家：昭王曰：「先王受封，望不過江、漢。」夫楚之初漢非楚境也，故屈完對齊桓云：「昭王之不復，君其問諸水濱。」自楚武伐隨，軍于漢、淮之間，自是漢上之地漸規取之矣。吴之伐楚也，與楚夾漢，而楚之禍亟焉。林氏曰：「楚之失始于亡州來、符離，其再失也由于亡漢。」晉蔡謨謂：「沔水之險，不及大江。」不知荆楚之有漢，猶江左之有淮，唇齒之勢也。漢亡江亦未可保矣。孫氏曰：「國于東南者，保江、淮不可不知保漢，以東南而問中原者，用江、淮不可不知用漢，地勢得也。」水利考曰：「漢之患多在襄、承，江之患多在荆州，九江之患多在常、岳，蓋上流既盛，下流未合，故横溢不免。洞庭合江，江合漢，而滔滔順流矣。夫禹之治水也，疏瀹決排而已。蓋盛則利於疏，淺則利於瀹，壅則利於決，急則利於排，必至之理也。周禮稻人職曰：『稻人掌稼下地以瀦蓄水，以防止水，以溝蕩水，以遂均水，以別合水，以澮寫水。』説者謂雖主治田之事，而亦治水之法也。後世阡陌既變，水流益亂，惟恃隄防以捍衝流，苟免滹溺，復因而爲之利，紆回壅障，以便田作，大水時至，則盡委于壑矣，蓋但知蓄止而不知均寫之宜也。誠因其故隄增高培薄，使經流不至越軼，復視其漲塞之至急者，疏爲支渠，使有所游蕩，如賈讓治河，所謂多穿漕渠以分殺水怒，則江、漢未必終于不治也夫？」詳見川瀆異同。

湘水，

湘水出廣西興安縣南九十里之海陽山。其初出處曰靈渠，〔三〕流五里分爲二派，志云：有分水嶺。流而南者曰灕水，流而北者曰湘水。灕，離也，言違湘而南。湘，相也，言有所合也。湘水東北流經全州城南，〔四〕有灌水合焉；又東北流入境，經永州府東安縣南至府城西南，去府城十里。引而北有瀟水會焉；又經祁陽縣東而入衡州府常寧縣西北境，又經府城南引而東北，有烝水會焉；又經衡山縣東而北流入長沙府湘潭縣境，過縣西至府城西環城而下，過湘陰縣西，又北而達青草湖注於洞庭湖。地理志：「湘水過郡二，零陵、長沙也。行二千五百三十里。」水經注：〔五〕「湘水出陽海山，即海陽山。北至巴丘山入江。」

吴、蜀分荆州，以湘水爲界，長沙、江夏、桂陽以東屬吴，南郡、零陵、武陵以西屬蜀，湘水實貫于數郡間矣。時又置關水上以通商旅，謂之湘關。建安二十四年關羽得于禁降軍，糧食乏絶，擅取權湘關米，權聞之遂發兵襲羽。自其合瀟水而言之則曰瀟湘，自其合烝水而言之則曰烝湘，自其下洞庭會沅水而言之則曰沅湘，實同一湘水也。

沅水，

沅水出四川遵義府境。班固曰：「沅水出牂牁郡故且蘭縣東北。」是也。近志曰：沅水出貴州鎮遠府境。今攷沅水本無正源，蓋羣川會流，至辰州府沅州界而益大，因有沅江之名。沅水過沅州城南，又逕黔陽縣城南，又東接靖州會同縣西界，東北流經辰溪縣北、盧溪縣南，又過辰州府城南，東北至常德府桃源縣南，又東逕常德府城南、龍陽縣北，至沅江縣之西南而注於洞庭湖。其地名紅沾口。地理志：「沅水東北至益陽入江，今沅江縣本長沙益陽地也。過郡二，謂牂牁、武陵也。行二千五百三十里。」楚辭「濟沅、湘以南征」，淮南子「楚地南卷沅、湘」，太史公「浮沅、湘」，蓋楚地南境之水，莫大於沅、湘。後漢建武二十三年武陵蠻反，遣劉尚將兵泝沅水入武谿擊之，敗没。武谿，見盧溪縣。今辰州以西五谿諸水，皆附沅水而達於洞庭，蓋水流深險，溪蠻依以爲阻也。近志：湖北之水，常德、辰、靖曰湖北。以沅水爲宗云。

澬水，九江、澧水附見。

資水出靖州綏寧縣東南百里之唐糾山。班固曰：「資水出都梁之路山。」酈道元曰：「即唐糾山矣。」山本在武岡州西南，舊屬武岡界。武岡，漢都梁縣也。資水東北流經寶慶府武岡州北，又經府城北，邵水會焉，或謂之邵江；北流至新化縣東而入長沙府安化縣境，逕縣西，又東北出益陽縣南、寧鄉縣北而入常德府沅江縣西南境注于洞庭湖。地理志：資水過郡二，謂零陵、長沙也。行千八百里。今其水紆曲，行多灘險。按禹貢言「九江孔殷」，許慎曰：「九江，沅、漸、潕、辰、溆、酉、澧、資、湘也。」今考漸水在常德府武陵縣合于沅江，潕水在沅州城西，亦入沅江，漢志注：「無水首受故且蘭，南入沅，行八百里。」一作潕水。辰水則在辰州府沅陵城東入沅江，酉水亦在沅陵城西入沅江，而溆水則在辰州府溆浦縣西，亦北流入沅江，惟澧水出岳州府澧州慈利縣西三十里之歷山，經縣北，又東逕石門縣南，至州城南謂之蘭江，又東逕安鄉縣、華容縣南而入洞庭湖。唐志：「景龍三年澧水溢，害稼。」禹貢所謂東至于澧，楚辭所稱澧浦者是也。漢志：「澧水東至長沙下雋縣入沅，過郡二，行千二百里。」郡二，武陵、長沙也。今澧水惟在澧州界內，所行不過五百餘里。或云澧水自安鄉縣東南流會于常德府沅江縣之沅水云。然則所云九江者，惟四江達于洞庭耳。近志曰：九江四在湖南，瀟、湘、烝、資也；五在湖北，沅、溆、漸、辰、酉也。以澧水爲不在九江之數，恐悮。然瀟水、烝水亦湘水支川耳，其會衆川以入洞庭者，于東則湘水爲宗，于西則沅水爲長，而出於二水之中者資水爲雄，由是而北，庶幾以澧水爲君矣。

沮水，漳水附。

沮水出鄖陽府房縣西南二百里之景山，東南流經襄陽府南漳縣南境，又南逕荆州府夷陵州之遠安縣東而入承天府荆門州界，至當陽縣北，又東南合於漳水。漳水出南漳縣南境之廢臨沮縣南，山海經：「荆山，漳水出焉。」水經注：「出臨沮縣東荆山南。」經當陽縣北，又東南與沮水合流，達縣南之沱江，至荆州府枝江縣而入大江。沮本作「睢」。左傳定四年：「吴人敗楚及郢，楚子出涉睢。」又哀六年楚子所謂「江、漢、睢、漳」者也。後從沮，又訛爲租，讀曰租。今襄陽以南沮水左右地皆曰沮中，亦謂之租中。後漢建武二十三年南郡蠻反，劉尚討破之。杜佑曰：「潳山蠻也。」潳亦作「租」，即租中蠻矣。或曰緣沔諸山蠻也。襄陽記：「租中在上黄界，今南漳境内廢縣。去襄陽一百五十里。魏時夷王梅敷兄弟部曲萬餘屯此，分布在中廬、宜城西山鄢、沔二谷中，中廬，見南漳縣。土地平曠宜桑麻，有水陸良田，蓋租中者沔南之膏腴沃壤也。」故臨沮、上黄、沮陽、長寧等縣皆沮中地。郡縣志：「南漳縣東北一百八里有租山，吴朱然、諸葛瑾從沮中乘山險道北出處也。」按吴志：「赤烏四年朱然圍樊，諸葛瑾取租中。」又朱然傳：「赤烏五年征租中，九年復征租中，殺掠數千人而還。」或云司馬懿鑿八疊山開路於此停租，因名。八疊山亦見南漳縣。魏志：「正始四年諸葛瑾攻沮中，司馬懿曰：『沮中民夷十萬，隔在水南，逆救却之。』何承天謂襄陽之屯，民居星散，司馬懿謂宜徙沔南以寔水北，曹爽不用，果亡沮中者也。又王基言：「荊州有沮、漳二水，溉灌膏腴之田以千數。安陸左右，陂池沃衍。若水陸並農，以實軍資，然後引兵詣江陵、夷陵，分據夏口，順沮、漳，資水浮轂而下，吳可滅也。」又景元二年襄陽太守胡烈表言：「吳將鄧由、李光等十八屯同謀歸化，欲令郡兵臨江迎援。」詔荊州都督王基逕造沮水迎之，不果。晉隆安五年桓玄移沮漳蠻二千餘户于江南，立武寧郡，治編縣。更招集流民，立綏寧郡。治長寧，俱見荊門州。玄敗，其黨桓謙匿于柤中復作亂。蓋柤中水陸紆險，蠻蛋錯處故也。自唐以來，沮、漳之水皆自江陵西入江，宋淳祐中孟珙障而東之，復北入於漢，爲三海之利。詳見江陵縣。

洞庭湖。

洞庭湖在岳州府城西南一里。或謂之九江。禹貢：「九江孔殷。」又云：「過九江至於東陵。」山海經：「洞庭乃沅、澧之交，瀟、湘之淵，夏秋水漲，方九百里。」許慎云：「九江即洞庭也。沅、漸、潕、辰、溆、酉、澧、資、湘九水皆合於洞庭中，東入江，故名九江。」或謂之五渚。戰國策：「秦破荊襲郢，取洞庭五渚。」又蘇代曰：「乘夏水下漢，四日而至五渚。」裴駰云：「五渚在洞庭，沅、澧、資、湘四水自南而入，荊江自北而過，洞庭瀦其間，謂之五渚。」劉伯莊曰：「五渚在宛、鄧間，臨漢水。」韓非子又作「五湖」也。或謂之三湖。三湖者，洞庭之南有青草湖，湖在巴陵縣南七十九里，在長沙湘陰縣北百里，周迴二百六十五里，自冬至春，青草彌望，水溢則與洞庭混而爲一矣；洞庭之西則有赤沙湖，湖在巴陵縣西百里，在常德府龍陽縣東南三十里，周迴百七十里，當夏秋水泛則與洞庭爲一，涸時惟見赤沙彌望；而洞庭周迴三百六十里，南連青草，西吞赤沙，横亘七八百里，謂之三湖。又或謂之重湖。重湖者，一湖之內，南名青草，北名洞庭，有沙洲間之也。祝穆曰：「青草湖一名巴丘湖，北連洞庭，南接瀟、湘，東納汨羅之水，自昔與洞庭並稱，然而巴丘實爲通稱矣。」後漢志：「巴丘，江南之雲夢也。」郭璞亦言：「雲夢，巴丘湖是也。」則巴丘又兼有雲夢之名。舊志曰：巴丘湖當沅、湘之會，表裏山川，寔爲險固，羣蠻所據也。則洞庭即爲巴丘矣。志又云：洞庭，太湖也，廣圓五百餘里，日月若出没于其中。吴起曰：「三苗之國，左洞庭，右彭蠡。」莊子：「黄帝張咸池之樂于洞庭之野。」楚辭：「邅吾道兮洞庭。」後漢南蠻傳：「吴起相悼王，南并蠻越，遂有洞庭、蒼梧。」是也。洞庭湖中有君山，亦名洞庭山，在岳州府西南十五里。在湖中心，方六十里。巴陵志：「湘君所遊，故曰君山。」唐武德四年李靖攻蕭銑曰：「蕭銑之地，南出嶺表，東距洞庭。」天復二年淮南將李神福攻杜洪於鄂州，荆南帥成汭引舟師來救，神福遣軍逆擊之于君山，大破之。後唐天成三年吴將苗璘等將水軍攻楚岳州，至君山，楚將許德勳禦之，潛軍角子湖，一名滙湖，見岳州府。使別將絶吴歸路，吴師還，遂擊擒之。宋崇寧四年詔開修青草、洞庭直河。紹興五年岳飛討楊么于洞庭，伐君山木爲大筏塞諸汊港，擒么斬之。今道出湖、湘間者，必問津于洞庭。洞庭吐納羣川，而大江西來，横亘其口，每歲六七月間岷、峨雪消，水暴漲，自荆江逆入洞庭，清流爲之改色。渡湖而南則由長沙而之嶺、海，湖闊二百里；渡湖而西則由常德而道滇、黔，湖闊二百五十里；渡湖而西北則入澧州而取逕于荆州、常德之間，湖闊亦二百里；誠荆州之巨浸矣。

其重險則有夏口，

夏口在今武昌府城西，今府城即古夏口城也。亦曰沔口，亦曰漢口，亦曰魯口，或以夏水名，或以漢水名，或以對魯山岸爲名，寔一處也。應劭曰：「江別入沔爲夏水，夏水始于分江，冬竭夏流，故名曰夏。」水經注：「夏水本江之別出，自江陵縣東南又東過華容縣南，華容，見荆州府監利縣。又東至江夏雲杜縣入于沔，今見承天府沔陽州。謂之睹口。自睹口下沔水通兼夏名，而南至魯山下會于江，謂之夏汭。」春秋傳昭四年：「吴伐楚，沈尹射奔命于夏汭。」五年：「薳射以繁揚之師會于夏汭。」杜預曰：「漢水曲入江處，即夏口矣。」亦謂之夏州。左傳宣十一年：「楚復封陳，鄉取一人焉以歸，謂之夏州。」史記：「楚考烈王元年，秦取夏州。」車胤曰：「夏口城北數里有洲名夏州。」孔穎達曰：「大江中洲也。」李吉甫曰：「鄂州，春秋時謂之夏汭，杜佑謂夏汭在江陵，誤。漢爲沙羨東境，後漢末謂之夏口，亦名魯口。」劉表以黄祖爲江夏太守，始于沙羨置屯，扼夏口之險。建安十三年孫權西擊黄祖，祖横兩蒙衝挾守沔口，矢石雨下，權督軍力戰奪沔口，諸軍水陸競進，傅其城，克之，盡俘其男女而還。未幾曹操敗先主于當陽，先主渡沔，與劉琦等俱到夏口。操自江陵將順江東下，周瑜言于孫權，請得精兵數萬屯夏口是也。吴黄武二年城江夏，吴志「赤烏二年復城沙羨」，即江夏也。以安屯戍。其城西臨大江，西角因磯爲樓，名黄鶴樓。建衡中以魯肅子淑爲夏口督。括地志：「船官浦東即黄鵠山，東北對夏口城。其城孫權所築，依山傍江，開勢明遠，憑墉籍阻，高觀枕流，終吴之世以爲要害。」嘉禾三年分道伐魏，遣陸遜、諸葛瑾入江夏沔口向襄陽。司馬懿嘗言：「東關、夏口，敵之心喉。」是也。吴建衡二年孫皓使内侍何定將兵獵夏口，夏口督孫秀素爲吴王所惡，恐見圖，遂奔魏。又天紀二年夏口督孫慎略晉江夏千餘家而還。晉永興二年陳敏謀據揚州，時劉弘鎮荆州，遣陶侃屯于夏口，敏遣其弟恢寇武昌，侃敗却之。永嘉四年征南將軍山簡爲羣盗嚴嶷所迫，自襄陽徙屯夏口。建興末杜曾等作亂，敗荆州兵，乘勝逕造沔口，威震江、沔，豫章太守周訪擊却之。建元元年庾翼督荆、江諸州，圖經略中原，自武昌移鎮襄陽，尋還治夏口。太元二年桓冲移鎮上明，上表言：「江州刺史王嗣宜進屯夏口，據上下之中，于事爲便。」八年表請桓石民戍守於此。時襄陽陷于苻秦，夏口之備彌切也。隆安二年桓玄爲江州刺史，移屯夏口以逼江陵、襄陽。五年玄鎮江陵，表其兄偉爲江州刺史，鎮夏口。元興三年劉毅等討桓振於江陵，自尋陽西上至夏口，敗振黨孟山圖、桓仙客之兵。義熙初劉毅等克江陵，奉帝東還，劉毅、劉道規留屯夏口。毅以爲夏口二州之中，地居形要，控接湘、川，邊帶溳、沔，請以道規鎮夏口。既而毅東下，道規自林障見漢陽縣。徙治夏口城。其城據黄鵠磯邊，江峻山險，樓櫓高危，足以瞰臨沔、漢也。劉宋孝建元年分荆、湘、江、豫四州之八郡江夏、竟陵、隨、武陵、天門、巴陵、武昌、西陽凡八郡。爲郢州，以分上流之勢。又移江夏郡及郢州並治夏口，亦謂之郢城。江夏本治安陸。時江夏王義恭議使郢州治巴陵，何尚之曰：「夏口在荆江之中，正對沔口。通接雍、梁，實爲津要。由來舊鎮，根基不易。既有見讀現。城，浦大容舫，于事爲便。」胡氏曰：「守江以船艦爲急，故尚之云然。」從之。昇明元年荆州刺史沈攸之舉兵江陵，豫州刺史劉懷珍言于蕭道成曰：「夏口兵衝要地，宜得其人。」道成子賾因薦柳世隆行郢州事。〔六〕時賾爲晉熙王燮長史，徵還朝，薦世隆自代也。將行，賾謂世隆曰：「攸之一旦爲變，焚夏口舟艦，沿流而東，不可制也。若得攸之留攻郢城，必未能猝拔，君爲其內，我爲其外，破之必矣。」既而攸之分遣其將孫同等次第東下，出夏口據魯山，攸之亦至夏口攻郢城，世隆拒守，久之不拔。攸之帥衆過江至魯山，軍遂大潰。齊永明八年荆州刺史巴東王子響擅殺其長史劉寅等，勑遣衛尉胡諧之等詣江陵檢捕，命平南内史張欣泰爲之副，欣泰曰：「彼兇狡相聚，若頓軍夏口，宣示禍福，可不戰擒也。」諧之不從，爲子響所敗。永元三年蕭衍舉兵襄陽，東昏侯使張沖拒守郢城，房僧寄守魯山。衍前軍至漢口，衆議欲并兵圍郢，分兵襲西陽、武昌，衍曰：「漢口不闊一里，箭道交至。房僧寄以重兵固守，與郢城爲犄角，若悉衆前進，僧寄必絶我軍後。不若分遣諸軍濟江逼郢城，我自圍魯山以通沔、漢，使鄖城、竟陵之粟方舟而下，江陵、湘中之兵相繼而至，兵多食足，何憂兩城不拔？」因築漢口城以守魯山，又命水軍主張惠紹等遊遏江中，絶郢、魯二城信使。于是蕭穎冑遣鄧元起等將兵會雍州兵於夏首，又湘州刺史楊公則亦舉州衆會于夏口，久之未克，衆以爲疑。衍曰：「漢口路通荆、雍，控引秦、梁，糧運資儲，仰此氣息，所以兵壓漢口，連結數州。若郢州既拔，席捲沿流，西陽、武昌自然風靡，何憂不濟？」攻圍二百餘日，魯山、郢城相繼降下，遂趣建康。梁太清三年侯景圍臺城，雍州刺史岳陽王詧遣司馬劉方貴將兵出漢口爲聲援。大寶二年景襲陷江夏，因留兵守夏首，進攻巴陵，復分兵窺江陵，皆敗還，乃留兵守郢城、魯山而東。湘東王繹以王僧辯爲征東將軍，引兵東下至漢口，先攻魯山拔之，進攻郢州，克其羅城，賊將宋子仙退據金城，僧辯四面起土山攻之，賊窮蹙，遂克郢州。既而北齊得之，遣慕容儼戍守，陳霸先遣將侯瑱攻圍，六月餘不下。後以蕭淵明入建康，乃歸梁。陳天嘉初王琳將孫瑒據守，周將史寧來攻，設土山長梯，爲必取之計，竟不能克。光大中華皎以湘州降周，引周兵軍于魯山，復圍郢州，陳將淳于量以舟師拒之于夏口。既而華皎合周、梁之師自巴陵順流東下，與吴明徹戰于沔口，皎等大敗，巴、湘遂平。隋取陳，崔仲方以漢口、夏首爲敵必争之所是也。晉志：「沙羡有夏口，對沔口有津。」章懷太子賢曰：「漢水始欲出大江爲夏口，又爲沔口。」夏口實在江北，孫權于江南築城，依山傍江，對岸則入沔津，故名以夏口，亦爲沙羡縣治。至唐置鄂州，而夏口之名移于江南，沔水入江之口止謂之沔口，或謂之漢口，夏口之名遂與漢口對立，分據江之南北矣。唐武德四年平蕭銑，命黄州總管周法明分道出夏口。六年，復命法明出夏口討輔公祏于丹陽。興元初淮西李希烈叛稱帝，以夏口上流要地，使其將董傅襲鄂州，刺史李兼敗却之。元和初以淮西多事，夏口當江、漢之衝，特置軍府以爲籓衛。乾符中黄巢之亂，攻夏口城，止陷其外郭。五代時夏口尤爲東南重地。朱梁開平二年荆南帥高季昌遣兵屯漢口，絶楚朝貢之路，楚王殷遣兵攻荆南，季昌乃懼而請和。宋之將亡也，夏貴以舟師扼夏口，蒙古之强且睥睨而不敢輕進焉。薛氏曰：「夏口南臨大山，三方阻水，漢陽以北限隔陂湖，敵出上蔡，則武昌、夏口當其衝。」祝穆曰：「夏口城依山負險，周迴不過二三里，而歷代攻圍多不能破，乃知古人築城欲堅不欲廣也。」

荆門，虎牙、安蜀附見。

荆門山在荆州府夷陵州宜都縣西北五十里章懷太子賢曰：「荆門在夷陵東南，宜都西北，今有故城基址在山下。」大江南岸，北岸有虎牙山與此相對。荆門上合下開，有若門然。虎牙石壁色紅，而有白文類牙形。二山，楚之西塞也。江流出其間，水勢峻急，郭景純賦「虎牙桀竪以屹崒，荆門闕竦而盤薄」是矣。漢建武九年公孫述遣田戎、任滿等下江關，見四川重險瞿塘。據荆門、虎牙，横江水起浮橋闗樓，立攢柱以絶水道，結營跨山以守陸路。十一年岑彭等自津鄉發兵會荆門，遂拔巫及夷道、夷陵，因率舟師直衝浮橋，因風縱火，橋樓崩壞，諸軍競進，遂克之。晉王濬伐吳自西陵進克荆門、夷道。陳置荆門鎮，楊素平陳克之。唐初蕭銑遣兵戍荆門城，李孝恭、李靖自夔州東下，前鋒克荆門、宜都二鎮，孝恭等進至夷陵夷陵時屬唐。是也。又荆門南有安蜀城，陳大建二年章昭達攻後梁主蕭巋於江陵，梁主與周軍禦之，周人于峽口南岸築壘，名曰安蜀，昭達攻克其城，置信州治焉。信州時屬西魏，故僑置于此。後隋軍來伐，陳將吕忠肅據荆門，顧覺鎮安蜀城，爲楊素所拔。唐初蕭銑亦戍守之。許紹傳：「江之南有安蜀城，地直夷陵、荆門，城峙其東，皆峭險，蕭銑以兵戍守，紹攻克之。」紹時爲峽州刺史。胡氏曰：「荆門、安蜀，荆州西南之要地也。」

西陵，三峽附見。

西陵峽在荆州府夷陵州西二十五里。峽長二十里，層崖萬仞，三峽之一也。三峽者，一爲廣漢峽，即瞿唐峽也，在四川夔州府奉節縣東三里。酈道元曰：「江水自巴東魚復縣東逕廣漢峽，爲三峽之首，中有瞿唐、黄龕二灘。」是瞿唐即廣漢之異名矣。昔禹鑿以通江，所謂巴東之峽也。一爲巫峽。巫峽在夔州府巫山縣東三十里，因山爲名，首尾一百六十里。一爲西陵峽也。或曰三峽者，巫峽、歸峽、西陵峽也。歸峽即今歸州空舲、馬肝、白狗諸峽是矣。三峽之間，長七百里，兩岸連山，略無斷處，非亭午夜分，不見日月。荆州記：「自夷陵縣泝江二十里入峽口，名爲西陵。」宜都記：「自黄牛灘即黄牛峽，見夷陵州。東入西陵界至峽口百許里，山水紆曲。」今自巴東歷三峽下夷陵，連山疊嶂，江行其中，迴旋湍激，至西陵峽口，始漫爲平流，而夷陵州正當其衝，故國于東南者，必以西陵爲重鎮矣。漢建武十一年岑彭破荆州，長驅入江關，吴漢留夷陵裝露橈繼進。建安二十四年孫權得荆州，〔七〕以陸遜領宜都太守，屯夷陵守峽口。蜀漢章武二年先主東伐吴，自巫峽、建平連營至夷陵界，列數十屯。先主乃率諸將自江南緣山截岸，軍于夷道猇亭，見宜都縣。吴諸將争欲擊之，陸遜曰：「備舉軍東下，鋭氣始盛，又乘高守險，難可卒攻，且奬厲將士，廣施方略，以觀其變。若此是平原曠野，恐有顛沛交逐之憂。今緣山行軍，勢不得轉，自當罷于木石之間，徐制其敝耳。」乃上疏吴主曰：「夷陵要害，國之關限，失之非損一郡，荆州可憂也。

臣初嫌彼水陸俱進，今反捨船就步，處處結營，觀其布置，必無他變。」夫客主之數，先後之幾，先主其未之解乎？陸抗之鎮荆州也，亦曰西陵國之西門。及王濬伐吴，下巴蜀，克丹陽，今歸州。進克西陵，遂成破竹之勢矣。宋泰始二年晉安王子勛舉兵尋陽，益州刺史蕭惠開應之，遣將費欣等東下，巴東人任叔兒擊殺之，遂阻守三峽，益州兵不敢進。元徽四年荆州刺史沈攸之遣軍討巴東建平叛蠻，會建平王景素舉兵京口，攸之急追峽中軍赴建康。巴東太守劉攘兵、建平太守劉道欣疑攸之有異謀，勒兵斷峽，不聽東下。齊東昏侯永元末蕭穎胄奉南康王寶融舉兵江陵，巴西太守魯休烈、巴東太守蕭惠訓不奉命，遣兵擊穎胄。穎胄使劉孝慶屯峽口以拒之，爲休烈所敗。又梁太清三年信州刺史蕭慥信州即今夔州府。從湘東王繹援臺城，軍于西峽口，淹留不進。大寶二年陸法和謂湘東王繹請守險以待蜀，乃引兵屯峽口。及繹襲位，蕭紀自益州舉兵由外水東下，與繹相攻。軍至西陵，法和築二城于峽口兩岸，運石填江，鐵鎖斷之，紀亦築連城攻絶鐵鎖，梁主益發軍援峽口，紀尋敗死。陳禎明二年遣將周羅睺屯峽口侵隋峽州，不克。既而隋楊素伐陳，自永安即夔州府。下三峽至流頭灘，攻狼尾灘，在西陵西。克之。陳將吕忠肅屯岐亭，據西陵峽，于北岸鑿石綴鐵鎖三條，横絶上流以遏隋船，楊素力戰，忠肅遂敗走。唐武德二年蕭銑寇峽州，刺史許紹擊却之。既又遣其將帥舟師上峽規取巴蜀，紹遣軍追至西陵。時州治下牢戍，在西陵西南也。五代唐天成三年以荆南高季興拒命，遣將討之，仍令蜀兵下峽合軍進攻。夔州刺史西方鄴敗荆南水軍于峽中，復取夔、忠、萬三州。初以三州授季興也。五代周顯德五年謀伐蜀，荆南高保融請以水軍趣三峽，有詔褒美。三峽蓋自楚入蜀之通道也，宋平孟蜀，明初取明氏，未嘗不分遣一軍西出三峽。三峽爲楚、蜀之險，西陵又爲三峽之衝要，隔礙東西，號爲天險，可不知所備歟？

荆江口。

荆江口在岳州府城西北十五里，地志「巴陵城對三江口」是也。大江自蜀東流，入荆州界出三峽，至枝江分爲諸洲，凡數十處，盤布川中，至江津戍見江陵縣。而後合爲一，故江津爲荆南之要會。又東過石首縣北，通謂之荆江。又東入岳州府界至城陵磯，而洞庭之水會于大江，水勢益盛，謂之荆江口，亦謂之西江口，亦謂之三江口。三江者，岷江爲西江，澧江爲中江，湘江爲南江，俱至岳州城而迴合也。水經注：「江水東至長沙下雋縣北，今巴陵縣本下雋地。湘水從南來注之。江水又東，左得二夏浦，俗謂之西江口。」晉隆安三年殷仲堪鎮江陵，江州刺史桓玄自夏口西上，將襲仲堪，仲堪遣殷遹帥水軍拒之于西江口，爲玄所敗。宋元嘉三年謝晦以荆州叛，自江陵東下至江口，與到彦之相持。江口即西江口。唐武德六年洪州總管張善安叛附輔公祏，黄州總管周法明將兵擊公祏，善安據夏口拒之，法明屯荆口鎮，善安遣人刺殺之。荆口鎮蓋置于荆江口矣。胡氏曰：「當在漢陽。」恐悮。天復二年淮南將李神福圍杜洪于鄂州，荆南節度成汭引軍赴救，未至郢州，潭州帥馬殷、朗州帥雷彦威各遣將會兵荆江口，乘虚襲江陵陷之。朱梁乾化末淮南將陳璋攻荆南，不克而還。荆南兵與楚兵會于荆江口謀邀璋，璋以舟二百艘駢爲一列，夜過，二鎮兵遽出追之，不及。又後唐天成三年吴軍至荆江口，將會荆南兵攻岳州，爲楚將許德勳所敗。宋乾德元年湖南統軍使黄從志以岳州拒命，慕容延釗遣武懷節帥水軍趣岳州，大破賊兵于三江口。德祐元年蒙古入犯，岳州將高世傑扼荆江口以拒之，蒙古將阿里海涯督水軍屯東岸，世傑乘夜陳於洞庭湖中，爲海涯所破，岳州遂降。夫荆江口在全楚之中爲腰膂之地，豈惟岳州之險要乎哉？

按湖廣居八省中，最爲閎衍，山川險固，自古稱雄武焉。中原有事，蓋必争之地也。是故襄陽其頭顱也，黄、蘄其肘腋也，江陵其腰腹也。保商、陝者在乎鄖陽，跨兩粤者在乎郴、永，捍雲、貴者重在辰、沅，大江制東西之命，五溪爲指臂之使，此全楚之大略矣。然争形要者必在荆湖以北，吴甘寧言于孫權曰：「南荆之地，山川形便，誠國之西勢也。今先取夏口，鼓行而西據楚關，即扞關，見長陽縣。大勢彌廣，即可漸規巴蜀矣。」梁沈約曰：「荆州居上流之重，土地廣遠，資寔兵甲，居朝廷之半。宋高祖遺詔嘗令諸子居之，蓋以荆州爲江左之頭目也。」宋李綱言：「荆湖國之上流，其地數千里，諸葛武侯謂之用武之國。今朝廷保有東南，制馭西北，當于鼎、澧、岳、鄂一帶皆屯宿重兵，使與四川、襄、漢相接，乃有恢復中原之漸。」趙鼎曰：「荆、襄左顧川、陜，右控湖湘，而下瞰京、洛，三國所必争。宜以公安爲行闕，而屯重兵于襄陽，運江、浙之粟以資川、陜之兵，經營大業，計無出此。」陳亮言：「荆、襄東通吴會，西通巴蜀，南極湖湘，北控關、洛，左右伸縮，皆足爲進取之機。」而吕氏祉則曰：「昔楚之興，國于鄢郢，而守黔中、巫郡，兼江、漢之險而有之，故以區區之國，而嘗與齊、晉争衡。三國而後，海内之地分爲南北，都秣陵者必備淮甸，以犄角北寇。然國之安危，繫于上流而已。蓋轉輸之利固繫于上流，屏翰之勢又係于上流。南朝六姓，其强弱之勢與興亡之由，顧上流設施何如耳。吴紀陟之聘魏也，魏文問吴戍備幾何？曰：『西陵至江都五千七百里。』又問道里甚遠，難爲固守。對曰：『疆界雖遠，而險要必争之地不過數四，猶人有六尺之軀，其護風寒亦數處耳。』今所謂險要必争之地者，不過江陵、武昌、襄陽、九江。九江在江西，而與武昌共繫上流之險，故因其舊文并録之。江水源于岷山，下夔峽而抵荆楚，則江陵爲之都會。嶓冢導漾，東流爲漢，漢、沔之上，則襄陽爲之都會。沅、湘衆水合洞庭之波而輸之于江，則武昌爲之都會。豫章西江與鄱陽之浸，浩瀚吞納而匯于湓口，則九江爲之都會。守江陵可以開蜀道，守襄陽可以援川、陜，守武昌、九江可以蔽全吴，蜀、漢、吴、楚併而爲一，則東南之守亦固矣。至於備禦之事，先收襄、漢則興元之阻譬之近藩，戍荆南則巴蜀之富還爲外府，又屯武昌而湖之南北可以安堵，屯尋陽而江之東西可以襟帶，上游之勢成而後根本建康，左右淮、浙，取資于蜀，調兵于陜，以天下之半而與敵争，庶乎可以得志矣。」噫，此就吕氏時言之也。今者荆土日闢，沃野彌望，再熟之稻，方舟而下，吴會之間，引領待食，雖江自夷陵以下時有横溢之虞，漢自襄陽以南亦多潰决之患，然而富强之迹居然未改矣。

校勘記

〔一〕孟山圖　「山」，底本原作「仙」，今據鄒本及晉書卷八五劉毅傳、通鑑卷一一三晉紀三五改。

〔二〕張沖　「沖」，底本原作「仲」，今據職本、鄒本及南齊書卷四九張沖傳改。

〔三〕靈渠　「渠」，底本原作「蕖」，今據職本、鄒本改。

〔四〕湘水東北流經全州城南　「城」，底本原作「域」，今據職本、鄒本改。

〔五〕水經注　下引爲水經湘水篇文，非酈注。

〔六〕道成子賾　「賾」，底本原作「頤」，今據職本、鄒本及南齊書卷三武帝紀改。

〔七〕建安二十四年孫權得荆州　底本原無「孫權」二字，今據鄒本補。

讀史方輿紀要卷七十六

湖廣二

武昌府，東至江西九江府五百四十里，東南至江西南昌府一千里，西南至岳州府五百六十里，西至漢陽府隔江七里，東北至黃州府一百八十里，東北至黃州府蘄州四百九十里，自府治至京師五千一百七十里。

禹貢荊州之域，春秋時屬楚，謂之夏汭。秦屬南郡，漢置江夏郡，漢志：「郡治西陵。」應劭曰：「沔水自江別至南郡華容爲夏水，過郡入江，故曰江夏。」後漢因之。建安中黃祖始治沙羨。吳分江夏更置武昌郡，治武昌縣，以爲行都。晉以武昌隸江州，江夏隸荊州。晉江夏郡移治安陸縣。宋又分武昌更置江夏郡，治汝南，即故沙羨也。兼置郢州，齊因之。梁分置北新州，尋又分北新置土、富、徊、泉、濠五州。而江夏郡如故。隋平陳郡廢，改置鄂州，煬帝初改爲江夏郡。唐武德四年復置鄂州，天寶初改江夏郡，乾元初仍爲鄂州。元和初置鄂岳觀察使治此，寶曆初又爲武昌軍節度，後改廢不一。詳州域形勢。五代唐遥改武清軍，南唐因之。志云：南唐亦置武昌軍于此。宋志曰：「宋初仍名武清軍，至道二年始改鄂州。」是南唐亦曰武清也。宋仍曰鄂州。亦曰江夏郡、武昌軍。元至元中置鄂州路，大德五年曰武昌路。明初改爲武昌府，領州一，縣九。今因之。

府扼束江、漢，襟帶吴、楚。春秋時吴、楚相攻，即有事於夏汭。李吉甫曰：「鄂州，春秋之夏汭也，又謂之夏州。」楚考烈王元年秦取夏州，楚之故地幾盡入於秦矣。後漢末始謂之夏口，蓋其地通接荆、峴，江、漢合流，自古以來爲兵衝要地。劉表使黄祖守此，孫策破之，霸功始立。孫權因之，築城夏口，建都武昌，屹爲重鎮。及晉人南下，使王戎襲武昌，胡奮襲夏口，豈非以地居形勝歟？自東晉以後，談形勢者未嘗不以夏口、武昌爲要會。武昌，今武昌縣。咸康八年庾翼都督江、荆諸州，欲自武昌移鎮樂鄉，見松滋縣。王述曰：「武昌寔江東鎮戍之中，非但扞禦上流而已。緩急赴告，駿奔不難。若移樂鄉，遠在西陲，一朝江渚有虞，不相接救。方岳重將，固當居要害之地，爲内外形勢，使闚闟之心，不知所向。」乃止。宋末劉懷珍言于蕭道成曰：「夏口兵衝要地。」及齊之季，張弘策謂蕭懿曰：「郢州控扼荆、湘，西注漢、沔。」是也。詳見前重險夏口。蓋六朝之際，上流有事，夏口爲必争之所。陳末，隋秦王俊以三十總管水陸十餘萬之師屯漢口，陳將周羅㬋與豫州刺史荀法尚守江夏，相持逾月，卒不得進也。唐之中葉以淮、汝多虞，荆江隔遠，因立軍府于此，爲控禦之備，自是鄂渚爲雄鎮。南宋初吕氏曰：「武昌，江、湖之衝也，西扞郢，宋之郢州，今承天府。南拒岳，西南據江陵，東南蔽九江，表裏扞蔽，最爲强固。」又薛氏曰：「武昌之地，襟帶江、沔，依阻湖山，左控廬、淝，右連襄、漢，南北二塗，有如繩直。金人南牧，嘗出此以襲豫章，境壤易越也。」張浚曰：「鄂州城東通武昌、樊口，昔孫權欲都武昌以拒魏者，蓋以渡江而西，接連川、陝，中原聲援，絡繹可通耳。」淳祐中史璟卿言：「鄂渚形勢之地，西可以援蜀，東可以援淮，北可以鎮荆湖。」咸淳中汪立信議增置重兵于此，爲上流之衛。既而蒙古破宋陽邏堡，遂渡江議所向，或欲先取蘄、黄，阿术曰：「若趣下流，退無所據，上取鄂、漢，可以萬全。」伯顔從之。既又以鄂城襟山帶江，江南要區，亟議城之。明初克平僞漢，既下武昌，荆湖南北無敢旅拒者，地利顧不重歟？

江夏縣，附郭，在府治西。漢沙羡縣，屬江夏郡。羡音夷。孫吴初爲郡治，後屬武昌郡，尋省。晉太康初復置，仍屬武昌郡，太元二年省入沙陽縣，尋改置汝南縣。劉宋以汝南爲江夏郡治，梁、陳因之。隋改置江夏縣，鄂州治焉，大業初又爲江夏郡治，自是州郡皆治此。今編户六十三里。

沙羡城，在府治西南。漢縣也，晉末廢入汝南縣。晉志：「沙羡有夏口。」今夏口城在城之西，黄鵠山之東北，對岸則入沔津，即沙羡舊地矣。後漢建安四年孫策擊黄祖，軍至沙羡，大破祖兵。十四年孫權築夏口城，以程普領江夏太守，治沙羡。晉太元八年桓沖表其兄子石民領襄城太守，戍夏口。劉宋孝建初立郢州治此，因曰郢城。昇明元年沈攸之舉兵江陵，至夏口，以郢城弱小不足攻，其黨宗儼之勸攻之。臧寅謂：「郢城兵雖少而地險，攻守勢異，非旬日可拔。若不時舉，挫鋭損威。今順流長驅，計日可捷，既傾根本，郢城豈能自固？」攸之將從其計，會柳世隆守郢城，多方挑戰，攸之改計攻城，不能克，至于喪敗。姚思廉曰：「郢城北門曰倉門，帶江阻險。」隋鄂州亦治此，又置江夏縣于郭内。今郡城相傳即孫吴故址，本在黄鶴山上，唐寶曆初牛僧孺帥武昌始改築之。宋皇祐中亦嘗修築。明洪武四年命江夏侯周德興增修，嘉靖十四年又復修治，環城爲濠，西即大江也。有門九：東二門曰大東、小東，西二門曰竹簰、平湖，南三門曰漢陽、保安、新南，北二門曰望澤、草埠。嘉靖中更大東曰賓陽，小東曰忠孝，竹簰曰文昌，新南曰中和，望澤曰望山，草埠曰武勝。城周二十里有奇。

曹公城，府東北二里。梁武起義兵，遣曹景宗築曲水城，又使王世興頓故曲水城以攻郢城。胡氏曰：「曲水故城，蓋宋、齊時郢府官僚祓禊之地。」○萬人敵城，在黄鶴山上。宋建炎間草寇犯城，郡守命萬人登其上，以强弩射却之，因名。又子城，在府治東南，上有焦度樓。宋末沈攸之舉兵至夏口，度據城拒却之，故以名樓。

汝南城，在府西南六十里之塗口。沈約曰：「晉末汝南郡流民流寓夏口，因立爲縣，非寔土也。沙羨縣廢，遂爲汝南寔土。」志云：汝南，晉咸和中置。荆湘記：「金水北岸有汝南舊城。」是矣。蕭梁末西魏置戍守於此，邵陵王綸爲侯景將任約所敗，欲西入定州不果，行至汝南，西魏所署汝南城主李素，綸故吏也，開門納之。既而綸將自汝南圖安陸，魏遣楊忠馳救安陸，襲陷汝南，殺綸。隋初縣廢。定州，見麻城縣蒙籠城。

黄鵠山，一名黄鶴山，在城西南，峭峙江口，與大别對。祝穆曰：「黄鶴山在江夏縣東九里，近縣西北二里有黄鶴磯。」水經注：「黄鶴山東北對夏口城，黄鵠磯直鸚鵡洲之下尾。」今山起城東而達于西南隅，山形蜿蜒，俗名蛇山。山陰有費褘洞，任昉曰：「荀瓌字叔瑋，昇仙于此，非費文禕也。」昔因山爲城，即今萬人敵城及子城矣。志曰：黄鶴山蛇行而西，吸于江，其首隆然，黄鶴樓枕焉，其下即黄鵠磯也。又高冠山，在城東南。明初太祖圍武昌，城東有高冠山俯瞰城中，僞漢兵屯戍于此，傅友德一鼓拔之，武昌遂下。郡志：今縣治東南五里有高觀山，或曰即黄鶴山之東埵也。又鳳凰山，在郡治北二里。吳黄龍初有鳳凰見此，因名。城南五里有梅亭山，太祖征楚嘗駐節其上。

洪山，府東十五里。舊名東山，巖壑秀異，宋大觀中改今名。有洪山寺。明初僞漢將張必先引兵援武昌，至洪山上，遣常遇春乘其未集擊擒之。又夜泊山，在城南三十里。明初太祖圍武昌，其黨張必先以潭、岳兵來援，至夜婆山，常遇春擊敗之，即夜泊山也。又南二十里爲九峰山，有九峰並峙。

梁城山，在城東北十六里。志云：梁武帝嘗築城屯軍於此。又烽火山，在府東北四十里。蕭梁末北齊清河王岳進軍臨江，來逼江夏，梁將侯瑱拒之，屯兵于此，烽火相應，因名。志云：上有烽火城。

冶唐山，府東南三十里。相傳晉、宋時因山置冶處。又東南十里爲八分山，有水分流如八字，旁有八分湖、八分院。建康録云「武昌有山無林，政可圖始，不可圖終，山分八字，數不及九」，謂此山也。〇大觀山，在府東南五十里，有千巖萬壑之勝。其土石赤色如金，亦名金華山。又江夏山，在府城東南六十里。山巒重疊，本名峽山，唐天寶間改今名。

赤壁山，城東南九十里。〔一〕一作「赤圻」，亦曰赤磯，俗以爲周瑜破曹操處，悮也。詳見嘉魚縣。又鷲磯山，在城東南九十二里。其西南俯臨大江，下有石磯，波濤迅激，商旅驚駭，因名。〇金城山，在城東南二百里。吳將陸焕嘗屯兵于此，南遷録所云「金城險固」者也。

青山磯，府東北二十五里，濱大江。又東三十里江北岸即黄州之陽邏鎮矣。宋端平中黄陂縣僑理於此。咸淳十年蒙古將阿术犯鄂州，由青山磯渡江。今有青山巡司。志云：青山對岸爲五通口，水道通黄陂、孝感縣。

大江，在府城西。其上流自岳州府臨湘縣流入嘉魚縣西境，東北流歷大小二軍山，至城西而與沔水會，又北折而東，經武昌縣北而入興國州界。志云：大江經江夏縣城西，一名夏口浦。齊永元二年蕭衍等舉兵荆、雍，東昏侯使薛元嗣等將兵運糧百四十船，送郢州刺史張沖使拒西師。元嗣等疑沖不進，屯夏口浦，聞西師將至，乃相率入郢城。梁大寶二年侯景與湘東王繹將徐文盛相持于西陽，時繹子方諸鎮江夏，以文盛軍在近，不設備，景聞江夏空虚，遣其將宋子仙等帥精騎由江内趣郢州，陷之。景遂因便風中江舉帆，越文盛等軍入江夏，文盛等皆潰走。胡氏曰：「西陽至江夏百五十餘里，景蓋遣兵由蘆州上流渡江來襲也。」郡志：大江經縣境凡二百九十里而入武昌縣界，又二百餘里而入興國州界。西陽，見黄州府。餘詳大川及川瀆異同。

塗水，府南九十里。一名金水，西北流入于大江，亦曰塗口，亦名金口。張舜民曰：「金口在鄂州西南六十里。」今有金口鎮巡司，兼設水驛于此。又南九十里至嘉魚縣之簰洲鎮，〔二〕江行者必經之地也。

明月湖，府治南二里。湖心有郭公堤，宋都統郭果築此以防泛溢。又南湖，在城南望山門外。舊名赤欄湖，通大江。又南十餘里有湯孫湖，亦流入大江。又俞家湖，在縣東北五里，南抵縣東南四十里之郭鄭湖，西通大江。○魯湖，在府西南八十里，南接釜頭湖，西抵金口壋。郡志：釜頭湖在縣南百二十里。又府東六十里有梁子湖，亦曰東湖。湖東北距武昌縣百二十里，爲分界處。周百十里，春深冬涸，東西相距止二里許云。志云：府境諸湖皆掌于河泊所，府東四十里有嚴家浦河泊所，西北三里爲長江罾網局河泊所，與釜頭諸湖皆有河泊所。

鸚鵡洲，在城南，跨城西大江中，尾直黄鵠磯，即黄祖害禰衡之地。梁大寶初湘東王繹使王僧辯帥舟師襲邵陵王綸于江夏，僧辯引軍至鸚鵡洲是也。其與洲相對者曰新淤洲，洪武中所壅積，因名。○金沙洲，在城西南江濱。舊恃此以障大江之衝嚙，今洲移江溢，堤防切焉。志云：城西南平湖門内有長堤，長堤外有萬金堤，宋政和、紹興間所築也，至今賴之。

黄金浦，在鸚鵡洲下。本名黄軍浦，以吴將黄蓋屯軍于此而名。劉宋昇明初沈攸之舉兵江陵討蕭道成，引軍至夏口，泊黄金浦，將東下，柳世隆時守郢城，遣兵于西渚挑戰。西渚即鸚鵡洲西渚也，亦曰南堂西渚，蓋時建射堂于渚上。齊永元末蕭衍攻郢州，遣荆州將鄧元起自夏口進據南堂西渚。胡氏曰：「渚在射堂之南，江渚之東。」是也。又船官浦，在黄鵠磯西。自昔爲泊舟之所，有船官司之，因名。括地志：「船官浦東對黄鵠山。」是也。又有南浦，在城南三里。其水出東南五十二里之景首山，西入大江。楚辭：「送美人兮南浦。」今冬涸夏盈，商賈聚泊。一名新開港。

白楊浦，在府北。志云：在府治北十里，有白楊壘。齊永元末梁武攻郢城，遣唐修屯兵于此。梁大寶二年王僧辯攻侯景將宋子仙于郢城，賊困，且戰且走，至白楊浦，擒之，即此。或以爲即今府南八十五里之白楊渡，非也。○管家套，在城南五里。弘治中郡守陳晦修甃，使水遶城南，商旅得避風濤之險。正德間賊劉六等犯武昌聚泊于此。今亦名陳公套。

九里頓，在城南。齊永元三年蕭衍舉兵襄陽，至竟陵，前軍王茂等至漢口，郢州兵拒守。衍議自圍魯山以通沔、漢，使王茂、曹景宗帥衆濟江，與荆州蕭穎冑所遣軍合，以逼郢城。茂等遂濟江軍于九里頓。胡氏曰：「其地去郢城九里，因名。」○西園，舊在鄂城西。又有東園，在城東四里東湖上。梁湘東王繹使王僧辯襲邵陵王綸于郢州，綸集麾下于西園，自倉門登舟北出以避之。倉門，郢城北門也。

塗口市，府南六十里，即汝南故縣治也。隋開皇中自塗口移治于焦度樓下，改置江夏縣。市西南爲金口鎮，有巡司及金口驛，又金口壋河泊所、金口税課局、金口批驗茶引所並置于此。

滸黄洲鎮。府北三十里，爲江渚登涉之所，郡北面之要隘也。亦曰白滸鎮，有巡司戍守。又府南五里有鮎魚口鎮巡司。○將臺驛，在府東八里。又府東南六十里爲東湖馬驛，又六十里爲山陂馬驛，路出咸寧縣，陸走湖南之通道也。志云：府城西平湖門外爲夏口水驛，又南六十里即金口驛。

武昌縣，府東北百八十里。東南至大冶縣七十里，西北渡江至黄州府十里。春秋時楚封鄂王于此，秦爲鄂縣，屬南郡，漢屬江夏郡，武帝封長公主于鄂邑是也。後漢仍屬江夏郡。三國吴改武昌縣，置武昌郡治焉。晉太康初别立鄂縣，並隸武昌郡，劉宋以後因之。隋廢郡，又省鄂縣入武昌。唐亦爲武昌縣，屬鄂州。宋仍舊，南渡後升爲武昌軍，後又更名壽昌軍。元改武昌縣。今縣未有城。編户三十九里。

鄂城，縣西南二里。本楚邑。史記：熊渠當周夷王時興兵伐庸、揚、粤至于鄂，又封中子紅爲鄂王。孔氏以爲南陽之鄂，悮矣。時楚兵未能逾漢而北也。秦置鄂縣，漢因之。吴曰武昌。晉志「以武昌爲故東鄂，又分置鄂縣」，蓋治此。隋復合于武昌。按孫權于黄初元年自公安徙鄂，改曰武昌，徙鄂縣于袁山東，又以其年立江夏郡，分建業之民千家以益之。明年城武昌，又于武昌築臨釣臺，至黄龍元年權還建業，以陸遜輔太子鎮焉。孫皓甘露元年徙都，丞相陸凱言：「武昌土地危險塉埆，非王者之都。」後皓還東，留滕牧守之。晉惠帝元康初始置江州，傅宗爲刺史，治武昌。東晉初王敦領荆州，移鎮武昌，後謝尚、庾亮、庾翼、陶侃、温嶠、桓温並鎮此，武昌蓋江表之重地矣。〇吴王城，在縣治東一里。本灌嬰所築，或云孫吴故宫城遺址也。中有安樂宫，宫中有太極殿，殿前有御溝，流爲牧馬港，即吴王飲馬處。志曰：縣有五門，各以所向爲名，惟西角一門謂之臨津，北臨大江。晉陶侃領江州刺史鎮武昌，種柳于此。又東門有彝市，亦侃所設也。土俗編云：「晉西陽有豫州五水蠻，侃鎮武昌，作彝市於吴城東，以爲交易之所，大獲其利。」

黄石城，縣東二十里仙堂山下。相傳後漢末劉勳所築。江表傳「劉勳走入樊口，聞皖已没，及西塞，將兵救皖，爲孫權所破，遂奔曹公」，即此處也。城邑考云：「縣西五十里有梅城，居平川中，相傳吴黄武中所築，又西二十里有仵城，今皆廢。」〇城塘廢城，在縣西七十里神人山下白鹿磯上，隋末縣令義大喧所置。縣西有水塘，因名。

樊山，在縣西三里。一名西山，一名樊岡，下爲樊口。舊名袁山，水經注「吴孫權徙鄂于袁山東」是也。又名來山，吴孫皓都武昌，出登來山是也。又名壽昌山，産銀銅鐵及紫石英，下有寒溪，中有磻龍石。山北背大江，江上有釣臺，即孫權與羣臣會飲處。又有萬松嶺，山南有九曲嶺。九曲嶺下爲吴造峴，亦曰吴王峴，昔孫權于樊口被風破船，鑿樊嶺而歸。山蓋緣江爲險。吴、晉間有樊山戍。唐設樊山府，南唐亦置樊山砦，蓋皆以山名。又郎亭山，〔三〕在樊山南。山周十里，與樊山相接而中斷，其間謂之退谷。唐乾寧四年汴將朱友恭鑿山開道，射以强弩，遂拔武昌是也。又有避暑宫，在樊山寒溪上，相傳孫吴所置。○虎頭山，在縣東三里。舊名鳳穴山，吴黄龍初有鳳凰集此。又東二里曰石門山，有兩石對峙如門。

神人山，在縣西七十五里，濱江。下有石鹿磯，與黄州新生磯相對。宋開慶初忽必烈南侵，自黄州楊邏洑横橋梁貫鐵鎖至白鹿磯，進薄鄂州，圍城數月然後解去。既而兀良合台從湖南引還，作浮橋于新生磯以濟師，賈似道使夏貴以舟師攻其浮橋，至白鹿磯，僅殺其餘卒百餘人。

靈溪山，縣南百二十里。周五十里。中有寺觀，皆以靈溪而名。又府南百三十里有三角山，山有數峰皆奇秀。○虬山，在縣南百五十里。山陰有龍穴，後人于山下築塘，名曰虬塘。又有馬磧山，在縣南百八十里，周五十里。又武昌山，在縣南百九十里，極險峻。孫權都鄂易名武昌，故以名山。其相近者曰清溪山，周四十里，湧溪出焉。

西塞山，縣東百三十里。志云：在大冶縣東北九十里。蓋地介兩縣間，狀如關塞。圖經云：「山高百六十丈，周三十七里，吴、楚分界處也。」既險且峻，横嶁枕江，危峰對岸，長江東注，高浪飛翻，袁宏東征賦「沿西塞之峻嶁」是也。風俗記：「山延連江側，東望偏高，故名。」後漢建安四年孫策擊破黄祖子射處也。劉宋昇明二年柳世隆守郢城拒沈攸之，蕭賾自湓城遣軍主桓敬等八軍據西塞山，爲世隆聲援。近山有流沂城，後漢建安四年孫策擊敗廬江太守劉勳于彭澤，勳走保流沂，求救于黄祖，即此。寰宇記：「四塞山六朝時嘗設西陵縣，隋初省入武昌。」

安樂磯，縣東三十里。江表傳：「孫權遣其子登出兵次于安樂，以全琮諫而止。」又黄子磯，在縣西三江口，相傳黄巢嘗結砦於此，濱江險要處也。又南岡，在縣東之南湖上。晉太寧二年王敦收郭璞，斬之于南岡，即此。

大江，在縣北。自江夏縣流入境，與黄州府分江爲界。志云：江入縣境播爲三江，過中洲至雙柳夾，又自崢嶸洲過磧磯至大洲爲三江口，又逕陽邏、赤壁而至樊口，又過縣北至白田洲、楊葉洲過蘭溪至西塞山側之散花灘，又東即興國州界矣。

樊港，在樊山西南麓。寒溪之水注爲樊溪，亦曰袁溪，北注大江，謂之樊口。志云：在縣西北五里。建安十三年劉備敗于當陽，用魯肅計，自夏口進屯鄂縣之樊口是也。口北有灣，孫權嘗破舟于此，名敗船灣，亦曰敗船磯。唐乾寧四年汴將朱友恭攻淮南將翟章于黄州，章南保武昌寨，友恭爲浮梁于樊港攻拔之，蓋跨江爲浮梁抵樊口，以拔武昌也。宋景炎二年張德興等舉義兵復黄州壽昌軍，元將鄭鼎引鄂兵拒之，至樊口敗死。陸游曰：「黄州與樊口正相對。」一統志：「縣南湖澤凡九十九，同爲樊口入于江。」〔四〕亦曰長港，江套有河泊所。又縣西南十里有螺蝦港，西六里有水門港，皆湖流通江處。

南湖，縣東八里。一名五丈湖，北流通江，夏則溢，冬則涸。晉陶侃鎮武昌嘗作堤障之，水常不竭，魚蒲始繁。宋孝建初臧質敗亡，入南湖見殺處也。今名羊欄湖，湖口亦曰五丈口。又西窐湖，在縣東五十里。又縣西五十里有磧磯湖，北近大江。湖口有上磧磯，横絶江流，亦江濱險要處。○浮石湖，在縣南百二十里。周八十里，中有石常高出水面，因名。志云：湧溪，源出清溪山，合衆流而北出，經虬山下匯流爲浮石湖。又蚌舟湖在縣西九十里，縣西北百里又有炭門湖，西南百里又有馬飲漿湖，又西南十五里有烏翎湖，俱有菱芡蒲魚之利，設河泊司掌之。」

峥嶸洲，縣西北六十里江中。晉元興三年劉毅等自潯陽西上，敗桓玄於峥嶸洲。水經注：「江水東過武口，又東右得李老浦，北對峥嶸洲。」胡氏曰：「劉毅破桓玄處，在今黄州、壽昌軍之間。」今洲半屬黄州，亦名得勝洲。武口，見黄州府黄陂縣。○蘆洲，在縣西三十里，與黄子磯相接。一名羅洲，亦曰邏洲，又名伍洲。輿地志：「子胥逃楚，于江上求渡，漁父歌曰：『灼灼兮侵已私，與子期兮蘆之漪。』既渡子胥，即覆舟而死。」蘆洲、伍洲，皆以此名。梁大寶三年湘東王繹遣徐文盛討侯景。文盛克武昌，軍于蘆洲，即此。水經注：「漢邾縣故城南對蘆洲。」又縣東三里江中有節度石三，亦作「接渡石」，相傳子胥去楚，漁父接渡于此。邾縣，見黄州府。

楊葉洲，在縣東。舊志云：陳侯瑱敗周將獨孤盛於此，即白田洲。又劉郎洑，在縣東江上。本曰流浪洑，俗訛爲劉郎也。

三江口鎮，縣西四十里。志云：鎮左通團風，右通七磯，三江合流，延袤廣闊。明初設巡司於此，嘉靖中革。萬曆二年以盜賊出没，乃設三江口營哨守，爲武昌、蘄、黄之保障。○金牛鎮，在縣南百二十里。其地有金牛堆，亦曰金牛岡，鎮因以名。舊置公館及巡司於此，萬曆初移治縣西北二十里，與三江鎮相爲應援。又白湖鎮，在縣西九十里，與江夏縣接界，濱江。志云：縣東一里有金子磯巡司，又東三十里有赤土磯巡司，今革。

華容鎮，在縣西五十里。舊置鎮于此，唐爲禪林寺。縣東南六十里爲武昌鎮。又縣有鷄鳴關，志曰：即孫吴之東宫。○爛泥鋪在縣西，正德中賊劉六等聚亂處。

釣臺。在縣北門外大江中。孫權嘗駐兵于此。又縣有大、小回，乃大江回曲處，在樊口者曰大回，在釣臺下者曰小回。唐元結歌曰：「樊水欲東流，大江又北來，樊山當其南，此中爲大回，叢石横大江，人云是釣臺，水石相衝擊，此中爲小回。」是也。

嘉魚縣，府東南二百八十里。〔五〕西南至岳州府臨湘縣百八十里。漢沙羨縣地，晉爲沙陽縣地，梁又置沙州，州旋廢。隋以沙陽并入蒲圻縣，後于其地置鮎漬鎮，唐因之。南唐改鎮爲場，保大中始升爲嘉魚縣，其地有魚嶽山，取「南有嘉魚」之義云。縣無城。編户十二里。

沙陽城，在縣北。沈約曰：「晉太康初改沙羨曰沙陽，尋復曰沙羨，而改置沙陽縣。劉宋元嘉中屬巴陵郡，孝建中仍屬江夏郡。」齊因之，梁置沙州治焉，州尋廢。隋廢沙陽入蒲圻。又有吕蒙城，在縣西南八十里石頭口，孫權遣蒙征零陵時所築。郡縣志云：「蒙定荆州，于此鎮守。」又縣東北有岳公城，宋岳武穆征楊么，于此築城屯兵。

魚嶽山，在縣治西北二里。一名江島山，下有揚子洲。水經注以爲山在大江中，誤。其西北曰灌磯山，舊臨大江。水灌磯石，因名。今去江一里。又百足山，在縣北五里。山勢綿延，東西二十里，如百足練。其下臨江，即練子口。水經注：「江水又東合練口。」是也。○白面山，在縣南十里。山前有白面洲。邑志云：舊蒲圻縣置于此，南宋初蘄陽賊劉忠據白面山，韓世忠自豫章移師長沙，因討平之，即此。或謂之蒲磯山。又蜀山，在縣東北二十里。志云：先主會吴拒操，曾駐蹕于此，因名。

九隴山，縣南六十里。有九隴四合。其西南爲大崖山。與九隴相峙，懸崖峭削，古洞深窅。又有石頭山，在縣南八十里，接蒲圻縣界。○陰山，在縣東南二十里，産茶。又青林山，在縣南五十里。林木常青，亦接蒲圻縣界。

赤壁山，縣西七十里。元和志：「山在蒲圻縣西一百二十里。」時未置嘉魚也。其北岸相對者爲烏林，即周瑜焚曹操船處。武昌志：操自江陵追備至巴丘，遂至赤壁，遇周瑜兵，大敗，取華容道歸。圖經云：「赤壁在嘉魚縣。」蘇軾指黃州赤鼻山爲赤壁，悞矣。時劉備據樊口，進兵逆操，遇于赤壁，則赤壁當在樊口之上。又赤壁初戰，操軍不利，引次江北，則赤壁當在江南也。操詩曰「西望夏口，東望武昌」，此地是矣。今江、漢間言赤壁者有五，漢陽、漢川、黃州、嘉魚、江夏也，當以嘉魚之赤壁爲據。

大江，縣西北七里。自岳州府臨湘縣流入縣境，又北入江夏縣界。今城東北有通江堤，明弘治、嘉靖間築。縣北又有新堤，宋政和、乾道中築。又有成公堤，一名長堤，元皇慶初縣令成宣築。蓋縣北自魚山驛至簰洲、下夾口，地皆卑下，上流泛漲，輒與蒲圻、咸寧、江夏均罹水患，堤防至切。明天順以後成公堤屢患決圮，不時修築云。志曰：縣北有沙陽洲，故沙陽縣治也。又有龍穴洲，在沙陽洲下。劉宋景平三年迎立文帝于江陵，黑龍躍出于此，因名。

陸水，在縣西七十里。亦名雋水。出岳州府巴陵縣界，逕通城、崇陽、蒲圻三縣，至縣西入於江。其入江處謂之陸口，亦謂之蒲圻口，俗名陸溪口。後漢建安十五年孫權以魯肅爲漢昌太守，屯陸口。二十年遣呂蒙等爭長沙、零、桂三郡，權進住陸口，爲諸軍節度。二十二年魯肅卒，蒙代爲漢昌太守，亦屯陸口。二十四年陸遜代蒙屯陸口，規取荆州之地。後呂岱亦屯於此。蜀漢章武元年先主東征，陸遜拒之于西陵，孫權復自將屯陸口節度諸軍是也。水經注：「陸水出下雋縣西三山溪，入蒲圻縣北，逕呂蒙城西。」巴陵本下雋地也。或謂之淥溪，張舜民郴行録：「嘉魚縣口舟行七十餘里至淥溪口。」南北對境圖「自岳州沿江東北下，過矦敬港、神林港、象湖港、新打口、石頭口，得渌溪口」，蓋即陸口矣。漢昌，見岳州府平江縣。○石頭水，即縣西南八十里之石頭口。縣境諸湖凡五十有八，多由此注大江。志云：石頭水自岳州臨湘縣界發源，歷蒲圻縣北經蕁湖注大江。今爲石頭口鎮，有巡司，并設水驛於此。

太平湖，縣南三十里。志云：有河泊所，置于確磯山下。縣東八十里又有五重湖河泊所。又致思湖，在縣東北八十里；黄岡湖，在縣西八十里；皆有河泊所司之。又黄石潭湖，在縣東二十五里。蕁湖，志云：在縣西懷仁鄉。又蒲圻縣西北八十里亦有蕁湖。○頭陀港，在縣東三十里，與東南諸湖相灌注，亦設河泊所。

簰洲鎮。縣東北四十里。有巡司。其地回複，舟行風色不常，俗名拗簰洲。今簰洲水驛南去縣治一百五十里。又縣北五里有魚山水驛。○麻屯口，在陸口東。建安十一年孫權擊山賊麻、保二屯平之，其地蓋相近。水經注：「江水過陸口而東，左得麻屯口，南直蒲圻洲，水北入百有餘里，吴所屯也。」志云：縣東有東嶺關，濱江曰務門關。

蒲圻縣，府東南三百里。〔六〕西至岳州府臨湘縣百七十里，東至咸寧縣百四十里。漢沙羡縣地。孫吴赤烏九年分武昌爲兩部，自武昌至蒲圻爲右部，始置蒲圻縣，以湖畔多蒲，故名也。晉屬長沙郡，劉宋元嘉中改屬巴陵郡，孝建初改屬江夏郡。梁屬上雋郡，隋屬鄂州。今縣城卑小，編户三十里。

蒲圻舊城，在縣北。志云：在今嘉魚縣白面山前。唐武德中湖水溢，縣圮，徙治鳳山監，即今治也。又太平城，在縣西南八十里。志云：孫權遣魯肅征零陵時所築。

蒲首山，在縣西三十里。志曰：蒲圻之首山也。又縣南二十五里有白石山，居衆山中，獨峚嵂。距山里許有巖名白石，泉出巖中，流爲白石港。志云：白石山北有金紫峰，峻極萬仞，爲蒲邑諸峰之冠。○茗山，在縣北十五里，産茶。又障山，在縣北四十里。形如屏障，接嘉魚縣界。

南山，縣南十里。頂方平，謂之太湖坪，其前一峰突出。南去五里爲荆泉洞，洞頗深邃。門有六泉，其最名者曰荆泉。又豐財山，在縣東二里，形如覆釜。山後有洞曰迓鼓洞，洞口闊三四尺，入洞口搆梯而下，平坦如沙洲，可容千餘人，蓋昔人避兵處也。又行將山，在縣東北七里。下有行將洞，外窄内寬，相傳黄巢亂時土人曾避兵于此。縣東北三十里又有洪口山，兩山對峙，中貫洪溝，即雋水所經也。○竹山，在縣西二十里。一名西泉山，産竹。下有洞，泉出其中，幽深莫測。又西十五里有吴城山，相傳孫吴時嘗築城山下，故址尚存。

蒲圻河，在縣治南。發源江西寧州之修水，合通城縣之雋水，北流至崇陽會桃溪水，折而東又折而西，過荆港，北逕治南，又東北流復折而西北，至陸口入大江。志云：荆港即荆泉下流，北入鍾潭，縣境諸泉亦多匯此，流入蒲圻河。今縣北八十里有蒲圻長河河泊所。○新店河，在縣西四十里。一名新溪河，發源於臨湘縣界，入縣境，經新店市入嘉魚之黄岡湖，至石頭口注大江。志云：新店鎮有將軍灘，中有巨石，世傳孫權嘗磨刀其上。

蒲圻湖，在縣西北七十里。一名西良湖，源出咸寧縣峻水嶺，流合諸溪潭水而成湖，下流由金口入江。多生蒲葦，吴因以名縣。又有盤石湖，在縣西三十里。又西十里爲大羅湖，與龍坑、馬蹄諸湖皂潭、黄土潭諸水互相灌注，入于新店河。縣地卑下，西境爲尤甚云。○龜坑港，在縣西北八十里。縣境之水多由此通大江。

羊樓鎮。縣西南七十里。有巡司戍守。○港口水驛，在縣西六十里。又縣東六十里有官塘馬驛，北一里曰鳳山驛。

咸寧縣，府東南四百二十里。東至興國州二百五十里。隋爲江夏縣南境，唐大曆二年置永安鎮，楊吳曰永安場，南唐保大十三年升爲縣，宋景德四年改今名。縣未有城。編户十六里。

潛山，縣南二十里。形如展旗。又南三里有五輪山，上有腴田可耕種，利甚博。一名黄茅山。又銅鼓尖山，在縣南三十里。山形壁立，昔人避兵處也。○輞山，在縣東四十里。山形圓曲如車輞。其相近者又有石門山，矗立如門，行人往來其間。

蓮荷嶺，在縣西五十里，與崇陽縣分界。縣南五十里有峻水嶺，與通山縣分界。○寓仙洞，在縣南三十五里。明正德中改名九龍洞，洞門高廣，中甚深杳。

梓潭湖，在縣北十五里。一名咸寧湖，爲邑境泉流之匯。東北流過斧頭湖，至江夏之金口入于大江。今掌于河泊所。志云：縣南有西河，源出峻水嶺，其别源出潛山，至雙汊合流而注梓潭湖。又有官埠港，在縣東十里。源出縣東三十里之長嶺，西入梓潭湖。又赤土港，在縣東北十里。一名株樹港，西南流合於官埠港。

成山寨。在縣西五里。周迴十餘里，可容數千人，四壁峭峻，惟一徑可入。宋建炎間民聚糧保守，賊不能窺。○銅盤堤，在縣南六十里。有四門，各廣二丈，蠻獠嘗保聚于此。志云：縣治西有咸寧驛，明初置。

崇陽縣，府南四百二十五里。西至通城縣百二十里。漢長沙郡下雋縣地，蕭梁置上雋郡，陳置雋州，隋廢，以其地入蒲圻。唐天寶二年開山洞置唐年縣，楊吳改曰崇陽，朱梁改曰臨夏，〔七〕石晉改曰臨江，南唐復曰唐年，宋開寶八年仍爲崇陽縣。今因之。縣城周三里有奇。編户十一里。

唐年城，在縣東二里。唐縣治此。朱梁初楚將許德勳破唐將李饒等，掠上高、唐年而歸，即此。上高見江西瑞州府。

大集山，縣北五里。自通城縣龍窖山發脉，歷方山、巖頭而東，至此諸山崇聚，故縣有崇陽之名。又壺頭山，在縣東北二十里。山如罌壺口，有溪穿入山中，名桃花洞。志云：後漢馬援征五溪蠻至下雋，殁于壺頭灘，蓋即此。恐悮。又東泉山，在縣東北五十里。有泉流入蒲圻，溉田甚廣，中有龍巖、龍洞。○雨山，在縣東四十里。山最高，跨通山縣界。有五峰筭立，一名乳山。又靈女山，在縣東四十五里，亦接通山縣境。上有泉。又有古城，號女城，不知所自。

方山，縣西五十里。四面皆平，瀑布懸流，巖壑甚勝，跨蒲圻、臨湘二縣界。其相近者曰巖頭山，有二巖，一曰寶陀，一曰羅漢，俱極幽勝。山周百餘里，亦北抵臨湘縣界。○白泉山，在縣西北二十餘里。泉流不竭。宋張詠爲令，嘗鑿山引水以灌田，後屢修治，至今爲近郭之利。

龍泉山，縣西南四十里。周圍百餘里。山有洞可容千百人，石渠清映，名曰魯溪，鄉人號爲魯溪巖。巖前産茶甚佳，曰龍泉茶。又茱萸山，在縣西南五十里，層巒叠障，勢若連雲。○弩牙山，在縣南四十里，以形似名。有吴城港，水遶巖下。

龍頭巖，縣東三十里。中有流泉，縈紆三十里，可供灌溉。又青山巖，在縣南二十里。深邃莫測，有泉出石渠間。

又南有紫龜巖，泉出其下，溉田數百畝。郡志云：紫龜巖在縣西北四十里。○回頭嶺，在縣東二十三里，道出通山縣。縣東九十里有連河嶺，道出咸寧縣。又田東洞，在縣東三十里，甚深廣。又東二十里爲白羊洞，跨通山縣界，深不可窮。志云：縣西南六十里又有赤壁，相傳周瑜戰處。悞也。

雋水，在縣西四十里，即陸水也。自通城縣流入，經縣北而入蒲圻縣界，縣境諸水皆匯入焉。○高視河，在縣南五十里。匯山谿諸水，下流入于雋水。又太原河，在縣南七十里。志云：出江西寧州界首山，亦匯諸山谿之水流合高視河，出青石河而入于雋水。

崇陽洪，在縣北二十五里。自通城縣匯諸山谿之水入縣境，經壺頭山下亦曰崇陽港。兩山相夾，水中多石，中爲大洪，東西爲小洪，行者不下徐州吕梁之險。下流亦合於雋水。志云：崇陽河源自雋水及寧州修水，合桃溪水，流出至壺頭山下是也。又縣西三十里有肥田港，亦曰肥田湖，其西有白泉河、龍坊河流合焉，亦注於雋水。

龍頭河，縣東北十五里，即龍頭巖水也。又有荻洲河，在縣西北十五里；許仙巖河，在縣西北三十里許仙巖下；又柘亭河，在縣北二十里；鐵束河，在縣西八十里；俱匯諸小水入於雋水。又長江湖，在縣西南二十五里。縣南十五里又有戴家湖，通吴城港入於雋水。志云：縣東五里有小港，又東十里有白石港及羅兜灣，俱匯流入小港合于雋水。○石梘陂，在縣東十五里。有宋時舊址，洪武間知縣元俊伐石重修，嘉靖九年典史徐球再修，蓄水以溉田，爲民利。縣東二十里曰遠陂，溉田千餘畝。縣南二十五里曰華陂，前爲史家壋，亦溉田數百畝。

東關。縣南六十里。其相近者曰高視山，接江西寧州界，寇盜充斥，此爲扼要之所，向設官兵戍守。

通城縣，府西南五百里。西南至岳州府平江縣百六十里。漢下雋縣地，唐爲唐年縣地，元和中置通城鎮，宋熙寧中始升爲縣，紹興中廢爲鎮，旋復爲縣。今縣有土城。編户十五里。

幕阜山，縣東南五十里。周迴五百餘里，東跨江西寧州，南跨平江縣界。有水四出，東南入湘，西入洞庭，北入雋。吴太史慈爲建昌都尉，拒劉表從子磐，于此置營幕，因名。○錫山，在縣南七里。舊産銀，曰銀山。又産錫。志云：唐初置錫山鎮，後改爲通城云。又九峰山，在縣南一里。山有九峰。縣南三里又有南山，形如屏障。

大盤山，縣東四十里。山嶺縈紆廣遠，因名。又萬峰山，在縣東北二十五里。縣東南三十里又有龍窖山，深谷巨壑，雲氣蓊鬱。又東南二十里有黄龍山，山脉與幕阜相接。○虎巖山，在縣西三十里。山深杳，虎穴其中。又縣西十五里有白面山。

雋水，在縣治北。自岳州府巴陵縣流入界，經縣西南有修水自江西寧州流合焉，又東北入崇陽縣界。○新安港，在縣東二十里。出黄龍山，東北流，縣東三十里之鯉港、縣東十里之東港俱匯流于此而入雋水。又黄沙港，在縣西十里，亦合諸谿澗水至縣北十里鐵東山下入于雋水。志云：縣東四十里又有分水泉，亦出黄龍山，下分二流，南流入江西武寧縣界，西流入於雋水。

長山寨。在縣南。南唐置此以備潭、朗。周顯德二年湖南王逵拔鄂州長山寨是也。

興國州，府東南三百八十里。東至江西九江府二百里，東南至江西南昌府五百七十里，西南至江西寧州三百里，北渡江至黄州府蘄州百里。

春秋時楚地，秦屬南郡，兩漢屬江夏郡，三國吴屬武昌郡，晉以後因之。隋屬鄂州，大業中屬江夏郡。唐仍舊。宋太平興國二年置永興軍，明年改興國軍。元爲興國路。明初曰興國州，洪武九年以州治永興縣省入。編户四十六里。領縣二。今因之。

州襟山帶江，土沃民萃，西連江夏，東出豫章，此爲襟要。漢武帝時淮南王安謀反，其臣伍被曰：「守下雉之城，絶豫章之口。」謂此也。唐天復二年淮南將李神福擊杜洪于武昌，時洪爲武昌節度使。得永興，曰：「永興大縣，饋餉所仰，已得鄂之半矣。」宋建炎三年金人窺洪州，取道於此，時金人入江州，既而由黄州張家渡度江至武昌縣上岸，遂入興國軍大冶縣界，取山路犯江西。蓋境壤相錯，侵軼爲易矣。

永興廢縣，今州治。本漢鄂縣及下雉縣地，孫吴初爲武昌縣地，尋析武昌縣南境置陽新縣，屬武昌郡。晉以後因之。隋改曰富川縣，開皇十八年又改曰永興，唐因之。宋爲永興軍治，尋爲興國軍治。明初省。志云：吴置陽新縣，在今州西南五十里，六朝時皆治此。亦曰富川城，以隋改名富川也。今猶謂之陽新里。隋改置于高陵故城，在今州東南六十里。其城一名子胥城，相傳子胥所築。唐貞元初徙治于長樂鄉深湖口，即今治也。又有永興城，在今州南闔閭山下。世傳伍子胥爲闔閭屯兵于此，本名闔閭城，梁、陳間置永興縣治此。隋開皇十六年并縣入富川，尋改富川爲永興是也。今州城明初築，正德六年甃以甓，十一年復增修之。嘉靖三十三年改營石城。周四里有奇，有門八。

下雉城，州東南百四十里。漢縣，屬江夏郡，後漢因之，三國吴屬武昌郡，晉省。志云：州西南百二十里又有奉新廢縣，吴置；州西北九十里又有安昌廢縣，梁置；隋平陳俱廢。今史不載。

銀山，州北十五里。四面皆山，多産銀礦，亦名大銀山，元時曾採銀于此。志云：州西二里有黄姑山，亦産銀，舊有銀場。○三角山，在州北九十里。州之名山也。又大坡山，在州東五十里。旁有石樓，嶄然拔出衆山。里人于此造茶，名坡山鳳髓。有大坡洞。其相近者有雞籠山，相傳伍子胥曾駐兵于此，今遺址尚存。又闔閭山，在州南九十里，相傳子胥屯兵處。史記：「闔閭九年，子胥伐楚。」是也。山下有闔閭城。

五龍山，州西北八十里。盤紆高聳，狀如五龍。又龍角山，在州西八十里。兩峰相對，本名龍耳，唐改今名。又西四十里爲天尊山，高峻干雲，周四十餘里。又西七十里爲太平山，與通山縣九宫山相接。○石榴山，在州西五十里。有石榴山洞，四面險阻，人多避難于此。一名百福山。又黄土山，在州西北二百里。南接江西武寧縣，東接江西瑞昌縣，西與通山連境，盤回百餘里。

柳峰巖，州南三十里。元末土豪黄普福聚衆避兵于此。其相近者曰太平巖，元末楊普雄據此拒敵處也。○鳳山洞，在州東北八十里。相傳南唐主李煜嘗屯兵于此，依山築城，今山頂遺堞尚存。

大江，州東北六十里。江之北岸接黄州府蘄州境，又東入江西瑞昌縣界。

長河，州西十里。亦曰富水。源出通山縣白羊山，流入州界，經州西七十里之三教山，四十里之白閬山，諸山谿之水皆流入焉，經州治而東會于富池湖，東入大江。水利考：「州境多水，然皆匯于長河，而洩于富池湖。長河自州西南六十里排市而下，水流較寬。以上則爲龍港，在州西南七十里；慈口港，在州西百里；雞口港，在州西百三十里；山谿諸水由此溢入，恒有泛漲之患，故西境之堤防常切。」〇山溪河，在州西八十里；又茅田河，在州西南九十里；皆匯諸山之水注于長河。志云：州東南五十里有舒漊湖，興之巨壑也，〔八〕州東南境之水皆匯入焉，而統注于長河。

富池湖，州東六十里。志云：自州西之西碎石至三溪匯上流諸水，經州治南至此，衆流益集，潴而爲湖，北注于江。水經注：「江之右岸富水注之。」是也。今置河泊所司之。又于湖北置富池驛及富池鎮巡司，爲濱江往來之通道。〇海口湖，在州東北六十里。州北諸山谿之水匯流所成也，東注于大江。又漳源湖，在州西北七十里，武昌、大冶二縣山谿之水匯流于此入大江。今皆掌于河泊所。志云：州境諸湖得名者凡二十餘，而最大者爲富池、海口、漳源三湖。

長樂堰，州北五十里。唐貞元十三年築，明洪武中重修，民賴其惠。〇朝天堤，在州西五里古龍關下。永樂間知州樊繼修築。今亦名樊公堤。又州東北半里有恩波堤，州北二十里有良薦橋堤。

古龍關。州西北三里。舊爲屯戍處，元末多事嘗駐兵于此。又黄顙口鎮，在州北六十里，向置巡司戍守。

大冶縣，州西北百五十里。東渡江至蘄州九十里。隋武昌縣地，唐爲永興縣地，置大冶青山場院，南唐保大十三年升爲大冶縣，屬鄂州，宋屬興國軍。今縣無城。編户二十九里。

鐵山，縣北四十里。有鐵礦，唐、宋時于此置爐燒煉金鐵。又北二十里爲白雉山，周五十里，有芙蓉峰、獅子嶺、金雞石諸勝。山南出銅礦，晉、宋以來俱置銅場、錢監，後廢。今山口墩或謂之銅竈，其遺跡也。一統志：「縣東有圍爐山，出鐵。」舊有鐵務，今廢。又縣治西南有銅緑山，亦古出銅冶鑄之所。縣名大冶，蓋以此。

西塞山，縣東北九十里，連武昌縣界。孫策擊黄祖，劉毅攻桓玄，皆破之于此。山之右又有回山，其西爲飛雲三洞，稱奇勝。餘詳見武昌縣。○果城山，在縣西南五十里。環繞如城。一名屏風峽山，又名黄茅尖山，山勢峻峭。今有黄茅寨，守此可避寇亂。又東方山，在縣北三十里。山連武昌縣界，以在武昌東，故名。又鳳棲山，在縣東北七十里。周三十五里，亦接武昌縣界。

縣前河，在縣南。西境諸水皆匯流于此，瀦爲金湖，又東六十里入興國州界注于湋源湖。○磁湖，在縣東四十里。湖濱有磁湖山，山之右爲瑶山，舊有磁湖寨，爲戍守處。又華家湖，在縣東北四十里。其南爲河涇、凌家灣湖，皆匯諸山谿水流入大江。又縣東三十里有張家渥，源出縣東北四十里之章山，流入江。自華家湖以下皆掌于河泊所。志云：縣東北三十里有黄石港，濱江有黄石公磯。

散花洲，在西塞山側，臨江。相傳周瑜戰勝于赤壁，吴王散花勞軍，亦名散花灘。又縣東三十里有新生洲，以宋紹興十九年始有此洲也。

西塞山砦。在西塞山北，即道士洑也。志云：自縣北二十里牛馬隘山，連延爲章山，自章山以至縣東九十里道士洑，脉皆相接。唐曹王皐攻淮西，嘗結砦于此。亦名士洑鎮，向設道士洑巡司。又縣東北四十里有鐵山砦，又東九十里爲李家港砦。○花油樹堡，在縣西南六十里猴兒山上，路出江西瑞昌縣，爲盗賊出没之衝。嘉靖中立寨守此，隆慶四年復置堡，增設官兵以爲防禦。

通山縣，州西百八十里。西至崇陽縣八十里，東南至江西武寧縣二百八十里。唐爲永興縣之新豐鄉，楊吴武義中置羊山鎮，周顯德六年南唐始置通山縣。宋志：「太平興國二年升羊頭鎮爲縣，屬興國軍，紹興四年廢爲鎮，明年復爲縣。」今縣無城。編户六里。

翠屏山，縣西南一里。蒼翠如屏。上有石塔、東西二泉，舊有人居，環繞如城，一名石城。又石航山，在縣東二里，綿亘數十里。縣南二里爲石梯山，北曰羅阜山，高峻出羣山之表。○大城山，在縣南六十里。高峻環結如城，有四石門，可階而登，中平衍，廣數十畝。又縣東六十里有沉水山，巖谷深邃，人跡罕至。

九宫山，縣東南八十里。廣八十里，高四十里。相傳晉安王兄弟九人避難于此，造九宫而名。一云山自下而上，高峰九層，故名。又云山來自南岳長沙、九江廬阜九十九峰之數，千巖萬壑，崎嶇盤折，奇勝非一。宋張道清住此，建欽天瑞慶宫于上。○白羊山，在縣西三十里。志云：興國州長河之源出于此。

新開嶺，縣北七里。路出嶺下，險峻殊絶，宣德間鑿其巔，爲興國必由之路。又朦朧嶺，在縣東南二十里。險峻迤邐，道出江西武寧縣。成化間建朦朧堡于其上。

石牛潭。縣東五里。有石澗六十里，下流入于長河。又有界河，在縣東六十里，亦東北注于長河。

附見

武昌衛。在府治南。洪武中建。又有武昌左衛，在府治西南。武昌護衛亦在府治南，洪武中爲楚府置。今亦設武昌衛，並設左衛。

漢陽府，東至武昌府隔江七里，西北至承天府五百六十里，西南至承天府沔陽州四百里，東北至黄州府一百八十三里，西北至德安府三百二十里，自府治至布政司見上，至京師五千一百七十三里。

禹貢荆州之域，春秋鄖國地。戰國屬楚，秦屬南郡，兩漢屬江夏郡，三國初屬魏，後屬吴，皆爲重鎮。晉仍屬江夏郡，初立沔陽縣爲江夏郡治，後郡移治安陸。宋、齊、梁因之。並屬江夏郡。後周屬竟陵郡，隋屬復州，大業初屬沔陽郡。唐武德四年討平朱粲，析置沔州，治漢陽縣。天寶初改漢陽郡，乾元初復爲沔州，建中二年州廢，四年復置。寶曆初州廢，屬鄂州。周顯德五年平淮南，以漢陽縣置軍。宋熙寧四年仍廢爲縣，元祐元年復置軍，紹興五年廢，七年復置。元至元中升爲漢陽府，明洪武初因之，九年省入武昌，十三年復置府。領縣二。今因之。

府前枕大江，北帶漢水，大别之險，古今共之，誠鄂渚之翼蔽，而亦荆、郢之藩垣也。荆謂荆州，郢謂安陸。形勝考云：「漢陽扼束江、漢，表以大别之山，臨高阻深，其勢陿而險固，國家畫郡，與武昌並峙，方七里而近，左右翼蔽，以犖磐石，亦宇内所僅見也。」王氏有言：「鄂州恃漢陽爲蔽，漢陽失而鄂不可保，此魯山、夏口夾江分險，而分符作牧也歟？」又薛氏向云：「上游糧餉由沔而達襄、郢，由溳而入安、隨，漢陽實爲喉嗌」云。宋知漢陽軍黃幹築城略云：「漢陽之地，南人得之則恃爲捍蔽，孫氏都武昌使魯肅守漢陽是也；北人得之則武昌不能自立，漢陽守臣李恕屢以舟師敗鄂人是也。故築城不惟可以守漢陽，亦所以蔽武昌也。」

漢陽縣，附郭。本漢安陸縣地，屬江夏郡。東晉于臨嶂山下置沌陽縣，後廢。隋開皇十七年置漢津縣，屬復州，大業初改曰漢陽，屬沔陽郡。唐初于此置沔州，後廢州，以縣屬鄂州。五代周爲漢陽軍治，元至元以後皆爲府治。城邑考：「府城舊周六里，有八門。宋宣和三年水漲城壞，尋復修築。明洪武初平楚，駕臨漢陽，築城保障。然城垣單薄，嘉靖三年始議增修，内外皆用磚石包砌，周僅四里有奇。門四，東朝宗，〔九〕南南紀，西鳳山，北朝元。朝元門旋塞。今編户六里。」

魯山城，在城東北大別山上。三國時爲戍守處，因築城于此，六朝以來皆爲要地。亦曰魯山鎮城，隋因置漢陽縣于山下。或謂今縣即魯山城，悮也。

沌陽城，府西六十里臨嶂山下。志云：晉惠帝時所置也。祝穆云：「魏定荆州，屯沔陽爲重鎮。晉立沔陽縣，江夏郡移理焉。永嘉六年湘州賊杜弢別將王真襲沔陽，武昌太守陶侃等擊却之。建興初侃爲荆州刺史，屯沌口，明年移沔江，即沔陽也。」亦謂之臨嶂城，水經注「沔水經沌陽縣北，又東逕臨嶂故城北」，其寔臨嶂即沔陽也。沌陽亦作「沔陽」，臨嶂亦作「臨障」。大興二年荆州賊杜曾擊敗州兵，逕造沔口，豫章太守周訪擊之。訪進至沌陽，曾敗遁。宋、齊皆爲沌陽縣，屬江夏郡。梁武帝又嘗置沔陽郡，中大通五年魏荆州刺史賀拔勝寇雍州，遣軍攻沔陽拔之。後周亦爲沔陽郡，隋初廢。

灄陽城，府北四十里。亦安陸縣地，晉惠帝時析置灄陽縣。晉書：張昌之亂，安陸人多附昌，惟朱伺合其鄉人討之。昌既滅，伺部曲以逆順有嫌，求別立縣，從之。分安陸東界立灄陽縣，屬江夏郡。」建興初陶侃屯臨嶂，杜弢將王貢襲侃，侃奔灄中，尋陽太守周訪救侃，擊貢走之。灄中即灄陽也。宋、齊皆爲灄陽縣，屬江夏郡。蕭衍舉兵襄陽，克郢城，汝南民胡文超起兵于灄陽以應衍。後周時縣廢。郢城、汝南，俱見前江夏縣。

却月城，在府治北六里。與魯山城相對，形如却月，後漢末黄祖所守處。建安十三年孫權奪沔口，攻屠其城。水經注：「魯山左即沔水口，沔左有偃月城。」又沔陽記：「沌陽縣至沔口，水北有却月城，亦曰偃月壘。」晉元興初桓振據江陵，遣其黨孟山圖據魯山城，桓仙客守偃月壘是也。元和志：「却月故城在漢陽縣北三里，周一里八十步，高六尺。」又馬騎城，在却月城西二里，周五里，高丈餘，今長棚岡其故址也。又府西四十五里有漢陰城，以漢陰山而名。皆當時屯兵處。○梁城，在府城東北。南史：「梁武自襄陽趣建鄴，鄧元起會大軍于夏口，築漢口城以守魯山。」今大別山橫頂城即其舊基。又有蕭公城，在府西北五里，相傳梁武初築城于此。

大別山，在府城東北，漢江之右。一名魯山，一名翼際山。東南有事，此爲重鎮。今詳見名山。○鳳棲山，在郡治後。今郡城環其上，其迤西之山亦曰魯山。志云：郡城東北有吴王磯，一名禹功磯，吴、魏相持時，皆以沔口爲重鎮，吴守此磯以爲險固。有鐵門關在其旁。又有洗馬洞及磨刀洞，相傳以關壯繆得名。志云：鐵門關在今漢陽縣治東北二里。

漢南山，府西二十里漢水之南。有三峰並峙，一名三山。又漢陰山，在府西四十五里漢水北，一名馬鞍山。○湖蓋山，在府西北三十里。其形如蓋，南臨漢水，西帶太湖，因名。

臨漳山，府西六十里。層山臨江，盤基數十里。晉于山下置沔陽縣。宋紹興四年岳飛擊賊曹成于漢陽，平之，移師次臨嶂。咸淳中德安府嘗遷治此。今亦名城頭山，山南有峰曰烏林峰，俗謂之赤壁，蓋傳訛也。○百人山，在府西南七十里。相傳周瑜與黃蓋詐曹公大軍所起處也。南濱江有百人磯，今置巡司于此。又大軍山在府西南六十里，府西南四十五里又有小軍山，昔吳、魏相持，陳兵于大小兩山之間，故山以大、小軍名。志云：府西南八十里有尉武山，相傳唐武德初尉遲恭與朱粲戰處。

香爐山，府西九十里，以形似名。宋開慶初蒙古忽必烈取道黃陂，登香爐山俯瞰大江。一統志云：「即此山也。」又九真山，在府西南九十里。山周百里，高峻紆迴，唐咸通中改名仙潛山。輿地紀勝云：「即五藏山也。有九泉，皆清澈。」

漢水，在城北三里。自沔陽州景陵縣界東流入府境，經漢川縣南流至此，又東與大江會于大別山北，其地名漢口。志曰：漢水與溳水合流入江處也。山陰石上有石穴二處，謂之鎖穴。孫權攻黃祖，祖橫兩蒙衝挾守沔口，以栟閭大紲繫石爲矴。晉王濬伐吳，吳人于磧險要害處皆以鐵鎖橫截之，即此穴也。晉永嘉五年石勒渡沔寇江夏，拔之，進屯江西。時江夏郡治安陸，江西即漢水東矣。今城東有渡亦曰漢陽渡。胡氏曰：「漢水入江處謂之漢曲，又即春秋之夏汭。」隄防考：「漢口北岸十里許有襄河口，舊時漢水從黃金口入排沙口，東北折抱牯牛洲至鵝公口，又西南轉北至郭師口，對岸曰襄河口，長四十里，然後下漢口。成化初忽于排沙口下郭師口上直通一道，約長十里，漢水竟從此下，而古道遂淤。」襄河者，漢水自襄陽來也。餘詳川瀆異同。

江水，在府城東南。上接瀟、湘、洞庭諸水，入府境一百五十里，自大別山東而合于漢江，轉烟波灣四十里入黄州府界。志云：烟波灣在城東北三十里，旁有里曰烟波里，今土人謂之白沙灣。元至正九年蜀江大溢，浸漢陽城云。

沔水，在府西南三十里。源出襄水，南入大江，又東北與漢水合流。祝穆曰：「三國以前書傳多稱漢不言沔，三國以後多稱沔不言漢，先儒疑漢、沔爲一，然今二水源流不同，惟書疏引應劭云沔水下尾與漢合乃入江，爲得其寔。然考襄水在沔陽，亦即漢之支流耳。」又有南沔，志曰：夏水入沔之後，兼流至漢陽，謂之南沔。

沌水，在府西南四十里。有沌口。水經注：「沌水南通沔陽之太白湖，湖水東南流逕沌陽縣注于江，謂之沌口。」范成大曰：「自石首縣舟行一百七十里至魯家洑，自魯家洑入沌。沌者江旁枝流，如海之洴。其港僅過運河，兩岸皆蘆荻，支港皆通小湖，故爲盜區，客舟非結伴不可行。」張舜民曰：「自沌口至下港五十餘里。下港故鎮南對金口，金口在鄂州西南。金口之下即寶家沙，江之西岸有沌口。」晉永嘉末荆州刺史王澄以杜弢等亂，棄州東下，別駕郭舒力諫，澄不從，舒因留屯沔口。建興初陶侃爲荆州刺史，鎮沌口。陳初侯安都攻王琳，圍其郢州。琳自湘州至弇口，安都乃釋郢州圍，留沈泰一軍守漢曲，而悉衆詣沌口。琳據東岸，安都據西岸，及戰，爲琳所敗。又光大中華皎以湘州降周，引周兵與陳將吴明徹等戰于沌口，周軍大敗是也。弇水在大江南岸，其入江之口正對北岸大軍山。沌讀曰篆。志云：縣西四十五里有直陽港，與沌水合流。又縣西南二十里有永濟港，南入江。

淪水，府北二十里。自德安府孝感縣流入，與黄陂縣接界，通大江。宋咸淳末蒙古將伯顔陷郢州，謀渡江，宋軍分據要害，軍不得進。其軍將馬福言淪河口穿湖中，可從陽邏堡西沙蕪口入江。伯顔乃進圍漢陽，聲言取漢口，渡江，而乘間遣奇兵襲沙蕪口，奪之。因自漢口開壩引船入淪河轉沙蕪口以達江，而以數千艘泊淪河灣口，屯騎兵于江北招陽邏堡。蓋夏口未可遽越，取間道以出不意也。沙蕪口見黄陂縣，陽邏堡見黄岡縣。

灄水，府北四十一里。本溳水分流。水經注：「灄水上承沔水于安陸縣。」誤溳爲沔也。下流東經灄陽縣北合淪、索二水，東南注于江。其入江之處蓋在黄陂縣界。

太白湖，府西百里九真山之南，西南接沔陽州界。一名九真湖，一名白湖。周二百餘里。春水泛溢，與楊孟池、新灘、馬影、蒲潭、沌河合而爲一，冬涸始分。郡境諸湖，太白爲最大。又郎官湖，在府城内。舊名南湖，李白與尚書郎張謂共泛于此，因改名焉。匯城中諸水，南達于江。正德以後僅同溝洫，由是水無所潴，横溢爲害，城屢爲所圮。又太子湖，在府南十五里，相傳以昭明太子得名。又府西南五十里有刀環湖，以形似名也。○桑臺湖，在府西北三十里；又馬影湖，在府西五十里；蒲潭湖，在府西南六十里；新潭湖，在府南百二十里；舊皆掌于河泊所，今馬影湖所廢，餘如故。志云：漢陽縣治南有長江河泊所，治北二十五里有三淪湖河泊所，西二十五里又有平塘湖河泊所。今皆廢。

蔡店鎮，府西六十里。宋末蒙古陷郢州，伯顔引兵至蔡店大會諸將，刻期渡江，遣人觀漢口形勢，時宋將夏貴以漢、鄂舟師分據要害，軍不得達，乃由淪河間道而前是也。明初爲蔡店巡司，正德初郡守蔡欽改蒲潭水驛爲馬驛，并置于此，民以爲病。嘉靖二十三年革蔡店驛，而巡司如故。志云：蔡店驛在府北六十里。○新灘鎮，在府西南百二十里，有巡司。又有漢口鎮巡司，置于府北三里之漢水南。又沌口鎮巡司，置于府西南三十里之沌口，與百人磯巡司皆爲要隘。志云：百人磯鎮在府南六十里，今遷置巡司于東江腦。

鐵錢監。在大別山下，地名静江營。宋紹熙二年置監，元廢。又牧馬廢監，在府西南十五里。宋乾道四年置于龍崗嘴，元廢。又城中舊有鳳棲驛，城北原有臨川驛，皆廢。

漢川縣，府西北百六十里。西至沔陽州景陵縣百五十里，北至德安府雲夢縣九十里。漢安陸縣地，梁爲梁安郡地，西魏改曰魏安郡，兼置江州，尋改郡曰汊川。汊音叉。後周置甑山縣，建德二年州廢。隋初郡廢，以縣屬復州，大業末縣廢。唐武德四年析漢陽縣置汊川縣，屬沔州，寶曆中州廢，縣屬鄂州。五代周改屬安州。宋初曰義川縣，太平興國二年改今名，屬漢陽軍。熙寧四年廢爲鎮，屬漢陽縣。元祐初復故，紹興五年又廢，七年復置。元因之。今縣無城。編户二十里。

甑山城，縣東南十里。晉書：「朱伺爲杜曾所敗，自揚口壘就王廙于甑山。」甑山城蓋廙所築，以山爲名。梁置甑山縣，爲梁安郡治。西魏爲魏安郡治，兼置江州，廢帝欽二年改曰沔州。後周天和二年與陳人交惡，沔州刺史裴寬謀益戍兵，并遷城以避之，未果。陳將程靈洗引舟師乘水漲奄至城下，攻拔之。尋復爲周所得，州廢。陳大建十二年周司馬消難以魯山、甑山二鎮來降。十四年隋將元景山出漢口，遣别將鄧孝儒攻甑山鎮，陳將陸綸以舟師赴救，爲所敗，于是㵐口、甑山、沌陽守將皆棄城走。隋初屬復州，煬帝時屬沔陽郡，後廢。揚口壘，見景陵縣。

汉川城，在縣南四十里汉山下。志云：唐武德中置縣于此。又縣西北三十里大赤鄉有舊縣城，俗呼金鼓城。魏志「曹操烏林之敗，鷄鳴出走，至大赤天曙」，即此。五代間縣移治此，即今劉家隔之地也。元至元二十二年又移今治。○和公城，在縣東北十七里，後周所築。隋末賊董道冲作亂，和操拒之于此，因名。又縣南五里有梁褒城，後周宣政中所築也。土人梁褒主之，因名。其旁有鍾離城，又南十里有郝城，皆後周時所築，以主者之姓爲名。志云：鷄鳴城在縣西百里。相傳曹操敗烏林時築此城以駐兵，聞外軍將至，僞作鷄鳴而遁。俗名張家城。

小别山，縣南十里。山形如甑，亦名甑山。左傳定四年：「吴子伐楚，令尹子常濟漢而陳，自小别至于大别。」是也。東晉初王廙刺荆州爲杜曾等所拒，退保甑山。竟陵内史朱伺禦曾于揚口戰敗，就廙于甑山，即此。

陽臺山，縣治南一里。下有陽臺渡。隨志甑山縣有陽臺山。俗訛曰羊蹄山，陳光大初周沔州刺史裴寬請遷城于羊蹄山以避水，即此。治西有山曰伏龍山。又内方山，在縣南六十里。或以爲禹貢内方，悮也。○高觀山，在縣東南三十里。高聳，可以望遠。又東南五里有馬城山，山下有馬城舖。

漢水，縣西南十里。自景陵縣流入界，又東入漢陽縣界。水利攷：「漢江入縣境分二流，一由張池口經縣南，一由竹筒河出劉家隔，二水復合流出漢口，故境内無水患。嘉靖三十九年漢水大溢，縣北各垸堤俱潰，而竹筒河中塞十五里許，其張池口江身又復淺狹，故水多壅滯于鍾祥、竟陵間，而劉家隔之舟船不得通于漢川。隆慶中急議開浚，故道復通。議者謂竹筒一河上接漢流，下通漢口，真如咽喉之不可一日或塞也。」

涢水，縣東北三十里。源出隨州大洪山，經德安府及雲夢縣流入縣界，過縣北至此入于漢水，謂之涢口。晉建興元年陶侃爲杜曾所敗，將奔溳口。又侃以荆州刺史討滅杜弢，左遷廣州，其將吏鄭攀、馬㑺等不能平，帥衆徙屯溳口是也。水經注：「溳水過安陸縣而東南流，分爲二水，東通灄水，西入于沔。」又漢水記：「自漢口入二百里。得溳口，有村，又三百里得溳城，即今德安府治。」○臼水，志云：在縣南七十里。自沔陽州流入界，東出沌口，其支流經鳳凰山爲繫馬口，入臼子河與沌水合。今水道已塞，惟春夏水泛可通舟楫。又志云：鳳凰山在縣南六十里，繫馬口在縣西南二十五里。

安漢湖，縣東北二十里。一名岡下湖。又縣南七十里有却月湖，首尾迂直，形如却月，因名。又有沉下湖，在縣西南九十里。縣境諸湖凡數十，此其著者。志云：安漢湖、沉下湖與縣南二十五里之上零殘湖各有河泊所領之。○小理潭，在縣西南百里，漢水所注也。又麻埠港，在縣東南五里，即漢水支流，下流仍合于漢水。夏秋泛漲，可通舟楫。

鷄鳴汊，在縣西百二十里。元末徐壽輝作亂，寬徹普化鎮武昌，遣其子引舟師攻之，至鷄鳴汊，水淺舟滯，壽輝將倪文俊以火筏盡焚其舟，即此。

劉家隔，縣北三十里。地當四達之衝，商泊輻輳，盜賊恒出没其間，防禦孔急。宣德六年設巡司戍守，正德十四年設郡丞于此，掌捕盜賊，尋以邑丞代之。又税課局亦設于司西。志云：縣舊有三汊驛，正德初郡守蔡欽改置于此，曰劉家隔驛。自驛而東至布政司一百五十里。

同塚。縣西百四十里。一名疑塚，俗傳曹操敗于烏林，僞作此塚。正德中郡盜丘仁等哨聚于此，蓋縣境當漢、沔之間，湖泊遼曠，萑葦蒙密，奸宄易以藏匿，而同塚出没尤便也。○戍子圻，在縣西南十五里。相傳關羽駐兵處。

附見

武昌右千户所。在府治南。又有後千户所，在府治西，正統十三年自武昌府徙置于此，仍隸武昌衛。

黄州府，東至南直安慶府八百三十里，東北至南直壽州五百八十四里，東南至江西九江府四百二十里，西南至武昌府一百八十里，西至德安府三百里，西北至河南信陽州五百六十里，北至汝寧府光州三百五十里，自府治至布政司見上，至京師四千九百九十里。

禹貢荆州地，春秋時爲邾國，後爲黄國之境，黄國見河南光州。楚滅黄而并其地。秦屬南郡，兩漢屬江夏郡，爲西陵縣、邾縣地。三國魏爲重鎮，後屬吴。晉爲西陽國，宋爲西陽郡，齊又分置齊安郡。北齊置衡州，劉昫曰：「北齊于故西陵城西南别築小城，置衡州，〔一〇〕領齊安一郡。」陳罷州，後周復置。隋開皇五年改黄州，大業初改永安郡。唐復爲黄州，天寶初改齊安郡，乾元初復曰黄州。並治黄岡縣，中和初徙治邾城，仍曰黄岡。宋因之。一統志：「宋又遷州治于江濱，即今府治。」元爲黄州路，隸河南行省。明爲黄州府，改屬湖廣布政司。領州一，縣八。今仍曰黄州府。

按府境通接淮、楚，襟帶江、漢，臨深負險，屹爲雄鎮。當春秋時楚得其地，而陳、蔡之勢蹙矣。及吴、魏相攻，互爲重地，滿寵豫西陽之備而吴主徹師，陸遜重邾城之守而魏人息志。吴志：「赤烏八年陸遜城邾。」及東晉之初，而邾城爲蠻左所據。陶侃鎮武昌，議者以武昌北岸有邾城，宜分兵鎮之，侃乃曰：「我所以設險守禦，正以長江耳。邾城隔在江北，内無所倚，外接羣夷，若制馭失宜，必引敵入寇。且吴時戍此城用三萬兵，今縱有兵守，亦何益于江南？」後庾亮以毛寶等守之，果敗殁于石趙。說者曰：時有難易，勢有緩急，非可概論也。當六朝之際，五水羣蠻藪聚于此，山川糾結，難馴易擾，江左視之，隱若一敵國云。隋、唐以來，江、淮用兵，蘄、黄恒爲要會。唐興元以後淮西多故，蘄、黄往往被兵。宋之季也，蒙古之師多道光、蔡窺五關，而長江之險遂與敵共。蓋五關者所以遮蔽江、漢，咽喉淮、汝，爲南北之要衝者也。五關失而敵人乃問渡于江濱矣。葉氏曰：「孫氏以江北守江，而不以江南守江，故邾城之置戍切。」真氏曰：「蘄、舒、黄三州之北，有大山綿亘八百里，俗呼爲西山。邾城在山之南，東晉時密迫羣夷，所以不可置戍，與今不同也。」薛氏曰：「淮東之地，沮澤多而丘陵少。淮西山澤相半，無水隔者，獨邾城白沙戍入武昌及六安、舒城走南硤二路耳。五關守，不特黄、蘄有所依蔽，而舒、鄂之間亦有脣齒之衛矣。顧可使賊入其郊，恣荼毒焉，爲東西數千里之患哉？」

黄岡縣，附郭。漢邾縣，屬江夏郡，後漢及三國吴因之。晉初屬弋陽郡，尋屬西陽國，咸康三年豫州寄治于此，尋陷于石趙，縣廢。唐中和三年遷黄州治此，附郭縣亦移治，仍曰黄岡。今編户八十六里。

郝城，今府城也。水經注：「楚宣王伐郝，徙其君于此，因名。」項羽封吴芮爲衡山王，都郝。漢爲郝縣，三國初屬魏，吴赤烏二年陸遜拔郝，築城置戍，以爲重鎮。晉亦爲郝縣，咸康中豫州寄治于此，刺史毛寶與西陽太守樊俊共鎮此，爲石虎將張貉所陷，自爾丘墟。城南對蘆洲，今武昌縣界也。唐末始爲州治。今郡城明初因舊址改築，南去故城二里許，西近大江，東濱湖泊，常有漲溢之患，永樂、正德間屢經修葺。周九里有奇。門四：東清淮，南一字，西清源，西北曰漢川。

黄岡故城，府西北百二十里。漢郝縣地，蕭齊置南安縣，并置齊安郡治焉。北齊兼置巴州，陳大建五年西陽太守周炅敗齊將陸騫，克其巴州是也。州尋廢，後周改置弋州。隋初州郡俱廢。開皇五年置黄州，十八年改縣曰黄岡縣，大業初爲永安郡治。唐黄州亦治焉。今亦謂之舊州城。寰宇記以爲郝城，悮矣。括地志：「郝城在州東南百二十里，臨江，與武昌相對。」

西陵城，在府東北百里。本楚之西陵邑，史記「楚頃襄王二十年秦白起拔我西陵」，或以爲即此。漢置西陵縣，江夏郡治焉，後漢因之。又章帝封陰堂爲侯邑。晉初屬弋陽郡，後屬西陽國，宋屬西陽郡，蕭齊爲郡治，梁、陳因之，後周廢。

西陽城，府東南百三十里。漢縣，屬江夏郡。三國魏以爲重地，黄初中吴陽言欲獵江北，豫州刺史滿寵度其必襲西陽，先爲之備，吴主聞之而退。晉初弋陽郡治此，惠帝分弋陽郡爲西陽國，江左改國爲郡。宋元嘉末元凶劭弒逆，江州刺史武陵王駿方討西陽蠻，遂建義東下。昇明二年沈攸之舉兵江陵，東下夏口，遣其別將公孫方平據西陽，豫州刺史劉懷珍遣建寧太守張謨擊走之。既而黄回將臺軍西上，至西陽泝流而進是也。隋郡縣俱廢。南史：「漢和帝永元末巫蠻反，討平之，徙置江夏，爲西陽蠻。晉懷帝初西陽夷始寇江夏，自是蠻禍日熾。」

木蘭城，府西北百五十里。蕭子顯齊志木蘭縣屬安蠻左郡。梁曰梁安縣，置梁安郡，又置北江州，治鹿城關，後入于東魏。高齊改置湘州，後亦曰北江州。隋初别置鹿城縣，繼而州縣俱廢，改梁安縣曰木蘭縣，屬黄州。唐省入黄岡縣。○永安城，在府北十里。俗訛爲女王城，楚黄歇嘗都此。齊安志曰：「初春申君相楚，受淮北十二縣之封，以其地介于蘄春、申、息之間，故曰春申」云。梁置永安縣，兼置永安郡治焉。北齊、後周因之。隋初郡廢，又以縣省入鹿城。唐時故城猶存，興元初江西節度曹王臯遣其將伊慎敗淮西李希烈將杜少誠于永安，即此。

齊興城，在府北。蕭齊永明三年置齊興郡，治綏懷縣，永泰初奉朝請鄧學以齊興降魏，即此。後周廢。胡氏曰：「齊興在西陽、弋陽二郡間。」又五代志：「黄岡縣界舊有邊城郡。」梁普通二年邊城太守田守德降魏，魏置西豫州授之，蓋在此。

赤鼻山，在府城西北漢川門外。屹立江濱，土石皆帶赤色。下有赤鼻磯。今亦名赤壁山。蘇軾以爲周瑜敗曹公處，非也。向有赤壁磯巡司，今革。○孔子山，在縣東百里。俗傳孔子自陳、蔡適楚時登此，蓋傳訛也。又崎山，在府東北百二十里。有大崎、小崎，兩山連秀，爲郡勝概。

華山，府西北百二十里，近陽邏鎮，俯臨江濱。其東有武磯山，亦臨江，相傳黄祖屯兵陽邏，蒐武其上。又龍岡山，在府北百二十里。山形蜿蜒，麻城縣諸山與此分脉。其旁有木斛山，亦高峻。又五頭山，在縣北百八十里，有五峰高聳。

大江，在府城西。自武昌府江夏縣流入黄陂縣界，至赤鼻磯南過蘄水縣而入蘄州界。志云：府西三十里有三江口，大江受漢，水勢益盛，分三路而下，至此合爲一。梁大寶二年，侯景西侵郢州，軍至西陽，與湘東王繹將徐文盛夾江築壘，爲文盛所破。今詳見武昌縣。

巴河，在府東四十三里。出蘄水縣之板石山，西南流注于江爲巴河口，亦曰巴口。劉宋元嘉末沈慶之討五水蠻嘗屯此。又蕭齊末蕭衍圍郢城，東昏侯使軍主吴子陽等救郢，進屯巴口。梁末邵陵王綸爲湘東王繹所逼，自郢州奔武昌，匿巖穴中。其長史韋質等迎綸，營巴水，稍收散卒，屯于齊昌。陳大建五年别將黄詠攻齊昌，克其外城，齊將陸騫馳救，出自巴、蘄，爲陳西陽太守周炅所敗。巴、蘄，蓋巴水、蘄水間也。水經注：「巴水出雩婁縣之下靈山，南歷蠻中而入于江。」吴時立屯于水側，引水溉田。北齊置巴州，蓋因巴水爲名。雩婁，今南直壽州霍丘縣。下靈山亦曰大别山，亦曰巴山。

舉水，在府西。源出麻城縣龜峰山，流入境，南注于江。水經注：「江水東過邾縣南，東逕白虎磯北，又東，逕貝磯北，又東逕黎磯北，北岸有烽火洲，即舉洲也，北對舉口。」梁大寶元年湘東王繹遣徐文盛討侯景，軍于貝磯，景將任約守西陽，帥水軍逆戰，文盛大破之，進軍大舉口，即舉水之口矣。

高岸河，在府西北。自河南光山縣發源，南流至麻城縣東南入長河，注于大江。○界河，在府北。出河南光山縣之白沙關，南流，至雙城鎮東流，河直下官渡，至感化河，通樟松湖，至團風口達于江。志云：感化河在縣北百五十里，自羅田縣境流入；又有道觀河在縣北百二十里，源出崎山，經龍岡山南注于鮑湖，雖有灌溉之利，亦多暴漲之患；皆南注于江。

樟松湖，府北百里。府北百六十里有紫潭，上流會麻城諸水通樟松湖，亦曰紫潭河。又團風湖，在府西北五十里。府北九十里有竹根潭，與樟松湖俱達團風口注于大江。○零殘湖，在府北三十五里。又北二十五里有鮑湖。又長河湖，在府北九十里，一名舊州長河，旁有石頭潭流合焉。又安仁湖在府北八十里，黄漢湖在府北百三十里，俱匯流至團風口達大江。又灄湖在府南四十里，府東十五里又有王九塘湖，東南三十里有沙湖，府東八十里又有馬家潭，皆通巴河口注江。境内諸河湖皆有河泊所掌之。

新生洲，在府西九十餘里。亦曰新生磯，宋景定元年蒙古忽必烈解鄂州之圍而北，留張傑等作浮橋于新生磯，〔一〕以待湖南兀良合台之兵是也。其相近者即峥嶸洲，見武昌縣界。○夏澳，在府城西南二里。宋夏竦守黄州，鑿水入陂以藏舟，故名。又長圻澳，在府南二里。舊立館驛。爲過客遊憩之所，名曰東館。

鹿城關，在府西北，近木蘭故城。魏收志：「梁置北江州，治鹿城關。」是也。今廢。○大活關，在府北二百三十五里。一作大冶關。魏收志：「梁武置湘州，治大冶關，領安蠻、梁寧、永安三郡。」高齊時置戍于此，曰大活城，隋、唐間爲大活關，東北至河南光州二百八里，西至德安府禮山關百里。又白沙關，在府西北二百四十里，即麻城五關之一也。今詳見麻城縣。

齊安砦，在府北。九域志云：「黄岡舊有齊安鎮。」梁大寶二年侯景將任約與湘東王將徐文盛相持于武昌，約分軍襲破定州刺史田祖龍于齊安，即此處。或曰故齊安郡治也。又有鎮淮砦，宋端平二年孟珙屯黄州，慮軍民雜處，因高阜爲齊安、鎮淮二砦以處諸軍云。今府城西有齊安驛。又李坪驛，在府北五十里。

陽邏鎮，府西一百二十里，與江夏分界。相傳三國時先主約孫權拒操，旦夕使人于此邏吴兵之至，因名。宋人置堡于岸，陳船江中以遏渡口。其地東接蘄、黄，西抵漢、沔，南渡江至鄂，北拒五關，誠要害處也。開慶元年忽必烈渡淮，得沿江制置司榜文，云「聞北兵議取黄陂，民船繫筏，由陽邏堡渡會于鄂州」，忽必烈喜，遂如其言。至黄陂漁人獻舟爲導，至陽邏堡，堡南岸即江滸黄洲，官軍方以大舟扼江渡，董文炳曰：「長江天險，宋所持以爲固，宜奪其氣。」直前搏戰，官軍大敗，遂帥諸軍渡江圍鄂州。又咸淳十年伯顔以舟師攻陽邏堡不克，謀于其黨阿术曰：「彼謂我必拔此方能渡江，此堡甚堅，攻之徒勞。」乃命阿术夜以鐵騎汎舟，直趣上流渡江，爲擣虚之計。阿术遂循岸西上，遡流二十里至青山磯，遥見南岸多露沙洲，即登舟指示諸將逕渡。宋軍與戰于中流，敗却。阿术遂登沙洲，轉戰至鄂東門。還報，伯顔大喜，揮諸將急攻陽邏，夏貴方救陽邏，聞阿术飛渡，遂遁去。今爲陽邏驛，并置陽邏鎮巡司于此。又有城林舖，在陽邏東十里。志云：其地有大乘山土城。

團風鎮。府西北五十里。亦曰團風口，濱江要地也。正德中劉六等倡亂于陽邏驛及團風鎮。今有團風鎮巡司。又李坪驛，在府北五十里，即蘱草坪也。賈似道自漢陽移軍黄州，至蘱草坪，獲蒙古俘卒。一云蘱草坪在府西百餘里。○馬柵，在府西北。梁大寶初邵陵王綸屯于齊昌，時侯景將任約寇西陽、武昌，綸引齊兵未至，移營馬柵，距西陽八十里，任約遣騎襲綸，綸敗遁。胡氏曰：「西陽即今黄州治。」似悮。

麻城縣，府西北百八十里。北至河南光山縣二百里。漢邾縣地，梁置信安縣，隋開皇十八年改曰麻城，屬黄州。志云：城本石勒將麻秋所築，因名。大業中屬永安郡。唐武德三年于縣置亭州，八年州廢，仍屬黄州。元和三年省入黄岡縣，尋復置。宋因之，端平中移治什子山，元復舊治。今縣城周不及二里。編户一百二十里。

北西陽城，在縣西北。梁置縣，陳省，改置定州。後周曰亭州，隋州廢。唐初置亭州于麻城，析置陽城縣，武德八年復省入麻城。○建寧城，在縣西。宋置建寧左郡，大明八年省爲建寧左縣，屬西陽郡。齊、梁復爲建寧郡，後魏因之，領建寧縣。隋志：「麻城有建寧、陰平、定城三郡，開皇初與亭州俱廢。」

蒙龍城，在縣北。梁天監十三年司州蠻田魯生及弟魯賢、超秀來降，以魯生爲北司州刺史，魯賢爲北豫州刺史，超秀爲定州刺史。魏收志南定州治蒙龍城，領弋陽、汝陰、安定、新蔡、北建寧諸蠻郡。水經注：「舉水西北流經蒙龍城南，梁定州治；又西南徑湖陂城東，梁司、豫二州治。」天監十四年超秀復以定州降魏，後復入于梁。大寶初定州刺史田祖龍欲以州迎邵陵王綸，不果。陳大建五年田龍升以州叛降齊，詔周炅討平之，于是盡復江北之地。隋開皇初州廢。

赤亭城，縣東南十里。有赤亭河。宋元嘉十五年以豫部蠻民置十八縣，赤亭其一也。亦爲赤亭蠻，西陽五水蠻之一。齊東昏之末，魏東豫州刺史田益宗入寇，建寧太守黄天賜與戰于赤亭，敗績。○岐亭城，在縣西七十里。齊、梁間爲岐亭縣，亦蠻縣之一也。今爲岐亭鎮，舊與黄岡、黄陂連界，明朝嘉靖中議設郡丞于此，防禦寇盗，并伐石甃城，尋建黄安縣而止。

竹敦城，在縣北。梁天監三年元魏取三關，詔遣馬仙琕築竹敦、麻陽二城，時司馬悦爲魏司州刺史，鎮義陽，攻竹敦拔之。胡氏曰：「皆今麻城縣地。」

龜峰山，縣東六十里。山勢嵯峨，上有白黑二龍井，即舉水之源也。一名龜頭山。又縣東北三十里有柏子山。春秋定四年「吴、楚陳于栢舉」，蓋合栢山、舉水而名。元和志：「縣東南八十里有龜頭山，即春秋時之栢舉也。」巖石洞壑，種種奇勝，唐太宗嘗駐蹕于此。○飛龍山，在縣北三十里。山勢峻聳，如雌雄並立，登之可以望遠。有龍井，引流可以溉田。又有五龍山，在縣東三十五里。五峰攢聚，蜿蜒如龍，中有興福寺。

什子山，縣東八十里。有數峰排列，高聳干雲，宋端平間徙縣于此，因山爲險也。又縣東百二十里有九歇山，山勢險阻，石徑曲折，登者必紆回而上。志云：縣東南十五里又有四望山，峻險難登，自上而望，四遠皆見。又縣東四十三里有白額山，巉巖高聳，其上如額。

木陵山，縣西北八十里。樹木森密，岡陵隱蔽，邑之望山也。上有木陵關。又陰山，在縣東北六十三里。蕭梁時嘗僑置陰平縣于山下，其上有陰平關。志云：縣西北八十五里有三角山，以三峰峙立也。又有老君山，在縣北八十里。峰巒特兀，俗以爲老聃隱處。

萬松嶺，在縣西百里。宋縣令張毅夾道植松萬株，立亭其中，號萬松亭，適當關山往來之路。又春風嶺，在縣治東。自新息渡淮，道由此嶺。新息，今汝寧息縣。

舉水，在縣東。源出龜峰山，西北流，又折而東南入黄岡縣界，南流注于江。水經注「舉水出龜頭山，西北流經蒙龍城南，又西南逕湖陂城，又東南歷赤亭下爲赤亭水，南流注于江，謂之舉洲，〔三〕即春秋時之栢舉」云。今湮。

縣前河，在縣治南。源出河南光山縣境之黄土關，至縣東南下流入黄岡縣之長河，出團風口入江。水利考：「縣前河匯東北二境之水，恒有暴溢之患，弘治以來漂溺不時，議者以爲開新河，固舊岸，庶幾可爲永利。」又界河，在縣北。源出光山縣界虎頭關，經陰山下之抵棗林至三家灣而合縣前河。又縣北七十里有白塔河，縣西三十三里有浮橋河，縣西七十里有松溪河，流合縣西南七十三里之岐亭河，皆匯于縣前河。○閻家河，在縣東五里。源出河南固始縣石門山，下流亦入縣前河。又高安河在縣南十里，又南十五里有麻溪河，皆流入縣前河。

義井河，縣東百里。源出固始縣界，流入黄岡縣之巴河達大江。又義州河，亦在縣東百里。通志：「後周以史寧爲東義州刺史，蓋治此。」有故城去縣八十里，河因以名。下流達于巴河。○沙河，在縣西百十里。源出光山縣界，流入黄岡縣之紫潭。又有東流河在縣西百里，亦出光山縣，流入界，下流注于紫潭河。志云：縣西六十里有螺竅潭，下通黄岡縣之長河，灣環如螺。又有白果泉，亦曰白果河，在縣南三十里。源出羅田縣，沿梅家市入縣前河。

虎頭關，縣東北七十里，接河南商城縣界。宋淳祐六年蒙古將史權攻虎頭關，拔之，進至黄州。又開慶元年忽必烈會兵渡淮趣大勝關，分遣張柔趣虎頭關，敗宋兵于沙窩，復進破守關兵，關遂陷。今有虎頭關巡司。○黄土關，在縣北九十里，接光山縣界，形勢聳峭。宋嘉定十四年金將僕散安真侵宋，自息州軍于七里鎮，敗宋兵于凈居山，追至洪門山，奪柵而進。宋將保關不出，安真分左右軍登山巔下瞰，守關者奪氣，遂潰。金人遂南入梅林關，陷麻城抵大江，黄、蘄相繼塗炭，蓋關爲郡境北門也。又白沙關，亦在縣北九十里，西至大勝關六十里，東北至光山縣百四十里，與黃土關密邇，峭險壁立，登者委折而上。蕭梁置沙州，治白沙關城，領建寧、齊安二郡。天監二年將軍吳子揚與魏將元英戰于白沙，敗績，其地遂入魏，魏亦置州于此。後周廢州而關仍舊。宋時亦爲戍守重地。一云關在黃陂縣北三十里，悞。

大城關，縣北九十里，接河南羅山縣界。宋開慶初蒙古忽必烈入大城關，宋戍軍皆潰，即此。又陰山關，在縣東北陰山上，不甚高峻，而橫斜盤繞，北望二十里皆見。後魏任城王澄遣長風戍主奇道顯破梁陰山戍。又宋嘉定中金人破黃土、白沙關，亦由小徑犯大城，入關內趣陰山關，遇宋遊兵徑前接戰，金人疑有伏引却。又有修善關，亦曰修善衝，在大城關旁，俱宋戍守處。

木陵關，在縣西北木陵山上。北去河南光山縣一百三十里，元和志謂之穆陵關，南北代時戍守處。梁普通中夏侯夔攻平靖、木陵、陰山三關，克之。陳大建中定州刺史周炅擊叛將田祖龍，祖龍使其將高景安軍于木陵、陰山，皆爲炅所破。唐元和中，鄂岳帥李道固出木陵關討吳元濟。宋嘉定中，金人圍光州，犯五關，木陵即五關之一也。宋史：「李𡌴嘗奏復五關，略云：『虎頭關形勢最險，兩山千仞，一澗衝激；黃土關形勢聳峭，白沙關與黃土密邇，木陵關山路峭壁，委折而上；大城關山勢不甚高峻，而橫斜盤繞，修善關亦在其旁；使諸關之兵，據險效死，敵豈能遽入乎？』」明嘉靖間道臣熊吉議曰：「麻城北接光、汝，山谷盤阻，爲四固之區，奸宄憑爲窟穴。昔人據地設險，五關爲最要。唐李道古乘五關而元濟誅，宋李𡌴修五關而女真遁，元忽必烈、張柔入五關而鄂州震。昔人謂固江者以淮而不以江，而守淮之要在五關也。」今亦見光山縣。

長嶺關，縣北百里。北至河南商城縣百二十里。嘉靖中盜起西山九龍灣，議建軍營于此，尋革。又有鐵壁關，在縣西四十里，亦設險處。嘉靖中議置戍兵以遏羣盜，今爲鵝籠山巡司。又有雙城鎮巡司，在縣北百十里。宋九域志：「縣境又有永寧鎮。」

黑石寨。縣西北八十里，亦抵光山縣界。其相近者有康寨，下有包家莊。又臺山寨，在縣西百里。宋開慶初蒙古忽必烈侵宋淮西，命董文炳取臺山寨。元史：「鄭鼎從世祖南侵，初破大城關，繼攻臺山寨。」是也。○東館驛，在縣東。今廢。又縣西三十里有中館驛，西七十里有西館驛。

黃陂縣，府西二百四十里。南至漢陽府九十里，西北至德安府孝感縣百里。漢鄳縣地，後漢末劉表以地當江、漢之口，懼吳侵軼，使黃祖于此築城鎮遏，因名黃城鎮。晉、宋因之，高齊于鎮置黃陂縣及南司州，後周改曰黃州。隋初因之，大業初移州治黃岡，改曰永安郡，縣屬焉。唐武德三年置南司州，七年州廢，仍屬黃州。宋端平中移治鄂州青山磯，元復舊治。今縣城周七里有奇。編户四十六里。

黃城，今縣治。陳大建五年伐齊，克黃城以爲司州，治安昌郡，即此。後周改黃州，隋開皇初以安昌郡省入。縣西二十三里有石陽城，亦名石梵。漢建安十五年曹操使夏侯尚、文聘圍江陵，又遣聘別屯沔口，止石梵，自當一隊，爲江夏太守。其後孫權以五萬衆圍聘于石陽，不克而還。石梵蓋與沔口相近也。又吳主權嘉禾三年陸遜自襄陽引退，潛遣別將擊江夏新市、安陸、石陽，斬獲而還。沈約曰：「江夏曲陵縣，本名石陽，晉武帝太康元年改曰曲陵，劉宋孝建初改屬安陸郡，太始六年并入安陸縣。」梁元帝都江陵，魏人來侵，梁使王琛于魏，至石梵未見魏軍，以告魏兵至者爲妄，即石陽也。元和志：「石陽城一名西城。」劉昫曰：「後周于古黃城西四十里獨家村置黃陂縣，唐初置南司州治此。」今亦曰南司州城。近志云：南司州城在縣北。悞也。或曰今縣城唐貞觀初所徙。邑志云：縣舊無城宇，唐、宋以來遷徙不一矣。

武城，在縣東南。亦謂之武口城。水經注：「武水南至武城入大江，吴舊屯所在，荆州界盡此。」齊永元末蕭衍自襄陽攻郢城，東昏侯使吴子陽赴救，子陽自巴口進軍武口。又梁湘東王繹發兵江陵，聲言援臺城，軍于郢州之武城，淹留不進，即此。又有漁湖城，與武口相近。吴子陽軍武口，蕭衍命軍主梁天惠等屯漁湖城，唐修期等屯白陽壘，夾岸待之是也。又縣東南十五里有冶城，相傳梁武帝舉兵東下，將攻郢城，修戰守之具于此。

灄口城，在縣南四十里。水經注：「江水逕魯山南，左得湖口水，又東合灄口水。」胡氏云：「灄口在武口之上，對岸即夏浦。」陳大建五年，郢州刺史李綜克齊灄口城。唐天復三年楊行密遣將李神福圍鄂州，州帥杜洪求救于朱全忠，全忠遣兵屯灄口爲洪聲援是也。

橫山，縣北二十里。山勢突兀，斷石爲塹，橫立如障。又北十里爲伏馬山，高巖崔嵬，石磴縈遶，馬不能進。○木蘭山，縣北七十里。黃岡有木蘭縣，蓋以此山名。又北三十里有金鼓山，丹崖壁立，秀拔雲表。又北十里爲小尖山，又十里爲嵯峨山，皆以高秀而名。又縣東一里爲魯臺山，下有魯臺潭，其深莫測。

甘露山，縣東十五里。峰巒疊出，林木鬱然，相傳舊有甘露降此。又東十五里有大陽山，峰高地迴，日出照曜，因名。○大陂山，在縣東北三十里。下有大陂，溉田百頃。或謂之九十三里陂，正德中劉六等嘯聚于此。

大江，縣西南六十里。自武昌府江夏縣流經縣境，又東接黄岡縣界。

灄河，縣西南四十里。亦曰灄口，灄水入江處也。自德安府安陸縣流入境，又經漢陽府之廢灄陽城北，東南流爲灄口。縣北十五里有石港河，發源縣西北八十里嶕山，下流合灄河，又達沙口入江。又有縣前河，在縣治南一里。上接灄河，春夏水漲，武湖、石子湖之水泛溢入焉，往往爲害，下流亦通沙河口入江。郡志：灄河在縣西南二百里。一統志又云：「在縣東北二百里，源出河南羅山縣，南流入大城潭。」似悮。○草埠潭河，在縣東北三十里。自安陸縣流入界，至三十六灣合流而達于沙口。又有龍驤河，在縣南七十里。志云：以晉龍驤將軍王濬嘗屯此而名。

武湖，縣東南二十五里。相傳黄祖習戰閱武處，亦名黄漢湖。水經注「武口水上承安陸之延頭，南至武城入江，其入江處亦謂之武口」云。宋開慶初蒙古忽必烈侵宋，取道黄陂，登香爐山俯瞰大江，江之北曰武湖，湖之東曰陽邏堡，遂自陽邏濟師是也。香爐山，見漢陽縣。○加湖，一作「茄湖」，在縣西南。蕭齊末蕭衍初舉兵攻郢，王茂等軍九里，敗郢城兵，曹景宗遂據石橋浦，連軍相續，下至加湖。既而東昏侯遣吴子陽馳救，子陽自武口進軍加湖，去郢三十里，傍山帶水築壘自固。衍使王茂等乘水漲以舟師襲加湖，大破之。胡氏曰：「加湖在江夏灄陽縣界，湖水自北南注于江。」今湮。

石盤湖，縣北七十里。發源縣西北大溪嶺，流經大城潭達縣前河，通沙口入江。又鴨兒湖在縣南十里，石子湖在縣南三十里。又有洋漫湖，其相接者曰後湖，俱在縣西南六十里，下流皆達沙口入江。○大城潭，在縣北八十里。縣西北境諸水多匯入焉，引流而南入縣前河。又石門潭，在縣北三十里，岸有石壁如門，水深不測，亦匯于縣前河。

又團潭，在縣西南五里，水至深，下通江、漢，商賈市于岸北。

沙武口，縣東南五十里。上連武湖，下通大江，亦曰沙口，亦曰沙湫口，又曰武口。張舜民曰：「武口在陽邏湫西北十餘里，距汴京纔十八驛，二廣、湖、湘皆由此而濟，蓋要地也。」志謂之沙蕪口。宋咸淳十年夏貴與蒙古戰于此，敗績，伯顔遂奪沙蕪口進攻陽邏堡。一統志：「沙蕪口在黄岡西北百二十里。」似悮。郡志：縣西南四十里又有五通口及小河口，皆引流達江。○千工堰，在縣北四十里。灌田三千餘畝。

大勝關，縣北八十里。北去河南羅山縣百四十里。舊志云：東去白沙關五十里，宋末忽必烈南寇取道于此。今詳見羅山縣。又縣有大城鎮，在縣北大城潭上，今有巡司。

長岐戍。在縣西南。晉永興二年陳敏據揚州，遣其黨錢端等略江州，陶侃與荆州諸將破之于長岐，長岐蓋近沔水。時侃等設伏于陸，藏水軍于沔水云。○延頭戍，在縣西，舊爲安陸界。宋元嘉五年謝晦據江陵以叛，敗走至安陸延頭，爲戍主光順之所執。水經注：「武水上通安陸之延頭。」杜佑以爲武湖戍主執晦也。齊東昏末元魏將田益宗議取義陽，欲直據南關，對抗延頭是也。

黄安縣，府西二百二十里。東北至河南光山縣二百五十里。本黄岡、麻城、黄陂三縣地，嘉靖四十二年析置今縣，以地僻多盜也。縣治即麻城之新安姜家畈，萬曆初增築縣城，周不及四里。編户二十三里。

龍集城，在縣東。相傳隋所置縣，而隋志不載。按嘉靖末按臣唐繼禄請建設縣治疏云「姜家畈其地雖屬麻城，而中和鄉、兩河口諸處實隸黄岡、黄陂縣，由畈而東曰桃花鎮，乃宋、元之故縣，又東爲岐亭鎮，則隋、唐龍集縣，蓋舊城與岐亭相接」云。

三角山，縣東十五里。三峰相連，奇秀險仄。其連接者爲游仙、柴家諸山，嘉靖中爲盜賊藪聚之所，四十二年集河南信陽之兵與郡兵合勦，始盪其巢。○五雲山，在縣南十五里。山有仰天窩，最爲險絶，嵸巃霞舉，僅通一線，登之可瞰城中虚實，爲近郊之要害。又有平田千頃，可畊其中。又駟馬山，在縣北五里，亦險峻。又北五里爲磨盤山。志云：縣西八十里有仙居山，素稱險僻，中有仙人洞；又縣北九十里有老君山；嘉靖中皆爲盜賊嘯聚處。

天臺山，縣北百里。其頂平曠，可容千家，以牛耳崖爲北門，梯之乃達。宋端平、嘉熙間，襄、漢、淮西兵擾，土人結寨于此。形勢峭險，四面如壁，止通一人往來。石竅泉湧，冬夏不絶，集衆固守，常活十萬人，寇屢來攻，卒不能克。元末兵亂，有黄楊者聚衆據此，曰黄楊寨，亦盜賊淵藪也。志云：縣北有牛頭山、牢山等寨，皆與天臺山相近。嘉靖四十二年麻城人李大夏奏稱：「本縣金場、姜家畈接壤黄岡、黄陂邊隅，地近信陽、光山、羅山等州縣，路通牛頭山、牢山等寨，地僻民頑，官難遥制，盜賊出擾，數被劫殺。乞于姜家畈建設縣治，保障地方。」事下有司，因設今縣是也。

東流河，在縣東，即黄岡縣界河之上流也。志云：縣東里許爲東流河，又東爲謝家店河，俱逶迤出團風口，此皆岐亭、桃花鎮之路。縣西一里爲西河，又西三十里爲雙河，與西河合流爲兩河口，經黄陂之灄口入于漢江。○石門河，在縣北三十五里；又有沙河，亦在縣北，下流俱入于東流河。

雙山關，縣北百里。志云：關距木陵關十里，北抵光山縣界。兩岸萬仞，一竇九折，怪石欲墮，驚濤如雷，過其下者，雖勇夫健兒未嘗不逡循色變，蓋諸關中之至險者。今有巡司。又石門關，在縣北百二十里。又金局關，在縣西北，亦曰黃陂站，接河南羅山縣界。

雙城鎮。縣北十三里，其相近者又有中和鎮，皆有巡司。會典：「中和在黃岡縣。」志云：縣北五十里有呂王城，其西五里即金局關也，皆縣境設險處。

蘄水縣，府東南百十里。東南至蘄州百里，東北至南直英山縣百二十里。漢江夏郡軑縣地，劉宋于此立希水左縣，屬西陽郡，蕭齊因之，梁又置永安郡。隋郡廢，改縣曰浠水，屬蘄州。唐武德四年改曰蘭溪縣，天寶初又改爲蘄水。宋、元仍舊，明初改今屬。縣未有城。編户四十六里。

蘄水城，在縣東三十里。宋元嘉二十五年置蘄水縣，屬西陽郡，齊因之。梁初曰蘄春，後復曰蘄水。隋屬蘄州，唐武德四年省入蘄春縣。○軑縣城，在縣西北四十里。故弦子國，爲楚所滅，漢置縣，屬江夏郡。軑音棣。惠帝封長沙相朱倉爲侯國。晉初屬弋陽郡，後屬西陽國。劉宋孝武帝自此伐逆即位，改曰孝寧。齊因之，仍屬西陽郡。後周廢。又郭默城，志云：在縣東，東晉初郭默嘗據此。陳大建二年，章彦達克周郭默城。齊段韶傳：「天保中築城于新蔡，立郭默戍。」是也。胡氏曰：「城在蘄、黃二州之間。」

神山，縣西北二十里。寰宇記：「孫權進兵赤壁時屯于此。」郡志：縣南二十里有城山，上有土城遺址，相傳孫權所築。其西有調軍山，亦權調軍處。○斗方山，在縣東五十里。有巖洞泉石之勝。又東四十里有查山，接英山縣界。

三角山，縣東北六十里。山有三峰，如角之竪，盤踞蘄州、羅田之間。又華桂山，在縣東北九十三里，接羅田、黄岡縣界。○枚石山，在縣北。巴水出于此。又縣治北有茶山，産茶。志云：縣西南二十二里有白荆山，與縣南二十里之閣黎山對峙。縣境之水，多經其下。

大江，縣西南四十里。自黄岡縣流經縣界，又東南入蘄州境。志云：縣南五十里有回風磯，大江所經也。又蘄水，在縣東南五十里，與蘄州接界。

浠水，在縣治南。亦名南門河。源出南直英山縣之英山，下流經羅田縣入縣境，環繞縣南，合衆流西南至南溪口入江。志云：縣南五里有白港河，東三十五里有倒流河，又東十里有蔡家河，又五里爲白蓮河，皆流入浠水。○蘭溪，在縣東三里。源出縣西苦竹山，其側多蘭，唐以此名縣。今縣北三十五里有苦竹港，或曰即蘭溪之源也。志云：蘭溪在縣西北四十里，下流合浠水入江。

楊歷湖，縣西南四十里，又有沂湖在縣南七十里，皆掌于河泊所。志云：縣南七十里又有六圻河，縣西十五里又有荷塘湖，縣西四十里又有望天等湖，皆匯流于浠水。

伍洲，在縣西四十里大江中。相傳伍員適吴時過此，因名，即五洲也。宋元嘉末武陵王駿討西陽蠻，軍于五洲，會元凶劭弑逆，駿自五洲建義東討。水經注：「江水經軑縣故城南，城在山之陽，南對五洲。江中有五洲相接，故名。」宋武帝建牙洲上，有紫雲蔭牙之瑞。

滕家河堡，縣北七十里。地當羅田、黄岡、麻城之交，商旅通途也。盗賊往往出没其間，萬曆三年設堡于此，增置官軍戍守，爲四境之防衛。

蘭溪鎮。縣西南四十里，濱江。有蘭溪驛，并置巡司于此。又巴河鎮，在縣西七十里，亦有巡司。又浠川馬驛，在縣南二十里。縣北四十里又有巴水驛，南北陸道所經也。

羅田縣，府東百四十里。東南至南直英山縣七十里，北至河南固始縣百九十里。漢蘄春縣地，梁置縣，又置義州及義城郡，隋初州郡俱廢，縣屬蘄州。唐武德四年省入浠水縣。宋元祐八年升石橋鎮爲羅田縣，咸淳中廢，元復置，明初改今屬，縣城周五里。編户四十九里。

羅田舊城，縣西四十里。隋縣治此，宋移今治。志云：縣西四十里有奉泰鄉河，源出舊縣朦朧山，東流爲義水，梁因置義城郡，其水合蘭溪入大江。

塔山，縣東五里。層巒崇峻。縣北里許又有尖峰山，縣南里許爲仙臺山。又南十五里曰望江山，山高聳，黄州、大江相去百六十里，登望如在目前也。○鳳凰山，在縣東二十里，聳秀若鳳翼之飛騰。又縣東四十里爲蒙籠山，時有雲氣蒙其頂，故名。又魁山，在縣東六十里。形勢嵯峨，高出衆山之上。

多雲山，縣北百五十里。四時多雲，雖晴日麗空雲亦連屬不絶。上有含風洞諸勝，東南接南直英山縣界。○石柱山，在縣北百二十里。山高峻，屹立如柱。又獨坐山，在縣東北八十里。高聳干雲，俯視衆山，如人獨坐。

岐嶺，縣東百三十里。志云：岐嶺連接多雲，實爲天險。其上有四關，北越光、汝，南出蘄、黄，東走淮西，此爲徑道，備不可不豫也。

官渡河，在縣南百步，亦名縣前河，源出縣東北百里之峨嵋山，縣東有多雲河自廣濟縣界流合焉；又有平湖河，出縣北百四十里之松子山，亦流合焉；經蘄水縣界至黄岡縣合巴河入大江。通志云：「官渡河源出黄岡縣之紫潭。」似悮。

白蓮河，縣南五十里。源出英山縣，經縣境合蘄水縣之蘭溪入大江。又縣東南五十里有石險河，下流合白蓮河。○九子河，在縣北百二十里，源出多雲山；又縣北百三十里有竹臺河；俱流入官渡河。又深水河，在縣東三十里。源亦出英山，由朦朧山下湖師灘流合官渡河。

岐嶺關，在岐嶺上。有中岐嶺、下岐嶺二關，又有栗子關，皆抵英山縣界。其東北曰甕門關，在上岐嶺北，抵固始縣界。又平湖關，在縣西北，抵黄岡縣界。志云：羅田有八關：一曰鳳凰關，以近鳳凰山而名；其相近者曰銅鑼關；又東北有石門關及青苔關；又有松子關，以松子山而名也；并甕門、平湖、栗子等爲八關。然八關之中，以甕門、青苔、松子、栗子、銅鑼五關尤爲要害。

光山寨，在縣北，相近有周家寨、石壟寨；其在縣西六十里鼓羊山者曰鼓羊寨，相近者曰熊巖寨、猴猪寨；又在縣東南六十里觀音山者曰觀音寨，相近者曰望英寨、班竹寨；凡九寨，皆依山據險，山溪僻遠，盗賊恒出没其間，備不可弛也。

滕家河堡。縣西七十五里，與麻城縣接界。嘉靖二十二年議設堡于此，不果。萬曆初始置堡。今見蘄水縣。○多雲鎮，在縣北百二十里，有巡司戍守，以控多雲山之險而名。

蘄州，府東二百十里。東至南直安慶府三百里，南渡江至武昌府興國州百里，北至南直霍丘縣五百里，東南至江西九江府二百四十里，西北至河南商城縣四百十五里。

禹貢揚州地，春秋以來楚地。秦屬九江郡，漢屬江夏郡，後漢因之。建安十二年吳分置蘄春郡。晉郡廢，改屬弋陽郡，惠帝分屬西陽郡，宋因之。蕭齊置齊昌郡，梁因之。梁大寶初邵陵王綸置齊州，旋廢。北齊亦曰齊昌郡，兼置羅州，後周改曰蘄州。隋初郡廢州存，開皇初置總管府，九年府廢。煬帝改州曰蘄春郡。唐武德四年復曰蘄州，天寶初曰蘄春郡，乾元初復曰蘄州。宋因之。亦曰蘄春郡。元曰蘄州路，明初改爲蘄州府，洪武九年降爲州，以州治蘄春縣省入，編户六十四里。改屬黃州府。領縣二。今因之。

州北接光、蔡，東峙灊、皖，爲江左之藩籬，淮壖之屏蔽。古來言地利者蘄口之險與夏首、湓城相爲頡頏，豈非大江上下防遏爲難，而蘄州雄峙江濱，備禦尤不可不豫乎？

蘄春廢縣，今州治。漢置縣，後漢建武三十年封陳俊子浮爲侯邑，尋復爲縣。吳爲蘄春郡治。晉仍爲蘄春縣，屬弋陽郡，後屬西陽郡，咸安初改爲蘄陽縣。梁曰蘄水，北齊爲齊昌。陳大建五年吳明徹伐齊，別將黃詠克齊昌外城，既而湛陀攻拔之。隋開皇十八年復曰蘄春縣，爲州治。唐、宋因之，宋景定初移治龍磯。元因之，明初省。城邑攷：「故羅州城在州北六十里，北齊所築，即州舊治也。宋嘉定中爲金人所陷，尋復取之。景定四年蒙古據白雲山，州將王益遷州治麒麟山，即今治矣。四面匯江爲池。明初因舊址修築，永樂以後相繼增修。今城周九里有奇，門六。」

潯水城，在州東。潯陽記謂之蘭池城，古潯陽也。後漢建安十四年孫權以吕蒙領潯陽令，又吴建興二年諸葛恪圖起田于潯陽是也。晉建興初湘州賊杜弢攻荆州刺史周顗于潯水城，陶侃在武昌，使將軍朱伺救之，弢退保冷口，旋攻武昌，敗歸長沙。胡氏曰：「潯水城在蘄春界。」冷口，或爲銅零口。水經注：「江水自蘄春故城南，又東得銅零口。」東晉後城廢。今詳見江西德化縣。州志：州東北五里有吕王城，州北十里有吕王山，城以山名也。又州境有江夏城，類要云：「晉江夏王築。」未知所據。

麒麟山，在州治北，又有鳳凰山在州治西南，俱以形似名。宋志：「景定中移州治龍磯。」磯蓋在州西一里，亦曰隆磯，以隆然聳峙于江渚也。志以爲移麒麟山，蓋與龍磯相近。○四流山，在州北。山巔迤邐，有水南流及西流者，俱入蘄水縣，北流者入壽州霍丘縣，東流者入安慶太湖縣，故曰四流。又白雲山，在州西八里。自旦及暮常有白雲繚繞，因名。蒙古侵金，嘗駐軍于此。

雲霧山，州北七十里。山高聳，常有雲霧。又有高山，在州北六十里。山高峻。其相接者曰磨盤山，曰折山，皆高險層折。○鼓角山，在州東百五十里。亦名鼓吹山，天欲雨先聞鼓角聲。又策山，在州東北七十里。山勢巍峨，石壁險峻，與南直英山連脉。又大桴山，在州東北六十里。有九十九灣，實羅州故城之祖山也。寰宇記云：「蘄水源出于此。」或訛爲大浮山。又百家冶山，在州東北二十里，多產蘄竹。

三角山，州東北百二十里。峰巒秀拔，頂有三尖，上有二龍潭，蓋蘄、黄北境之大山也。亦見蘄水縣境。又四隘口山，在州東北二百里，下有四隘口。又州東北百五十里有小隘嶺，其嶺狹隘。○馬下山，在州西六十里。高峻難登，相傳漢高討英布下馬過此。其相近者又有茅山，臨大江，下有石磯十三處，古云九里十三磯。今有茅山鎮巡司戍守。

大江，在州城南。自蘄水縣流入縣境，又東南過廣濟、黃梅二縣南，而入安慶府宿松縣界。

蘄水，州北三十里。寰宇記：「源出大㮽山，流入赤東湖。」志云：蘄水出州東北三角山，逶迤而來，至州西北與蘄水縣接境，回曲注于大江，謂之蘄口，亦曰蘄陽口。隋開皇八年伐陳，蘄州總管王世積以舟師出九江，破陳將紀瑱于蘄口，蓋由蘄水出大江也。唐興元初包佶轉東南財粟至蘄口，李希烈將吳少誠遏江道不得西，蘄州刺史伊慎選士七千列三屯奮擊，敗賊於永安戍，于是漕無留艱。宋置蘄口鎮于此，在今州西三十里。永安戍或曰即蘄口戍。

五水，在州北。水經注：「蘄水出蘄春北山，首受浠水枝津，西南流歷蘄山，出蠻中，其間有五水。五水者，巴水、蘄水、浠水、赤亭水、西歸水也。」蠻户憑阻山川，世爲抄暴，宋元嘉二十九年西陽五水羣蠻反，自淮、汝至江、沔咸被其患，沈慶之討平之。西歸水，或曰在麻城縣西北。蘄山即大㮽山。五水蓋盡蘄、黃北境矣。

高溪，在州東北。源出白崗山，南入蘄河。一名三十六水。又州南有鈷鉧水，亦流入蘄水。○翻車水，在州東北八十里。蘄春郡記：「九江王英布于翻車水北築城以示背楚歸漢之意。」今有翻車河城。又有西河，在故羅州城西。俱流入蘄水。

赤東湖，州北十里，蘄水流注于此。其湖有九十九汊，孔道所經也。中有永安堤，今掌于河泊所。又州治東有金沙湖，亦曰東湖。○鴻宿洲，在州西二里。舊志：縣西一里江中有隆磯。通志謂在州東六里，似悮。隆磯西里許爲鴻宿洲，秋冬鴻鴈多集于此。一名金沙洲，旁有石名新生磯。

大同鎮，州北百八十里，接河南固始縣界，有巡司戍守。又州西六十里有茅山鎮巡司。○大陽戍，在州西北二百里。劉宋時置。明帝泰豫元年大陽蠻酋桓誕擁沔水以北滍、葉以南八萬餘落降于魏，蓋時爲蠻左所居。

兜矛山寨。州東北十里。元末兵亂，土人立寨于此。又燕子崖寨，在州北百二十里。元至正間紅巾賊亂，江不花團聚鄉兵立寨于此。志云：燕子崖巖石峻峭，如燕窩然，蓋與兜矛山皆因峻險置寨也。○西河驛，在州北六十二里，陸道所經也。其在州城西者曰蘄陽水驛。

廣濟縣，州東六十里。南渡江至江西瑞昌縣百四十里。漢蘄春縣地，唐武德四年析置永寧縣，屬蘄州，天寶初改曰廣濟。宋因之，紹興初廢爲鎮，尋復舊。嘉熙中徙治大江中洲，元還故治。縣無城。今編户五十三里。

積布山，在縣南百里。下臨大江，疊石森立，形如積布，亦謂之積布磯。水經注：「江水東逕積布山南，西陽、潯陽二郡界也。」○多雲山，在縣東十五里。多雲水出焉，流入羅田縣界。又東衝山，在縣東三十里。山高起衝霄，故名。

横岡山，縣北二十里。岡阜横立，山勢高峻。又鼓角山，在縣北六十里。上有九斗坪，頗寬廣，宋建炎初郡守甄采集衆守禦于此，故寨猶存。○石洞，在縣南六十里石山中。有巖穴廣三丈餘，中有七洞，深二十里。洞口有泉曰石洞靈泉。

大江，縣西南五十里。自蘄州流入境，由此益折而南，縣西南之黄石磯，縣南之積布磯皆臨大江。志云：縣南有武家穴，旁臨大江。其上自盤塘下抵黄梅縣之楊家穴，長百九十里，堤路横亘其中，商賈輳集處也。輿程記：「盤塘在縣西三十里，對江即興國州之富池也。」通志：「盤塘山在縣南九十里。」似悮。

連城河，縣南七十里，地名連城。其東爲湖港、廖家口，有古溝通黄梅陸路，久堙，正統中復開之，以通兩縣舟楫。

武山湖，縣南六十里。湖濱有武山，又有樊噲城。志云：樊噲城東西各有一小城，相傳漢九江王英布宅，又呼東京城、西京城。又馬口湖，在縣西南八十里，西流入江爲馬口渡。嘉熙對境圖：「宋初南征，自馬口濟江。」輿程記：「蘄州東三十里即馬口渡。」今與武山湖皆掌于河泊所。又縣西有青林湖，其旁有青林山也。唐大和八年蘄州湖水溢，即武山諸湖矣。○梅川，在縣西。源出縣北横岡山，流入于武山湖。

武家穴鎮。縣南九十里，濱江。内卑外亢，爲商民聚集之所，有巡司戍守。又縣西南七十里有馬口鎮巡司。○龍坪鎮，在縣東南百十里，濱江戍守，以龍坪爲上游發始之處。又雙城驛，在縣東六十里。縣城北有廣濟驛。

黄梅縣，州東百七十里。東至南直宿松縣九十里，南至江西九江府七十里。漢尋陽縣及蘄春縣地，東晉置南新蔡郡及永興縣，宋、齊因之。梁末魯悉達糾合鄉里保新蔡，因授悉達爲北江州刺史，寄治新蔡。陳永定二年爲齊所取，廢郡，仍爲永興縣，屬齊昌郡。隋開皇初復曰新蔡，屬蘄州，十八年改縣曰黄梅。唐武德四年于縣置南晉州，八年州廢，仍屬蘄州。乾符五年，招討副使曾元裕破蘄王仙芝于黄梅是也。宋仍屬蘄州，嘉熙間僑治中洲，元復舊治。今縣城周五里。編户四十二里。

義豐城，在縣南。唐志：「武德四年于黄梅縣置南晉州，又析置義豐、長吉、塘陽、新蔡四縣，州尋廢，縣俱省入黄梅。」按陳書「吴明徹攻齊，下晉州，克蘄城」，晉州蓋齊所創置也。○九江城，在縣西南七十里。相傳九江王黥布所築。晉書「寧康元年于黥布舊城置新蔡郡」，即此。

漏頭山，縣西八里。平曠，可屯兵。宋末僑置縣于中洲，即此。又黄梅山，在縣西十里。山多黄梅，隋以此名縣。○西山，在縣西四十里。一名雙峰，又名破額山。上有香爐峰、慈雲塔，俗所稱四祖道場也。又馬茂山，在縣北三十里。頂有池，産白蓮，曰白蓮峰，亦曰東山，俗名五祖山。又北十里曰四祖山。

龍坪山，在縣北二十里。亦名鳳平山，形勢峭險，可以保禦，宋戚方嘗置寨于此。又礦山，在縣東南十五里。山出鐵礦，舊置爐，今廢。

蔡山，縣南五十里。出大龜。春秋傳：「大蔡，蓋以山得名。」梁末魯悉達保聚于此。唐建中四年江西節度使曹王皋敗李希烈將韓霜露于黄梅，欲進拔蘄州。時希烈兵栅蔡山，險不可攻。皋聲言西取蘄州，引舟師泝江而上。希烈兵循江隨戰，去蔡山三百餘里，皋乃放舟順流而下，急攻蔡山，拔之，進復蘄州。

大江，縣南六十五里，過江即江西九江府城也。志云：縣南七十里有太子洑。舊傳梁武帝于此得子，因名，非也。宋蒼梧王元徽初使王奂鎮夏口，舟過尋陽，時桂陽王休範刺江州，恐爲所劫留，自北岸太子洑竟去，是宋時已有此洑矣。舊有太子驛，唐改爲臨江驛，今亦名太子洑。又有散花洲，亦在縣南六十里江北岸，相傳周瑜犒士處也。

縣前河，在縣治南。其源有三，一出龍坪山，一出縣北三十里之小溪山，一出縣東北五十里之鼓角山，合流至縣前，由小池口入江。又有黄梅水，源出黄梅山；獨山河，源亦出鼓角山；皆流入于源感湖，亦自小池口入江。

源感湖，縣東南三十里。上源諸水皆流注于此。又五阜湖，在縣西百十里，中有五阜洲，禹貢「九江納錫大龜」，世傳此湖所出。又黄泥湖，在縣西五十里；太白湖，在縣西南四十里；其相近者曰南、北柴池湖；又有桂家寨湖，在縣東南百十五里；今皆掌于河泊所。又有濯港，在縣南十五里。自蘄州境流入，注于太白湖。其下流皆合縣前河入江。○楊家穴，在縣東南百二十里，濱大江，亦有河泊所。

新開口鎮。縣西南七十里；又有清江嘴鎮，在縣東南百里；皆有巡司，濱江戍守處也。又停前驛，在縣東北四十里，爲陸走宿松之道。

附見

黄州衛。在府治東北。洪武元年建，後改爲所，十二年復爲衛。又蘄州衛，在州治西。洪武十二年建。今亦設黄州、蘄州二衛。

校勘記

〔一〕赤壁山城東南九十里　此赤壁山即今武昌縣之赤磯山，在武昌府城（今武漢市）西南，非東南。大明一統志卷五九作「在府城東南九十里」，本書蓋因其而誤。

〔二〕又南九十里至嘉魚縣　「又」，底本原作「及」，今據職本改。

〔三〕又郎亭山　「又」，底本作「及」，今據職本、鄒本改。

〔四〕同爲樊口入於江　「爲」，鄒本作「歸」。

〔五〕嘉魚縣府東南二百八十里　此嘉魚縣在武昌府之西南，非東南。明志卷四四作「嘉魚，府西南」，不誤。大明一統志卷五九作「在府城東南二百八十里」，本書蓋因其而誤。

〔六〕蒲圻縣府東南三百里　此蒲圻縣亦在武昌府西南，非東南。明志卷四四作「蒲圻，府西南」，可證。大明一統志作「東南」，本書因其而誤。

〔七〕朱梁改曰臨夏　「朱梁」，底本原作「宋梁」，據職本、鄒本改。

〔八〕興之巨壑也　「興」，鄒本作「州」。此舒澳湖乃興國州之大澤，似鄒本作「州」爲妥，興國州簡稱爲「興」，他處未見。

〔九〕東朝宗　「宗」，底本原作「宋」，今據職本、鄒本改。

〔一〇〕劉昫曰北齊于故西陵城西南别築小城置衡州　底本「北齊」下原有「保」字，今核諸舊唐書卷四〇黄岡縣下志文，無「保」字，據刪。究致誤原因，乃是職本「北齊」下原有「天保二年」四字，後顧氏又將此四字刪去，但刪改未盡，遺一「保」字，遂使底本有如此之誤。

〔一一〕留張傑等作浮橋于新生磯　「留」，底本原作「晉」，今據鄒本及宋史卷四七四賈似道傳改。

〔一二〕謂之舉洲　據水經江水注，此當作「謂之舉口，南對舉洲」。

讀史方輿紀要卷七十七

湖廣三

承天府，東至德安府三百二十九里，東南至漢陽府五百六十里，南至岳州府六百七十里，西南至荆州府三百二十里，北至襄陽府三百十里，自府治至布政司五百七十里，至京師六千一百七十五里。

禹貢荆州之域，春秋、戰國時屬楚，秦屬南郡，漢爲南郡、江夏二郡地，後漢因之。晉初亦屬江夏郡，惠帝元康九年分置竟陵郡，宋、齊因之。梁置北新州，西魏改曰温州，見京山縣。後周改置石城郡，兼置郢州。治長壽縣。隋初郡廢州存，煬帝改州曰竟陵郡。唐武德四年復置郢州及温州，治京山縣。貞觀初廢郢州，以長壽縣隸郡州。郡州，見襄陽府宜城縣。十七年復置，劉昫曰："是年廢温州，以郢州治京山，後又移治長壽。"天寶初曰富水郡，乾元初亦曰郢州。五代因之。宋仍曰郢州，亦曰富水郡。元改爲安陸府，明洪武九年降爲州，以附郭長壽縣省入。嘉靖十年以潛邸在州，升爲承天府。領州二，縣五。今復爲安陸府。

府肘腋荆、襄，噤喉江、沔，舟車輻集，水陸要衝。春秋時爲楚之郊郢，鬬廉謂屈瑕"君次于郊郢以禦四邑"是也。其在三國時寔爲重地。晉初羊祜都督荆州，吴石城守去襄陽七百餘里，祜設詭計令吴罷守。祜以孟獻營虎牢而鄭人懼，晏弱城東陽而萊子服，乃進據險要，開建五城，五城大約是緣境戍守處。收膏腴之地，墾田八百餘頃，石城以西盡爲晉有，吴于是日蹙矣。杜預繼之，分據要害之地，通零、桂之漕，而南服底定。預開揚口，見景陵縣。大興五年王敦作亂，自武昌東下，聲言討劉隗之罪。時甘卓鎮襄陽，時卓爲梁州刺史，鎮襄陽。湘州刺史譙王承使主簿鄧騫説卓曰：「使敦克劉隗還武昌，增石城之戍，絶荆、湘之粟，襄陽將安歸乎？」蓋石城者南北運道所必經也。成帝時庾亮欲經營河、洛，請移鎮石城，蔡謨議曰：「自沔以西，水急岸高，魚貫泝流，水陸異勢，沔水之險，不及大江，非廟勝之算。」亮不果移鎮。識者謂終晉之世，卒于宴安江、沱，而不能混一中原者，重在江南而輕在江北也。逮蕭梁之季，西魏將楊忠來攻，自隨郡、安陸、竟陵乘勝至石頭，即石城。欲進逼江陵，梁湘東王繹懼而請和，盟曰：「魏以石城爲封，梁以安陸爲界。」夫石城入魏而荆州殆矣。唐元和志：「郢州子城三面墉基皆天造，正西絶壁下臨漢江，石城之名，蓋始于此。」宋嘉熙中孟珙受詔收復荆、襄，珙謂必得郢然後可以通饋餉，得荆門然後可以出奇兵，乃指授方略，復郢州、荆門，而襄、樊在掌握矣。及蒙古陷襄、樊，宋人以沿江精鋭萃于二郢，伯顔出奇襲取，而漢江以東皆爲糜爛，石城所繫顧不重歟？

鍾祥縣，附郭。漢竟陵縣地，屬江夏郡，晉置石城戍，尋爲竟陵郡治。劉宋泰始六年始置萇壽縣，齊因之，西魏改曰長壽。周改置石城郡，仍治此。隋爲郢州治，唐初因之。貞觀初廢郢州，縣屬郡州，八年又屬温州，十七年仍屬郢州，後又爲州治。宋以後因之。明初省，嘉靖十年復置今縣。編户二十一里。

石城，在府城西北。水經注：「沔水南經石城西，城因山爲固，晉羊祜鎮荆州時立。」元和志：「長壽城本古之石城，背山臨漢水，吳于此置牙門戍，晉羊祜亦置戍焉。惠帝元康九年分江夏西部都尉置竟陵郡，治石城。」建興三年陶侃圍杜曾於石城，爲曾所敗。咸康五年庾亮欲移鎮石城，不果。既而石虎將夔安南寇圍石城，竟陵太守李陽距破之。義熙十一年劉裕攻司馬休之于江陵，雍州刺史魯宗之與其子竟陵太守魯軌皆舉兵應休之。既而休之等北走，軌留屯石城，裕遣兵攻破之。梁大寶初西魏將楊忠南侵，取安陸、竟陵，乘勝至石頭，欲進逼江陵，梁湘東王繹懼，遣使求和，忠乃還，西魏因置石城郡。自隋、唐以來皆爲長壽縣治。明初築城浚池，因爲城垣。城邑攷「今郡城上據崇丘，旁控石城，下臨漢水，夾城爲濠，南注於漢。子城宋乾道、淳熙間築，元末毁于兵燹，明初因石城故址拓之，弘治中復展築北城，後屢經修築。今城周五里有奇，門五，南陽春，東威武，東南閱武，西石城，北拱辰，制皆巍焕」云。

藍水城，在府西南。本編縣之藍口聚，東漢初下江兵嘗據此。劉宋元嘉六年以三輔流民僑立蓮勺縣，屬馮翊郡，齊、梁因之。西魏置漢東郡，改縣爲藍水縣。隋初郡廢，縣屬郢州，大業末廢。唐武德四年復置，仍屬郢州，貞觀初并入長壽縣。又漢東城，在府南七十里。隋志：「後齊僑置上蔡縣及齊興郡，後周郡廢，隋開皇十八年改縣曰漢東，大業末廢。」今名漢城，志云：以城濱漢水而名，相傳爲關羽屯兵處。

管城，府西北百里，故戍守處也。晉太元六年苻秦荆州刺史都貴自襄陽進兵寇竟陵，荆州刺史桓冲使桓石虔等擊却之，拔其管城。載記：「時石虔破秦將閻振、吴仲于激水，振、仲退保管城。」水經注：激水出新市東北，西南流注于沔；沔水逕鄀縣故城南，又東激水注之，寔曰激口。管城蓋在激水北，接襄陽府宜城縣界。○激水城，在府西。劉宋元嘉中僑置高陸縣，亦屬馮翊郡，齊、梁因之，西魏改爲激水縣。隋開皇初郡廢，縣屬郢州，大業初省入藍水。又沔東郡城，在府西北，蕭梁初所置荒郡也。天監四年，雍州蠻沔東太守田青喜叛降魏。胡氏曰：「郡蓋在襄陽府東、竟陵郡西。」

新郢城，在府西南漢江南岸，宋末築此爲戍守重地。故郢在漢北，以石爲城；新郢在漢南，横鐵絙鎖戰艦夾岸爲守。蒙古兵圍襄、樊，斷糧援之道，將帥悉駐新郢及均州河口以守津要。襄、樊既陷，伯顔遂引軍趣郢，二郢之備方急，軍不能前，乃由間道攻郢克之，進薄新郢，遂拔之。

純德山，城東北一十里。舊名松林山，興獻陵寢在焉，嘉靖十年詔改今名。志曰：純德山西南十里曰天子岡，又北三里曰九龍岡，横亘而西即石城山也。志云：石城山在府西十里，又府南半里有章山，或以爲即内方山。○樠木山，在府治東一里，一名武陵。春秋莊四年「楚武王卒于樠木之下」，即此。上有青泥池，一名青泥山。三國志：「魏樂進與關羽相距于青泥山。」祝穆曰：「即此山也。」考樂進傳進與羽相距于襄陽府，或是襄陽之青泥河。

子母山，府北百里。有二十二峰，大小相接，環列如屏。其相近者曰窄山，山勢褊窄。又有仙潭山，高數百仞，上有仙潭洞。山口復有二山對峙，曰獅子山、象山，雄踞水口，爲郡城之勝。○聊屈山，在府東五十里，接京山縣界。山勢突起，綿亘數十里，上有白鹿池，一名盧屈山。又有界山，在府東北八十里，接隨州界。其相近者曰温峽山，兩山對峙如峽。温峽河出焉，流入漢江。

闞門山，府西北百里。高聳巉巖，有石如屏，障塞山口，儼若闞門。其上又有石鳳洞，列石攢峙，如鳳昂首，中容數十人。○城子山，在府東南百四十里。上有土城，亦昔時保聚處。郡志：今山在京山縣東二十里。又盤石嶺，在府東四十里。有上盤、中盤、下盤三嶺，以石路盤曲而名。又桐木嶺，在府東北七十里。

漢江，在府城西。上至襄陽七百里，下至沔陽七百里。自北而來，逕石城西南至沔陽、漢陽流入大江。水利考：「漢江舊道逼近石城，嘉靖初西徙沿山灣一帶，去城漸遠，水患日甚。其故在豐樂一帶，舊有九龍灘、龍爬港、桐木嶺、金花、熨斗等湖之分洩，至石城則舊有城北湖、池河、殷家等河之注蓄，今皆澱淤，軍民官莊爭墾爲業也。又自石城而下，由蔡家橋、板橋灣、上下流漣、馬公洲、小河口以達于南河，迂迴三百餘里，土人總名之曰紅廟堤，最爲要害。考蔡家橋舊有口通二聖套入湖，又有流漣、金港二口通枝河達赤馬、野猪等湖，由青樹灣入軍臺港分洩漢流，以故堤得無虞，今半堙塞不可復疏，此嘉靖二十八年以來有諸堤盡決之患也。」詳見大川及川瀆異同。

直河，在府北十五里。其水直入漢江，故名。俗訛爲池河。府北三十里又有瓦埠河，流入直河。志云：池河即水經所載枝水也，源出大洪山，西南流經襄陽、宜城縣界；又有激水，在府北六十里，合流而西南注于沔水。

豐樂水，府北九十里。源出大洪山，流經盤石嶺南入漢江，溉田甚廣，歲賴以豐，因名。志云：豐樂河爲郡城津渡要口，常議設兵巡戍，嘉靖十八年車駕南巡以及回鑾皆駐於此。又有穴河，在府南百三十里，有穴口鎮。其水自漢江分流而東南，凡百餘里又東流至漢陽界，仍合漢水入大江。又有蒿河，在府東六十里，府北六十里之洋子河流合焉。又寨子河在府東五十里，又府東八十里有芹菜河，東北六十里有長壋河，俱流入漢江。又有殷家河，在府西北十五里。今堙。

白水，府東三十里。酈道元曰：「出聊屈山，西南流入於漢水。」白口驛以白水而名也。左傳定四年「楚昭王奔隨，將涉成臼」，即此。志云：白水舊流入漢川縣入沌水。意臼水不一處也。今故道已堙。○溧水，在府西北。宋史：「咸淳十年蒙古陷襄、樊，伯顏以大兵趣郢，至溧水，麾軍逕渡。」溧水蓋漢旁支川也。今堙。

城北湖，府北五里，流通漢江。又蘆洑、長河湖，在府西南百二十里，其相近者曰赤馬、野猪湖，皆漢水迴合處也。今俱掌于河泊所。又龍母湖，在府南三十里。相傳有龍馳鶩于此，本名龍鶩湖。水溢則通漢江。

藤湖，在府東南，漢北諸水所溢也。蒙古伯顏襲郢不克，獲俘民言：「沿江九郡精鋭皆萃于二郢，若舟師出其間，騎兵不得護岸，此危道也。不若取黃家灣堡，東有河口，由中拖船入藤湖轉而下江，僅三里。」伯顏從之，郢州遂危。○泉子湖，在府東。伯顏由藤湖入漢江趣郢城，郢州將趙文義來追，戰于泉子湖，文義敗績，伯顏進至城南之沙陽，而郢城之師潰。

金港，府南一里。源出樠木山，流里許入漢江。宋嘗于此采金，今塞。又龍鳳港，在府南四十里，漢江之支流也。○龍池泉，在府東三十里，溉田百頃。其相近者又有潴龍池泉，又府東九十里有雙泉，俱有灌溉之利。志云：府南二十里有五龍堰，府北三十里有蓮花堰，俱堰水灌田，各數百頃。又有洗羅陂，亦在府北三十里。府南四十里又有竹篠陂。

塘港關，府南三十五里。府西北十五里有直河關，今亦名池河關，又府南有南津關，皆有官兵戍守。志云：南津關舊有富水遞運所，萬曆中廢。

賈塹鎮。在府西南。唐乾符四年王仙芝寇荆南，時漢水淺狹，賊自賈塹渡，逕至城下，攻陷羅城，焚掠而去。又黄家灣堡，在府南三十里，伯顔攻郢不克，從俘卒言，遣軍襲黄家灣堡拔之，諸軍破竹席地，盪舟由藤湖入漢是也。

○郢東馬驛。在府東七十里。又府北六十里有豐樂驛，在豐樂河濱。城南又有石城水驛，又南百二十里有臼口水驛。志云：長壽縣東三里舊有田城驛，北六十里有馬安驛，明初與縣俱廢。又石城驛，嘉靖十年改石城水馬驛。魚料驛，嘉靖十八年改豐樂河水馬驛。

京山縣，府東百十里。東至德安府應城縣百里，南至景陵縣百里。漢爲竟陵縣地，後漢爲竟陵、南新市二縣地。晉因之，皆屬江夏郡。惠帝時析置新陽縣，屬竟陵郡。宋、齊因之。梁置北新州治焉，并置梁寧郡。西魏改州曰温州，縣曰角陵。隋初郡廢，大業初州廢，改縣曰京山，屬安陸郡。唐初復置温州，貞觀中改爲郢州治。〔一〕宋因之，宋末移治漢濱。元復舊，屬安陸府。明初屬安陸州。今縣城周四里有奇。編户三十一里。

南新市城，縣東北百里。楚新市邑。秦記：「昭襄八年使將軍芊戎攻楚，取新市。」王莽時王匡兄弟舉兵於此，劉伯升收新市、平林兵討莽是也。光武即位，置南新市縣，屬江夏郡，以常山郡有新市縣也。晉因之，仍屬江夏郡。宋改曰新市，屬竟陵郡，齊、梁因之。西魏改新市曰富水，又置富人郡治焉。隋初廢郡，縣屬温州，大業初屬安陸郡。唐初仍屬温州，貞觀中屬郢州，宋省入京山。志云「唐富水縣在今縣北七十里，其地平坦，可容千家」，蓋唐移縣治此。水經注：「新市治杜城。」杜佑曰：「在今富水縣東北。」是也。寰宇記：「南新市在京山縣南三十里。」悮。承天志：「富水廢縣在京山縣城北九十里，宋乾德二年廢。」

盤陂城，在縣西。西魏置盤陂縣，屬梁寧郡。隋初屬温州，大業初廢入京山縣。或云縣蓋置于鍾祥縣盤石嶺下。○三王城，寰宇記：「在縣北九十里大陽山之麓，王莽時王匡、王鳳、王常屯兵于此而名。」

張良山，縣北八里。峰巒高峻，草木秀美，峭壁間有一横逕，多馬跡，俗傳子房曾息兵于此。山陰有馬跑泉，相傳關壯繆駐兵處。山無水，士卒患渴，馬跑地而得泉，至今民資灌溉之利。又勝境山，在縣北三十里，峭特爲境内之勝。又火門山，在縣北八十里。相傳光武夜舉火度兵于此，因名。

大洪山，縣北百二十里，與隨州接界。志云：山周百餘里，上多奇勝，東矚安、鄂，西眺襄、鄧，南望江、漢，一覽可盡。山半有龍闕崖，其北有黑龍池。山南有白龍池，溳、漳諸水皆源于此。今詳見隨州。○天門山，在縣南八十里。二石相對，中一逕通明若天門然。又中盤山，在縣東百五十里，石徑盤繞，道經其中。

關王嶺，縣北百里。上平如掌，有毬場及故城壘。○觀音巖，在縣東二十里。頂有飛泉瀑布，流分四派，溉田數百頃。又仙女洞，在縣西南三十里。巖谷競秀，泉脉交通，峭壁插天，水紆如篆，洞有石門，中多奇勝。

縣河，在縣治南。縣境西北諸水皆匯於此，下流至景陵縣蒿臺湖入漢江。夏秋漲溢，有淹田齧城之患，嘉靖中因築堤障之。水利考：「縣去漢江差遠，水患少，惟上接鍾祥一帶下有小河、南河、紫金潭、拖船埠等處直抵景陵界，地勢卑下，嘉靖三十年來鍾祥宫莊及荆州右衛之隄決，遂衝入拖船埠等六十餘處，連歲屢築屢決，此脣齒之患。」今有漢江堤，在縣南，長百餘里。○撞河，在縣東北八十里。源出大洪山白龍池。俗傳有白龍撞石開此河，因名。下流至漢陽府漢川縣入漢江。或曰即富水也。寰宇記：「富水亦出大洪山，下流入應城縣界。」有大、小富水。亦曰大泌水。又有楊家河，亦在縣東北百二十里。志云：源出大洪山黑龍池，下流入應城縣界。

澨水，縣西南八十里。源出縣西七十里之磨石山，下流合縣前河通于漢江。或以爲即春秋時之雍澨，左傳定四年「吴敗楚師于雍澨，三戰及郢」，即此水也。又縣境有汉澨、漳澨、薳澨，説者謂即禹貢之三澨，皆與景陵接界云。今亦堙。○温湯水，在縣南十五里。灌溉稻田，其收數倍。西魏因以名州。流合縣河入漢江。又泗水，在縣西南百八十里，南去漢江十里。水溢而匯曰泗。水亦名泗汉湖，隆慶六年議開泗港以殺漢水，即此。又縣南七十里有土墻湖，下流通於泗港。〔三〕

五泉，縣西五十里。泉有五穴，湧如鼎沸，灌田甚溥。寰宇記：「五泉發源于縣西北百里之横嶺。」又激水亦源于此云。○新羅泉，在縣北七十里。舊有新羅國僧居此，因名。泉流溉田，民甚便之。寰宇記：「縣北九十里之石人山，新羅泉發源處也。」又師古泉，亦在縣北七十里。泉自山頂飛流，聲聞四五里，灌田甚多。又珍珠泉，出縣南七十里大跡山，水沸如珠，流爲青水，居民築隄瀦水溉田。

曹武市，縣東四十五里。曹操侵孫吴時過此。又縣北五十里有武臺，枕山臨水，相傳亦操屯兵處。○辦頓市，在縣西北九十里。亦名辦頓村，相傳漢光武曾頓宿于此。又關壯繆亦嘗駐焉，一名卓刀市。

皁角鎮。縣東南七十里，接景陵縣界。寰宇記：「地多丘陵及皁角樹，西魏因以角陵名縣。」志云：縣舊有東廊驛，萬曆八年革。

潛江縣，府東南八十里。西南至荆州府二百七十里，南至荆州府監利縣百五十里。漢竟陵縣地，唐大中間置征科巡院于白洑鎮，宋初亦曰安遠鎮，乾德二年升爲潛江縣，屬江陵府。後因之，明嘉靖十年改今屬。縣城周五里有奇。編户二十三里。

潛江舊城，縣西四十里豆子湖南。宋初置縣于此，尋移今治。志云：縣本治道隆鄉，以水患遷于斗隄是也。又余潭城，在縣西七十里棠林岡。相傳關壯繆守南郡時築。

潛水，縣東一里，所謂「漢出爲潛」也。又縣東二里有洛江河，流入沔陽州。縣東三十里有蘆洑河，即漢水分流處。志云：漢水自石城北三十里分流爲蘆洑河，經縣東南復入于漢，故名潛江。潛水復入漢處曰上新口、下新口，又東南自排沙渡東流爲深江，又南流爲恩江，皆弘治及嘉靖中所濬以分洩漢水者也。後或通或塞，下流入沔陽州界。

大平湖，縣北六十里。相近者曰鄭家湖，又縣西北百里曰青陽湖。又後子湖在縣東三十里。其相近者曰東白湖、西白湖。又枝江湖在縣西南十五里，其在縣西南五里者曰陸家院湖，皆漢江支水匯流處也。○沱埠淵，亦在縣西南五里。又縣南三里曰馬市潭。志云：江水溢出爲沱。今江水自郝穴口溢入，東北逕三湖、芝江湖，至縣南爲馬市潭，潭北有沱埠淵，縣東有池曰南池、北池，縣北有湖曰太平，西有湖曰青陽，南有湖曰東白、西白及陸家淵，俱沱水所注。今縣治在斗隄，周廣七百二十八里，皆重湖也。

高氏堤，縣西北五里。五代時高氏所築，起自荆門州緑麻山，至縣南沱埠淵，延亘一百三十里，以障襄、漢二水，後屢經增築，今縣境凡有八隄，高氏隄而外曰莫家潭，曰夜汊口，曰白洑垸，曰江汊垸，曰班家灣，曰車老垸，曰太平、馬猖，西則白洑、咸林，東則荷湖、黄漢等，凡百餘垸，皆衝決要口也。水利攷：「縣背重湖，民往往各自爲垸，南則陶湖、牛埠，北則太平、馬猖，西則白洑、咸林，東則荷湖、黄漢等，凡百餘垸，俱環隄而居。明初修築各垸隄塍，又有潭子湖、泗港、甘心口各枝河，分殺水勢。嘉靖三十九年諸隄半決，枝河更多堙塞，夏秋漲溢，大爲民害，隆慶二年興工修築，患始殺。其馬家垸決口在景陵境，而害在潛江，備尤不可不預者也。」○里社隄，在縣南。有里社穴，西南通江陵之漕河。宋乾道七年湖北漕臣李燾修潛江里社隄是也。

白洑驛。在縣北。明初置驛于此，萬曆九年革。志云：縣境要險有班家灣、浩子口，防禦最切。其拖船埠近沔陽州界，哨守猶易，而蚌湖、蘆洑頭亦爲巡警處。蓋其地皆接通江、漢，盜賊易于出没云。

附見

興都留守司。在司治東。嘉靖十八年置，轄顯陵、承天、沔陽三衞。○承天衞，在府治西北。洪武初置安陸衞，嘉靖三年改爲顯陵衞，以護陵寢。十六年調荆州左衞爲顯陵衞，置于城東北十里，環列十營，巡守護衞，〔三〕而改顯陵衞爲承天衞。

荆門州，府西南九十里，東南至沔陽州二百九十里，南至荆州府一百八十里，北至襄陽府二百七十里。

春秋時楚地，漢爲南郡地，後漢因之。晉仍爲南郡地，隆安五年析置長寧、武寧二郡。

長寧郡治長寧縣。武寧郡治樂鄉縣。宋泰始中改長寧郡曰永寧，齊、梁因之。西魏改置基州及章山郡，隋廢，屬荆州。唐武德四年復置基州，治章山縣。七年州廢屬荆州，貞元中屬江陵府。始置荆門縣。五代時高氏置荆門軍，治當陽縣。尋廢。宋開寶五年復置軍。治長林縣。熙寧六年軍廢，元祐三年復置，端平三年移治當陽縣。元至元十四年升爲荆門府，十五年復治長林。天曆初降爲州。明初以州治長林縣省入，編户六十三里。屬荆州府，嘉靖十一年改屬承天府，領縣一。今屬安陸府。

州環列重山，縈繞大澤，西控巴峽，扼其咽喉，東連鄢郢，爲之襟帶，信荆楚之門户，實襄、漢之藩垣。唐之中葉而荆門始建，荆門縣置于貞元二十一年。迄乾符五年王仙芝寇亂荆南，襄鄧帥李福馳救，敗賊于荆門。明年黄巢自江陵趣襄陽，襄陽將劉巨容等扼之于荆門，伏兵于林中大破之。當是時巨容無養寇之心，賊黨且殲矣。然則荆門者，誠鈐束之要地也。宋嘉熙之際，以荆門爲次邊，而城垣未備，陸九淵知軍事，謂：「軍居江、漢之間，爲四集之路，南捍江陵，北援襄陽，東護隨、郢之脅，西當光化、夷陵之衝，荆門固則四鄰有所恃，否則有背脅腹心之虞。由唐之湖陽湖陽見河南南陽府唐縣。以趣山，則其涉漢之處已在荆門之脅；由鄧之鄧城以涉漢，鄧城，見襄陽府。則其趣山之處已在荆門之腹。自此之外，間道之可馳，漢津之可涉，陂陀不能以限馬，灘瀨不能以濡軌者，所在尚多。自我出奇制勝，徼敵兵之腹脅者亦正在此。雖四山環合，易于備禦，而城池缺然，將誰與守？」因請於朝而城之。嘉熙中孟珙圖復襄陽，謂必得荆門，然後可以出奇兵，蓋九淵實先發之矣。

長林廢縣，今州治。漢編縣地，屬南郡。東晉隆安五年置長寧縣，爲長寧郡治。宋泰始中以長寧名與文帝陵同，改爲永寧郡，而縣如故。齊、梁因之。隋郡廢，開皇十八年改長寧曰長林，屬荆州。唐因之。宋爲荆門軍治，元爲州治，明初省。今州城因宋嘉熙中故址修築，弘治末圮于水，尋復增修。周四里有奇，有門四。

荆門城，州東北六十里。本長林縣地，唐貞元二十一年析置縣，屬江陵府。乾符五年賊王仙芝寇荆南，山南東道帥李福馳救，至荆門遇賊，奮擊敗之。時仙芝已陷江陵羅城，焚掠而去。六年黄巢自江陵焚掠而北，襄陽將劉巨容、曹全晸等扼之於荆門，大破之，即此。唐末廢。志云：五代高季昌更荆門縣爲軍。非也，蓋因荆門舊名耳。又云：荆門故城在州東南一里東山下。悮。又長林城，在州西三十里。晉隆安中分編縣地置長林縣，屬武寧郡，齊、梁因之，隋開皇十一年省入長寧，十八年遂改長寧爲長林。元和志「晉置長林縣，以其地有櫟林長坂」云。又綏安城，在州北。晉末桓玄置綏安郡，尋省爲縣，宋初省入長寧。

樂鄉城，州北八十里。漢鄀縣地，晉隆安五年桓玄以沮、漳降蠻爲武寧郡，又立樂鄉縣爲治，宋以後因之。梁大寶二年侯景攻巴陵，岳陽王詧與湘東王繹爲難，聞之遣軍據武寧，聲言赴援江陵，尋引去。承聖三年王琳爲廣州刺史，琳意欲爲雍州，鎮武寧爲國禦捍，蓋自武寧以北即爲襄陽界，時荆、雍之隙方深也。未幾詧引魏軍襲江陵，魏軍濟漢襲武寧克之，遂長驅向江陵。江陵下，置郡州于此。隋初郡廢，大業初州廢，縣屬竟陵郡。唐武德四年仍置郡州，八年州廢，縣屬襄州。天祐三年朱温將楊師厚擊江陵，至樂鄉，荆南牙將王建武迎降。五代周併入宜城縣，宋爲樂鄉鎮，屬長林縣。今有樂鄉鎮巡司。

章山城，在州東北。本長林縣地，西魏置緑麻縣。兼置上黄郡。隋開皇初郡廢，縣屬基州，大業初改縣曰章山。括地志：「章山在長林縣東北六十里，縣蓋以山名。」又西魏置豐鄉縣，〔四〕并置基州及章山郡，開皇七年郡廢，大業初州廢，皆屬竟陵郡。後廢。唐武德四年于長林東北百二十里置基州及章山縣，七年州廢，以章山屬郢州。州復廢，改屬荆州，八年省入長林。一統志：「基州城在内方山東北馬良口。」按嘉靖十八年以馬良、望鄉益鍾祥縣，今蓋在鍾祥界内。

編縣城，在州東。漢縣，屬南郡，後漢因之。晉、宋以後仍屬南郡，蕭梁末廢，亦謂之編都城。都邑考：「州治東東山頂平曠，號太平頂，上有楚望亭，漢編縣所理也。」恐悮。○荆臺城，在州東六十里。梁置安居縣，隋開皇十八年改曰昭丘，屬荆州，大業初改曰荆臺，尋廢入當陽。志云：州南六十里有宛城，蓋南北朝時僑置縣也。又有李家市城，在州東南百七十里，五代時高氏築。

那口城，在州東南。春秋莊十八年傳：「楚武王克權，權叛，遷權于那處。及文王即位，與巴人伐申而驚其師，巴人叛楚而伐那處取之。」杜預曰：「編縣東南那口城是也。」史記：「周公輔成王，封其弟季載于冉。」孔氏曰：「冉亦作『䢅』或作『那』」，皆讀曰然。今那口也。」志亦謂之權國城。

東山，在州治東南一里。一名東堡山。州西三里有西山，亦名西堡山。又蒙山，在州西一里，兩山對峙，如峨嵋然。麓有蒙、惠二泉，舊名泉子山，一名象山。又屏風山，在州西北四里。絶頂平衍，中有二泉，宋紹興中州民結廬其上爲拒敵計，開禧初郡守李直炳徙居焉。○荆門山，在州南五里。其西又有虎牙山，相去五里。二山本在宜都縣，因州名傳訛也。又靈鷲山，在州北三十里。有龍洞，深五里，泉石甚勝。

内方山，州東南百八十里漢江之上，禹貢所云「内方至于大別」者也。一名章山，又名馬仰山。志云：馬仰山有二，一在州北三十五里。又有雞頭山，在州北六十里，最高，諺云「雞頭、馬仰，去天一丈」，雞頭相接者曰大明山，皆有泉石之勝。或以爲雞頭山即括地志所云之章山也。○象河山，在州北七十里。上有城壘，勢極險峻。下有泉，是爲象河。又中城山，在廢樂鄉縣西南。上亦有城，極險峻。又緑麻山，在州東南百三十里。宋末吕文焕遣都統邊居誼築緑麻城，城蓋在山下。俗亦名桃李山。

長坂，在州西北。李巡曰：「高峰山坡曰坂。」後漢建安十三年曹操入荆州，先主將南保江陵。操以江陵有軍實，恐先主據之，乃輕軍到襄陽，一日夜行三百餘里，追及于當陽之長坂。先主棄妻子走，使張飛將二十騎拒後。胡氏曰：「長坂在當陽縣東南百二十里長林城北。」城邑考：「長林城北有櫟林長城，即曹操追先主處。」蓋長坂近于當陽之北，而接長林之境矣。○太子岡，在州北五十里。元文宗自潛邸歸即位，嘗駐此，因名。

漢水，州東九十里。自鍾祥縣流入境，又東南流入潛江縣界，謂之沔水。先主敗于當陽長坂，濟沔，與劉琦俱到夏口，即此處也。水利考：「漢水入州境不至衝泛者，東賴王家堤，東南賴緑麻堤以障之也。其隄防要害全在沙洋鎮一帶。此鎮控荆門、江陵、監利、潛江、沔陽五州縣之上流。漢水自緑麻口直衝沙洋北岸，舊有堤，接連青泥湖、新城鎮，由沈家灣諸處至潛江界，凡二十餘里，惟沙洋堤勢獨寬厚，軍民廛居其上。嘉靖二十六年堤決，漢水直趣江陵龍灣寺而下，分爲支流者九，于是下流州縣俱被渰没。二十八年有司修築失宜，未幾復決。舊江身漸狹，南北相對止二十餘丈，決口東西相對約三百餘丈，反爲正派，幾不可復障而東矣。隆慶初改築高厚，水患始少。但此堤與紅廟堤相對，慮紅廟水漲，居民每欲盜決以洩水，備不可弛也。」

直河，州東南百二十里，又東南三十里有平塘湖河流合焉，又南流入于三湖，東合沔。一名直渠，溉田百頃。長而且直，因名。又權水，在州北。志云：權水出西蒙諸山，東北流經太子岡會流爲曹將軍港。唐曹全晸、劉巨容敗黄巢於此，因名。下流逕内方山西，又東南逕古權國城，又東入于沔。又官堰河，在州北百里。其地有賬臺山，河源出焉，東入漢江。

建水，州北百三十里。一名溎水。梁太清末蕭詧自襄陽攻江陵，會其將杜崱等叛襲襄陽，詧棄糧食鎧仗于溎水而還。明年西魏將楊忠救詧，乘勝至石頭，將趣江陵，湘東王繹遣使説忠，忠遂停溎北。大寶二年岳陽王詧以侯景攻巴陵，遣其將蔡大寶軍武寧以規江陵，湘東王繹遣使謂曰：「君忽頓武寧，即當遣勁甲頓溎水待時進軍也。」溎水蓋襄陽、江陵之襟要矣。亦名建陽河，又名楊水，亦名大漕河，流入江陵縣界。

雲夢澤，在州東北。舊蓋與德安府之雲夢相連。漢志註：編縣有雲夢官。又今州西北四十里有雲夢山，或以爲雲夢之浸舊至于此。今堙。○藻湖，在州東北百十里；州東北百三十里有後港，合諸陂澤水東流入焉。又有長湖，在州北百六十里。屯湖，在州東九十里。又州東馬良村有馬良湖，東南百里有藤湖，百七十里有喬母湖，百八十里有蒿臺湖，皆流匯于漢江。

蒙惠二泉，州西二里。泉出蒙山之麓，分二派，北曰蒙，南曰惠，蒙泉常寒，惠泉常温。宋知州彭承引爲三沼，合流至竹陂河入漢江。居民分引溉田，甚賴其利。志云：州東九十里有百頃山，有温冷二泉，溉田百頃。又州北二十里有南泉，源出靈鷲山，溉田數百頃。○鹽井，在州北九十里。産鹽味苦。

東關，州北一里。宋末設以禦敵。又西堡寨，在蒙山上，元末鄉人築以禦寇。又有東寨，志云：在州南二百里，亦元末禦寇處。

沙洋鎮。州東南百四十里。亦曰新城鎮，宋末吕文焕將邊居誼築新城于此，因名。今有巡司戍守。又建陽鎮，在州南九十里。有巡司，并置建陽驛於此。州西北百二十里有仙居鎮，以近仙居山而名。峰巖險峻，爲往來要道，置巡司斜察。麗陽驛亦置于此。其相近者又有魚料水驛。輿程志云：「兩驛皆在州北百二十里，由襄陽而南，此其孔道也。」又有石橋驛，在州北六十里。州城北曰荆山驛。

當陽縣，州西百二十里。南至荆州府枝江縣百八十里，西至夷陵州百五十里。漢縣，屬南郡，後漢因之。建安十三年曹操下荆州，先主將其衆過襄陽，南至當陽，爲操所追處也。晉仍屬南郡，宋、齊因之，後周置平州及漳川郡治此，後屬梁。隋開皇七年改州爲玉州，九年州郡並廢，縣屬荆州。唐武德四年又置平州，六年改爲玉州，八年州廢，仍屬荆州。五代時高氏置荆門軍治此，宋屬荆門軍，紹興十四年廢入長林縣，十六年復置。明洪武初屬荆州府，尋改今屬，九年省入州，十三年復置。今城周三里有奇。編户五里。

麥城，縣東南五十里，在沮、漳二水間。水經注：「漳水南逕當陽縣，又南逕麥城東。」相傳楚昭王所築。三國初關羽爲吕蒙所襲，自知孤窮，乃走麥城是也。又有磨城，在縣東四十里。荆州記：〔五〕「麥城東有驢城，沮水西有磨城，伍子胥造此二城以攻麥城。」諺云「東驢西磨，麥城自破」。

麇城，縣東南六十里，地名八渠。宋白曰：「春秋楚伐麇。」潁容釋例曰：麇，當陽也。或云三國時麇芳所築。又有權城，在縣東南，春秋時權國。楚武王克權使鬬緡尹之，鬬緡以權叛是也。又方城，在縣東南百六十里沱江東滸。志云：方城旁有秣馬山，原隰寬衍。今方城見江陵。

玉泉山，縣西北三十里。山有泉，色白而瑩。本名覆船山，三國時易今名，隋置玉州以此。宋末蒙古陷襄陽，張夢發請城當陽之玉泉山是也。又有玉陽山，在縣西二里沮水之陽。○方山，在縣東四十里漳水上，層巒環列。又縣東十里有許由山。山頂平曠，沮水與玉泉山水會于其前。有泉曰洗耳溪。

紫蓋山，縣西南五十里，道書以爲第三十三洞天也。寰宇記：「紫蓋有南北二山，頂四垂若轍，林石皆紺色，下出綵水。」又鐵山，在縣北八十里，接遠安縣界。舊産鐵，湘府曾于此山采礦。

緑林山，縣東南百二十里。山深阻。王莽天鳳四年新市人王匡、王鳳等聚亡命藏于緑林山中，數月間至七八千人是也。近志云：山在縣北六十里。○當陽坂，在縣北六十里，相傳曹操追先主於此。志曰：縣西北六十里有倒流橋，沮、漳二水合流其下，即張飛據水斷橋處。恐悮。

沱江，縣南百二十里，大江分流處也。旁有金沙灘，地多流沙，熚熚如金。志云：金沙灘在縣東南百二十里。水利考：「縣境之沱江即沮、漳下流，蓋水合勢盛，南連大江，因有沱江之名。」

沮水，在縣北一里。自南漳縣經遠安縣東流入界，遶流縣西折而東，又南經麥城西，又南流合于漳水。○漳水，在縣北四十里。自南漳縣流入境，東南流經麥城東，又南合于沮水。志云：沮、漳二水合處在縣東南五十里，名合溶渡，又南流注于沱江，至枝江縣界而入大江。餘詳大川。

熨斗陂，縣東南八十里。志云：緑林山之水與縣東六十里圓臺山之水會爲熨斗陂。又縣北八十里亦有熨斗陂，宋紹興中郡守吴獵嘗過走馬湖、熨斗陂之水于縣西北寘李公匱以限戎馬。

漳河口鎮。縣北百里。有巡司。志云：縣北有漳鄉。水經注：「漳水經臨沮縣之漳鄉南。」

附見

荆門所。州南九十里。又州北百二十里有宜門所。二所舊隸荆州衛，嘉靖中改屬承天衛。

沔陽州，府南三百二十五里。東北至漢陽府四百里，南至岳州府三百五十里，西至荆州府四百四十里。

春秋、戰國時楚地，秦爲南郡地，漢屬江夏郡，後漢因之。晉惠帝時分屬竟陵郡，梁又置沔陽郡，治沌陽縣，見漢陽府。後周兼置復州。治建興縣。隋初郡廢州存，徙州治竟陵，尋復舊治。大業初改州曰沔州，尋又改曰沔陽郡。治沔陽縣。唐武德五年又爲復州，治竟陵縣，貞觀七年移治沔陽。天寶初改爲竟陵郡，乾元初復故。仍治竟陵。五代因之。寰宇記：「晉改竟陵郡。」宋仍曰復州，亦曰景陵郡。熙寧六年廢，屬安州，元祐初復故。治景陵縣，端平中移治沔陽鎮，即今治所。元爲復州路，又改爲沔陽府。明洪武九年降爲州，以州治玉沙縣省入，編户四十二里。直隸湖廣布政司。嘉靖十年改屬承天府。領縣一。今屬安陸府。

州襟帶襄、隨，腹背郢、鄂，當重湖之右，介江、漢之中，地窪而卑，水漾而潴，寔川澤之區也。宋朱昂曰：「州環城皆水，因河爲濠。」然其地在漢陽以西，規度上游，此爲資本。明太祖既定武昌，曰：「安陸、襄陽，南北襟喉，英雄必争之地。然今日當以沔陽爲幹，而安陸、襄陽爲枝，固守沔陽，乃圖進取，庶得其宜耳。」此非辨于先後之數者哉？

玉沙廢縣，今州治。漢雲杜縣地，西魏爲建興縣地，隋、唐爲沔陽縣地。宋初析南境置玉沙縣，屬江陵府。至道二年改隸復州，寶元二年省沔陽縣入焉。熙寧六年州廢，還隸江陵府。元祐初復故，端平初移州治沔陽鎮。元改曰玉沙，而廢舊玉沙縣。明初省。城邑考：「宋玉沙舊縣，在今州西南五十里。今州城明初因舊址修築，周九里有奇，有門五。」

建興城，州北二里。亦曰復州城，西魏所置建興縣也。隋志：「梁置沔陽、營陽、州城三郡。西魏省州陵、惠懷二縣，改置建興縣。後周置復州治此，又省營陽、州城二郡入沔陽郡。開皇初郡廢，移復州治竟陵，仁壽三年州還治建興，大業初改縣曰沔陽，尋又改復州爲沔陽郡。」唐初州治竟陵，尋還治此。乾元以後仍屬復州。宋因之，寶元中省爲沔陽鎮。今州治在其南，圖經謂之楚王城，俗亦名七里城。○青林城，在州東十里。又州西十里有石樓城，州東五十里有魚復城，建置未詳。

黄蓬山，州南二百里大江之旁。其山延綿環結，上有城，亦曰却月城，城外有臺，相傳魯肅曾屯兵於此。山下有湖，爲黄蓬湖，元末徐壽輝陷沔陽，陳友諒起兵于黄蓬以應之。友諒沔陽人，其父黄蓬漁子也。又黄蓬山之支曰香山，俗名望鄉山。其相近者又有石靈、松林、烏林諸小山。

江水，州南二百里。志云：自監利縣白螺山南，又經烏林南，過茅埠口，又東過竹林灣，又東過新灘、水洪二口，又東北接漢陽府之沌口，皆府境也。舊有長官堤，起監利縣境，東接漢陽，長百數十里，明漸圮。嘉靖初復築濱江堤，西南起龍淵，東止玉沙，萬有餘丈。數年復決西流窩一帶直抵玉沙，嗣後屢築屢決，而東南爲水區矣。

漢水，州西北百里。自潛江縣流入州境，縱横散溢，往往爲害。志云：漢水自鍾祥東播爲蘆洑河，入潛江東南至上新口，逕鮎魚套諸處達城西三里之三江口，所謂城西一里有襄河也。又自上新播于下新口，流至柳口復東播于蔞蒿汀，至直步，夏水從西來注之，逕螺子濆，又逕渣潭，東北趣大陽入于襄河。又自渣潭東南逕小陽過張家池、壩港入陽明湖，俱會于白湖，出沌口入江。漢水又自蘆洑播于排沙，逕刬河、范泒關、栗林、麻港、南灣諸處，至黄荆口入下帳湖，東匯于白湖。又自范泒南播于劉家渡入三江口。又自栗林口播于蔣家灣，逕蓮臺趣大湖口合黄荆水流入江。今漢江支港在州東北六十里者亦曰中、下襄河，嘉靖初瀕漢爲堤，〔六〕自大、小朱家岡至滄浪南池幾萬餘丈。九年漢水自拖船埠西決入州境，湖水皆溢，西北一帶皆爲巨浸，後屢塞屢圮，未爲樂土也。水利考：「州境向以富饒稱，地介江、漢間，多湖渠，民便漁鮮；又因湖渚環堤爲垸，易于耕佃也。明成化以來上流堤防漸潰，漢水不時漲溢，城市崩壞，陷溺甚衆。正德以後，潛、沔湖渚又漸淤爲平陸，下流既壅，水無所容，安得無決圮之患。故曰江溢則沒東南，漢溢則沒西北，江、漢并溢則茫然大壑矣。豈隄防所能禦哉？」餘見大川及川瀆異同。

長夏河，州南四十里。志云：襄水爲漢之潛，而長夏河即夏水，江之沱也。自監利縣流入境，東爲大馬長川過沙口，又東北過柴林河，至直埠與漢水合。禹貢大傳：「夏水首出于江，尾入沔，亦謂之沱。鄭玄、劉澄之皆以爲滄浪水也。」水經注：「夏水東至雲杜入沔，其處謂之睹口。」廣記亦云夏水入沔之口爲睹口。今睹口在陽明、太白諸湖間，蓋爲水所堙也。亦曰堵口，亦曰渚口。晉元帝永昌元年王敦反，逼建康，甘卓自襄陽將襲武昌，軍于渚口，即此。夏水合沔入江，故沔口又名夏口也。又周地圖記：「夏水合諸水同入漢，自漢入渚名七里沔，州名取此。」勝覽云：「七里沔在復州，江、漢、夏三水所會處，故沔陽城亦曰七里城。」州志：七里沔在州東一里。又云：夏水泛則合諸水于州之東北度口，下流六十里，地名滄浪，古有滄浪驛，漢水自襄河而入，江水、夏水自西南而入，並匯于此，或以爲七里沔也。一説竟陵南三十里湖東有七里汎，即七里沔。○漕河，在州西南一里，江水、潛水所入也。志云：漕河自州西三里之三江口，東流合滄浪水，過侯埠闞入于白湖。又州治北有汊河，流入漢陽府界。又有白沙水，志云：在州東北一里。水經注：「江水過下雋東得白沙口。」程纘以爲即是水也。今堙。

太白湖，州東北二百里，接漢陽府界。一名九真湖，一名土湖。潛水自西北來注之，沱自南來注之，其上游西湖、李老、泗港、沙湖及直步、黄蓬、陽明諸水悉匯焉，周二百餘里，爲沔境之巨浸，達沌口入江。水經注：「沌水通沔陽太白湖。」是也。水利考：「環沔皆湖也，大者凡數百里，小者亦不啻數十里，長波巨浸，誠浩渺之區矣。然其北多屬竟陵，而李老爲大；其西多屬監利，而西湖爲大；其南則黄蓬爲大；其東則太白爲大。諸湖皆透迤入太白湖，故沔衆水之匯也，太白又沔水之匯也。沔之水潴于太白，洩于沌口，地勢使然也。不然，沔其魚矣乎？

白鷺湖，州東十五里。其東相接者曰鼉湖。又官港湖，在州南四十里。又南十里曰賽港湖，又南五十里曰白螺湖。○千金湖，在州南二百里，其相接者曰烏流湖，曰黄蓬湖。志云：黄蓬湖納茅埠口、許家池及白螺、蓮子潭諸水達新灘而入于白湖，江溢則逆洄入漢。

三陽湖，州西三里。東曰朝陽，南曰南陽，北曰水陽，故曰三陽。又州北有復池湖，周武帝置復州以湖名也。又白石湖，在州西八十里。湖中築長堤爲驛道，亘十里。○直步湖，在州東南四十里。其湖受柳口、大馬河及螺子瀆、渣潭、李二河等水入陽明湖。〔七〕志云：螺子瀆在州東七十里，李二河在州東南百五十里。又西湖在州東南百里，西港河在州東南百五十里，下五湖在州東南二百八十里。

沙湖，州東百二十里，與太白湖相連。今有沙湖驛。又司馬小陽湖，在州東九十里；陽明湖在州東百七十里；皆流接太白湖。○馬骨泛，在州北八十里，夏秋泛漲，淼漫若海，春冬涸爲平田。一統志云：「馬骨湖在州東南百六十里。」似悮。志云：州之四境湖池泛港之屬凡四十有四，而太白湖最著，今皆有河泊所司之。

許家池，州東南百五十里；又張家池，在州東南百四十里；楊孟池，在州東北百二十里；皆江、漢支流所匯，聯絡灌注，以入于白湖，亦皆掌于河泊所。○剅河口，在州西北六十里。剅與穴同，蓋水流分洩處。亦曰剅河新掘口，漢水别流所經也。有河泊所，并置剅河驛于此。又拖船渡，在州西九十里漢江濱。劉家渡，在州北二十里。

范漑關，州西北四十里。志云：沔陽之關四：一曰荆江口關，在城西；一曰襄江口關，在城西一里；一曰侯埠關，在州東六十里，與范漑關爲四也。今有侯埠驛，置于侯埠關側。

沙鎮，在州東百五十里沙湖口。有沙湖驛，并置巡司于此。志云：沙鎮之東有邵洲腦，其地連接太白諸湖，支浦環聚，劫寇潛匿，萬曆中增設官兵戍守。又茅鎮，在州南百二十里茅埠口，亦設巡司于此。志云：州東百六十里地名尖刀嘴，北接漢川縣界，有雞公洲，嘉靖中大盗哨聚于此，因增置官兵戍守。

漢津驛。州城東北一里。驛前有江北渡，東接漢陽，西接潛江、景陵，爲一州之津要。志云：州有深江、剅河兩驛，今俱革。

景陵縣，州北二百十里。北至京山縣百里，東至漢陽府漢川縣百五十里。楚竟陵邑，漢置縣，屬江夏郡，後漢因之。又光武封劉隆爲侯邑。晉亦曰竟陵縣，〔八〕仍屬江夏郡。晉末分置霄城縣，屬竟陵郡，宋、齊因之，梁范雲封爲霄城侯是也。〔九〕西魏廢竟陵入霄城，爲竟陵郡治。後周改縣曰竟陵。隋初嘗爲復州治。唐時復州治此，五代晉改縣曰景陵。宋亦爲復州治，端平中還隸復州。〔一〇〕元屬沔陽府。今城周三里有奇。編户二十五里。

竟陵故城，在縣西南，即楚故邑。史記越世家：「竟陵澤，楚之材也。」孔氏曰：「楚有七澤，竟陵其一。」秦白起攻楚拔郢，東至竟陵。漢置縣于此，晉、宋因之，惠帝以後屬竟陵郡。齊爲竟陵郡治。齊永元二年蕭衍起兵襄陽，前至竟陵，命張法安守之。梁太清中湘東王繹以王僧辯爲竟陵太守，既而與雍州刺史岳陽王詧爲敵，使司州刺史柳仲禮鎮竟陵以圖詧。詧大懼，遂請于西魏以覆江陵。西魏移郡于霄城，縣廢。括地志曰：「竟陵故城在長壽縣南百五十里。」孫宗鑑曰：「自蔡州南至信陽軍始有山路，迤邐至安陸可兩驛。至復州皆平地，南至大江並無丘陵之阻。渡江至石首，始有淺山。謂之竟陵者，陵至此而竟。謂之石首者，石自此而首也。」漢志：「竟陵縣東北有章山，古文以爲内方。」蓋以爲即荆門之内方也。

雲杜城，在縣東南。漢縣，屬江夏郡。王莽地皇二年緑林將王匡等敗莽兵于雲杜，遂攻拔竟陵。後漢亦屬江夏郡，東晉以後屬竟陵郡，後周廢。水經注：「沔水自竟陵，又東南經雲杜縣東，夏水注之。」寰宇記：「蕭梁置沔陽郡，蓋治雲杜縣。」又鄖城，杜預曰：「在雲杜東南。」漢志：「鄖公邑在竟陵。」是也。今見安陸縣。○京山城，在縣北。齊、梁置京山縣，後齊置建安郡治焉。西魏改郡曰光川，後周郡廢。隋大業初廢京山縣入竟陵，因改角陵爲京山縣。又雲夢城，志云：在縣西，即古雲夢澤地。又縣東六十里有笑城，相傳宋將畢再遇與金兵對壘，夜遁，惟繫羊擊鼓，金兵既覺欲追之，知已無及，一笑而已，因名。通志：「縣東九十里有直陽市城，〔二〕相傳爲舊縣治。」

五華山，縣東七十里。山嶺連屬，北接鍾祥縣界。上有古風城，相傳伏羲之後封於此。又巾戍山，在縣北七十里。水經注：「晉時于此置巾水戍。」又有龍穴山，在縣東北五十里。山旁有龍穴陂，一名龍尾山。○天門山，在縣西六十里。亦名火門山，相傳光武行兵舉火夜度處也。俗忌火，故曰天門。蓋即京山縣之天門山，好事者爲之説也。又青山，在縣西北六十里青山湖北岸，亦與京山縣接境。志云：湖在今縣西二十五里。又諸葛嶺，在縣西二十里，俗傳孔明屯兵處。

沔水，在縣南百里。自潛江縣流入境，與沔陽州接界。梁太清二年侯景據臺城，荆州刺史湘東王繹遣兵入援，又遣竟陵太守王僧辯將舟師出自漢川，載糧東下是也。志云：縣南今有西江水，乃襄江之一派。水利考：「漢水入境，經諸陂澤至縣東分流，一由黑流渡經張池、竹筒二河分入漢川劉家隔者爲正流，一由小河口經漁新河、巾臺河、牛角灣出漢川縣風門合竹筒河者爲支流，二流會合，經溳口、蔡店並出漢口，此故道也。嘉靖二十五年已後湖澤大半淤平，而竹筒河、牛角灣二處又復中堙，于是縣多水患，大抵由青山經林里澤、急走灣、上下洲湖直衝縣治，抵揚林垸、灌海堰，則邑皆爲壑矣。又有塔兒灣，决口雖在潛江，而竟陵寔當其患，皆可慮也。」

回河，縣東北七十五里。自府北池河分流經此，又東南入于沔水。○便河，在縣南三十里。元時郡守白景諒以自縣至郡水道迂遠，乃開此河，民以爲便。時掘土得石，有文曰白公溝，亦名白河。又義河，在縣東一里。志云：縣有城南河，經城南入漢，下流爲義水，漢水泛溢時有衝嚙之害。

揚水，在縣西南。舊自荆州府監利縣流入境。水經注：「揚水東入華容縣，又東北逕竟陵故城西，又北注于沔，謂之揚口，亦謂之中夏口。」先主當陽之敗，張飛按矛于長坂，先主以數十騎斜趣漢津，遂渡夏口是矣。晉書杜預傳：「舊水道惟沔、漢達江陵千數百里，北無通路，預乃開揚口，起夏水達巴陵千餘里，内瀉長江之險，外通零、桂之漕。」建興四年王廙將赴荆州，留長史劉浚鎮揚口壘，爲賊杜曹所破。隆安二年，荆州刺史殷仲堪賊殺故雍州刺史郗恢于揚口。齊永元二年蕭衍起兵襄陽，攻郢城，次于揚口是也。今亦爲揚林口。或曰岳州府北有揚林浦，亦揚水通江之故道。○巾水，在縣北。志云：縣東一里之義河即巾水所經也。水經注：「巾水出竟陵縣東百九十里，西經巾城下，又西經竟陵縣北，又西注揚水，謂之巾口是也。」又巾水舊經揚林口亦曰揚水，自今便河復入於漢江。

三澨水，縣南三十里。出京山縣西七十里之磨石山，流入縣界東注于蒿臺湖。或以爲即禹貢之三澨也。亦名三汊口。志云：縣河西自南河口入，南自黑流渡入，北自石家湖入，故名汊，讀曰差。一曰三參水，參去聲。縣志云：縣有白雲三汊水在縣東南九十里。有河泊所，東南去州一百里。

東湖，在縣東。地脈迤邐爲洲坻，盤旋于湖中凡數層。又西湖，在縣西里許。中有汀。又南湖，在縣南十里。○上帳湖，在縣南七十里。志云：東南去州百八十里，有河泊所。又下帳湖，在縣南百七十里。又蒿臺湖，在縣東七十里。水利考：「縣境有四汊、蒿臺等湖，即禹貢三澨故地也，最爲低窪。嘉靖中四汊等湖淤淺，下流復壅，沉溺不免矣。」

澐馬潭，縣西三十五里，鍾水之區也；又有葫蘆三灣，在縣西南五十里；皆掌于河泊所。輿程記：「縣西南六十里爲漁泛洪澤口，又四十里爲湖口，即監利以北諸湖澤也。渡湖三十里，登陸五十里而至荆州府。」

甘魚陂，在縣西北。左傳昭十三年：「楚公子比次于魚陂。」戰國策：冷向曰：「楚南有符離之塞，北有甘魚之口。」杜預曰：「竟陵城西北有甘魚陂。」王氏曰：「戰國多用水攻，故楚守甘魚之口。」符離，見南直宿州。○横桑口，在縣東南。東晉初荆州將吏鄭攀等作亂，拒刺史王廙，衆心不一，散還横桑口。水經：「沔水受夏水，東南逕雲杜縣，又東逕左桑，昔周昭王南征不復處。」庾仲雍謂本是佐喪也。又東謂之横桑，言得昭王喪處。

石渠堰，在縣西北三里。其流自五華山下通巾水，唐咸通中刺史鄧元素開。又縣東北有永豐堤，堤長四里。又有周公堤，自縣東至縣南，横長三十里，弘治中縣令周端因舊堤增築，因名。又有便堤，在縣南車箱渡，護七十餘垸之田。

乾鎮，縣東八十里。潛、沔之間大半匯爲湖渚，復合流至乾鎮，分爲二流，一由張家池口出漢川縣，一由竹筒河出劉家隔，往來之要道也。今爲乾鎮驛，會典作「乾灘驛」，并置巡司于此。○皂角市，在縣東北七十里。有皂角渡。地據高阜，當三府四縣之交，居民錯雜，商賈輻聚，防禦最切。其相近者曰魚泛浲，亦戍守處也。又縣東二十里有板港渡，縣西青山湖口有鼓角渡，縣西九十里有黑流渡，縣南三十里有車箱渡，皆水陸津要也。又有柳家渡，在縣東北四十里。弘治十二年改建柳家橋，公私便利。

八十塚。縣東北七十里。有疑塚凡八十，地名長河，接德安府應城縣界。

附見

沔陽衛。在州治東北。洪武六年置，嘉靖十八年改屬興都留守司。今亦設沔陽衛。

德安府，東至黄州府三百里，南至漢陽府三百二十里，西至承天府三百二十九里，西南至承天府沔陽州三百四十里，西北至襄陽府四百九十里，北至河南信陽州二百五十一里，東北至河南光州四百三十里，自府治至布政司三百二十里，至京師五千六百一十里。

禹貢荆州之域，春秋時邧子國，邧一作「鄖」，又作「涢」，俱讀曰云。後屬楚。秦屬南郡，漢屬江夏郡，後漢因之。晉亦屬江夏郡。宋置安陸郡，沈約志：「孝建初立。」齊因之。梁置南司州，西魏改置安州。後周末改鄖州，而安陸郡如故。隋初廢郡，煬帝改鄖州爲安陸郡。唐武德四年復曰安州，初置總管府，尋爲大都督府。天寶初曰安陸郡，乾元初復曰安州。貞元中置安黄節度觀察使，治安州。五代梁置宣威軍，後唐改安遠軍，晉復爲州，後漢仍爲安遠軍，周顯德初復爲州。宋仍曰安州，亦曰安陸郡、安遠軍。熙寧初升爲德安府。以舊爲潛邸也。元因之。志云：宋端平初徙治漢陽，〔一三〕元復舊治。明吳元年改德安州，洪武九年隸黄州府，十三年復爲德安府。領州一，縣五。今仍舊。

府北控三關，謂信陽三關。南通江、漢，居襄、樊之左腋，爲黄、鄂之上游，水陸流通，山川環峙，春秋時楚人用此以得志于中原者也。三國時爲吳、魏争逐之地。吳嘉禾三年陸遜自襄陽引退，潛遣别將擊江夏新市、安陸、石陽，斬獲而還。時安陸已屬魏，吳人遂不能得志于襄陽。晉庾翼圖北伐，議移荆州鎮安陸。蓋顧瞻河、洛，指臂淮、汝，進可戰，退可守，安陸形勝，實爲利便矣。自是南北分疆，未嘗不以安陸爲棋劫之地。梁、陳不競，周、隋屢出師于安陸，而東南不能支也。唐之中葉，淮西多事，安、黄每爲形要。宋南渡以後，西北用兵，識者每欲于襄、鄧、安、隨爲北瞰京、洛之計。岳飛發鄂州道安州，進破金人于蔡州，而中原震動。陳亮謂：「安、隋諸處，鎮撫得人，可以出奇制變。」是也。胡氏曰：「欲固中流，必以重兵鎮安陸。」薛氏云：「安陸北接隨、唐，東黄，南鄂，西接荆、郢，呼吸可通。」明初兵下汝寧，捷指安陸，時全楚州郡悉爲賊鋒所麋爛，王師一至，無不欣欣顒望者，蓋不待摧枯之力，而有風靡之勢矣。此豈非古今之僅事哉？

安陸縣，附郭。漢縣，屬江夏郡。王莽地皇二年緑林帥王匡等拔竟陵，轉擊雲杜、安陸是也。後漢亦屬江夏郡，晉爲江夏郡治，劉宋以後爲安陸郡治，梁爲南司州治，自是州郡皆治此。明初省入德安州，尋復置。今編户七里。

鄖城，今府城。春秋時鄖子國也。楚滅鄖，封鬬辛爲鄖公，邑于此。定十年，吴入郢，楚子奔鄖。史記：「楚昭王十年吴入郢，昭王亡至雲夢，走鄖。」是也。水經：「鄖水經安陸城西，故鄖國也，蓋亦因溳水爲名矣。」晉太元八年苻堅大舉入寇，慕容垂進拔鄖城。義熙初桓振據江陵，爲劉毅等所敗，逃于鄖川，既又自鄖城襲江陵。鄖城在鄖川，故有二名也。梁武帝攻魯山，謂鄖城、竟陵之粟方舟而下，鄖城即安陸之别名矣。今郡城，明初因故址修築，嘉靖中增修，周六里有奇。

永陽城，在府北六十里。蕭齊置永陽縣，屬隨郡，梁因之。西魏改曰吉陽，屬安陸郡，隋初廢。又桓温城，在府東十八里紫石村，相傳温嘗屯兵于此。志云：縣西三十里有郝甑山，後周甑山縣在其下。恐悮。今見前漢川縣。

章山，府東四十里。左傳定四年：「蔡侯、吴子、唐侯伐楚，舍舟于淮汭，自豫章與楚夾漢。」圖經云：「豫章即章山也，一名障山。」晉太安二年華宏討義陽賊張昌于江夏，敗于障山，即此。一名立章山。或以爲即内方山，悮。○陪尾山，在府東北五十里，小丘也。或以爲禹貢之陪尾，悮。俗呼横山，一名横尾山，祝穆以爲鄖水所出。

石巖山，府西八十里。山有石巖聳立。晉太和二年時義陽蠻張昌作亂，聚衆于安陸石巖山，織竹爲鳳衣，以五彩聚肉其旁，以集百鳥，詐云鳳降，因僞建元神鳳，鎮南將軍劉弘討平之。水經注：「溳水過江夏安陸縣西，又南逕石巖山北。」是也。又壽山，在府西北六十里，北接應山縣界。○白兆山，在府西三十里。西去大洪山一百里，皆巒嶂聯絡，有巖洞泉澗之勝。其東相峙者曰石梁山，亦高聳，有石如梁。

蔽山，縣北四十里。山如屏嶂，遮蔽南北，其陰即應山縣界。又鐵城山，在縣北五里，以山石如鐵而名。○黄花谷，在府南。石晉天福五年安州帥李金全以州附南唐，南唐將李承裕據其城，晉將馬全節奉命討金全，與唐兵戰于城南，敗之。承裕南走，别將安審暉追敗承裕于黄花谷，又敗之于雲夢澤中，遂獲承裕而還。

溳水，在城西北。元和志：「安州，其城三重，西枕溳水。」溳水源出大洪山黑龍池，東南流過隨州界，又東經應山縣界合諸溪水東南流入境，又南流至此，遶城西隅，南經雲夢澤歷雲夢縣及應城縣境而入漢陽府界。其在城西者俗稱府河，亦名石潼。水經注：「溳水亦名清發水。」左傳定四年：「吴敗楚于柏、舉，從之及于清發。」是也。又晉太安二年鎮南將軍劉弘遣牙門將皮初與張昌戰于清水，〔三〕斬之，亦即溳水矣。又澴水，在府西北五十里。源出應山，會于溳水。

漳水，府西南五十里。亦出大洪山，經京山、應城縣界流入境，下流合溳水。沈括曰：「清濁相揉曰漳。」漳，文也。别有雲夢之漳，與溳水合流，色理如螮蝀，數十里方混，其處謂之漳口。陳大建十二年後周將元景山等敗陳將樊毅于漳口，毅退保甑山鎮是也。又有灌水，在府西南九十里。亦出大洪山，東流會于漳。一云其源出白兆山，達雲夢縣北二十里蒿子口入于溳水。

雲夢澤，府南五十里。禹貢曰：「雲土夢作乂。」周禮職方：「荆州藪曰雲夢。」爾雅：「十藪，楚有雲夢。」左傳昭二年：「楚王以鄭伯田江南之夢。又邔夫人棄子文于夢中。」定四年：「楚子避吴入于雲中。」戰國策：「莊辛謂楚襄王馳騁于雲夢之中。」史記：「秦始皇三十七年出遊，行至雲夢，望祀虞舜于九疑。又自雲夢浮江，下觀籍柯。漢六年，高祖僞遊雲夢。」河渠書：「西方則通渠漢水雲夢之野。」司馬相如曰：「楚有七澤，其小者名雲夢，方九百里。」後漢和帝永元十五年幸雲夢。桓帝延熹七年幸雲夢，臨漢水。祝穆曰：「左氏言夢則不言雲，言雲則不言夢，然則雲夢實二澤也。」漢陽志云「雲在江之北，夢在江之南，今巴陵、枝江、荆門、安陸之境皆云有雲夢，蓋雲夢本跨江南北，爲澤甚廣，而後世悉爲邑居聚落，故地之以雲夢名者非一處，而安陸之雲夢尤最著」云。石晉天福五年馬全節入安州，唐兵南遁，全節遣將安審暉追之，及于雲夢澤中，唐將張承業據雲夢橋距戰，晉兵乃還。一統志：「府南一里有雲夢橋，今澤已堙。」又府河湖，在府南八十里，有河泊所。

漴頭鎮，城西北二十里，亦曰潼頭，溳水之别名也。杜佑曰：「水所衝曰漴。」梁大寶初西魏將楊忠攻安陸，柳仲禮方進軍襄陽，馳歸救之，忠遣軍襲敗仲禮于漴頭，安陸、竟陵俱降于魏。今名石淙村。○大化鎮，在府北九十里，與應山縣接界。石晉天福五年安遠帥李金全叛附唐，唐將李承裕入安州，梁馬全節自應山進軍大化鎮，與唐兵戰于安州城南是也。又高竅鎮，在縣南三十里，向有巡司，今革。

三連戍。在府西。晉義熙十一年雍州刺史魯宗之以襄陽應司馬休之于江陵，裕遣檀道濟等將步騎出襄陽，江夏太守劉虔之將兵屯三連，立橋聚糧以待道濟，積日不至，宗之子竟陵太守魯軌襲擊虔之殺之，即此。又諸葛寨，在城東羅陂村，舊傳諸葛武侯所立。○胡亭，在府西北。晉咸康五年石勒將夔安陷沔南，進據胡亭，寇江夏，圍石城，即此。石城見承天府。

雲夢縣，府南四十六里，南至漢陽府漢川縣九十里，西南至應城縣四十里。漢安陸縣地，屬江夏郡，西魏大統十六年于雲夢古城置縣，因以爲名。隋屬鄖州，唐屬安州。宋因之，熙寧二年省入安陸，元祐初復置。紹興中移縣于許落市，尋還故治。今編户三里。

江夏城，縣北十四里。晉江夏郡初治安陸，後移夏口，此蓋晉故郡治也。杜佑曰：「漢江夏郡治在縣東南。」恐悮。○楚王城，在縣東。左傳定四年：「吴入郢，楚昭王奔鄖。」城因以名。

神山，縣東北四十里。雲覆其上則雨，故名。其相近者曰葛藤山。

涢水，縣西二里。自安陸縣流入境，一名西河，又南入漢川縣界。志云：縣南三十里有隔浦潭，涢水下流也。○雲夢澤，舊志：在縣治南六十步。今湮。

臺湖，縣南六十里。志云：水出縣東三汊口及後湖，會流至涢口入于漢。又紫雲湖，在縣南四十五里。楊林湖，在縣南五十里。○石羊湖，在縣東南三十里。又孟家湖，在縣東南十里。

興安鎮。縣東十五里。舊有巡司。又許落市，在縣北十四里，宋時縣嘗移此。縣西北又有於菟鄉，相傳即楚令尹子文所生處。

應城縣，府西南八十里。東南至漢陽府漢川縣百十里，西至承天府京山縣百里。漢安陸縣地，宋置應城縣，屬安陸郡，齊因之，西魏置城陽郡。隋初郡廢，縣屬鄖州，大業初改縣曰應陽，屬安陸郡。唐武德四年復曰應城縣，仍屬安州，元和二年省入雲夢。大和二年復置，天祐二年又改曰應陽。五代唐復舊，宋、元因之。明洪武十年并入雲夢，十三年復置。今編户九里。

蒲騷城，縣北三十里。左傳桓十一年「楚屈瑕將盟貳、軫，鄖人軍于蒲騷」，即此。志云：後魏嘗於此置浮城縣，隋廢。

崎山，縣西北二十五里。蜿蜒迤邐，來自京山縣界。又京山，在縣西北六十里。有温泉，東南流注于澴水。○高樓山，在縣東北二十里澴水濱，以峰巒層疊而名。

澴河，在縣東北三十里，與雲夢縣接界，縣境諸水多匯入焉。○楊家河，在縣北三十五里。上流自京山縣流入境，又東入安陸縣境，即漳水上源也。

西河，在縣西北三十里。一名環河，源亦出大洪山，經京山縣流入界，南流經城西，合諸溪水經縣南四十五里爲梅家港，又南五里爲八埠口，入漢川縣界會于漢水。志云：縣北三十里有省港水，自京山縣境流入，南流至縣南五里合菱河注于西河。又龍石河，在縣西十五里。一名毛家河，亦自京山縣流入縣西北境，南流至縣南四十里入龍骨湖。又石子河，在縣西南二十五里。一名李家河，亦自京山縣流入境，至縣西四十里合義河，又流經縣南三十五里合龍石河。

五龍港，縣西南四十里。源出京山縣界林泉山，流入境分爲二港，俱至于縣西南五十里之三臺湖。湖中有三土臺，故名也。下流入漢川縣界入漢水。又湯池港，在縣西南六十五里。源出玉女泉，入景陵縣界注漢水。志云：玉女泉在縣西南六十里。又縣東南三十里有東港，流經縣南四十里之清水河，亦入漢水。

崎山鎮。縣北二十五里，以在崎山下而名。今置巡司于此。又櫟林市，在縣南八里。又南二里有沙陂岡。志云：縣有沙湖驛，嘉靖中改城北馬驛。

孝感縣，府南百二十里。東至黄州府黄陂縣百里，南至漢陽府漢川縣百里。漢安陸縣地，劉宋置孝昌縣，以孝子董永名也，屬江夏郡。齊置南義陽郡，治孝昌，梁初以南義陽置司州，州尋徙安陸。西魏于縣置岳州及岳山郡，後周州郡俱廢，縣屬鄖州。隋大業初屬安陸郡。唐武德四年置澴州，〔一四〕七年州廢，縣屬安州。五代唐改縣曰孝感。宋仍屬安州。明洪武九年省入德安州，尋復置。今編户二十九里。

澴岳城，在縣東。志云：西魏置澴岳郡於此，隋初廢。唐武德四年置澴陽縣，屬澴州，州廢屬安州，貞觀初省入孝昌縣。或曰澴陽即西魏所置郡治云。寰宇記：「縣北百里又有義陽城。」隋志「梁置義陽郡，西魏改爲南司州，尋廢」，即此城云。

九峻山，縣東北八十五里。一名九宗。環阜疊嶂，林麓深杳，谿澗盤曲，擬於長安九峻。其東曰黄草山，險峻孤峭。志云：上有鎮陽城，壘石爲固，周圍數里，四面陡絶，一徑僅通，亦昔時守禦處。又有雙峰山，在縣東北九十里。兩峰挺峙，飛瀑懸流，登之可望江、漢之勝。○鳳凰山，在縣東四十里。相傳晉永和初鳳産九子於此，一名乳鳳岡，四面皆水。

大悟山，縣東北百三十里。高二百餘丈，廣六里，上有平疇可耕種。其下爲獅子巖，一名上界山。方輿記：「縣東北三十里有大伍、小伍山，以重山疊嶂，遥望若行伍而名。疑即大悟之訛矣。○三山，在縣西北百三十里。三峰聯峙，一名大洪山。又縣北二百二十里有五峰山，以五峰並峙而名。

黄茅嶺，在縣北二百五十里，爲縣境之險阻。其相近者又有白楊嶺。險要説：「孝感之黄茅嶺與應山之高貴山、隨州之栲栳山，皆與信陽三關形勢聯絡，上接襄、鄧，下連光、黄，圖經所謂『天下之中絡，楚北之要害』也。」

澴河，縣北五十里。自河南信陽州界流經應山縣北境雞頭山爲天磨河，入縣境，經縣北二百五十里之新店匯清風澗水爲雙河口，又南經縣北二百里之太公潭，至縣北百六十里爲小河溪，至百二十里有黄沙水流合焉，爲兩河口，又南爲晏家河，經縣北九十里之澴河鎮，至縣北五十里分流環注，縣境諸小水皆流合焉。其下流一自縣西南白龍潭入漢；一自八埠口會雲夢縣河之水，至縣西南注泉湖入漢；一合東山淪河，經線河至涢口入漢；一會縣東南三十里之馬溪河及澴川、陡山河、蒲湖水，至黄陂縣之沙口入于江。

淪河，在縣南四十里，涢水支流也。經雲夢縣八埠口又東匯爲淪河湖，經漢陽、黄陂之境，下流入于大江。志云：東山淪河湖在縣東南四十里，有河泊所。○西河，在縣東十里。自縣北小河溪一帶匯流至此爲龍宫潭，下流入于漢水，即澴水支流矣。又澴川，在縣東北七十里，下流入于澴水。

後湖，在縣西北隅，溉田甚溥。又注泉湖，在縣西南三十里，有河泊所。志云：縣西十里有七里湖，有朱思湖。縣西北三十五里又有白水湖。○董家湖在縣東五里，又東爲天門陂，皆以董永名也。又白陂湖，亦在縣東。縣東南二十里又有羊馬湖。又磨陂泉，在縣東北三十里。其泉湧出，灌田千頃，皆流匯于澴河。

九里關。縣東北三百里，接河南信陽州界。志以爲一名黄峴關，即古之直轅也。通志悮以爲古大隧關。又小河溪鎮，在縣北百二十里，地險僻。志云：即王莽時王常起兵處，北出新店即應山及信陽界也。嘉靖初鞠爲盗區，因設官兵戍守於此，有巡司。又馬溪河鎮，在縣東四十里，亦有巡司。又白雲寨，在縣東北百八十里白雲山上。

附見

德安守禦千户所。在府治東。洪武初建，舊屬行都司，嘉靖中改屬興都留守司。今亦置德安所。

隨州，府西北百八十里。西南至承天府四百六十里，西至襄陽府三百五十里，北至河南唐縣四百里，東北至河南信陽州二百四十四里。

禹貢荆、豫二州境，春秋隨侯國，後屬楚。秦屬南陽郡，兩漢因之。三國魏屬義陽郡，晉初因之，太康中分置隨國。劉宋泰始五年改爲隨陽郡，尋曰隨郡，沈約志：「晉置隨國，初屬荆州，宋孝建元年屬郢州，永光元年度屬雍州，泰始五年還屬郢州，元徽五年度屬司州，自此改隨陽爲隨郡。」齊、梁因之。西魏置并州于此，尋改曰隨州，而隨郡如故。隋初郡廢，大業初改置漢東郡。唐武德三年復爲隋州，天寶初亦曰漢東郡，乾元初復舊。宋仍曰隨州。亦曰漢東郡。又乾德五年升州爲崇義軍，太平興國初諱義，改曰崇信軍。元因之，屬德安府。明洪武初以州治隨縣省入，又改州爲縣，十三年復置隨州。編户十八里。領縣一。今因之。

州北接黽阨，東蔽漢、沔，介襄、郢、申、安之間，實爲重地。左傳曰：「漢東之國隨爲大。」自楚武王經略中原，先服隨、唐，而漢陽諸姬盡滅之矣。蓋楚服隨、唐而蔡、鄭始懼焉。自是南北多故，往往置戍守于此。説者謂出義陽可以兼潁、汝，出南陽可以規伊、洛，而義陽南陽之鎖鑰，隨實司之。又其地山谿四周，關隘旁列，幾于鳥道羊腸之險，洵用武者所必資也。宋失中原，長淮以外即爲敵境，議戰議守，未嘗不切切於隨州。馬氏貴與曰：「隨州因山爲郡，巖石隘狹，道路交錯，自棗陽至厲山九十九岡，有括囊之勢，易入而難出」云。

廢隨縣，今州治。秦置隨縣，屬南陽郡，漢因之。王莽地皇三年新市將王匡等攻隨，平林人陳牧等聚衆應之是也。更始初封胡陰爲隨王，國于此。後漢仍屬南陽郡。晉屬義陽郡，尋爲隨國治。劉宋改縣曰隨陽，尋復曰隨縣，自是州郡皆治此。隋、唐因之。宋紹興以後徙治無常，元至元十三年即黄仙洞爲州縣治，明初廢縣入州。城邑考：「隨故城在今州南，元徙今治。今州城明初所築，周三里有奇，弘治十三年增修，尋又築堤甃濠，環城爲固。嘉靖三十七年又于郭外作磚城，以防水災，且禦盜賊，高丈餘，周十里。」

唐城，州西北八十五里。春秋時唐侯國，後爲楚昭王所滅，其地屬楚。秦爲隨縣地，漢爲上唐鄉，屬春陵縣。王莽地皇三年下江兵王常等破荆州兵于此。晉置瀙西縣，屬義陽郡，宋、齊因之。梁置下溠戍于此，後魏正光中侵梁，破下溠戍，亦置瀙西縣，并置義陽郡治焉。尋復入梁。太清末湘東王繹與岳陽王詧相攻，西魏將楊忠自穰城救詧于襄陽，至義陽，太守馬伯符以下溠城降，即㶏西也。西魏因改㶏西爲下溠縣，并置司州于此，尋改州曰唐州。後周又以均、款、鄖、歸四州省入，仍曰唐州，而義陽郡如故。隋開皇初郡廢，十六年改下溠縣曰唐城，屬隨州，大業末廢。唐開元二十六年分棗陽縣地復置唐城縣，屬隨州。宋因之，元廢。今爲唐城鎮。

平林城，州東北八十里。漢隨縣地。王莽地皇三年關東人陳牧、廖堪起兵，號平林兵。水經注：「章水南經隨郡平林故城西，俗謂之將陂城。」晉置平林縣，屬義陽郡，後廢。宋末改置西平林縣，屬隨郡，齊屬東新安郡。梁置上明郡，隋初郡廢，縣屬隨州。唐武德八年縣廢。

土山城，在州東北五十里。梁紀：「中大同二年遣土州刺史桓和會軍趨懸瓠。」隋志云：「梁置龍巢縣，土州治焉，領東西二永寧及真陽三郡。後周廢三郡爲齊郡，改龍巢曰左陽。隋開皇初郡廢，縣屬隨州，十八年改縣曰真陽，大業初改爲土山縣。」唐初省入隨縣。又土山東有石武廢縣，亦梁置，屬真陽郡，後周屬齊郡，隋屬隨州，開皇十八年改爲宜城縣，大業初廢入土山縣。其東南又有阜陵廢縣，亦梁置，後周改爲漳川縣，隋屬隨州，大業初亦廢入土山。○㶏西廢縣，在州東二十里。宋析隨縣地置㶏西縣，屬隋郡，齊因之。梁置曲陵郡，西魏改㶏西爲下溠，因移置㶏西縣兼置㶏西郡于此。隋初郡俱廢，大業初并廢㶏西縣入隨縣。

順義城，州北八十里。蕭齊置北隨安左郡，梁改北隨郡，西魏改爲南陽郡，又析置淮南郡，領厲城、順義二縣，兼置翼州，尋改爲順州。隋初郡並廢，大業初州廢，改厲城縣爲順義縣，以舊順義縣并入焉，屬漢東郡。唐廢。又安化廢縣，在順義縣西北。西魏置，屬淮南郡。隋開皇初屬順州，十八年改爲寧化縣，大業初亦廢入順義縣。○安貴廢縣，在州西三十里。梁置定陽縣及北郢州于此，西魏改縣曰安貴，又改州爲款州，尋廢州爲溳水郡，别置戟城郡及戟城縣。郡復廢，改戟城縣曰横山。隋開皇初并廢溳水郡，縣屬隨州。大業初又以横山縣并入安貴縣，唐廢。今爲安貴鎮。又有洛平廢縣，在州東北百五十里。西魏置，隋開皇十八年改曰上明縣，大業末廢。隋志上明縣有鸊鵜山，在州東北百五十里。

光化城，在州東南三十里，本楚子城也。左傳桓八年「楚子伐隨，軍于漢、淮之間」，蓋築城于此以逼隨也。蕭齊置安化縣，西魏改新化縣，後周改光化縣。隋因之，屬隨州。唐光化縣亦治此。宋熙寧中始改置光化縣于襄陽，而隨州之光化縣遂廢。今爲光化鎮。○平昌城，在州西。齊建元二年魏人入寇，司州蠻引魏兵寇平昌，平昌戍主苟元賓擊破之是也。又清騰廢縣，在州西南。梁置梁安縣，又置崇義郡治焉。後周廢郡，尋改置遂安郡。隋開皇初郡廢，七年改縣曰清騰，屬郢州，大業末縣廢。近志云：州境有崇業郡城，當即崇義矣。又云：州北百二十里有魯王城。不知所據。

大洪山，州西百二十里。山高險，四面陡絶，上有田疇，中襟大湖，一名大湖山。湖旁有龍鬬崖及泉石諸勝。水經注：「大洪山在隨郡西南、竟陵東北，盤基所跨，廣圓一百餘里，溳水出于其陰，亦謂之溳山。」劉宋元嘉二十一年諸蠻作亂，溳水之蠻最强，沈慶之討平之。宋靖康間避寇者嘗依此山立寨栅自保，賊竟不能破。又端平二年蒙古攻洪山，宋將張順等擊破之。今亦見承天府京山縣，蓋境相接也。又州志：溳山在州西南七十里，以溳水經其下而名。

厲山，州北四十里。相傳神農起于此。神農號厲山氏，故以名山。山下有厲鄉，即春秋時厲國也。左傳僖十五年「楚人伐齊，齊師、曹師伐厲以救之」，即此。唐興元初江西節度曹王皐遣將伊慎等圍安州，李希烈遣其甥劉戒虛等赴救，皐別將李伯潛逆擊之于應山，擒之，又擊走希烈將康叔夜于厲鄉是也。荆州記：「山有二穴，神農所生，謂之神農洞。」其支山曰仙人山，旁有雞頭垛，又有棋盤山、塔兒山之屬環列山旁。九域志：「自棗陽至厲鄉道路交錯，號九十九岡。」今岡在州西北百八十里。寰宇記：「厲鄉西有塹兩重，塹中有神農宅，宅中有九井。」舊志：厲山在州西北百八十里。○大義山，在州北百五十里。周百里。相傳魏、晉置義陽郡，以山名也。其北五十里又有太平山，山最峻，爲東北諸山之宗。或以爲胎簪山，即淮水所出，北流至桐栢云。

青林山，州東南七十里。茂林遠望，蔚然而青，亦名青山。元末徐壽輝倡亂于蘄水，隨州人明玉珍集鄉兵屯于青山，結栅自固，既而降于壽輝。今山北有古寨。○隨州城山，在州南七里。山勢横亘如城郭然，州因以名。山南有三阜，形如瓜，一名三瓜山。州西南又有獨宗山，山高峻，爲湞川衆山之宗。又大猿山，在州西南四十里，亦名大狐山，志以爲即張衡南都賦所云「天封、大狐」者。又十九里山，在州南百二十里。山有寨，本名石臼山，以長亘十九里而名。

三鍾山，州東北五十里。山有三堆，狀若覆鍾，俗名團山。王莽地皇三年嚴尤、陳茂破下江兵，王常等收散卒入蔞溪，略鍾、龍間，衆復振，破莽荆州兵于上唐。鍾，即三鍾山；龍，石龍山也。盛弘之曰：「永陽北有石龍山。」今在應山縣。蔞溪或曰亦在州北，今堙。○梼桄山，在州西北二百里。水經注謂之黄山，州境之大山也，跨河南唐縣界。其相接者曰嶡山，一名晃山。又蓬甑山，亦在州北，正德中官軍敗賊趙風子于此。或曰山在州東。

溳水，在州西。水經注：「溳水出大洪山，東北流，折而東南，經隨縣西，又經隨縣南而東南注，下流入安陸縣界。」是也。又有均水，在州西四十里，出大洪山，至州東南四十里入溳水。後周有均州，蓋以水名。

溠水，在州西三十里。周禮職方：「豫州，其浸波、溠。」左傳莊四年：「楚人除道梁溠，營軍臨隨。」水經注：「溠水出隨縣西北黄山，南經㵐西縣西，〔一五〕又東南㵐水入焉；㵐水出桐柏之陽，東南經㵐西縣，又東南流入于溠；溠水又東南入于溳水。」李吉甫曰：「溠水在隨城西四十里。」今溠水出栲栳山，東南流至州北百十里，有魯城河流合焉，南流至唐城鎮，又東南流至安貴鎮入溳。○㵐水，志云：出太平山，南流至唐城鎮東，故㵐西縣因以名，流經州西名扶恭河，一名浮纓河，又東南至州西北三里爲兩河口，入于溳。

浪水，州南四十里。出大猿山，東流至廢光化縣入溳水。又石魚河，在州城南五十里，亦出大洪山。○聖水河，在州西八十三里；武水，在州西南六十里；皆環遶州境，合于溳水。

五水關，州東北百八十三里，在五水山下。亦作「仵水關」。○出山店，在州西北百八十里。又州西北九十里有梅丘鎮，又西北有合河店，與唐縣鎮俱有巡司戍守。志云：州北二百餘里有李家壩，接壤河南，每爲寇盜出没之所。隆慶中增設官兵于此，與出山店等處相爲應援。萬曆初議者以出山、小林、界牌三處俱離州二百餘里，當河南桐栢、信陽等州縣連界之衝，爲流寇必由之地，先年議委官兵戍守，而權輕力弱，請添設州佐于界牌鎮，庶幾可專事防捍，因移李家壩戍守于界牌鎮，其地南去州二百二十里。

鐵嶺寨，州西八十里。又州西北二十里有青林寨。北八十里有天王險寨，正德中劉丙擒賊於此。○麻張新寨，在州東北。明初鄧愈克隨州，討平麻張新寨及信陽珍瓏寨、光州石腦山寨，蓋其地皆相接也。

溳陰戍。在州西南百里。晉時置戍于此，咸康五年庾亮議遣諸軍羅布江、溳以爲伐趙之規。既而石虎將夔安等南寇，敗晉軍于溳陰，陷溳南，蓋其地皆近溳水因名也。胡氏曰：「溳陰在溳水南。」或曰非也，在溳水東耳。○汪家店，在州西北栲栳山下。其相近者又有道人林諸處，皆有徑道可達河南唐縣，爲寇賊突犯之所。

應山縣，州東百三十里。南至府城百八十里，北至河南信陽州二百有五里。漢爲隨縣地，梁置永陽縣及應州，隋大業初廢州，改爲應山縣，屬安陸郡。唐武德四年復置應州，七年州廢，縣屬安州。宋初因之，嘉定中改屬隨州。元因之。洪武九年省入隨縣，十三年復置，屬隨州。今編户十里。

吉陽城，縣東南九十里。蕭梁置平陽縣，僑置汝南郡治焉。西魏改郡爲董城，改縣曰京池。後周武成初置澴州治此，尋州郡俱廢，縣屬鄖州。隋大業初改縣曰吉陽，屬安陸郡。唐仍屬安州，宋開寶中省入應山縣。○平靖城，在縣北五十里。西魏置平靖縣，又置平靖郡，隋開皇初郡廢，縣屬應州，大業初廢入應山縣。志云：縣東七里有雲公城。又縣東百里大城山下有古城，亦曰大城，建置未詳。

宋安城，在縣東北。劉宋分義陽郡立東隨左郡，大明八年省爲宋安縣。齊亦置宋安左郡，屬司州。後魏南司州有宋安郡，治樂寧縣，武陽關在其境，兼領東隨縣。隨開皇九年改東隨曰禮山，尋以樂寧縣省入，仍屬義陽郡。唐武德四年析應山縣置禮山縣，屬應州，八年廢州，以禮山縣仍併入應山。

應臺山，在縣治東南。亦曰應山，縣因以名。其形方平，一名印臺。又石龍山，在縣北三十里，蜿蜒如龍。又北十里曰興安山，有古寨，一名兜鍪山，旁接百鴈山。又高貴山，在縣北六十里。一名大龜山，西接平靖關。志云：山與隨州之栲栳山、孝感之黄茅嶺險峻相埒，爲郡境之要害。

吉山，縣東南五十里。有南吉、北吉二山，亦名吉陽山，古吉陽縣蓋在其南。又孔山，在縣東三十里。上有風洞，一名洞山。下有孔山坡，正德中賊趙燧走死于此。又東三十里曰覆手山，一峰五澗，狀如覆手。○禮山，在縣東八十里，梁禮山縣蓋置于山下。又東二十里爲大城山。

四望山，縣西北百里。山高聳，登望則四遠皆見，因名。唐建中二年山南東道梁崇義拒命，發兵攻江陵，至四望山大敗而還，即此。又縣西北四十里有鐵城山，四望如鐵。山北有寨。○花山，在縣北百里，與信陽州接界。其北二十里曰仰天窪，四高中坦，中有平田二百畝。又縣東北七十五里有龍爬山，其相接者爲牛心山，上皆有寨。又縣東北八十里有松子山，地名新店，與孝感縣接界，亦戍守處也。

壽山，縣西南五十里。山之南接安陸縣界。又蔽山，在縣南五十五里，亦與安陸縣接界。志云：縣西六十里有將軍山，在馬坪港北。又西南有峰子山，上有古寨，溳水經其下合涓水。○塔兒岡，在縣北三里。又有望城岡，在縣東五里。嘉靖中縣令王朝璲議云：「城外四山環繞，塔兒岡、楊通岡、應臺山等處尤高平近縣，登之可窺城中虛實。」是也。

白泉河，在縣東三十里。自孔山懸流而下，流入于澴水。又汶水在縣城西北，源出高貴山，南流經此，又遶城南而東；縣東三里又有東河，一名方家河，流合焉，又東南合于白泉河。○漢東河，在縣西四十里；又有大洪河，在縣西南三十里；縣西南六十里有馬坪港；其上流皆匯諸山谿之水，下流合爲澴水，入安陸縣界注于溳水。志云：縣有竹港水，出壽山下，經縣西南七十里倉頭渡合溳水，入安陸縣界。

天井澗，縣東二十里。深一丈，廣八尺，兩山夾峙，泉流其中，冬夏不涸，流合汶水。澗北舊有平康寨，宋人避兵于此，賊不敢侵犯。

平靖關，縣北六十里，即古黽阨也，西北去信陽州九十里。又百鴈關，在縣北九十里，即古直轅也，亦曰黄峴關，亦曰九里關，北去信陽州九十里。又武陽關，在縣東北百三十里，即古大隧也，亦曰禮山關，西北至信陽州百五十里。即所謂義陽三關也。明正德中流寇入境，三關皆爲要地。嘉靖中增設官兵，置鎮于平靖關南，與信陽官兵協守，爲保障之計。志云：武陽關一名行者坡，亦謂之行者關。嘉靖中縣令王朝璲言：「縣東崇山峻嶺，武勝關、黄土關、土門衝、草市衝、九女巖等處隘口，皆盗賊出没之處，行者關尤爲要害。比年流賊劫略，皆由行者關入。假令賊先據此，下瞰邑城，勢若建瓴矣。請增設官兵于此控禦，〔一六〕庶爲得策」云。蓋諸關寨皆險固，而行者尤要也。詳見河南重險黽阨三關。

黄土關，縣北百里。東北至信陽州六十里。又武勝關，在縣東百二十里。○鳳見關，在縣東北二十里。志云：嘗有鳳見此，因名。又恨這關，在縣北九十里，亦與信陽接界，有巡司。

黄陵寨。縣東二十五里。其相近者曰平康寨。又鍋底寨，在縣北四十里。其相接者曰興安寨，于諸寨中最爲險峻。又牛心寨，在縣東北四十里。其相接者曰鵶狐寨。又縣東北八十里有婆婆寨，相傳昔時女人聚衆避兵處。又有鐵城、龍爬等寨，俱見上。○廣水店，在縣東三十里；其相近者又有二郎畈；又井子鎮，在縣西五十五里；皆正德中官兵敗賊處。又有太平鎮，在縣東二十五里。

附見

隨州守禦千户所。在州治東。隸安陸衛，洪武初分守于此。

岳州府，東北至武昌府五百六十里，東南至江西袁州府六百五十里，南至長沙府三百八十五里，西南至常德府四百五十里，西至辰州府八百七十里，西北至荆州府四百七十里，北至承天府沔陽州三百五十里，自府治至布政司見上，至京師五千六百七十里。

禹貢荆州地，杜佑曰：「今長沙、衡陽皆古之三苗國地也。」春秋、戰國時屬楚，春秋時亦爲麇、羅二國地。〔一七〕秦爲長沙郡地，漢屬長沙國，後漢屬長沙郡。三國吴爲重鎮，晉仍屬長沙郡，宋志：「晉元康末分置建昌郡，咸康初并入長沙。」東晉時巴陵亦爲重鎮。宋元嘉十六年分長沙置巴陵郡，屬湘州，齊因之，梁兼置巴州。隋平陳郡廢，改州曰岳州，治巴陵縣。煬帝初改爲羅州，旋復爲巴陵郡。唐初蕭銑置巴州。武德四年平蕭銑，仍爲巴州。六年改爲岳州，天寶初又爲巴陵郡，乾元初復曰岳州。五代時馬殷有其地，後屬于周行逢。宋仍爲岳州，亦曰巴陵郡，宣和初又賜軍號岳陽軍節度。紹興二十五年改曰純州，秦檜以州名與岳飛姓同，奏改。又改軍額曰華容。三十年復舊。元置岳州路，明洪武初改爲岳州府，九年降爲州，十四年復爲府。領州一，縣七。今仍舊。

府囊山帶江，處百越、巴、蜀、荆、襄之會，全楚之要膂也。三國初曹公下荆州，以舟師追先主至巴丘，既而敗還，先主與周瑜俱自巴丘追躡之。後魯肅戍守于此，以爲重鎮。水經注：「巴陵，吴之巴丘邸閣也。」城冢記：「巴陵城，魯肅所立。」孫皓時萬彧屯兵于此以拒晉師。杜預曰：「巴丘，沔、湘之會，表裏山川，實爲險固。」晉室不競，東南多故，陶侃鎮荆州，以江陵偏遠，移治巴陵。及上游發難，兵鋒東指，亦以巴陵爲喉嗌。隆安初殷仲堪舉兵江陵討王國寶，遣南郡相楊佺期屯巴陵。宋、齊以後，巴陵綰荆、湘、郢三州之衝，談形勝者未嘗不首及巴陵。梁侯景之亂，湘東王繹遣王僧辯進討至巴陵，聞郢州已陷，因留戍之。繹令僧辯曰：「賊既乘勝，必將西上，但守巴丘，以逸待勞，無慮不克。」又謂將佐曰：「賊若水步兩道直指江陵，此上策也；據夏首，積兵糧，中策也；悉力攻巴陵，下策也。巴陵城小而固，僧辯足可委任。景攻城不拔，野無所掠，暑疫時起，食盡兵疲，破之必矣。」景悉力攻巴陵，果敗遁。陳初後梁引周人掠取巴陵、長沙諸郡，侯瑱等悉力争之，首得巴陵，諸郡相次降下。隋將取陳，崔仲方謂：「水陸衝要必争之所，巴陵亦其一也。」唐人以岳、鄂二州控扼江、沔，並稱衝要。五代時荆、襄多事，往往争勝于巴陵，蓋湖南得之足以規取荆、鄂，淮南得之足以包舉湖南，故爭之急也。宋末蒙古據岳州，而湖南、兩粵次第傾陷。蓋自江而東西，自湖而南北，巴陵皆居其要會，巴陵未下，不可以圖進取也。呂氏祉曰：「巴陵與武昌，蓋輔車之勢。」岳陽志曰「四瀆長江爲長，五湖洞庭爲宗，江湖之勝巴陵兼有之，故其形勢最重」云。

巴陵縣，附郭。本漢長沙郡下雋縣地，孫吴初爲巴丘邸閣，晉初置巴陵縣，仍屬長沙。宋屬巴陵郡，自是以後州郡皆治此。明洪武九年省入岳州，十四年復置。編户五十七里。

巴丘城，今郡治。相傳孫吴所築故城也。明洪武中因舊址增築，周九里有奇。門五，東朝陽，西岳陽，西之左下水，南南薰，北拱極。其縣治舊在府城外，弘治中始築城環之，周一里有奇。

下雋城，漢縣，屬長沙國。後漢屬長沙郡，晉因之。太安二年陶侃等屢破江、沔賊張昌，昌逃于下雋山，蓋縣境山中也。宋、齊俱屬巴陵郡，梁、陳間省入巴陵縣。水經注：「江水東至長沙下雋縣北，澧水、資水、沅水合東流注之。」蓋巴陵江左所設，本下雋地也。後漢建武二十五年馬援討五溪蠻，軍次下雋，時未設巴陵，則下雋爲頓宿要地矣。太子賢曰：「下雋城在辰州沅陵縣。」悮也。

麇城，〔一八〕府東三十里。相傳古麇子國，有東西二城。春秋定五年：「秦救楚，敗吴師，吴師居麇，楚人焚之。又戰，吴師敗還。既而楚昭王使王孫由于城麇。」即此。○劉備城，在府西九十里。相傳昭烈與吴爭荆州時所築。又陶侃城，在府東八里。侃鎮巴陵時所築也。又有竹城，亦在府東。志云：宋建炎、紹興之擾，州嘗寄治仙明洲東岸，以竹爲城，至今猶稱竹城。

巴丘山，在府城西南。後漢建安十五年吴周瑜卒于巴丘，既而孫權使魯肅以萬人屯巴丘。蜀漢建興三年吴主聞武侯卒，增巴丘守萬人。漢人聞之，亦增永安之守。宗預使吴，所謂東益巴丘之戍，西增白帝之守者也。陳天嘉初，周將賀若敦等軍湘州，〔一九〕侯瑱等屯巴丘以逼之。亦名天岳山，一名幕阜山。前有培塿謂之巴蛇冢，相傳羿屠巴蛇于洞庭，其骨若陵，因以謂之巴陵山。後臨大江，水經注：「湘水至巴丘入江，山在石岸，有巴陵故城是也。」又有白鶴山，在城南二里，與巴丘相峙。又有九龜山，在城南五里水際，有九山相連。

君山，在府西南十五里洞庭湖中。一名湘山。史記：「黄帝南至于江，登熊、湘。」湘即湘山也。秦始皇二十八年，南游，浮江至湘山祠，遇大風，因問湘君何神？博士對曰：「堯女舜妃。」始皇怒，命赭其山。唐天復二年，淮南將李神福敗荆南帥成汭于君山。後唐天成三年，吴將苗璘攻楚岳州，至君山，及還，爲楚將許德勳所擒。宋紹興五年岳飛伐君山木爲巨筏，塞洞庭諸汊港，擒斬楊么是也。志云：山方六十里，狀如十二螺髻，亦名洞庭山。山海經：「洞庭之山，帝之二女居之。」蓋堯女湘君嘗居此。又名酒香山。山有仙酒，漢武使欒巴求得之，爲東方朔所竊飲。今春時山中往往聞酒香也。道書以君山爲第一福地。○艑山，在府南五里君山東，洞庭之涯，狀如浮舟，水經注謂之編山，括地志以爲即湘山。

城陵山，府西北十五里。蜀江西來，洞庭南注，合流于此，乃一郡水口。山下有城陵磯，長江奔流于磯下，東則有白石、翟家二湖匯焉。每舟行多阻風濤，陸行則尋山歷澗，紆回三十餘里。舊嘗于二湖口構木爲梁，頗利涉。明弘治中築永濟堤于磯南，長四千丈，于舊置梁處爲橋二以便行者。岳州有事，城陵磯其必争之地也。水經注：「江之右岸有城陵山，山有故城，東接微落山，亦曰暉落磯。」○七里山，在府北七里。宋岳飛討楊么屯兵于此。

黄茅山，府東三十里。盤亘數里，壁立干霄。相近爲集雲峰，有疊嶂層巒之勝。又千聚山，在府東百里，盤亘數十里，衆山拱揖其旁。其相近者曰雷分臺山，秀麗高聳，一名仙人臺。又福聖山，在府東百十里，多松柏。相傳宋末蒙古兵過此，伐其樹，斧斤不能入，時以爲神。亦名福聖臺。又相思山，在府東百三十里，高聳盤踞，巖石甚勝。○九峰山，在府東北百里。山高聳，有九峰並峙。其相接者曰黄龍山，亦峻拔。又大雲山，在府東北五十里，連接七十餘峰，高數百丈，與九峰山連麓。山之北屬臨湘縣。志云：府東北百五十里又有渭洞，廣袤百里，周圍如城。

石城山，府南六十里。上有楊么寨。又鹿角山，在府南五十里洞庭湖東，舊爲戍守之所。又九馬觜山，在府西南四十里。岸有九觜，舟過甚險。又西南十里有五龍山，以五山對峙而名。○火發嶺，在府東北三十里。兩山夾峙，形勢崇絶。

隱磯，在府東北。磯南對彭城磯，二磯之間，大江之中也。宋元嘉三年到彦之等討謝晦，爲晦前鋒所敗，退保隱磯。梁大寶三年侯景破江夏，引軍西上，緣江戍邏望風請服，景遂自隱磯濟江攻巴陵，爲王僧辯所敗。又彭城、隱磯之間，有巨石孤立大江中東江浦，世謂之白馬口，亦謂之白馬磯。

大江，在府城西北十五里。自荆州府石首縣境東流經城陵磯下，合洞庭諸水入臨湘縣，又東北入武昌府界。其流清者爲洞庭，濁者爲大江，其迴合之處曰荆江口，亦曰西江口，亦曰三江口。三江者，岷江爲西江，澧江爲中江，湘江爲南江也。志曰：三江俱在府城下。宋吳表臣謂大江上流最急者，岳之北津，即三江口也。餘見重險荆江口。

洞庭湖，在府西南，其南曰青草湖，其西曰赤沙湖，凡七八百里，亦謂之三湖。詳見大川洞庭。○白石湖，在府北七里。其相接者曰翟家湖。又魚苗洋湖，在府北十五里。又府東三里有楓橋湖，府東六十里有乾沙湖。又艑山湖，在府南五里。又南有鹿角湖，在鹿角山下。志云：蝦鬚池在府北二十里，大城池在府西北八十里，與鹿角、艑山等湖皆有河泊所。

㴩湖，在府東南五里。亦名瀯湖，相傳古雍澨也。左傳定四年：「吳人敗楚師于雍澨。」爾雅：「水返入爲㴩。」唐張說云：「㴩湖者，沅、湘、澧、汨之餘波，夏潦奔注，則泆爲此湖，冬霜既降，則涸爲平野。」亦曰角子湖，以在洞庭之角也。後唐天成三年吳將苗璘將水軍攻楚岳州，至君山，楚將許德勳潛軍角子湖，使別將絶吳歸路，遂擒璘。或謂之閣子湖，以湖地卑歲苦水患，民多重屋而居，故名也。今有閣子鎮。

新墻河，府南六十里。發源相思山，自灌口注于洞庭湖。又府東南有雋水，或曰出大雲山，流入武昌府通城縣。○大江港，在府西門下，爲荆、湘、常、澧之通道。又南津港，在府南五里；油港，在府東四十里；栢港，在府東北十五里；龍灣港，在府東南五十里；皆北出大江，西通湖渚。

楊林浦，在府北。或曰即楊葉洲也。姚思廉云：「州近西江口，以形似名。」陳天嘉初侯瑱等軍于巴丘，襲破周將獨孤盛于楊葉洲，盛收兵登岸，築城自保。既而周將尉遲憲以巴陵降，盛將餘衆自楊葉洲遁還。後唐天成中楚將許德勳擊苗璘，使別將帥戰艦二百屯楊林浦，絶吳歸路，璘還至江口，爲德勳所擒。王氏曰：「浦蓋在三江口北岸。」

彭城洲，在府城東北。宋元嘉三年謝晦自江陵舉兵東下，至江口，到彦之已至彭城洲。晦前鋒庾登之據巴陵，畏懦不進。久之，使孔延秀攻破將軍蕭欣于彭城洲，又攻破洲口栅，彦之退保隱磯。水經注：「江水過長沙下雋縣北，東逕彭城口，水東有彭城磯，自彭城磯東逕如山北，山北對隱磯是也。」又忌置洲，在府北。水經注：「江水自西江口東逕忌置山南，又東過彭城口。」宋檀道濟等討謝晦至忌置洲尾，列船過江是也。

曹公洲，在府城南四十里。括地志：「巴丘湖中有曹公洲，即孟德爲孫權所敗燒船處。」又金沙洲，亦在洞庭湖中。一名龍堆，延袤數里。亦名金沙堆。○偃虬堤，在府治西北。城下瞰洞庭，每至夏秋，風濤晝夜潄嚙，宋郡守滕宗諒因築此堤捍之。嘉靖三十九年江、湖俱溢，堤圮。隆慶初郡守李時漸繕城築堤，民賴其利。又李公堤，在府城東北，直接城陵磯，長十五里。舊本湖地，水漲病涉，弘治中郡守李鏡築堤建橋，人以爲便。又白荆堤，在府東南十里，與灉湖相近。

白田鎮。在府北。五代梁開平四年荆南帥高季昌敗楚馬殷兵于公安之油口，逐北至白田而還。唐天成三年荆南高季興復敗楚兵于白田，執楚岳州刺史李廷規。九域志巴陵縣有白田鎮。○鹿角鎮，在府南五十里，以山爲名。朱梁開平初淮南將冷業引水軍救雷彦恭于朗州，自平江進屯朗口，楚將許德勳敗之，追至鹿角鎮擒之是也。今爲鹿角水驛，并置巡司于此。又岳陽馬驛，在府北三里。府西九十里又有臨江馬驛。

臨湘縣，府東北九十五里。東至武昌府蒲圻縣百七十里，西北至承天府沔陽州二百五十里。本巴陵縣地，五代唐清泰中湖南置王朝埸于此。宋淳化三年升爲王朝縣，屬岳州，至道初改臨湘縣。編户八里。今城周四里有奇。

望城山，縣南三十五里。下有泉，溉田千頃。山高峻，登之可望郡城。又魚梁山，在縣南一里。山下有湖，漁者取魚于此。又方山，在縣南百里。山勢方正，接巴陵縣界。○黄岡山，在縣東三十里。峰巒聳拔，林木葱蒨。又金雞山，在縣東三十五里。盤礴峻麗，洞穴深邃。又鳳凰山，在縣東六十里。山巒高秀。其相接者曰樓閣山，羣峰疊出，狀如樓閣。又大雲山，在縣東南九十里。山之陽接巴陵縣界。

龍窖山，縣東百里，跨臨湘、通城、崇陽、蒲圻四縣界。上有龍湫，因名。又有龍洞，洞有石門，山猺所居。又寡姑山，在縣東南八十里，高峻侵雲。又東南十里爲旋風山，一峰高峻，林木陰翳，風至此多旋轉。○馬鞍山，在縣西南二里，濱江，以形似名。又象骨山，在縣西南四十里。山海經：「巴蛇吞象，暴骨于此。」下有港，亦以象骨名。又崖嶺，在縣西南五十里。崖石壁立，聯絡數峰。

道人磯，在縣南十五里大江濱。有石高十餘丈，如道人面北而立。磯中有二洲，南爲黄金瀨，北爲黄金浦。上又有白石高丈餘，其光如鏡，亦名雞冠石。後唐天成三年吴兵至荆江口，將會荆南兵攻岳州，進至道人磯，楚將許德勳以奇兵出其後，夾擊之，擒其將。○鴨闌磯，在縣東北十五里。相傳吴建昌侯孫慮作鬭鴨欄于此，陸遜諫止之。今有鴨闌水，并置巡司于此。又城陵磯，在縣西南四十五里，亦有水驛及置巡司于此，蓋與巴陵縣相接也。志云：縣東北七十五里又有白馬磯。

大江，縣西北五里。自巴陵縣流入界，經縣北三里，又東北流入武昌府嘉魚縣境。

雲溪水，縣西南四十里。源出崖嶺，流經縣南三十五里匯爲松陽湖。又象骨港，亦自縣西南東出，松陽湖流合焉，注于大江。昔有松陽河泊所，今革。○港頭水，在縣南十五里。源出巴陵縣東北九十里之石佛嶺，流入縣南五里之白泥湖，又東北接縣東五里之連家湖，引流爲清江口達于江。今有連家湖河泊所。志云：縣西南十五里有楓橋湖。又西南五里有魯家湖，通大江，産蓮，一名蓮湖。又縣東五里有蓴湖，春夏水漲，皆流入大江。

黄荆港，縣南五十五里。源出縣南百里之乘山，北流經縣東聶家市會清江口入大江。又縣東六十里有爬見港，出巴陵縣東百里之石獅尖山，亦流經聶家市會清江口。又南港，在縣東四十里。源出縣南三十里之金竹山，東北流臨楠木港，亦匯于清江口注于大江。○雙港，在縣西南六十里。源出方山，二流並導，出桃林，踰西井，過罐子口入洞庭湖。志云：縣東三十五里又有青菱漟，東連荷葉漟，水漲則合爲一，水消則隔爲二。有魚利，産野菱，因名。

南陽洲，在縣西南五里江中，廣饒可耕。又有潦湝洲，在縣西南三十里。大江夾流，一洲中峙，地可耕。

斷山泉，縣南八十里。泉瀉斷崖之間，灌田百餘頃。○趙公堤，在縣治東。舊有堤傾圮，元泰定間縣尹趙憲築成之，水患遂平。

土門鎮。在縣東南。有巡司戍守。又長安馬驛，在縣東北十五里。又雲溪馬驛，在縣東四十里。志云：縣西北有楊林渡，路出嘉魚縣。又縣西五里有沙鍋渡，路通荆州府監利縣。

華容縣，府西二百八十里。北至荆州府石首縣八十里，南至常德府沅江縣二百四十里。本漢武陵郡孱陵縣地，晉初分置安南縣，屬南平郡。劉昫曰：「安南縣劉表所置也，宋、齊因之。梁封蕭駿爲安南侯，又置南安郡于此，郡尋廢。隋初縣屬岳州，開皇十八年改曰華容縣。唐初因之，垂拱二年改曰容城縣，神龍初復曰華容，仍屬岳州。」宋因之，舊治在縣東南安港，尋以水患移今治。元仍舊。編户十八里。今城周四里。

赤亭城，縣南五十里，三面臨水，極爲阻隘。梁大寶二年湘東王繹遣胡僧祐援巴陵，與侯景將任約遇于芊口，僧祐潛引兵至赤沙亭，約至，僧祐擊擒之。城近赤亭湖，因以爲名。○劉備城，在縣北七十里。俗傳是先主中軍寨，又謂之金門劉備城。又岳城，在縣西南三十里，宋岳飛征楊么築此屯兵。

東山，在縣東十里。峰巒秀麗，連亘百里，古松夾道，驛路經其中。其相接者曰龍峰山，四山迴抱，洞庭在望，稱爲奇勝。○南山，在縣南三十里，隔湖對峙，蒼翠如屏。又南十里有禹山，相傳禹濬川時嘗登其巔，今有禹廟。

石門山，縣東三十里。一名仙廬山，山有七峰。其相連者曰墨山。墨山北有玄石山，楚辭「馳余車于玄石」是也。志曰：墨山在縣東四十里。又鼓樓山，在縣東南五十里。上有石室，下瞰洞庭，中可容千人。

澧水，在縣西南，九江之一也。自安鄉縣廢作唐縣東流入縣境〔三〇〕，合赤沙湖而注于洞庭。志云：縣治北有華容河，晉杜預所開，以通零、桂之漕，北接大江，南達洞庭。今堙。○縣河，在縣城南。志云：縣東北一里曰北河，縣東南一里曰南河，流經縣南三十里曰縣港口，又東爲紫港，流經青草湖，委曲百折，達于洞庭湖，俗亦謂之華容湖。又縣東二十里有板橋港，又東五里有沙港，皆委曲入于洞庭。

赤沙湖，在縣西南。亦謂之赤湖，接巴陵安鄉縣及常德府龍陽、沅江二縣界。水經注：「澧水與赤沙湖會，湖水北通江，南達澧。」巴陵志：「洞庭湖西吞赤沙是也。」亦謂之赤亭湖。又青草湖，在縣東南。亦曰青湖，與洞庭湖相連。○褚塘湖，在縣西南二十五里；又蘇池湖，在縣西六十里；杜家潭湖，在縣東南四十五里；延湖，在縣東南三十里；皆掌于河泊所。又縣東南七十里曰㴊城湖，相接者曰須臾湖。又縣西一里有城西湖，又西有斗子湖。縣北二里有張家湖，又北二里有黄湖。志云：縣境底窪，湖澤環遶凡數十處，洞庭漲溢輒有渰溺之患，故繞境爲堤亦以數十許。又金山臺池，在縣北九十里，亦掌于河泊所。

湘浦，舊志云：在縣東，亦謂之三湘浦。梁天監中僧寶誌爲符書云「起自汝、蔡，迄於三湘」，後侯景起於汝水之南而敗於三湘之浦，故亦名侯景浦。

楊子洲，在縣東北三十里。相傳荆佽飛刺蛟處。

安津堤，在縣西北三十里。内有十臺九堰，皆利灌溉。正德中堤壞，復修築之。水利考：「縣境陂堰堤塘之屬凡九十有餘，而安津尤爲低窪，修防最切。」

白堵亭，在縣東南。梁大寶二年侯景圍巴陵，湘東王繹遣將胡僧祐自江陵帥水軍赴援，至湘浦，景遣其將任約據白堵以待之。僧祐由他路西上，約追之及于芊口是也。○芊口鎮，在縣南。任約追胡僧祐及于芊口，僧祐潛引兵至赤沙亭擒約是也。

古樓寨。縣南六十里。宋時防戍處。今爲明山鼓樓巡司，并置水驛于此。成化初洞庭賊出没爲患，因增設官兵哨守，以明山、鼓樓二山名也。明山在縣南百里。又黄家穴鎮，在縣東北百二十里，亦有巡司，并置水驛于此。又城北一里有北河渡巡司，今與明山古樓驛俱革。○華容馬驛，在縣東北二百五十里。志云：縣北十五里有五田渡，東通巴陵，西通石首。又縣西二十五里有碾溪渡，又西四十里有遊仙渡，皆路出安鄉。

平江縣，府南二百四十里。東至江西寧州二百五十里，西至長沙府湘陰縣二百里。本春秋羅國地，秦爲羅縣，漢因之，屬長沙國。後漢屬長沙郡，建安十五年孫吴析置漢昌縣，并置漢昌郡，以魯肅領漢昌太守。郡尋廢，改縣曰吴昌。晉屬長沙郡，宋、齊因之。梁屬岳陽郡。隋屬岳州，開皇九年省入羅縣。唐又省羅縣入湘陰，神龍三年復分置昌江縣，仍屬岳州。五代唐諱昌，馬氏因改曰平江。宋因之。元元貞初升爲平江州，明洪武二年復爲縣。今僅有城址，未築城。編户五十里。

羅城，縣南三十里。志云：古羅子國也。羅本國于宜城之西山，楚遷之于枝江，後又徙于此。又有故羅縣，在今湘陰縣境内。志云：縣南境與長沙府之瀏陽縣接境。朱梁初荆南高季興、楚馬殷共攻朗州帥雷彦恭，彦恭乞降于淮南，淮南遣水軍屯平江，步騎屯瀏陽救之是也。

幕阜山，在縣北九十里。一名天岳山。高一千八百丈，周迴五百里。石崖壁立，上有篆文云「夏禹治水嘗至此」。山頂有田數畝，東有温泉三穴，又有繫舟峰、芙蓉池、列仙壇諸勝，道書以爲第二十五洞天也。志曰：山亦名天柱，亦名雷臺，亦名幕府，又即昌江之别名云。○籟山，亦在縣北九十里。石壁削立，四圍懸絶，有小石徑可通。多竹，故名。又黄蘗山，在縣北二十里；又南五里曰梧桐山，峰巒秀拔，巖麓相接；各以所産名。

永寧山，縣北六十里。四壁削成，履雲梯飛棧而後可躋其端。沃野可耕，斷戈朽鏃時出于土壤中。又五角山，在縣北五十里。五峰聳峙，高二百丈。上有趙家寨，三面險絶，惟一徑僅通，亦幕阜之支山也。○道章山，在縣東北三十里。四峰高聳，秀出羣山，周圍磊石如城，人多避盜于此。又九峰山，在縣東北四十里，亦高險，可避兵。一名黄沙尖。又道巖山，在縣東北七十里。上有天池，池前兩峰，南曰席帽，北曰雲蓋。又有巖曰香爐巖。又縣東北百里有土龍山，汨水經其下。其旁曰龍門山。

昌江山，縣東南二里。一名魯德山，山多奇勝。魯肅嘗屯兵于此，後人德之，因名。又連雲山，在縣南五十里。舊名純山，峭拔千仞，雲氣嘗覆其上。其相接者曰明山，周圍三十餘里，三面峭絶，惟一路可通。舊名奉國山。○石牛山，在縣東百里。山多岑石，其狀類牛。又有大寨石，大者可容萬人，小者容千人，井泉饒給，可以避寇。

姜源嶺，縣北三十里，驛道接通城縣界。又北三十里有長嶺；其北十里曰新開嶺；又縣東北六十里有桃花洞，上亦有新開嶺；皆官道所經也。○回謝嶺，在縣北七十五里。巉巖峻拔，路出巴陵，行者病其險隘，正德中開鑿，遂爲通道。又龍影洞，在縣西北。志云：深三千餘丈，周三十里，石壁瑩然，上有龍影。

汨水，縣東北百二十里。源出江西寧州境内之栢山，流經龍門山，又西南流至縣東合純、盧二水，經縣南復折而西北會昌水，下流入湘陰縣界。

昌水，縣北八十里。出幕阜山，西南流。山澗中有巨石，水繞其旁，形類昌字，因名。又南合汨水。○盧水，出縣東五十里盧山，西北流合汨水。純水，出純山，今連雲山也，流經縣東南五十里，西北合于汨水。

長壽鎮。在縣東北。有巡司。又有密巖寨及黄陽寨，皆近石牛山。旁有大荆馬驛，在縣北百二十里。

附見

岳州衛。在府治東南。洪武初置，領千户所五，屬湖廣都司。今亦設岳州衛。

澧州，府西二百七十里。南至常德府一百八十里，西至永順衛四百里，北至荆州府三百里。

春秋時楚地，秦屬黔中郡，漢屬武陵郡，吴分置天門郡，治零陽。晉又析置南義陽郡，宋、齊至梁、陳皆因之。隋平陳，郡俱廢，改置松州，尋又改爲澧州，治澧陽縣。煬帝大業初復改州爲澧陽郡。唐武德四年復爲澧州，天寶初曰澧陽郡，乾元初又爲澧州。宋因之。亦曰澧陽郡。又建炎四年徙治陶家市山砦，尋復舊。元爲澧州路。明初曰澧州府，洪武二十九年降爲州，屬常德府，以州治澧陽縣省入，編户三十一里。明年改隸岳州府。領縣三。今仍舊。

州北控長江，南帶洞庭，屏蔽江陵，咽喉潭、朗，亦形勝處也。五代漢末馬希萼以朗州兵攻其弟希廣于潭州，希廣上言：「荆南、嶺南、江南連謀，欲分湖南地，乞發兵屯澧州，以扼江南、荆南援朗州之路。」蓋州據荆南、岳州、常德三郡間，道里適中，形援相及故也。

澧陽廢縣，今州治。漢零陽縣地，晉太康四年析置澧陽縣，屬天門郡。宋、齊因之。陳屬石門郡，隋初郡廢，以縣置松州，尋改澧州，大業初爲澧陽郡治。唐亦爲澧州治，宋因之，明初省。州城洪武初改築，本土壘，永樂中甃以磚石，成化、正德間屢經修治。今城周九里有奇，有門五。

臨澧城，在州西南。漢充縣地，晉太康四年置臨澧縣，屬天門郡。宋、齊以後因之，隋廢。志云：州南六十里有申鳴城，楚大夫申鳴邑也。又宋玉城，亦在州南六十里之長樂鄉。有銅昏堰，以銅冶爲之，畝收三十鍾。又馬援城，在州東五十里，援征蠻時所築。

闕山，在府東十五里。山形盤據十餘里，高八十餘丈。蘭江東奔，是山崛立水口，如闕鎖然，故名。相連爲彰觀山，道書謂之四十四福地。○彭山，在州西十里。唐高祖子元則封彭王，嘗宰是州，有惠政，因名。舊圖經云「彭阜聳其西，闕山列其東」是也。與彭山相接者曰欽山，在州西二十里。

大浮山，在州西南百三十五里。亦名獨浮山，跨石門、武陵、桃源三縣界，中多石室、石壇及諸溪洞之勝。又銅山，在縣西南四十里。相傳山產銅，永樂間置冶于此。又將軍山，在州南六十里。志云：高百餘丈，周三十里，相傳漢紀將軍信曾寓于此。

澧水，州南三里。源出慈利縣西之歷山，東流會漊水，又東經石門縣會渫水，又東至州城下，州北七十里之涔水，州東二十五里之澹水俱流合焉，下流入于洞庭。楚辭「濯余珮于醴浦」，虞喜云：「即澧水。」亦曰蘭江，以多蘭蕙而名。亦曰繡水，志云：澧水經州東二里，水流旋折如繡云。

涔水，在州東北。水經注：「涔水出作唐西北天門郡界，南流經涔坪屯，屯堨涔水溉田數千頃，又東南流注于澧水。」又茹溪，在州西北百六十里，源出龍茹山。昔楚莊辛說楚王飲茹溪之水，即此。○鹽井，在州北八十里，水鹹苦。明初立場煎鹽，不成而廢。

三江口關，州西北二十里，又州西北七十五里爲古城關，皆昔時置戍屯兵之所。今古城關旁有營門遺址。又州北七十里有糧倉哨。其地本名泗水口，東接安鄉湖口，北連荊口，每值水溢，萩蘆蔽岸，支港四通，爲盜賊淵藪。隆慶三年設哨于此，增置官兵爲防禦之計。

新城鎮。州東三十里。晉車胤嘗寓此，唐李泌爲州刺史更築新城，元因置新城鎮。又有陶家市山砦，在州西北，宋嘗徙州寓治此。○嘉山鎮，亦在州東三十里，有巡司。又州東二里有蘭江水馬驛，州南六十里有清化馬驛，北六十里有順林馬驛。又有水東遞運所，在州東三十里。

安鄉縣，州東南一百二十五里。東北至華容縣九十里。漢孱陵縣地，屬武陵郡。後漢分置作唐縣，東晉僑置南義陽郡，梁又置安鄉縣爲義陽郡治。隋平陳郡廢，縣屬澧州。唐、宋因之。縣無城。今編户十里。

作唐城，在縣東北。後漢建武二十六年分孱陵縣置作唐縣，〔三二〕縣屬武陵郡。晉屬南平郡，永嘉末杜弢作亂，荆州刺史王澄擊之，軍于作唐是也。宋、齊因之。隋平陳郡廢，改縣曰孱陵，屬澧州。唐貞觀初省入安鄉。志云：縣南二十五里有楊城，宋紹興中賊楊么所築也。

黄山，縣北六十里。土石皆黄，一名金峰。又北有小黄山，昔人保障其上，城址猶存。

澧江，在縣城西。南流而東折，至華容縣入于洞庭湖。一名長河。志云：縣西七十里澧江上有馬波渡，相傳馬援征五溪蠻渡兵于此。又涔水，在縣北，流經澧州界入于澧水。涔水之北曰涔陽，有涔陽鎮，入公安縣界。

大鯨湖，在縣西北二十里。延袤數十里，下流入澧江而達于洞庭。又大通湖，在縣南二百里，接沅江縣界。志云：縣境湖池溪港之屬凡數十計，皆匯流注于洞庭。○景港，在縣東北四十里。上通荆江，下達洞庭湖，一名景源港。又夾港，在縣北六十里，與荆州府石首縣接界。〔三三〕

石龜市。縣西四十里澧水上。舊爲商民環聚處。又縣南三十里有顧市，元時置驛于此，今廢。今有南平水驛，在縣南。

石門縣，州西九十里。南至常德府桃源縣百二十里，北至荆州府彝陵州長陽縣三百七十里。漢置零陽縣，屬武陵郡，後漢因之。三國吴永安六年分置天門郡治此，晉以後因之。陳改石門郡，仍爲治。隋罷郡，改縣曰石門，屬澧州。

今土城周四里有奇。編户二十五里。

石門山，縣西二十五里。巖石壁立如門，縣以此名。或以爲即孫吴永安中山石自開處，悮也。又縣東一里有天門臺，山頂方正如臺，二小溪合流臺下爲天門橋。又縣西北一里有方頂山，山頂方平。○層步山，在縣東北三里，水經注所謂「澧水東歷層步山」者也。外望如一，内有三重，亦謂之層山。

夾山，縣東南三十里。周迴三十里，高二百餘丈，兩峰並峙，故名。○仙客山，在縣北十五里。高巖陡峻，一徑縈紆。又黄石山，在縣西北二百十里。有谿，出雄黄。

澧水，在縣西。自慈利縣流入，又東經澧州境。○渫水，在縣西百七十里。流經水南山、鯉魚山合陽泉、南溪之水，至縣西四十里入于澧水。志云：縣西北四十里又有道水，下流亦入于澧水。

臺宜寨。〔三〕在縣西北。宋置。或云即今添平所也。又縣西十五里有將軍渡。渡口有石如將軍狀，因名。路通九溪、添平、麻寮諸處，洪武中九谿衛撥軍把守于此。

慈利縣，州西一百六十里。東至石門縣八十里，南至常德府桃源縣二百十里。本漢零陽、充二縣地，隋開皇九年置零陵縣，屬崇州，十八年改曰慈利縣，大業初州廢，縣屬澧陽郡。唐屬澧州，宋因之。元元貞初升爲慈利州，明初復爲縣。城周二里有奇。編户六十一里。

充城，縣西二百四十里。漢充縣，屬武陵郡。後漢因之，永和二年武陵蠻叛，圍充城是也。晉仍屬天門郡，後廢。宇文周時後梁嘗置衡州于此。隋開皇中又于古城西南一里置崇義縣，十八年改衡州曰崇州，大業初州廢，縣屬澧州。唐初因之，麟德元年以崇義并入慈利。○漊中城，在縣西。後漢建初三年武陵漊中蠻反，五年荆、豫諸郡兵討平之。三國吴置漊中縣，晉因之，屬天門郡。劉宋元嘉十八年天門蠻田向求等反，破漊中，荆州刺史衡陽王義季遣軍討平之。齊、梁屬天門郡，隋廢。

白抵城，在縣西北。高千仞，四面絶壁，上廣十餘里。宋建炎中土寇廖辛據此爲城，一名廖城。又有石柱城，山崖有石，壁立如柱。志云：縣東五里有白公城，四面有門，相傳楚白公勝所築。又有蠻王城，在縣東三十里茶林山頂。郡志：縣南二百里有舊縣治，洪武初廢，遷縣于今治。

崇山，縣西三十里。相傳即舜放讙兜處。國語：内史過曰：「夏之興也，融降于崇山。」隋置崇州，蓋以山名。又九度山，亦在縣西三十里。上有石，形似樓，名仙人石。樓下有九度水，蠻居其側曰九度蠻。明初九度蠻作亂，謂此。○騎龍山，在縣南四十里，以形似名。有黑龍泉，下流溉田。又銅盤山，在縣東四十里。銅盤水出焉，下注爲灘。元和志：「銅盤、連錢、石馬，澧陽之險灘也。」又瓊雲山，在縣東五十里。高聳干雲，根蟠四十里。

天門山，縣西南百八十里。舊名松梁山，有十六峰環列，最高者爲天門。沈約云：「松梁山頂有石開處數十丈，其高以弩仰射不至，謂之天門，孫吴因以名郡。」又有赤松山，在縣西百六十五里，與天門山對峙。郡志云：山在縣東百十里。

茅花嶺，縣南三十里。高峻爲羣峰之冠。又百丈巖，在縣西北六十里。一名百丈峽，東北至九溪衛七十里。石崖兩面對峙，高逾百丈。中有小峽長三十里，流泉峻急，古木槎牙。峽畔有路通永定衛，最險。

燕子洞，縣東南三里。巖洞深廣，可藏數千人。巖後有穴，秉炬可入。又縣西有馬渦洞，縣南二十里有雷公洞，縣西北又有水沉洞，皆深廣。或曰漢志「西水出充縣西源山」，即水沉洞也。○桃花洞，在縣西三百里。宋熙寧中蠻彭士義反，澧州守郭逵破之于桃花洞，即此。又賓郎洞，在縣西北二百里茅岡寨南，羣蠻往來之徑，一竇而入，後有大門，過此即爲猺界。昔猺人侵擾，邀擊而後屈伏，與之盟，畫此爲界。

澧水，發源縣西三百里之歷山，始出甚微，東過武口，又東流逕茹溪，縣境諸水俱注之，又東會于漊水，東南流入石門縣境。水漲則溪澗合流，每多湮溺之患。

漊水，在縣西二里。源出永順宣慰司界，東流至索溪通四十八澗水爲一，南至觀嘉渚匯于澧水，謂之後江。志曰：縣有雙溪，乃前、後江合流之口。有芙蓉洲，至菱花渡而合，爲一邑之勝。

温陽關，在縣西。明洪武三年蠻酋覃垕連搆諸洞爲亂，命周德興討之，至慈利，垕守險以拒，德興出奇兵破其數栅，直擣温陽關，拔之，賊遂潰。既而爲僞夏所據。六年命湯和等伐蜀，周德興分兵取蜀之龍伏隘，進奪覃垕温陽關，和克歸州，遣趙雄等取桑植容美洞，會德興兵攻茅岡、覃垕寨，克之。容美見施州衛，蓋與桑植接界也。又安福寨，在縣西北，其在縣境者又有索口、西牛、武口、澧川，凡五寨，俱宋置，爲戍守要地。今分見下九溪、永定諸衛所。

覃垕寨。在縣西。明初覃垕作亂，命楊璟討之。進至覃垕寨，賊下山迎敵，敗之。乘勝追至半山，山勢險峻，其寨三面巖險，下俯江水，一面僅有一路，才通一人，乃回駐山下。攻圍久之，賊遁入溪洞，璟引還。既而大兵取蜀，周德興克其覃垕寨，即此。○羌口鎮，在縣東九十里。成化初洞賊出没于此，分設官兵戍守。志云：縣西北七十里有廢宜冲驛，舊通辰、沅、雲、貴之路，明洪武中以路險廢之，遷驛于常德府。

附見

澧州守禦千户所。在州治西。洪武二十五年建。

永定衛，在慈利縣西北百八十里。西南至永順宣撫司百二十里。明初置戍于彝徼羊峰地，隸永順宣慰司。洪武三年編栅爲城，簡沔陽、安陸、黄州、襄陽諸軍充戍，曰羊山衛。後以屯餉艱阻，改置今衛，臨庸水之陽，名曰大庸。建文初更名曰永定，隸湖廣都司。城周九里。今亦設永定衛。

龍伏關，衛西北百二十里，亦曰龍伏隘，明初伐蜀，别將周德興取其龍伏隘是也；又有後坪關，在衛東南四十里；皆永順彝出没處，舊置兵戍守。又有黑崇關，在衛東南百三十里，亦有兵戍守。所謂永定三關也，今廢。

茅岡寨，在衛東北。志云：東南去慈利縣二百里，亦曰茅岡隘。明初伐蜀，周德興引兵道此，克其隘。正統中招撫蠻户，立其酋爲峒長。其附近又有金藏、桑漢二隘，太平、百丈、新政三關，舊俱設兵戍守。

守禦大庸千户所，衛西南三十里。東至縣二百十五里。明建文初改大庸衛曰永定，而别建大庸所于衛城西桑漢關，永樂初始遷今所。城周二里有奇。今亦置大庸所。

那平關。在所境。志云：所有那平、邊巖下、青魚灘三關，舊皆爲戍守處。又有羅城峒，在所西，本蠻峒。宋嘉祐二年羅城峒蠻寇澧州，州兵擊却之。

九溪衛。在慈利縣北九十里。西南至永定衛二百八十里。本宋之索口寨，後廢爲市。有九溪會流，故名。洪武初編柵爲城，授土酋戍守。二十二年叛，尋討平之，始城其地爲九溪衛，隸湖廣都司。城周八里有奇。屬所三，安撫司一。今亦設九溪衛。

天馬山，衛東五里。遠望屹立，鎖斷江流，形如天馬。衛東三十里又有尖山，山峰尖聳，絶頂有泉。又南山，在衛南。綿亘數十里，或起或伏，軍民雜處，耕植其間。又麻山，在衛西南十五里。屹然屏立，峰巒起伏，平坦處可以種植。

馬鬃嶺，衛北三十里。壁立萬仞，險不可測，嶺路窄小，如馬鬃然。志云：衛北有紫駝峰，西北有馬頸峰，兩峰對峙，夾索口溪，高險卓絶，草木之利，軍民所資。又茅花嶺，在衛西八十里，高聳接天。其西北又有佘洞，洞下有石，壁立如門，中深遠。溪水穿門南出，名魯陽溪，經衛南合索口溪。又白馬洞，在衛東三里。下有溪，自魯陽溪分流，合漊水，亦曰白馬溪。

漊水，在衛西。自永順界流入衛境，環城西、南、東三面，其形如帶，又東會于澧水。○秀水，在衛西南。源出麻山，繞流至小渚合于漊水。志云：衛東有守野潭，即漊水、秀水合流處也。又大庸水，在衛西南。出永定衛界，經衛南，又東至慈利縣西合于澧水。

索口溪，在衛治南。志云：衛東北有喝堡溪、斗溪、王富溪，衛東有龍館溪、書院溪、大富溪、大河溪，衛南又有下蘭溪，合索口溪爲九溪。今索口已堙。

油羅關。在衛境。志云：慈利有油羅、大泉、于制、野雞等關，俱永定衛軍戍守。

守禦添平千户所，在慈利縣北百五十里。本宋臺宜寨地，明初土酋歸附，洪武二年置今所。無城。初屬常德府，後改今屬。

馬頭山，在所東，所西有馬鞭崖與此對峙。又有頗河山，在所北。

南河，在所西。東流南注，下流亦入于澧水。

鷂兒隘。在所境。志云：添平所屬十隘，曰鷂兒、龍溪、長梯、磨岡、遥望、漁洋、石磊、忠靖、走避、細沙是也。

守禦麻寮千户所，在慈利縣北三百里。本彝寨，洪武四年建所。無城。初隸常德衛，後改今屬。

鼓城山，所南十五里。又所東有野九山，西有獅子崖，溪澗出焉，東南流入衛境合于喝堡諸溪。

臨羊寨。在所北。志云：麻寮所屬十隘，曰黄家、九女、靖女、欄刁、青山、山羊、櫻桃、曲溪、梅梓、宋所等隘是也。與添平十隘俱設官兵以防禦賊寇。

守禦安福千户所，在慈利縣西北二百九十里。所扼諸洞之口。洪武四年設于西水北，隸大庸衛。二十三年移建于西水之西，地名瓦窯岡，改隸九溪衛。城周五里有奇。今亦置安福所。

前山，在所治南。登山可以瞭望。又有竹寨山，在所之北。

八斗溪。在所北。遶城而西合永定諸溪水入衛境，合喝堡諸溪亦名酉水。

桑植安撫司。在九溪衛西北四百里。元置以羈十八洞蠻，洪武二十三年歸附，永樂四年復置安撫司，治上、下二峒，屬九溪衛。

雷打崖，在司西南。其崖崩裂，世傳雷所擊也。往來者緣梯而過，稱爲險絶。又司西有山曰軍馬戰，以高險難越也。司南爲楊公坡，亦險峻，登陟甚艱。

小潤，在城西南。有兩潤合流，盤旋司南，不通舟楫。

桑植峒。在司境。志云：司自上、下峒以外所轄凡十八洞，桑植、美坪、朝南、那步、人士、黄河、魚龍、夾石、若南、捍坪、鼊遼、金藏、柘山、欄巖、黄家、板山、龍潭、書洛是也。皆苗、獠出没處。

校勘記

〔一〕唐初復置温州貞觀中改爲郢州治　底本「唐」上原有「自」字，「改爲郢州治」下有「尋還屬郢州」句，鄒本無。據舊唐志卷三九、新唐志卷四〇，武德四年置郢州於長壽縣，又置温州於京山縣，貞觀元年廢郢州，十七年又廢温州，復置郢州，並移州治京山。京山既爲州治，焉得不屬？下文「尋還屬郢州」實賸。今據鄒本删「自」及「尋還屬郢州」六字。

〔二〕下流通於泗港　「泗港」，底本原作「四海」，職本作「泗水」，鄒本作「泗港」。嘉慶重修一統志卷三四二泗水下云：「一名四河，又名泗汉河，又名泗港河。」今從鄒本。

〔三〕巡守護衛　底本原重二「守」字，今據職本、鄒本删。

〔四〕又西魏置豐鄉縣　「豐鄉縣」，底本原作「豐樂鄉縣」，今據職本及隋志卷三一删「樂」字。

〔五〕荆州記　「荆」，底本原作「今」，職本、鄒本作「荆」，據改。

〔六〕溳漢爲堤　「溳」，底本原作「瀨」，今據職本、鄒本改。

〔七〕螺子瀆渣潭李二河　「瀆」、「河」，底本原作「濱」、「湖」，今據職本、鄒本改。

〔八〕晉亦曰竟陵縣　「縣」，底本原作「郡」，今據職本、鄒本及晉志卷一五改。

〔九〕梁范雲封爲霄城侯　「梁范雲」，底本原作「又光武」，職本、鄒本作「梁范雲」。兩漢無霄城縣，光武不得封霄城侯甚明。梁書卷一三范雲傳云：「天監元年……以佐命功封霄城縣侯，邑千户。」職、鄒本是，今據改。究致誤原因，蓋上文有「又光武封劉隆爲侯邑」，抄書者誤抄所致也。

〔一〇〕宋亦爲復州治端平中還隸復州　景陵縣宋代既爲復州治，安得不隸復州？此説有誤。宋志卷八八復州景陵縣下云：「熙寧六年廢州，以景陵屬安州，元祐元年復。」當以此爲正。

〔一一〕縣東九十里有直陽市城　職本與底本同，敷本、鄒本「市」作「南」。

〔一二〕宋端平初　「宋」，底本原作「元」，今據職本、鄒本改。

〔一三〕劉弘遣牙門將皮初與張昌戰于清水　「遣」，底本原作「遠」，今據鄒本及晉書卷六六劉弘傳改。

〔一四〕唐武德四年置澴州　「澴」，底本原作「環」，今據職本、敷本、鄒本改。

〔一五〕溳西縣　底本「西」原作「山」，今據職本、鄒本及水經溳水注改。

〔一六〕請增設官兵于此控禦　底本原重「于此」二字，今據職本、鄒本删。

〔一七〕春秋時亦爲麇羅二國地　「麇」，底本原作「麋」，今據鄒本及古逸叢書影印寰宇記卷一一三改。

〔一八〕麇城　底本原作「麋城」，職本、敷本同，惟鄒本作「麇」。左傳定五年、輿地紀勝卷六九、大明一統志卷六二、嘉慶重修一統志卷三五九均作「麇城」，鄒本是，今據改。

〔一九〕周將賀若敦等軍湘州　「湘州」，底本原作「湘川」，今據鄒本及周書卷二八賀若敦傳改。

〔二〇〕廢作唐縣　「唐」，底本原作「塘」，今據敷本、鄒本及後漢志改。

〔二一〕分房陵縣置作唐縣　底本原脱「置」字，今據職本、鄒本補。

〔二二〕與荆州府石首縣接界　「石首縣」，底本原作「石門縣」。據本書卷七八、明志卷四四，荆州府無石門縣，只有石首縣。石門縣屬岳州府澧州，不與安鄉縣接。安鄉縣北與荆州府石首縣接界，此「石門縣」乃「石首縣」之訛，今改正。

〔二三〕臺宜寨　「宜」，底本原作「直」，今據職本及宋志卷八八改。

讀史方輿紀要卷七十八

湖廣四

荆州府，東北至承天府三百二十里，東至承天府沔陽州四百四十里，東南至岳州府四百七十里，南至岳州府澧州三百里，西至四川夔州府八百里，西北至鄖陽府七百六十里，北至襄陽府四百七十里，自府治至布政司一千二百一十里，至京師六千一百二十里。

禹貢荆州地，春秋時爲楚郢都。秦拔郢置南郡，漢高元年爲臨江國，項羽立共敖爲臨江王，國于此。五年復曰南郡。景帝二年復爲臨江國，封子閼於此。中二年復曰南郡。後漢因之。三國初屬蜀漢，尋屬吳，晉平吳亦曰南郡。東晉爲荆州治，南郡如故。晉初荆州或治襄陽，或治江陵，渡江以後不常厥理。太元十四年王忱始于江陵營城府，此後遂以江陵爲州治。又晉武帝置南蠻校尉于襄陽，後亦移江陵，餘詳州域形勢，下做此。宋、齊因之。梁元帝都此，爲西魏所陷，遷後梁居之爲藩國，又置江陵總管府監之。隋開皇初府廢，七年併梁，又置江陵總管府。二十年改爲荆州，大業初復曰南郡。及蕭銑據此，亦稱梁。唐武德四年平銑，仍曰荆州，初置大總管府，尋曰大都督府。天寶初改爲江陵郡，至德二載置荆州節度于此。詳州域形勢。乾元初復故。上元初置南都，升江陵府，劉昫曰：「時增置萬人軍，以永平爲名。」尋復爲荆州。五代時高季昌據此，稱南平。宋亦曰江陵府，荆湖北路治此，亦曰江陵郡、荆南軍節度。建炎四年改荆南府，淳熙中復曰江陵府。元爲江陵路，志作「上路總管府」。天曆二年改中興路。以文宗潛邸也。明改爲荆州府。吴元年改。領州二，縣十一。今仍舊。

府控巴、夔之要路，接襄、漢之上游，襟帶江、湖，指臂吴、粤，亦一都會也。太史公曰：「江陵故郢都，西通巫、巴，東有雲夢之饒。」又東漢初荆邯説公孫述曰：「令田戎據江陵，臨江南之會，倚巫山之固，築壘堅守，傳檄吴、楚，長沙以南必望風而靡。」蓋楚、蜀實相唇齒矣。初平元年劉表爲荆州刺史，蒯越説表曰：「南據江陵，北守襄陽，荆州八郡可傳檄而定。」八郡，長沙、零陵、桂陽、武陵、江夏、南陽、南郡、章陵也。自三國以來，常爲東南重鎮，稱吴、蜀之門户。諸葛武侯曰：「荆州北據漢、沔，利盡南海，東連吴會，西通巴蜀，此用武之國也。」魯肅謂孫權曰：「荆楚與國鄰接，水流順下，外帶江、漢，内阻山險，有金城之固，沃野萬里，士民安富。若據而有之，此帝王之資矣。」甘寧亦曰：「荆州山陵形便，江川流通。」蓋江陵之得失，南北之分合判焉，東西之强弱繫焉，此有識者所必争也。孫皓之季，慮不及遠，徹南郡之備，專意下流。杜預一舉取之，沅、湘以南，望風歸命。東晉而後，以揚州爲京師根本，荆州爲上流重鎮，比周之分陜，號爲「西陜」云。何充曰：「荆楚國之西門，户口百萬，北帶强敵，西鄰勁蜀，經略險阻，周旋萬里，得賢則中原可定，勢弱則社稷同憂。」宋武帝以荆州居上流之重，資實兵用，居朝廷之半，故以諸子居之，不以屬人。終六朝之世，荆州輕重係舉國之安危。蕭繹、蕭琮有荆州，而存亡之命懸于他氏。蕭銑有荆州，而覆敗之禍曾不旋踵。論者謂襄陽不守則江陵以北危，夔峽不固則江陵之西病，此其明驗矣。唐以中原多事，建都置軍，用以鎮壓南服，翼蔽雍、梁。五代時高氏竊之。唐天成三年楚敗荆南兵，議遂取其地，楚將王環曰：「江陵在中朝及吴、蜀之間，四戰之地也。宜存之以爲扞蔽。」環之言，即高氏所以立國，亦湖南所以自保者也。宋初遣軍入荆南，湖南遂不能支矣。及靖康失中原，宋之君臣，覆敗奔亡，幾無寧息，而荆南無恙，猶得藉此以西圖巴蜀，北顧襄、宛。李綱以六朝爲喻，謂：「强兵巨鎮，宜在荆、襄。」趙鼎言：「荆、襄左顧川、陝，右控湖、湘，下瞰京、洛，三國所必争。宜以公安爲行闕，公安當沅、湘之上游，故云。而屯重兵于襄陽，運江、浙之粟，以資川、陝之兵，經營中原，計無出此。」王庶亦曰：「荆州左吴右蜀，臨江負漢，根本之地也。」孟珙之帥荆湖也，大興屯田，首秭歸，尾漢口，爲屯二十，爲頃十八萬八千二百八十，蒙古方張，不敢以荆南爲意。迨襄、樊之陷，守臣張夢發陳危急三策：曰鏁漢江口岸，曰城荆門軍當陽縣界玉泉山，曰峽州宜都而下聯置堡砦，以保聚流民，且守且耕。因圖上築城形勢，賈似道格其議。蒙古將阿里海涯收湖北州郡，乃曰：「荆州西眺梁、益，南控交、廣，據江、淮上流，誠爲要地，欲得湖南，不可不先下荆州也。」于是宋之湖南、兩粤，無全城矣。呂氏祉有言：「不守江陵則無以復襄陽，不守江陵則無以圖巴蜀，不守江陵則無以保武昌，不守江陵則無以固長沙。」江陵於諸郡輔車之勢，謀國者所當察也。胡氏安國曰：「荆渚，江右上流也，故楚子自秭歸徙郢，日以富强，近并穀、鄧，次及漢東，下收江、黄，横行淮、泗，遂兼吴、越，傳六七百年而後止。此雖人謀，亦地勢使然也。後逮漢衰，劉表收之，坐談西伯。先主假之，三分天下；關羽用之，威震中華；孫氏有之，抗衡曹魏。晉、宋、齊、梁倚爲重鎮，財賦兵甲，當南朝之半。其爲江東屏蔽，猶虞、虢之有下陽也。」又云：「欲保江左，必都建康，欲守建康，必有荆、峽。湖北十有四州，十四州詳宋州域形勢。其要會全在荆、峽。故劉表時軍資寓江陵，先主時重兵屯油口，關羽、孫權則并力争南郡，陸抗父子則協規守宜都，晉大司馬温及其弟沖則保據渚宫與上明，皆荆、峽之封境也。」

江陵縣，附郭。本楚之郢都，漢曰江陵，爲臨江國治，尋爲南郡治。後漢因之，章帝元和初幸江陵是也。自晉以後，皆爲州郡治。今編户一百二十五里。

江陵城，今府治。春秋楚之渚宫地。文十年，子西沿漢泝江，將入郢，王在渚宫下見之。酈道元曰：「今江陵城，楚船官地，即春秋之渚宫。秦時改郢，置江陵縣於此，爲南郡治。」項羽封共敖爲臨江王，治江陵，漢亦爲南郡治。後漢因之。建安十三年曹操取荆州，自當陽進軍江陵，既而敗于赤壁，引軍北還，留曹仁等守江陵。明年仁等屢爲周瑜所敗，委城走，權以瑜領南郡太守，屯江陵。明年瑜卒，孫權始以荆州假劉備。二十四年關羽攻曹仁于樊，吴將吕蒙襲取江陵。晉咸寧五年分道伐吴，遣杜預出江陵。明年預克江陵，沅、湘、交、廣皆來降。荆州記：「江陵城中有金城，故牙城也。」晉、宋時凡城内牙城皆謂之金城。義熙八年劉裕遣王鎮惡襲劉毅入江陵，攻其金城，劉毅走死于牛牧佛寺。胡氏曰：「寺在城北二十里。」又江陵舊有三城。陳光大二年遣吴明徹圍江陵，後梁主巋出頓紀南，周將高琳等與梁將王操守江陵三城，擊敗陳軍。元和志：「江陵有東西二城：蕭詧稱藩於魏，居西城；魏置總管以附之，居東城。」是也。梁元帝都江陵，外城設十二門，皆名以建康舊名。承聖三年以魏軍將至，大閱于津陽門外。津陽，南面東來第二門也。魏軍既至，裴畿等開枇杷門出戰。枇杷門蓋内城故東門，時任約軍至馬頭，梁主出枇杷門督戰是也。其故城北門則曰萬勝門。南史：「魏人悉力攻江陵，反者開西門納魏師，梁主退保金城。既而出降，于謹使長孫儉入據金城。魏人殺梁主繹，梁王詧藁葬之于津陽門外是也。」城邑考：「郡城相傳漢末關羽所築，晉桓温增修之。明初因舊城改築，嘉靖九年重修，周十八里有奇。門六：新東門舊名寅賓，公安門舊名楚望，南紀門在城南，西門舊名龍山，小北門舊名維城，大北門舊名柳城。外有城濠。」

郢城，府治東北三里。楚平王時所城也。傳曰：「楚子囊將死，遺言謂子庚必城郢。及平王時囊瓦爲令尹，遂城之。」定四年，吴入郢；五年，吴師敗還，楚子復入郢；秦昭襄王二十九年，大良造白起攻楚取郢：皆此郢也。漢亦爲郢縣，屬南郡，後漢省。酈道元曰：「江水自江陵又東逕郢城南，子囊遺言所城也。」楚記：「楚郢都南面舊有二門，一曰修門，一曰龍門，東面亦有二門。」屈原哀郢曰：「顧龍門而不見，孰兩東門之可蕪？」招魂篇曰「歸來兮修門」是也。

紀南城，府北十里。即故郢城，楚文王自丹陽遷都此，後平王更城郢，以此爲紀城。傳：楚子革曰：「我先王辟處荆山，以共王事，遂遷紀、郢。」蓋郢與紀爲二城矣。陳光大元年吴明徹攻江陵，引水灌城，後梁主巋出頓紀南以避之，明徹退乃還，即此。括地志：「楚始都之郢，今紀南城也，在江陵縣北十五里；平王所城之郢，則在江陵東北六里。」是矣。又冶父城，在府東。城西有荒谷。左傳桓十三年「楚屈瑕爲羅所敗，縊于荒谷，羣帥囚于冶父」，即此處也。荆州記：「州東三里餘有三湖，湖東有水名荒谷，又西北有小城曰冶父。」

沙市城，府東南十五里，商賈輳集之處，相傳楚故城也。亦謂之沙頭市。朱梁開平二年楚馬殷將許德勳將水軍擊荆南，至沙頭，高季昌懼而請和。後唐天成三年詔楚王馬殷進討荆南，殷遣軍次沙頭。宋志：「沙市地本沙渚，每蜀江漲溢，輒至摧圮。熙寧中鄭獬作守，始築長堤扞禦，後復圮。慶元三年復議修築。德祐初司馬夢求監沙市，市地形險固，恃水爲防。一旦湖水涸，蒙古來攻，乘南風縱火，夢求死之。蒙古屠沙市，江陵遂陷。」胡氏曰：「沙市南即江津戍，其南岸即馬頭岸。」今有沙市驛，并置巡司于此。又�城，郡志云：在城南二百里，楚昭王時郢公所築。今松滋縣有楚城，亦謂之郢城。

安興城，在府西北。江左僑立新興郡，領廣牧、定襄、雲中、九原、宕渠、新豐六縣。宋省雲中、九原、宕渠三縣，餘三縣仍屬于新興郡，郡治廣牧縣。齊因之，梁改新豐爲安興縣。隋開皇七年郡廢，省安興入廣牧縣，屬江陵府，仁壽初改廣牧曰安興，大業初又以定襄縣省入。唐初仍爲安興縣，貞觀十七年省入江陵縣。○長寧廢縣，在今江陵城内。劉昫曰：「上元元年分江陵置長寧縣，治郭下，二年省枝江縣入焉。大曆六年復置枝江縣，省長寧入江陵。」又紫陵城，亦在府南。隋志：「西魏置華陵縣，後周改名紫陵。其城南面後梁置鄀州及雲澤縣于此。隋開皇初因之，大業初州縣俱廢入紫陵縣，屬南郡。唐初廢。」

方城，府西北六十里。或云孫吴所築，取故方城之名。晉太康初置南蠻校尉于襄陽，渡江後移置于江陵之方城，水經注「南蠻校尉府在方城」是也。宋孝建三年府罷，移其營于建康，而方城如故。當陽縣志：「縣東南有方城，相傳唐郭子儀築。」悞也。郡志又云：府東三湖東岸有方城，與冶父城相近。亦悞。宋末荆南置制使趙方子葵守方城，避父諱改曰万城，又訛爲萬城，今萬城堤因以名。

紀山，在城北四十里。江陵之主山也，西北與荆門、當陽諸山相接，紀南城以山而名。荆州志：「近州無高山，所有皆陵阜，故名江陵。」○東山，在城東，臨北海上。又西山，在城西。相連有八十八嶺，沮、漳之水由此入江。

龍山，在城西北十五里。桓温九日登高，孟嘉落帽處也。志曰：龍山之西有馬山。宋乾道六年劉珙于荆南龍居山牧養五百匹，或即龍山矣。又擲甲山，在府城西龍山門西北隅。相傳關壯繆還救南郡，聞糜芳已降，憤而擲甲于此。○八嶺山，在府西北三十五里。山上有八嶺。

赤板岡，在城西。水經注：「紀南城西南有赤坂岡，下有瀆水，東北流入城。相傳子胥入郢時所開，亦謂之子胥瀆，一名西京湖，又東北出城復西南流注于龍陂。」又諸倪岡，在府東三十里。志云：以五代時高氏將倪可福子孫多居此而名。又有鎮流砥，在府東南十五里沙市東，捍激江水，聲如萬雷。一名象鼻觜。

大江，府西南七里。自四川夔州府巫山縣流入府界，經巴東、歸州、夷陵、宜都、枝江縣境，東南經府城南七里，又東經公安、石首而入岳州府界。後漢建安十二年曹操進兵江陵，吴張昭曰：「我所以拒操者，長江也。今操得荆州，水陸俱下，長江之險，已與我共。」蓋以江陵居江南之上游也。水利考：「大江流入郡境，自西而北，而東，而南，勢多紆回，南北兩岸俱平衍下濕，水易漫流，故決害不免。濱江諸縣，各沿岸爲隄，南岸自松滋至巴陵縣之城陵磯，長亘六百餘里；北岸自當陽至沔陽州茅埠堤，長亘七百餘里。咫尺不堅，千里爲壑。且決口四通湖泊，盜賊每竄伏爲害，故隄防最切。然川壅而潰，隄防未可專恃也。」元大德間議者言：「江陵路舊有九穴、十三口，今可開者惟郝穴、赤剥、楊林、采穴、調絃、小岳六處，餘皆堙塞。」至明時六穴復湮其五，惟郝穴僅存。嘉靖中復以浮議築塞，諸湖渚又多淺淤，故三十九年之潰決最甚。自是以後，修築之工殆無虚歲矣。

夏水，府東南二十五里。有夏水口，乃夏水之首，江之汜也。亦謂之豫章口。水經注：「江水又東得豫章口，夏水所通也。」西北有豫章岡，蓋因岡而得名。晉義熙初劉毅擊破桓振黨馮該于豫章口。八年劉裕遣王鎮惡襲劉毅于江陵，至豫章口，去城二十里，捨舟步上是也。夏水又逕監利縣，至沔陽州爲長夏河，又東合漢水入江。荆州記：「夏水分江東出謂之夏首，其入江處謂之夏汭，蓋夏水之尾也。」亦曰夏浦，楚辭「過夏首而西浮」，又云「背夏浦而西思」，蓋指是水也。盛弘之曰：「夏洲首尾長七百餘里。」

揚水，在府東南。水經注：「揚水上承江陵縣赤湖，東北經郢城南，又東北與三湖水會。」三湖者，白湖、中湖、昬官湖也。三湖合爲一水，東通荒谷，春夏水盛則南通大江，否則南迄江隄。揚水下流經監利縣，〔一〕又北入景陵縣界注於沔。杜預開揚口起夏水達巴陵，即是水也。宋元嘉中通三湖注揚水以廣運漕，蓋修杜預之故道。今堙。又漕河，在縣北四里。志云：晉元帝時所鑿，自羅堰口入大漕河，又由里社穴達沔水口直通襄、漢江，後廢。宋端拱初內使閻文遜等請開荆南城東漕河，至師子口入漢江，可通荆、峽漕路至襄州，從之。既成，可勝二百斛舟，行旅稱便，蓋即漕河故道矣。大漕河，即荆門州之建水。

赤湖，府西北十五里。荆州記：「昭王十年吴通漳水灌紀南入赤湖，進灌郢城，遂破楚，即此赤湖也。」一云桓玄挾安帝西幸，劉毅等追襲敗玄黨，血流水赤，故名。又高沙湖，在城西北七里。水經注：「郍里洲西有高沙湖，湖東北有小水通江，名曰曾口。」○東湖，在府東五里，廣袤數十里，爲一郡之勝。其相連者曰羅湖，今爲羅湖臺市。又五里爲柘林湖、白沙湖，近沙市。湖多魚，有河泊所掌之。又西湖，在府西十里，爲蒟蒻之利。

女觀湖，在府東北。水經注：「柞溪水出江陵縣北，東注船官湖，湖水又東北入女觀湖，湖水又東入于揚水。」東晉初荆州將趙誘等與賊杜曾戰于女觀湖，敗沒處也。今湮。又倚南湖，在府東九十四里，府東百十里又有倚北湖，皆掌于河泊所。又廖臺湖，在府東百二十里。志云：府西南九十里有吴河湖，又府東九十里爲崔家套，亦掌於河泊所。境内諸湖，皆大江匯流也。

柞溪，在府北二十里。諸水散流匯而成川，東流經驛路，水上有大橋，又東注船官湖。晉隆安三年桓玄襲殷仲堪于江陵，仲堪走，遣軍追獲之，至柞溪逼令自殺。義熙初南陽太守魯宗之遣兵擊走桓振黨桓蔚于襄陽，又進破振將溫楷于柞溪，進屯紀南是也。舊有魯宗之壘，在縣東十里。溪水經其南，今堙。○靈溪，在府東二十里。水經注：「江水逕燕尾洲北合靈溪水。水無泉源，上承散水南流注江。江、溪之會有靈溪戍，背阿面江。西帶靈溪，亦曰零水，其入江之口謂之零口。」晉隆安三年江州刺史桓玄襲殷仲堪于荆州，自巴陵乘勝至零口，去江陵二十里。元興三年何無忌討桓振于江陵，振逆戰于靈溪，無忌大敗處也。

龍洲，府西南十六里江中。一名龍川，一名龍陂，亦名龍陽洲，又名龍泉，廣三十里。晉元興三年何無忌等攻江陵，破桓蔚于龍泉。宋昇明二年沈攸之東攻郢城，張敬兒自襄陽來襲，攸之子元琰棄江陵城奔寵洲。水經注：「龍洲東有寵洲。」又陳大建二年章昭達攻後梁主于江陵，梁主與周將陸騰拒之。昭達決龍洲寧湖堤，引水灌江陵。騰出戰于西堤，昭達戰不利，引還寧湖堤。後周書陸騰傳作「寧邦堤」。

百里洲，在城西南大江中。周圍百里。亦謂之中洲。三國魏黄初四年遣曹真分道侵吴，圍南郡，吴將孫盛據江陵中洲爲南郡外援，曹真使張郃擊破之，遂奪江陵中洲。時江水淺陿，魏將夏侯尚欲乘船將步騎入渚中安屯，作浮橋南北往來。董昭曰：「師雖深入，還道宜利。今屯渚中，至深也；浮橋而濟，至危也；一道而行，至陿也。三者兵家所忌，加以江水向長，一旦暴增，何以防禦？」詔尚等促出，吴人兩頭並前，魏兵一道引去，僅而獲濟。時吴將潘璋已作荻筏欲燒浮橋，後旬日江水亦大漲，尚先退得免。荆州記：「自枝江縣西至上明東極水津，其中有九十九洲，諺曰『洲不滿百，不出王者』，桓玄有問鼎之意，增置一洲，未幾敗滅。」宋文帝在藩，忽生一洲，而入繼大統。梁元帝立于江陵，將還建康，其下多荆州人，不樂東遷，詭云「枝江生洲數已滿百，爲龍飛之應，當留江陵」，元帝從之，而覆亡于西魏。唐武德四年李孝恭等擊蕭銑，敗之于百里洲是也。今亦見枝江縣。

枚回洲，在府西北高沙湖之西。晉元興三年桓玄自江陵西奔，將入蜀，益州都護馮遷等擊斬之于此。水經注：「江水自枚回洲分爲南北二江，北江有故鄉洲，桓玄見殺于此。」又云：「江陵城南有馬牧城，此洲始自枚回，下迄于此，長七十餘里。洲上有奉城，故江津長所居，度貢賦以入洛陽，故名。」○鷰尾洲，在府南江津戍之西。通志：「江陵有三洲，首曰枚回，中曰景里，下曰鷰尾。」三國志：「夏侯尚圍南郡，作浮橋以渡景里洲。」蕭齊永明八年荆州刺史巴東王子響拒命，敕衛尉胡諧之檢捕。諧之至江津，築城鷰尾洲，子響怒，分兵由靈溪西渡，自帥百餘人操萬鈞弩宿江隄上。戰既合，于堤上發弩射之，臺軍大敗。志云：府境諸洲皆百里洲之别名。

三海，在城東北。江陵以水爲險。孫吳時引諸湖及沮、漳水浸江陵以北地以拒魏兵，號爲北海。赤烏十三年魏將王昶向江陵，引竹絙爲橋，渡水來侵，朱績因退入江陵。孫皓時陸抗以江陵之北道路平易，敕江陵督張咸作大堰遏水，漸漬平土，以絶寇叛。鳳凰元年羊祜以西陵降附，自襄陽引兵向江陵，欲因所遏水以船運糧，揚聲將破堰以通步軍。抗聞之使咸急破之。祜至當陽，聞堰敗，乃改船以車運，大費功力。唐貞觀八年曹王臯爲荆南節度，江陵東北七十里有廢田傍漢水，古堤決壞者二處，每夏則水浸溢，臯始塞之，廣良田五千頃，畝收一鍾，蓋即北海故址。時又規江南廢洲爲廬舍，架二橋以跨江。五代周顯德二年高保融復自西山分江流五六里，築大堰，亦名北海。宋紹興三十年逆亮渝盟，李師夔櫃上、下海以遏敵。乾道中守臣吴獵嘗修築之。開禧三年守臣劉甲以南北兵端既開，再築上中下三海。淳祐中孟珙兼知江陵，登城嘆曰：「江陵所恃三海，不知沮洳有變爲桑田者，敵一鳴鞭，輒至城下。蓋自城以東古嶺、先鋒直至三汊，無有限隔故也。」乃修復内隘十有一，别作十隘于外，有距城數十里者。沮、漳之水舊自城西入江，因障而東之，俾遶城北入于漢，而三海遂通爲一。又隨其高下爲八匱，以蓄泄水勢，三百里間渺然巨浸，遂爲江陵天險。金人嘗犯荆門州，距江陵纔百里而去，知有三海爲之限故也。古嶺等或曰即三海之名。郡志：三海俗名海子，八櫃俗名九隔，在今府東北十五里。

寸金堤，在府城龍山門外。五代時高氏將倪可福築，以捍蜀江激水。謂其堅厚，寸寸如金，因名。宋吴獵嘗分高沙、東漿之流，由此堤外歷南紀、楚望諸門，東匯沙市爲南海。○黄潭堤，在府東。宋紹興二十八年監察御史都民望言：「江陵東三十里沿江北岸古堤一處，地名黄潭。建炎間邑官開決放入江水，設爲險阻以禦盗。既而夏潦漲溢，荆南復州千餘里皆被其害，宜及時修塞。」從之。志云：今堤在府東南二十里，上當江流二百餘里之衝，一決則江陵、潛江、監利民皆爲魚，至爲要害，成化、正德已後屢經修築。又文村隄，在黄潭東三十里。弘治十四年江水決此，因築堤捍禦。正德十一年再決，復修築之。

萬城堤，府西六十里，介當陽、江陵之間。嘉靖十一年江水決此，直衝郡西，城不浸者三版，明年有司修築。又有李家埠堤，在府西三十里，自萬城以東爲衝決要口。弘治十二年堤決，湮溺甚衆，自是修築堅厚。嘉靖中築萬城堤，更築李家埠重堤護之。二十九年復決萬城堤，賴李家埠爲障蔽，郡城免於昏墊，二堤蓋唇齒之勢也。又有新開堤，在府東百二十里，成化、正德間修築。水利考：「郡境陵阜，自荆門西北來，至沙市二百餘里，下臨大江，正遏水衝。南有虎渡穴口，分流入洞庭，北有章卜、郝穴二口，殺流出漢口，而潭子湖、洪水淵、三湖等處俱爲湖渚蓄水地，故唐、宋時無大水患。元季沙市高陵半崩入江。章穴口復塞，至明嘉靖十一年决萬城堤，水遶城西，决沙市之上堤而南。二十一年郝穴口復塞，諸湖渚又多淺淤，故三十九年之潰溢爲最甚。自是修堤防，開穴口，勞費紛紜，至今未艾。」

江津戍，府東南二十里。亦曰江津口戍。江水經百里洲而枝分，至此合流，勢益大。家語云：「江水至江津，非方舟避風不可涉。」郭璞江賦云「濟江津以起漲」，言其深廣矣。或謂之津鄉。荆州記「江陵縣東三里有津鄉」，蓋沿江津得名也。漢時于此置戍，有江津長司之。戍南對馬頭岸，亦謂之江陵南岸。晉隆安三年桓玄襲殷仲堪于江陵，仲堪急召雍州刺史楊佺期于襄陽。佺期至，即與其兄廣進擊玄，玄畏其鋭，退軍馬頭。元興三年桓玄餘黨桓謙等復據江陵，何無忌等攻之，破桓謙于馬頭。義熙元年劉毅等復討桓振，至馬頭，振挾帝出屯江津。六年劉道規鎮荆州，時盧循據尋陽，以姚秦將苟林爲南蠻校尉，使寇江陵，屯于江津。譙縱復使桓謙來侵，道規敗謙于枝江，謙單舸奔苟林，道規追斬之。又十一年劉裕擊司馬休之于江陵，軍于馬頭，帥諸軍濟江，休之兵臨峭岸置陳，裕將胡藩領游兵在江津，以刀頭穿岸，劣容足指，騰之而上，直前奮擊，休之兵却，遂克江陵。宋元嘉三年到彦之等討謝晦至馬頭，江陵遂下。齊永元二年巴西、梓潼二郡太守劉山陽將兵之官，欲就荆州兵襲蕭衍于襄陽，尋自江安至江津，單車入江陵，荆州行事蕭穎胄伏兵斬之。梁承聖初西魏將于謹等襲江陵，濟漢，遣宇文護等先據江津斷東路，既而築長圍，中外信命皆絶，梁將徐世譜等赴救，皆築壘于馬頭，遥爲聲援。唐初李孝恭至江陵擊蕭銑，李靖謂：「不若且泊南岸，俟其懈而擊之。」不聽，果敗走，趣南岸。銑衆委舟收掠軍資，靖見其衆亂，縱兵奮擊，大破之，直抵江陵，入其外郭。五代梁開平二年淮南遣將李厚以水軍趨荆南，高季昌逆戰，敗之于馬頭。胡氏曰：「江津在沙市南。」是也。

黄華戍，在府東北。魏于謹等侵梁，前鋒至黄華，去江陵四十里是也。志云：府東十里有司馬休之壘，休之築此以拒劉裕。其旁又有魯宗之壘，見上柞溪下。○破冢戍，府東三十里大江東岸。晉義熙六年賊徐道覆自湓口侵江陵，奄至破冢，劉道規拒却之于豫章口。十一年劉裕擊司馬休之于江陵，前鋒出江夏口，戰于破冢，爲魯軌所敗。宋元嘉三年謝晦拒命，發兵江陵，列舟艦自江津至于破冢是也。

虎渡口，府西南二十里。志云：龍洲南有虎渡里，後漢時郡守法雄有異政，猛虎渡江去，因名。大江經此分流注于澧江，同入洞庭，所謂穴口也。宋乾道七年湖北漕臣李燾修虎渡堤，今有虎渡口鎮巡司。○郝穴口，在府東南九十里，大江經此分流注潛水，合于漢水；又東四十里舊有章卜穴口，俱爲大江分洩之處。明初章卜穴塞，嘉靖初復築塞郝穴口，大江遂至漲溢爲害。隆慶中復議開濬諸口，以章卜等穴湮塞既久，無復故道，惟郝穴與虎渡爲大江南北岸分洩要口，無容淺塞，因議并浚二穴中支河，爲通利之計。今有郝穴口鎮巡司。

沙橋，在府北。晉義熙初桓振自鄖城襲破江陵，劉懷肅自雲杜引兵馳救，與振戰于沙橋，振敗死，復取江陵。又宋元嘉三年雍州刺史劉粹襲謝晦于江陵，至沙橋，爲晦將周超所敗。昇明二年沈攸之舉兵東下，張敬兒爲雍州刺史，乘虚襲江陵，至沙橋，城中自相驚潰，敬兒遂入江陵。雲杜，見前沔陽州景陵縣。○通會橋，在府城西，衆水之所會也。下有鐵窗大渠。

章華臺。在今沙市。荆州志：「故楚離宮也，楚靈王築。」亦曰豫章臺。今爲章臺寺。左傳昭七年：「楚子爲章華之宮，又成章華之臺。」杜預曰：「在今華容城内。」郡志：臺有二，一在沙市，一在監利縣境内云。

公安縣，府東南七十里。西至松滋縣一百五十里，南至澧州安鄉縣二百里。漢武陵郡孱陵縣地。建安十四年孫權表劉備領荆州牧，分南郡之南岸地以給備，備營油口，改名公安。荆州記：「時備爲左將軍，人稱爲左公，故曰公安。」二十四年關羽使糜芳守江陵，傅士仁守公安，自率衆攻曹仁于樊。既而吕蒙來襲，士仁遂降。吴徙南郡治焉，往往以重兵駐守。晉平吴，分孱陵置江安縣，又置南平郡治此。宋、齊因之，梁改縣曰公安。陳失江陵，與後梁分江爲界，亦置荆州治此。隋開皇九年入陳，公安、巴陵以東無復城守。尋廢郡，又以州并入江陵縣，仍屬焉。唐因之，五代梁開平初武貞帥雷彦恭會楚王馬殷攻江陵，荆南帥高季昌引兵屯公安，絶其糧道，彦恭敗，楚兵亦走。宋屬江陵府，建炎中升爲公安軍，尋復舊。今城周四里有奇。編户二十三里。

孱陵城，縣西二十五里。漢縣，吴大帝封吕蒙爲侯邑。晉屬南平郡，宋、齊因之，隋開皇九年省入公安縣。亦謂之孫夫人城。元和志：「孫夫人城在孱陵城東五里。」漢昭烈夫人權妹也，與昭烈相疑，别築此城居之。又孱陵城東有地名沓中，晉永嘉末荆州刺史王澄自江陵徙治孱陵，又奔沓中是也。

馬頭城，縣西北五十里。吴陸抗所屯，江北岸即江津戍，酈道元以爲抗與羊祜相拒處。陳亦爲重鎮，隋軍來伐，遣將陳紀守此。餘詳見上江津戍。○吕蒙城，在縣北二十五里。蒙嘗屯孱陵，築城於此。又縣東北有倉城，今爲江水所經，其城址名爲倉堤。志曰：縣西南有龍城，周五里有奇。建置未詳。

大江，縣北三里。自江陵縣流入境，又東南流入石首縣界。水利考：「縣地平曠，舊治在今治西南柴林街，因避三穴橋水患，移治江皋，勢若原隴。宋端平三年築五堤以扞水。元大德七年竹林港堤潰，自是決溢不時。明初修築沿江一帶堤岸，西北接江陵上灌洋，東南抵石首新開堤，凡百二十餘里，中間最切者凡十餘處，而摇頭鋪、艾家堰、竹林寺、狹堤淵、沙堤鋪諸堤尤爲要害。成化以後，潰決殆無虚歲矣。五堤，在縣治東三里者曰趙公堤，在縣治南半里者曰斗湖堤，在縣西三里者曰油河堤，在縣東北二里者曰倉堤，在縣治北者曰横隄。其起于縣西北四十里，迄于縣東南八十里者，則明時所築之沙堤也。」三穴橋，在縣西三十里。

油河，縣西北三里。源自施州，流經松滋縣界，至縣西南又東北合于大江爲油口。孫權使周瑜敗曹仁兵入江陵，因領南郡太守，而表劉備爲荆州牧。瑜分備南岸地，立營油口，領零陵、桂陽、武陵、長沙四郡是也。江左置南蠻校尉于江陵。水經注：「府在方城，自油口以東屯營相接，悉是南蠻府屯兵。宋孝建初府始罷。」五代梁開平四年馬殷遣將侵荆南，軍于油口，爲高季昌所敗。今縣城北有油口巡司。水經注：「油水東有景口，即武陵郡界。景口東有淪口，淪水南與景水合，又南通澧水及諸陂湖。」今多湮廢。○石浦河，在縣東一里，淺不堪運。正統初縣令俞雍築壩瀦水，以便民漕。

夏水，在縣東北。水經：「江水過江安縣北，又東左合于夏口。」道元曰：「江水左迤北出通于夏水，故曰子夏，亦名江夏口。」劉裕擊司馬休之於江陵，前鋒出江夏口是也。

東湖，在縣東五里，廣袤數里；縣西南一里有斗隄湖，斗隄，邑之巨障也，以形似名；又縣東四十里有重白湖，又東爲神油湖；縣東南十餘里有洋港湖，湖有河泊所；又縣西南三十五里有蒲家湖，西南七十里有軍湖；又有貴紀湖，在縣西八十里，其相近者曰大金湖，上流接江陵縣之虎渡；皆水櫃也。

涔陽鎮，在縣西南百里。丁度曰：「郢中有涔陽渚，即此。」宇文周天和初，巴峽諸蠻爲亂，連結涔陽蠻爲聲援。又朱梁初朗州帥雷彥恭攻江陵，爲荊南高季昌所敗。既而復引兵攻涔陽、公安，季昌復擊敗之。志曰：涔陽者，以在涔水之陽。涔水在澧州安鄉縣北，蓋與縣接界云。

孫黃驛。縣西南六十里。輿程考：「自兩京至雲、貴，陸路至此而合，又七十里爲順林驛，又六十里即岳州府之澧州也。」又孱陵驛，在縣北三里。又縣東北六十里有民安驛。

石首縣，府東南百八十里。西至公安縣百二十里，南至岳州府華容縣八十里。漢南郡華容縣地，晉置石首縣，以山爲名，仍屬南郡。劉宋省。唐武德四年復置，屬荊州。宋因之。今城周四里有奇。編户三十一里。

石首舊城，劉昫曰：「舊治在石首山下，唐顯慶初移治陽岐山下。」邑志云：縣嘗改爲建寧，其址在調絃口，往東山路也。宋元祐中遷于楚望山北大江畔，元初遷繡林山下，仍名石首。至元中再遷楚望山北，即今治也。又建寧城，在縣東。本華容縣地，宋乾德三年析石首縣地置建寧縣于故白臼巡院，又以故萬庾巡院置萬庾縣。既又省萬庾入建寧，熙寧六年省建寧入石首。元祐初復置，南渡後廢。

石首山，縣北三里。江濱有石，孤立在北山之首，縣以此名。孫宗鑑曰：「自竟陵南至大江並無丘陵之阻，渡江至石首始有淺山。石首者，石自此而首也。」○龍蓋山，在縣東二里，縣之主山也。與繡林、馬鞍爲三峰，俱錯列江濱。

水經注：「大江右有龍穴水口。」今龍蓋山上有石湫，號龍穴水，下流入江。相傳唐李衛公征蕭銑取道江陵，屯兵于此。又馬鞍山，在縣南二里。志以爲陸遜取荆州解鞍休兵處。

繡林山，縣西南二里。一名陽岐山，昭烈娶孫夫人于此，繡幛如林，因改今名。又縣西二里有楚望山，一名望夫山，相傳昭烈泊舟江北沙浦，孫夫人于此望之。又八仙山，亦在縣西二里，與繡林山相接，環縣治後。

東山，縣東七十里。志云：縣東六十里有焦山，與東山連麓，其東南即華容縣界也。山下有焦山港，通洞庭湖，岸北即調絃口。又獵貨山，在縣東三十里。下有彭田港，宋時商賈舟楫往來貿易於此，水漲亦通洞庭。

大江，縣北三里。一名長河。自公安縣流入境，又東入岳州府界。水經注：「大江逕石首山北，又東逕赭要洲。」赭要洲下即揚子洲，並在大江中。水利考：「縣治一面濱江，地復下濕。元大德七年決縣東三十五里之陳瓮港隄，始築黄金、白楊二堤護之。未幾復決，始議開楊林等穴，水勢以殺。明時穴口俱湮，堤防漸壞，嘉靖元年以後衝決不時。隆慶初修築，南岸自公安沙堤至調絃口，凡四千二百餘丈，北岸則自江陵洪水淵至監利縣金果寺堤，凡千有餘丈，其間楊林、瓦子灣、藕池、袁家、長剅諸處，皆要害也。」

便河，縣西南二里，達洞庭。久塞，正統中縣令盛琦濬通，商民稱便。○劉郎浦，在縣西南二里，濱大江，相傳先主納吴女處。後唐天成三年楚將袁詮、王環等擊荆南，高季興逆戰于劉郎洑，〔三〕爲楚所敗。洑讀同伏，洄流曰洑也。胡氏曰：「石首縣沙步有劉郎浦。」志云：縣西五里有萬石灣，在萬石堤下，與江北岸劉郎浦正相直，舟楫經過，遇北風輒壞，俗呼折船灣。

竹林港，縣西六十里。地多竹。元大德中江水決于此，爲堤防要口，蓋與公安接境處也。又有竹林灣，在縣東九十里，接監利縣境。○瀺港，在縣東北。五代梁開平二年，淮南兵攻石首，湘州兵敗之于瀺港。志云：縣西北二里又有潴水灣，通大江。又有潭子灣，在縣東四十里大江南岸，水最深。又東二十里爲李金灣，在大江北岸，今掌于河泊所。

田坪址湖，縣南四十餘里；又有泠水湖，在縣東九十餘里；上津湖，在縣東南四十里；皆掌于河泊所。又萬乘湖，在縣東四十里，相傳諸葛武侯屯兵處。又縣東七十里有披甲湖，縣西四十里有曹屯湖，相傳皆以曹操下荆州時駐軍而名。又張屯湖，亦在縣西四十里，相傳張飛嘗屯于此。又陳家湖，在縣北四十里，多魚蝦之利。又縣東南十里有平湖，西南四十里有澧田湖，蓋澧水下流旁匯處。又西南八里有熟田湖。志云：縣境諸湖凡數十處，水漲則通大江，或通洞庭。

楊林口，縣西南三十里，多楊樹；縣西十五里又有小岳套口；皆在江北岸，江水旁洩入潛、沔處也。元大德中縣境堤岸屢決，開楊林、宋穴、調絃、小岳四穴以殺水勢。今縣西六十里有柳子口，舊與楊林、小岳相灌注。其調絃口則在縣東六十里，宋家穴則在縣西南三十五里，皆通塞不時。明隆慶中議復諸穴，惟濬調絃一口，其餘仍舊閉塞。○斷岡口，在縣東三十里。志云：宋楊么作亂，鑿斷山岡以通舟楫。又有西湖口，在縣西六十里，抵安鄉縣界，西通洞庭湖。又有藕池，在縣西五里，濱大江。嘉靖四十五年江水決入，渰溺最甚，隄防切焉。

萬石堤，縣西五里。宋縣令謝麟築，用米萬石，故名。又有新興堤，在縣西南七十里，元大德中築以防竹林港水患。

縣南五里又有黄金堤，亦元大德中築。又有楊林堤，在楊林口，明正德中築。其在縣南四十里者有風火堤，在縣北四十里者有百家堤，亦皆正德中所築。

調絃口鎮。縣東六十里江北岸。江水溢則由此洩入監利縣境匯于潛、沔。隆慶中復開濬深廣，以防水害。有調絃驛，并置巡司於此。又柳子驛，在縣西北六十里之柳子口。通化驛，則在縣南二十里，道出華容縣。城東南又有石首驛。○繫馬臺，在縣南八十里，相傳岳武穆征楊么時繫馬於此。

監利縣，府東三百十里。東北至承天府沔陽州百五十里，東南至岳州府九十里。漢南郡華容縣地，三國吴置監利縣，尋省。晉太康四年復置，屬南郡。劉宋孝建初改屬巴陵郡，齊因之。梁置監利郡，後周郡廢，縣屬復州。隋因之。唐仍屬復州，五代梁改屬江陵府。宋因之，咸淳中廢。元復置。今城周六里有奇。編户三十二里。

監利舊城，縣東六十里。土卑沃，廣陂澤，縣初置於此，因有監利之名。今縣蓋五代梁所徙。志云：宋端平初孟珙帥荆湖，嘗移縣治于今縣東南三十里之魯洑江口，元還今治。

華容城，縣東五里。應劭以爲春秋時之容城，即楚遷許處，悮也。漢置華容縣，屬南郡，後漢因之。曹操敗于赤壁，引軍從華容道步走。晉太康初縣省，尋復置，仍屬南郡。永嘉初蜀亂，割南郡之華容、州陵、監利、豐都四縣置成都王穎國，理華容。國尋廢。宋、齊仍屬南郡，後周廢。又豐都城，在縣西南。晉永嘉初割華容、州陵、監利三縣地置，屬成都國，尋廢。

州陵城，縣東三十里。杜預曰：「華容縣東南有州國。」桓十一年與鄖、隨、絞、蓼伐楚，後爲楚所滅。戰國策「楚莊辛謂頃襄王左州侯」，蓋楚嬖人邑也。史記：「楚考烈王元年納州于秦以平。」漢爲州陵縣，屬南郡，後漢因之，吴廢。晉太康初復置州陵縣，仍屬南郡。宋改屬巴陵郡，齊因之。梁置州城郡，西魏廢縣，後周廢郡。

白螺山，縣東南百四十五里。山皆白土，其形似螺。下有磯，其旁有洲，皆以白螺名。水經注：「江水東過彭城口，又東過如山北，又東過白螺山南，山下爲白螺洲。」劉宋末沈攸之舉兵江陵，趣夏口，至白螺洲，自以兵强有驕色。又陳光大初華皎以湘州叛降周，軍于白螺，與陳將吴明徹相持是也。輿程記「江行自岳州臨湘縣而東北，有白螺山」，即此。又楊林山，在縣東百三十里。地多楊，望之如雲。

大江，縣西四十里。自石首縣流入境，南岸與華容、巴陵分界，又東南流出白螺山下入沔陽州境，其南岸即臨湘縣界也。水利考：「縣當江、湖匯注之區，甚汙下，鄉民各築垸禦水，而縣治臨江，嘗多水患。元大德中議開尺八穴以殺江流，至明時穴已湮廢，因修築堤岸以禦漲溢。嘉靖四十四年縣西四十里之黄師堤、縣東三十里之朱家埠堤一帶大抵湮決。尋議修築。西自江陵縣界之龍窠嶺，東至白螺磯，凡二百六十餘里。隆、萬以後，江水南囓，水患始少。」

魯洑江，縣東南三十里。上流曰大馬長川，自大江分流，經縣南十里，東流爲魯洑江，相傳以魯肅嘗屯兵于此而名。又東北入沔陽州境，謂之長夏河。漢志「華容有夏水，首受江，東入于沔」，即此水也。志云：大馬長川周環縣境，凡二百餘里，有河泊所。

涌水，在縣東南，夏水支流也。水經注：「涌水自夏水南通于江，謂之涌口。」左傳莊十八年：「閻敖游涌而逸，楚子殺之。」晉元興三年桓玄敗，其黨桓振匿于華容之涌中。又義熙六年劉道規鎮荆州，討盧循將苟林于涌口，林走，追蘄之于巴陵是也。志云：涌水從乾溪中湧出，俗名乾港湖，在縣西北四十里。似悞。○揚水，在縣東北。自江陵縣流入境，又北入沔陽州景陵縣界。

林長河，縣東北三十里。周迴縣治三百餘里，大江支流也。又有分鹽河在縣北七十里，又北十里曰盛洪堰河，又十里曰龍潭河，皆自荆江分流，互相灌注，入沔陽州界。○三汊河，在縣東六十里，亦流入沔陽州。又新衝河，在縣西四十里，通江陵漕河，民居輻輳，賴以溉田。隆慶初議者以新衝口南接大江，口内多重湖，直達漢陽之沌口，勿復築塞，以爲分洩之利。今有新衝堤，濱江極爲要害。邑志：堤在縣西南五十里。

南江湖，縣西十里，又有東江湖，在縣東南八十里；皆近大江，因名。又縣西北六十里有家錦湖，錦一作「緑」，有河泊所；縣北三十里有小沙湖；皆有溉田之利。又爛泥湖，在縣北百二十里，接潛江縣界，爲荆、襄衆水之匯。又白灩湖，在縣東六十里，波流浩衍，羣川所鍾。志云：縣境諸湖凡數十處，大抵沱、潛之溢流也。○雲夢澤，班志：「華容縣南有雲夢澤。」或曰當在今石首、華容二縣境。左傳定四年：「吴入郢，楚子涉雎，濟江入于雲中。」杜預曰：「此所謂江南之夢也。」今湮。詳見安陸縣。

柳港口，縣東三十五里。其相近者曰上洪口，又有夢湖口在縣東八十里，皆濱荆江，與柳家港相通。又尺八流水口，在縣東南九十里，俗名赤剥口。元大德中議開此以旁洩江流，明初塞。隆慶中復議開濬，言者以爲非便而止。又黄穴口，在縣西北五十五里。其相接者曰白羊腦河，達于潛江。○車木灣，在縣東三十里。宋時江水嘗漲決于此，明正德初亦嘗衝決，爲堤防要害。又瓦子灣，在縣東八十里，亦大江衝嚙處也。又有龍淵，在縣東三里，逼近江堤。又縣東南八十里有許家池，池廣如湖，民漁其中。志云：縣北有龍潭堤，與縣西之黄師堤皆正德中修築。

窑圻鎮，縣西三十里。有巡司。又縣東白螺山下有白螺磯巡司，瓦子灣口有瓦子灣巡司。又毛家口鎮，在縣北三十五里，亦有巡司戍守。輿程記：「縣西六十里有塔市水驛，江行者必經之處，又西六十里至石首縣之調絃驛。」○龐公渡，在縣西北二里，以後漢末龐德公名，爲一縣往來之津要。

荆臺。在縣西三十里土洲之南。家語：「楚王遊荆臺。」是也。又縣東北三十里有章華臺，一名三休臺。賈子：「翟王使使之楚，楚王誇之章華之臺，三休乃至，因名。」史記：「楚靈王七年就章華臺。」杜預曰：「臺在華容城中。」今亦見江陵縣。○倉庫院，在縣北八十里。相傳曹植曾建城邑，立倉庫于此。

松滋縣，府西南百二十里。南至岳州府澧州一百七十里。漢南郡之高成縣地，東晉咸康中以廬江郡松滋縣流民避兵至此，乃僑置松滋縣，屬南河東郡。宋、齊因之，梁、陳時爲河東郡治。隋平陳郡廢，改屬荆州，唐、宋因之。今編户二十一里。

上明城，縣西一里。亦曰桓城，以居上明地，而桓沖所築也。杜佑曰：「上明即松滋西之廢大明城。」晉太元二年沖爲荆州刺史，以苻堅强盛，欲移阻江南，上疏曰：「自中興以來，荆州所鎮隨宜迴轉。臣兄温經略中原，因江陵路便，即而鎮之。今宜全重江南，輕戍江北。南平孱陵縣界，地名上明，田土膏良，可以資業軍人，在吴時樂鄉城以上四十餘里，北枕大江，西接三峽。請自江陵移鎮上明。」從之，遂爲重鎮。齊永元二年蕭穎胄奉南康王寶融稱帝於江陵，巴西太守魯休烈等不奉命，敗荆州兵于峽口，進至上明，江陵大震，穎胄遣蔡道恭屯上明以拒之。元和志：「明猶渠也，城在渠首，故曰上明。」上明在城東三十步。晉末朱齡石開三明，引江水以浸稻田，後堤壞遂廢。

樂鄉城，縣東七十里。三國吴所築，朱然嘗鎮此。其後陸抗又改築焉，屯兵于此，與晉羊祜相拒。水經注：「江水經上明城北，又東經樂鄉城北，又東逕公安縣北。」胡三省曰：「樂鄉城北江中有沙磧，對岸踏淺可渡，江津要害之地也。」晉太康元年杜預遣奇兵八百夜渡江襲樂鄉，多張旗幟，起火巴山，吴樂鄉督孫歆與江陵督伍延書曰：「北來諸軍，乃飛渡江也。」咸康八年庾翼欲自武昌移治樂鄉，廣農蓄穀，以伺二寇之釁，王述曰：「樂鄉去武昌千有餘里，江渚有虞，不相接救。」遂不果移鎮。又樂鄉城西二十里有諸葛城，相傳武侯所築。志云：諸葛城在縣西五十里高山上。

河東城，在縣東五十里。晉志：「渡江後河東人南寓者，于漢武陵郡孱陵縣界上明地僑立河東郡，統安邑等縣。」沈約曰：「晉咸康三年以司州僑户立南河東郡，隸荆州。初領八縣，宋孝建二年以安邑并入永安，弘農、臨汾并入松滋，廣戚并入聞喜，領聞喜、永安、松滋、譙四縣。」齊、梁仍曰河東郡。陳光大初湘州刺史華皎以梁兵、周兵侵郢州，吴明徹敗之于沌口，乘勝攻梁河東，拔之，遂進攻江陵是也。隋廢河東郡，又以三縣并入松滋。○高成故城，在縣東，漢所置縣也，後漢廢入孱陵縣。志云：縣東三十里有松滋故城，〔三〕後移今治。又宋紹興初嘗遷縣于今縣東南二里之瀼口，尋復故。又鄍城，在縣東南五十里。舊志云：楚昭王使鄍公所築，北去江陵二百里，亦謂之楚城。今爲古墻舖。

巴山，縣西南十五里。下有巴復村。荆南志：「春秋之世巴人伐楚，楚人拒之，巴人復遁而歸，因以名村。」山上有馬鬃嶺及射垜崖，相傳漢昭烈入蜀時走馬射的于此。晉咸寧末杜預遣奇兵襲樂鄉，多張旗幟，起火巴山是也。一名麻山。○高峰山，在縣南百里。高聳出羣山之上，頂有二池。其相接者爲雲臺山，秀拔，常興雲霧。

竺園山，在縣東四十里。下有鹿頭陂，兩崖陡削，傍有微徑，僅通人行。寰宇記：「縣西六十里有石瓦山，山形鱗次如瓦，因名。」又十里爲明月山，以山嶺環抱如月也。又有九岡山，在縣西九十五里，高峻爲一邑之勝。○梅平峒，在縣西八十里。石壁高聳，中可容數百人。又有仙女洞，在縣南九十里。洞門七重，其西一竅懸崖峭石，中甚深遠。又新勝洞，在縣南四十里。洞門屹立，泉色澄瑩。

大江，縣北一里。亦曰川江。岷江至此分爲三派，下流三十里復合爲一，達于江陵。水利考：「縣地平衍，三峽之水并流入境，奔逸震盪，最難防禦，且當公安、石首諸縣之上流，尤爲要害。縣東五里有古堤，自堤首橋抵江陵接境之古墻舖，長亘八十餘里。舊有采穴一口，藉以分洩江流，元季湮廢。明洪武二十八年以後潰決不時，至嘉靖中尤甚。隆慶初議者謂縣東五十里采穴口當諸穴之首，在江南岸，原有故道，自堤口起六十里至沙河下洞庭，必當開浚以寬下流之決潰。至魚家潭之七里廟、何家洲之朝英口、古墻之曹珊口，皆堤防要害。其五通廟、胡思堰、清水坑、馬黄岡等堤，凡十有九處，浸塌亦當預防者也。」

丘家湖，在縣東三十里。中有羅公洲，宋臨川王義慶嘗立觀于洲上，曰一柱觀。又有張白湖，在縣南七十里。○清幽溪，在縣東南四十里。自澧州慈利縣之添坪、麻寮二所流經此，分爲二支，一至公安縣西六十里之孫黄渡入江，一至江陵縣之虎渡口入江。又有潘家溪，在縣西五里，濱江，潘家水驛置于此。又縣西南十里有洪溪。

余家潭，縣東二十里，堤防要口也。又上菜洲，在縣北三里川江中。兩洲相夾，水分爲三。又裹河洲，在縣東南九十里。四圍皆河流環遶，因名。

紅崖寨。縣南百里。有巡司。又有西坪寨，在縣南九十里，昔人屯兵處，舊有巡司戍守。

枝江縣，府西一百八十里。西北至宜都縣六十里，北至荆門州當陽縣百八十里。漢置縣，屬南郡，以蜀江至此分枝爲諸洲而名。後漢因之。晉仍屬南郡。義熙六年譙縱以桓謙爲荆州刺史，自蜀東下，屯于枝江，荆州刺史劉道規擊破之。〔四〕宋、齊俱屬南郡，隋屬荆州。唐因之，上元二年省入長寧縣，大曆六年復置。宋屬江陵府，熙寧六年省入松滋，元祐初復故。建炎四年江陵府寄治于此，紹興六年還舊治。嘉熙初縣徙治㴻洋洲，咸淳六年又徙白水鎮下沱市，元還舊治。明洪武三年以容美等洞蠻出没，置枝江千户所于縣城内，以縣并入松滋，尋復置。今編户八里。

丹陽城，在縣西。亦曰丹陽聚。楚自秭歸之丹陽遷此，仍曰丹陽是也。○旌陽廢縣，在縣南。三國吴置縣，晉屬南郡，宋初因之，元嘉十八年省入枝江。

着紫山，在縣南五里。下有飲馬池。先主初入蜀，于此息馬更衣，愛其林木秀麗，建景帝祠于山上。志云：山下有縣治故址，宋遷縣于下沱市，即其地也。

大江，在縣北。水經注：「枝江地平敞，北據大江，江汜枝分東入大江，縣治洲上，故名。」志云：江水于縣西别出爲沱，而東復合于江，謂之枝江。今沱江在縣南四里，有推烏灘，水漲湍急如雷，舟行艱險。水利考：縣依高阜，向無隄防，惟洲渚環錯，夾生大江之間。北自百里洲、楊林洲、賽碑灘、蔣斗灣、窑子口，至流店驛，復轉北自董灘口、土臺、古城腦而下，至鑵嘴灘、流店湖，又自鑵嘴灘而南轉，至澌洋洲、觀音寺直抵松滋朱家埠，對岸皆有堤。其最要害者莫過于古城腦、蔣斗灣二處，此諸洲之上流也。

沮水，在縣東北。自當陽縣南流入縣界，又南入于江，謂之沮口。詳見大川。○洋溪，在縣城南，商賈聚集于地。又縣南三里爲三郎溪，西南十里爲花溪，東十五里爲滄茫溪，又東十五里爲渃溪，深闊平窪，可以避風，皆流通大江。

老雅湖，縣西一里。今涸爲田。又縣東七十里有孫家湖，縣北六十里有滄灘湖，皆江流所匯也。元和志：「縣治東南有穫湖。劉宋末沈攸之爲荆州刺史，堰湖開瀆。」今湮。○鑵觜灘，在縣東五十里，沱江所經。志云：秋冬水涸，有傾鑵聲，因名。又縣北百餘里有滄浪灘。

百里洲，在縣東北六十里。荆州記：「縣左右有數十洲盤布江中，百里洲爲最大。」江至百里洲而分流，洲北爲北江，洲南爲南江，至江陵之江津而復合。梁末陸法和有異術，隱于江陵百里洲。唐初李孝恭討蕭銑，破銑軍于清江，追奔至百里洲，又敗之，進入北江至江陵，李靖謂宜泊南岸，即江津南岸也。清江，見夷陵州長陽縣，餘詳江陵。

岑頭洲，在縣東，百里洲之首也。後漢岑彭討公孫述時憩此，因名。今縣依其上。又有迤洲，長十餘里，晉義熙初桓謙敗死于此。荆州記：「迤洲在枝江東北十餘里，亦曰延洲。」水經注：「江水逕荆門、虎牙之間，荆門之下爲延洲是也。」又縣東南二十里有富城洲。○蘆洲，在縣東南七十里。其相接者爲滻洲，又南爲澌洲，澌洲之下爲洋洲，皆廣五十里。又洌洲，在縣東二十里江中，其下爲㴾洲，皆廣十餘里，民耕其上。㴾洲之下曰關洲，約廣三十里，利種植，多民居。又縣東六十里有灞洲、漶洲，縣東南六十里有苦草洲、南渚洲。

津鄉，縣西三里。里名也。左傳莊十九年「巴人伐楚，楚子禦之，大敗于津」，即此。後漢建武四年岑彭拔夷陵，謀伐蜀，分軍屯江關、夷陵、夷道諸處，而自引兵還屯津鄉，當荆州要會。十一年岑彭自津鄉攻田戎于荆門，克之是也。酈道元曰：「應劭以津鄉爲在江陵，今則無聞。」

下沱市。在縣東南沱江上。宋度宗初，賈似道陽辭位，使荆湖帥吕文德詐稱蒙古攻下沱急，朝中大駭，詔似道復位是也。○董塘口鎮，在縣東六十里，商賈貿易，聚集于此。隆慶中議開董塘口以分洩江流，不果。又有流店水驛，在縣東南。志云：縣南三里三郎溪上有天生橋，兩崖陀東，中卧巨石，若天生然。

夷陵州，府西三百四十里。西至歸州一百五十里，西南至施州衛五百里，北至襄陽府五百七十里。

春秋、戰國時楚地，秦屬南郡，兩漢因之。魏武平荆州置臨江郡，蜀漢改爲宜都郡，後屬吴，稱重鎮焉。晉、宋、齊並爲宜都郡。治夷道縣。梁末兼置宜州，大寶初湘東王繹改置。西魏改置拓州，治夷陵。後陳亦曰拓州，陳書：「光大元年沈恪爲荆州刺史，督武、祐二州。」祐即拓之訛也。後周又改峽州。隋初郡廢，煬帝改峽州爲夷陵郡。唐初復爲峽州，天寶初改夷陵郡，乾元初復爲峽州，宋因之。亦曰夷陵郡。元改峽州路。明初爲峽州府，洪武九年改爲夷陵州，以州治夷陵縣省入。編户七里。領縣三。今仍舊。

州距三峽之口，介重湖之尾。戰國時爲楚重地，秦將白起攻楚，拔郢燒夷陵，遂東至竟陵，楚于是乎東徙。後漢初田戎據夷陵，岑彭攻拔之，遂謀伐蜀，以夾川穀少，夾川猶言夾江。水險難漕，因留馮駿軍江關，即今四川重險瞿塘關。田鴻軍夷陵，李元軍夷道，自引軍還屯津鄉，見上枝江縣。當荆州要會。三國時爲吴、蜀之要害。吕蒙襲公安，降南郡，陸遜别取宜都，守峽口以備蜀，而荆州之援絶矣。先主之東討也，從巫峽、建平至夷陵，列營數十，陸遜固守夷陵以待之，乃上疏於權曰：「夷陵要害，國之關限，若失之非徒損一郡，荆州可憂也。」及先主敗却，西陵益爲重地。初曹丕聞漢兵樹栅連營七百餘里，乃曰：「苞原隰險阻而爲軍者，爲敵所擒，此兵忌也。」夷陵于九地所謂圮地，非乎？魏景元二年議發兵深入誘致吴人内附者，荆州都督王基曰：「夷陵東西皆險陿，竹木叢蔚，卒有要害，弩馬不陳。」是也。吴鳳凰元年步闡以西陵降晉，陸抗急引兵圍之，羊祜救闡，軍至江陵，諸將咸謂抗不宜西上，抗曰：「江陵城固兵足，假令敵得之，必不能守，所損者小；若據西陵，則南山羣夷皆動，其患不可量也。」遂克西陵誅闡。抗嘗曰：「西陵，國之西門。」及王濬克西陵，西陵以東無與抗矣。隋之亡陳，亦自西陵。唐平蕭銑，先取峽州，而銑之亡也急焉。宋吕氏祉云：「荆州要害，實在夷陵。」胡氏安國曰：「峽州大都險要，皆在南岸。」祝氏鎡曰：「晉之伐吴，王濬自梁、益以踐荆門，杜預自襄陽以侵沅、湘。隋之取陳，秦王由山南以掠漢口，楊素由巴東以趨三峽。夷陵之安危，與荆州爲存亡矣。」

夷陵廢縣，今州治，故楚西陵邑也。楚世家：「頃襄王二十年秦白起拔我西陵。二十一年白起拔郢，燒先王墓夷陵是也。」秦置夷陵縣，漢因之，爲南郡都尉治。應劭曰：「夷山在西北，故曰夷陵。」更始二年汝南田戎攻陷夷陵，自稱掃地大將軍。後漢仍爲夷陵縣，建安十四年曹操置臨江郡于此。及周瑜等追操至南郡，甘寧請徑取夷陵，往即得其城。曹仁遣兵圍寧急，周瑜等馳救，大破仁兵于夷陵。吴黄武元年改夷陵爲西陵，晉太康初復曰夷陵。西魏置拓州治此，周改峽州，自此嘗爲州郡治。唐貞觀九年徙治步闡壘，即今治也。宋建炎中徙治州西石鼻山，紹興五年復舊，端平初又徙治于江南岸，元還舊治，明初省。城邑考：「州城洪武十二年因故址修築，成化中甃以磚石，弘治、正德以後相繼修葺，周七里有奇，爲門七。」

下牢城，州西北二十八里。隋峽州治此，唐貞觀九年始移州治步闡壘。章懷太子賢曰：「夷陵故城在今治西北。」是也。劉昫曰：「夷縣，隋治石鼻城，〔五〕唐武德四年移治夷陵府，貞觀九年移治陸抗故壘。」王氏曰：「今治即步闡壘，其陸抗城則在州東五里。」吴主皓鳳凰元年闡以西陵降晉，陸抗討之，勅諸軍築嚴圍，自赤谿至于故市，内以圍闡，外禦晉兵。又水經注：「江水出西陵峽，東南流逕故城洲。洲北附岸，洲頭曰郭洲，長二里，廣一里，上有步闡故城，方圓稱洲，周迴略滿。故城洲上城周一里，闡父騭所築也。江水又東逕陸抗城北，城即山爲墉，四面天險，北對夷陵故城。」胡氏曰：「故市即步騭故城，所居成市，而闡别築城，故曰故市」云。荆州圖記：「夷陵縣南對岸有陸抗故城，周迴十里三百四十步。」

臨江城，州南二十里。郡志云：漢建安中曹操築城置縣，爲臨江郡治，旋廢。梁于此置臨江縣，後周置臨江郡。陳大建中，淳于陵克周臨江郡及拓州城是也。尋復入于周，并置臨州。隋州廢，又并縣入夷陵。

石鼻山，在州西北三十里。高五百餘仞，下臨江流，中有巨石横六七十丈，如簰筏然，亦名石簰山。下有蝦蟇碚，以形似名。有泉出石上，爲登臨之勝，俗名蝦蟇背。志云：周、隋間峽州皆治石鼻山，蓋山與下牢相近也。宋南渡初州亦治此。又馬鞍山，亦在州西北三十里。先主爲陸遜所敗，升馬鞍山陳兵自遶處也。夷陵志：「夷陵要害，南有石鼻、馬鞍、猇亭。」○峽口山在州西北二十里，兩岸壁立，蜀江西來，旋渦最惡。梁末武陵王紀伐江陵，湘東王繹遣陸法和屯兵于此拒之，蓋即西陵峽口矣。又天柱山，在州西三十五里。三峰聳立如柱，故名。

西陵峽，州西二十五里。峽長二十里，石壁千仞，三峽之一也。三峽之稱不一，或云州境自有三峽，謂西陵、明月、黄牛也。蜀江之險，蓋始于此。詳重險西陵。

黄牛峽，州西九十里。亦曰黄牛山，下有黄牛灘。其峭壁間有石如人牽牛狀，人黑而牛黄。山巖既高，加以江渚紆緬，雖途經信宿，猶望見之。行者謡曰：「朝發黄牛，暮宿黄牛，三朝三暮，黄牛如故。」言水路阻長也。輿程記：「三峽中惟瞿塘、黄牛爲最險之處。」○明月峽，在州西二十里，懸崖間白石狀如月，亦名扇子峽，高七百餘仞。志云：州北十五里有白起洞，俗傳秦白起燒夷陵時駐此。

大江，在州城南。自歸州流入境，迫束于羣峽間，紆回險急，出西陵峽口流稍緩。今州西北二十五里有平喜壩，凡自蜀出峽，至此相慶，故名。又東入宜都縣界。水利考：「州東三里有二公堤，當上流之衝，旁有民田，成化二十三年築堤于此，行旅便之。」

赤谿，在州西北五里，即陸抗築城圍步闡處，東合大江。或謂之東坑，陸機辨亡論：「陸公以偏師三萬，北據東坑。」李善曰：「東坑在西陵步闡城東北，長十餘里，抗所築城在東坑上。」又浣沙河，在州西北二里，東合于赤溪。

下牢谿，在州西北二十五里。有關曰下牢關，亦曰下牢戍，舊峽州治也。陸游曰：「下牢關夾江千峰萬嶂，奇怪不可名狀。初冬草木青蒼不凋。西望重山如關，江出其間。其上有洞曰三遊洞，泉石絶勝。」

流頭灘，州西百里。袁山松曰：「自蜀至流頭灘五千餘里，下水五日，上水百日。」水經注：「江水過流頭灘，其水峻急奔暴，魚鼈所不能游，行者苦之。」近志作「虎頭灘」，悞。一統志：「虎頭、鹿角、狼尾三灘，俱在三峽中，最險。」又獺洞灘，在州西百二十里，亦險惡。使君灘，在州西百十里大江中，或曰益州牧劉璋使法正迎先主于此。一云楊亮爲益州刺史，經此覆舟，故名。其相近者爲惡蛇灘。數灘俱江路之艱阻者。又有青草灘，在州南十五里，中多蕪草。又有三溜灘，在州西十里，洲有急溜凡三也。

狼尾灘，在流頭灘下。水經注：「江水經流頭灘、狼尾灘、黄牛山之黄牛灘，而後逕西陵峽，出峽東南流，而後至步闡壘。」隋楊素伐陳，自永安引舟師下三峽，至流頭灘，陳將戚昕以青龍百餘艘守狼尾灘，地勢險峭，素啣枚夜掩之。又分軍引步卒自南岸擊其別栅，别將劉仁恩帥甲騎自北岸趣白沙，遲明俱進，昕敗走。宜都記：「江水東逕狼尾灘而歷人灘。」袁山松曰：「二灘相去二里，人灘水至峻峭。其石作人形，因名。」

南津關，在州南門外一里。西津關，在州西大江右。又白虎關，在州東北六十里。○南津口，在州北二十里，當三峽之口。相傳漢昭烈嘗據守此津之南，故名。今州北十五里有南津口巡司。又金竹坪，在州東九十里，亦設險處。舊有金竹坪巡司，今革。

岐亭。在西陵峽口。隋楊素伐陳克狼尾灘，陳將吕忠肅屯岐亭據江峽是也。〔六〕詳亦附見重險西陵。○白沙驛，在州西百二十里。隋楊素擊陳將戚昕于狼尾灘，别軍帥甲騎自北岸趨白沙是也。今爲白沙館。又屈溪驛，在州西六十里，嘉靖二十五年改置白沙馬驛。志云：今州城南有鳳棲驛，州西九十里有黄牛驛，又州西北百二十里有辰溪水驛。

長陽縣，州南九十里。東至宜都縣五十里，南至澧州石門縣三百七十里。漢武陵郡之佷山縣地，後漢屬南郡，三國吴屬宜都郡，晉以後因之。隋開皇八年改置長陽縣，以長陽溪而名，并置睦州治此。十七年州廢，大業初縣屬荆州。唐武德四年復置睦州，八年州廢，縣屬東松州，貞觀八年改屬峽州。宋因之。今無城。編户三里。

佷山城，在縣西六十五里同昌市。漢縣。佷音銀。蜀漢章武二年先主伐吴，自佷山通道武陵，使馬良結五溪諸蠻是也。晉太康元年改曰興山，後復爲佷山縣，隋廢。通典：「古直城在今縣西北五十四里，四面險絶，有林木池水，或以此爲佷山故城。」

巴山城，縣南七十里。隋志云：「梁置宜昌縣，又置宜都郡治此。後周置江州。隋開皇初郡廢，十八年改江州爲津州，又改縣爲巴山縣。大業初州廢，縣入清江郡。」蕭銑時亦置江州，唐武德四年州廢，以縣屬睦州，八年改屬東松州。貞觀八年亦屬峽州，天寶中省入長陽縣。

巴山，在廢巴山縣北。其山曲折如巴字，隋因以名縣。又方山，在縣南三十里，四面俱方。一名重山。○武落鍾山，寰宇記：「在縣西北七十八里，有石穴，即巴蠻之先廩君刺劍處。」一名難留山。荆州記：「難留山北有石室，可容數百人，僻險不可攻，因名難留城。」又望州山，在縣西八十里。山勢高聳，望見夷陵。

將軍山，在縣南，隔江。山勢雄峻，峽石如帶鎧甲狀。又縣南隔江有龍門洞，洞前兩崖壁立，巖穴幽邃，泉瀑飛注。又白馬崖，在縣東南十五里清江之南。石狀如馬，其色純白，因名。又咬草巖，在縣西北四十里。徑通州城，行者攀崖懸草而上。

清江，在縣東南十三里。源出貴州思州界，經四川黔、彭間而入施州開蠻界，又流經建始縣入縣境，又東北經宜都縣流入大江。本名夷水，相傳廩君乘土船處。其水清澈，因目爲清江。唐武德四年李孝恭討蕭銑，敗銑將文士弘于清江，追奔至百里洲。唐實録云「孝恭敗士弘于清江合口」，蓋合大江之口矣。

馬連溪，在縣南。志云：縣境諸溪匯流，自西而東，凡數十處，俱附清江而達大江。又有三節等灘，在縣西南。其列于清江之濆者，自西而東亦以數十計。

古捍關，縣南七十里。楚世家：「肅王四年蜀伐楚，取茲方，楚爲捍關以拒之。」茲方，今松滋也。括地志：「捍關在峽州巴山縣。」張儀説楚曰：「舫船載卒，下水而浮，一日行三百餘里，不至十日而距捍關。」鹽鐵論：「楚自巫山起方城，屬巫、黔中，設捍關以拒秦。」水經注：「江水經弱關、捍關。」弱關亦在建平、秭歸界，昔巴、楚數相攻伐，藉險置關，以相防捍。李熊説公孫述曰：「東守巴郡，拒捍關之口。」建武二年述使任滿從閬中下江州，東據捍關。亦謂之楚關。建安十三年甘寧獻策于孫權，據夏口鼓行而西，據楚關以規巴蜀是也。

漁洋關，縣南二百里，又縣西三百里有蹇家園，俱有巡司戍守。志云：縣境舊有梅子八關，四臨江南，四臨江北，元時置以備峒蠻，明改爲二巡司。又招來堡，在縣西南，與蠻接界，弘治中分枝江所兵戍守。○紅崖寨，在捍關南七里。又南十里爲風火寨，三十里爲小城寨，五十里爲山寨，三百五十里爲珍珠寨，皆峒蠻出没處。

米峒。在縣西南。元泰定三年米峒蠻田先什用等結十二峒蠻寇長陽縣，〔七〕湖廣行省遣九姓長官彭忽都不花招降之，即此。○務河渡，在縣西二里，路通椒山、瑪瑙長官司諸夷。又有津陽渡，在縣西十里，路通夷陵及施州衛。

宜都縣，州東南九十里。東北至荆門州當陽縣二百十里，東南至枝江縣六十里。漢夷道縣，屬南郡，後漢因之。永和二年武陵蠻反，寇夷道。建安十五年先主置宜都郡治此。章武二年吴將孫桓別擊漢前鋒于夷道，爲漢所圍，即此。吴亦爲宜都郡治，晉仍舊。太和中桓温以父嫌名改曰西道，尋復舊。宋、齊因之。梁末置宜州。陳州廢，改縣曰宜昌。隋開皇九年置松州，十一年州廢，縣屬荆州。唐武德二年置江州于此，改縣曰宜都，六年改江州爲東松州，貞觀八年州廢，縣屬峽州。今城周三里有奇。編户四里。

夷道城，在縣西北。後梁與陳畫江爲界，夷道屬陳，梁因于江北岸別置夷道縣，并立宜都郡治焉。隋開皇七年郡廢，縣屬峽州。大業末蕭銑置宜都鎮于此。唐武德中屬江州，尋并入宜都縣。志云：今縣治西一里有夷道故城，此即漢縣舊治也。又宜昌廢縣在縣東，晉末置，屬宜都郡，宋、齊因之，梁改爲宜都縣，隋開皇十一年省。

荆門城，在縣西北荆門山下。江山險阨，因置城于此爲控守處。隋開皇九年楊素伐陳，克荆門。唐武德三年蕭銑戍荆門鎮，峽州刺史許紹攻拔之。明年李孝恭自夔州進攻銑前鋒，拔其荆門、宜都二鎮，孝恭進至夷陵是也。又安蜀城，在荆門城西南。陳大建二年章昭達攻後梁，梁主巋與後周信州總管陸騰拒之。周人于峽口南岸築安蜀城，横引大索于江上，編葦爲橋以渡軍糧。昭達命軍士爲長戟施于樓船上，仰割其索，索斷糧絶，因縱兵攻安蜀城下之，尋置信州于此。明年顧覺據守，隋楊素攻拔之。又唐武德二年蕭銑窺峽口，爲峽州刺史許紹所敗。時銑遣兵戍安蜀及荆門，明年紹復攻拔之。今俱詳見前重險。○陸抗城，在縣西三里，亦謂之大城。又有吴相臺，以陸遜嘗屯此也。

荆門山，縣西北五十里大江南岸。其北岸爲虎牙山，與荆門相對。亦曰武牙，下有虎牙灘。其旁又有大梁山，亦高拔。志云：荆門山下有十三碚，江路與山勢相背，因名也。詳見重險。

三臺山，縣西十五里。三峰並峙如臺。又宋山，在縣西二十里，高聳秀麗。又有架鍋山，在縣西五十里。三峰峙立，若架鍋然。又有望州山，在縣西北二十里，以登之可望州城也。又羊腸山，在縣南。荆州志：「登羊腸山望見南平、沮、漳。」○界嶺，在縣北六十里，與夷陵接界而名。又縣北三里有馬鬃磧，夏没冬見，行舟畏之。

大江，縣北三里。自夷陵州東南流入境，經荆門山下，又東南流經此，清江流合焉，並流而東入枝江縣界。舊志云：荆門山東有延洲，陳將吕忠肅爲楊素所敗，自岐亭退保荆門之延洲，〔八〕素復擊敗之。或以爲即枝江縣之迤洲，恐悮。又有雲池，亦在縣北五十里大江中，水涸乃見，中富魚蝦，民賴其利。

清江，在縣城北。自長陽縣流入界，遶縣城而北出，合大江。今有清江口鎮巡司。又漢洋河，在縣西十里。源出蠻界，經長陽縣之漁洋關入縣境，會清江入大江。

蒼茫溪，縣東五十里，引水灌田千餘頃。又縣東三十里有雅石溪，與蒼茫溪相接。又富金溪，在縣西三十里，旁多竹木；其相接者曰白巖溪，兩崖險峻，竹木叢生；其下流皆達于大江。

猇亭。在縣西。其地險隘，古戍守處也。蜀漢章武二年先主伐吳，帥諸將自江南緣山截嶺，軍于夷道猇亭。陸遜曰：「備緣山行軍，勢不能展，自當罷于木石之間，徐制其敝。」是也。○普通鎮，在縣東北五十里。道僻山險，多盜賊，向有巡司戍守。又白洋水驛，在縣東北十里。

遠安縣，州東北二百里。南至荆門州當陽縣百五十里，東北至襄陽府南漳縣百八十里。漢臨沮縣地，屬南郡。晉末置高安縣，劉宋初汶陽郡治此，齊、梁因之。後周改爲遠安縣，屬峽州。隋、唐仍舊。今城周四里有奇。編户二里。

汶陽城，在縣西北五里。沈約志：「汶陽郡陸行去荆州四百里，水行去荆州七百里，宋初置郡，領汶陽、潼陽、沮陽、高安四縣，後省汶陽，領三縣。」此汶陽郡城也。水經注：「沮陽縣，沮水出其西北，東南經汶陽郡，北即高安縣界。郡治錫城，義熙初分新城立。」蕭子顯曰：「桓温以臨沮西界水陸紆險，道帶蠻蜑，田土肥美，立爲汶陽郡。」齊建元二年北上黄蠻文勉德寇汶陽，太守戴元賓棄城奔江陵，豫章王嶷遣將劉伭緒討之，至當陽，勉德降。上黄、臨沮，見南漳縣。隋志：「汶陽郡舊治高安縣。」

潼陽城，在縣北。晉末置縣，屬汶陽郡，劉宋因之。齊建元二年魏師入寇，南襄城蠻秦遠乘虚寇潼陽是也。後周縣廢。志云：南襄城在縣北七十五里，相傳關羽屯兵之所。南北朝時嘗于此置南襄城郡。蕭齊時南襄城郡屬南蠻府。又齊書：「汶陽郡東北接南襄城。」今爲預備倉。

鳳鳴山，縣西十里。峰巒秀麗，甲于羣山。又百井山，在縣西六十里，極高峻，上多井泉，登嶺望見江陵。縣西南六十里又有清溪山，極高秀，一名雲夢山。○亭子山，在縣北五里。上有舊縣址，或以爲即汶陽故郡治。縣志「今縣治本名東莊，明成化中以賊劉千斤作亂，築城于此，建遠安守禦千户所，尋移縣治焉」，蓋即故縣治矣。又西北十里有鹿溪山，以山之奇勝得名。

甘霖洞，縣北二十五里。巖穴深邃，有泉南流爲石洋河，東入沮水。類要云：「縣西南有三洞，一曰金龍，一曰鍾乳，一曰仙居，皆鬼谷子游歷處，通謂之鬼谷洞。」○天坑，在縣東十里。周圍山聳，中闊十里，雖霖雨横流，須臾自消，如天造地設。

沮水，縣東北五十里。自南漳縣流經縣界合豁谷諸水，又南流入當陽縣境。○清溪，在縣西南六十里，流經縣南東合沮水。又有靈水溪，在縣東北六十里，亦流合沮水。又有油溪，出縣北五十里洪巖洞中，可溉田。

香橋湖，縣西六十里，百井山水所匯也；縣西南六十里又有官湖；其下流皆入于清溪。○筧水口，在縣西北八十里。其地有雞頭山，水出石孔中，居民以木竹爲梘，引水灌田，南流入沮水。

高鷄砦。在縣西南，與宜都縣接境。地險僻，有巡司戍守。志云：州東金竹坪官兵移戍于此。又有南襄堡，即縣北故南襄城，成化中遠安所兵戍守于此。

歸州，府西五百二十里。南至施州衛三百五十里，西至四川夔州府三百三十里，北至鄖陽府五百里。

周夔子國地，漢志：「秭歸縣有歸鄉，故歸國。」宋志曰：「歸即夔也。」春秋、戰國屬楚，秦、漢屬南郡，後漢屬宜都郡。孫吴永安二年置建平郡，晉併入晉所置建平郡，晉先置建平郡，治今夔州府巫山縣，後以吴所置郡并入焉。宋、齊皆屬建平郡。後周曰秭歸郡，隋郡廢，屬信州。唐武德二年置歸州，天寶初改爲巴東郡，乾元初復爲歸州。宋因之。亦曰巴東郡。元至元中升歸州路，尋復降爲州。明洪武九年廢州爲秭歸縣，屬夷陵州，尋復爲歸州，以秭歸縣省入。編户六里。領縣二。今仍舊。

州左荆、湘而右巴、蜀，面施、黔而背金、房，戰國時爲秦、楚相攻之地，三國吴以爲西偏重鎮。晉王濬等謀自蜀沿流來伐，守將吾彦請增建平之戍以扼其衝要。陸抗亦曰：「西陵、建平，國之藩表，既處上流，受敵二境。」是也。唐平蕭銑，師自歸峽而東。宋平孟蜀，劉光義軍出歸州。嘉熙中蒙古將搭海入蜀，孟珙帥荆湖，知賊必道施、黔透湖、湘，乃分兵屯歸峽及松滋諸處，爲夔聲援。明初平僞夏，亦分兵由峽路進克瞿塘。州其楚、蜀之門户歟？

秭歸廢縣，今州治。漢縣，屬南郡。後漢永元二年秭歸山崩，蓋縣境内山也。孫吴置建平郡，治秭歸。晉初郡廢屬建平郡，後周改縣曰長寧，爲秭歸郡治。隋初郡廢，縣復曰秭歸，屬信州。自唐以後皆爲歸州治。城邑考：「縣城舊在江北。」水經注云：「縣城東北依山即坂，周迴二里，高一丈五尺，南臨大江，故老相傳謂之劉備城，蓋征吴時所築也。」歷代相仍，宋端平中始移縣于江南曲沱，尋徙新灘，又徙白沙南浦，即今治也。元末嘗徙治丹陽城，明復舊。今州城明初所築，周六里有奇，門五。

丹陽城，州東南七里，南枕大江。周成王封熊繹于荆蠻，居丹陽，即此。一名屈沱楚王城。晉王濬伐吴，破丹陽，遂克西陵。元嘗徙州治此。明洪武四年康茂才與僞夏將龔興戰于東門，大破之。今尚呼爲東門頭。○夔子城，在州東二十里。古楚之嫡嗣有熊摯者，以廢疾不立而居于夔，爲楚附庸，後王命爲夔子。僖二十六年，楚以其不祀滅之。水經注：「江水東南經夔城南，城跨據川阜，周迴一里百十八步。」又州志云：州西三里有夔子城，城地名夔沱，宋端平間徙州治此。

信陵城，州西四十五里。水經注：「江水東逕歸鄉城北，又東經信陵城南。吴孫休永安三年分宜都立建平郡，領信陵等縣。孫皓建衡二年以陸抗督信陵、西陵、夷道、樂鄉、公安諸軍事，即此信陵也。晉仍屬建平郡，宋初因之，尋并入歸鄉縣。

建平城，在州東。故秭歸地，孫吴置建平郡，以此城名。○吴城，在州東南八十五里。孫吴時築城置戍于此，以備蜀，城因以名，隋以城當三峽要衝，置大清鎮以塞山蠻寇掠之路。

楚臺山，在州城中。舊説楚襄王建臺于此，今爲長寧千户所治。又八學士山，在州北十里。山有八疊，皆朝州治。○萬户谷，在州西。宋嘉熙三年蒙古搭海入蜀，孟珙分兵屯據要害，爲夔州聲援，增兵守歸州峽口萬户谷是也。

白狗峽，州東十五里。兩崖如削，白石隱起如狗然。又馬肝峽，在州東二十里。峭壁間懸石如馬肝，因名。○空舲峽，在州東三十里。夏秋水泛，必空舲乃可上。一名空峽灘。又建陽峽，在州東北七十里，約長十餘里。水經其間，曲折四十八渡。志云：自州至長陽四百里，峽水奔流，石磧險要，誠天設之險也。

大江，州西北二里。自巴東縣流入境，又東入夷陵州界。志云：自宋以前州治皆在江之右，宋、元以後州治常在江之左是也。

香溪，州東北十里。源出興山縣，流入江，州志所云「大江經前，香溪遶後」者也。或謂之鄉溪，又名昭君溪，州東北四十里蓋有昭君村云。又下牢溪，在縣南四十里，與香溪皆注于江。

吒灘，在州西三里。水石相激如噴吒聲。志曰：灘在雷鳴洞南，分爲三吒，官漕口爲上吒，雷鳴洞爲中吒，黄牛口爲下吒，舟行至此多覆，亦名人鮓甕。○蓮花灘，在州西北二里。又五里有滑石灘。其在州西北三十里者曰洩灘。志云：州西二里爲石門灘，州東五里有王家灘。又有新灘，在州東二十里。宋時嘗徙縣治此。其相近者又有小新灘。

牛口鎮，州西九十里。有巡司。又興山鎮，在州南九十里，亦置巡司戍守。○南邏口，在州東十五里。志云：明初設南邏關于古丹陽城，後移于新灘，置巡司，即此處也。

大埡砦。在州西。宋嘉熙三年蒙古自蜀窺峽，峽州守孟璟迎拒于歸州大埡砦，得捷於巴東，遂復夔州是也。○建平水驛，在州東五里。志云：驛東有三閭峽，以屈原名。又東爲花橋舖，與夷陵分界處。又萬流水驛，在州西北百里。

興山縣，州北八十里。東南至夷陵州百八十里，北至鄖陽府房縣三百里。本漢秭歸縣地，吴置興山縣，屬建平郡，晉廢。唐武德三年復置，屬歸州。宋熙寧五年省，元祐初復。明正統七年廢，成化七年復置。尋又廢，弘治二年復置。今城周二里。編户二里。

高陽城，縣西二里，楚舊城也。楚，高陽氏之裔，故名。劉昫曰：「興山縣舊治高陽城，貞觀十七年移治太清鎮，天授二年移治故夔子城。」宋志云：「開寶元年縣移治昭君村，端拱二年徙香溪口，即今治也。」夔子城、大清鎮、昭君村，俱見歸州。或曰縣北三十里又有太清鎮。

練城山，縣北三十里。環繞如城。又羅經山，在縣北五里。山自西北來，綿亘百餘里。志云：縣城外有四通山，山形陡絶，傍有四徑可上。又縣東二十五里有盤龍山，以山勢迴環而名。又縣東三十里曰仙侶山，高數千丈，層峰疊嶂，其頂寬平。○爛柴山，在縣西四十五里，四面皆崇山峻嶺。縣西北八十里又有九衝山。

建陽峽，縣東南五十里，與州境接界。峽中之水會于香溪。又龍口峽，在縣北百五十里。

香溪，縣東南一里，即縣前河也。有珍珠潭，相傳爲昭君洗粧處。又南陽溪，在縣北三十五里。自鄖陽府房縣流經猫兒關至深渡，又南會香溪，至歸州入大江。志云：縣南五十里有新奔灘，又南七十里有白馬灘，皆溪流峻急處。

猫兒關。在縣北百里。山路險峻，可達鄖、襄。又縣東北百二十里有篠葉塢，塢長四十里，崇林怪石，路徑險陿，行者聚衆乃入，亦出鄖、襄間之間道也。篠亦作「箬」。又八里荒，在縣東百里。路出鄖陽府保康縣界，兩邑間林木深暗，路徑卑濕。志云：縣西北二百七十里有葱坪，地多葱，相傳諸葛武侯曾駐師于此。又有桑林坪，在縣東九十里。舊有巡司，正德十一年革。又縣有高雞塞巡司，舊係金竹坪，隆慶四年改。

巴東縣，州西九十里。西至四川巫山縣百六十里。漢巫、秭歸二縣地，屬南郡。晉渡江後析置歸鄉縣，屬建平郡，宋、齊因之。梁置信陵郡于此，後周郡廢，改縣曰樂鄉，屬信州。隋初因之，開皇末改爲巴東縣。唐屬歸州，宋因之。明洪武九年改屬夷陵州，尋還屬歸州。今縣無城。編户九里有奇。

信陵城，縣西十五里。梁置信陵郡於此，非孫吴故縣也。又樂鄉故城，寰宇記云：「在縣東三里。」後周改歸鄉爲樂鄉，蓋治此。

雙城，縣北六十里。兩城相距十餘里，相傳三國時築。後周天和初羣蠻作亂，有向寶勝者據雙城，信州刺史陸騰討平之，即此。詳見四川奉節縣。通志：「縣西十五里有舊縣城，縣蓋治于此，宋南渡後移今治。」今有舊縣溪。又有平城，在縣東南二十里。縣南又有新化城及土城，縣西北六十里又有廢羅平州城，或以爲皆後周時諸蠻作亂保聚處也。

石門山，縣東北三十五里。山有石徑，深若重門，漢昭烈初爲陸遜所破，走逕此門，追者甚急，乃燒鐃鎧斷道，然後得免。其下爲石門灘。又縣西四十九里有石門山，唐天寶間改名蜀口山，亘巫山縣界。○巴山，在縣南一里。一峰矗起，下分三岡，形如金字，一名金字山。縣治依此。又飛鳳山，在縣北五里，與縣治相對。又縣北二十里有青銅山，嘗産青銅，今絶。

明月山，縣西北四十里。上有竅如月。又西北十里曰向王山，山高大無樹木。相傳古向王耕此，蓋即向寶勝等諸蠻所屯也。與明月山岡麓相接。又小戒山，在縣西北六十里。高峻，惟一道從崖間過，僅容仄足，過此平曠，可容百餘家，昔人多避兵于此。又長豐山，在縣西北百里。懸崖峭壁，高接雲表。

安居山，縣西南五十里。高千仞，廣百里。四面懸崖峭壁。上有二路，一平坦，一極斗峻難上，昔人多避兵于此。其上突出一山，名天寶山，有泉。○羅頭山，在縣東七里，濱大江。環鎖江水，回顧縣治，下有羅頭洞。其旁又有無源洞，溪澗險邃，空洞無涯，水源莫測。又七寶山，在縣東八十里，上可鎔鐵。又縣南三百里有鐵爐山。

東奔峽，縣北二十里。兩岸孤峰絶壁，蜀江經流，如馬奔軼。又門扇峽，在縣西三十里，夏秋水泛，渦漩極險。又有破石峽，在縣東五里，兩崖如刀劈狀。總謂之巴東峽。

大江，在縣城北。自四川巫山縣流入境，又東入歸州界。○清江河，在縣西南一里。亦名夷水，東合蜀江。又三壩河，在縣西六十里。源出縣西北九府坪，一流入房縣，一流入四川大寧縣，一流入西瀼溪合大江。

東瀼溪，縣西北十餘里；又有西瀼溪，在縣西二十里；夾大江東西。其下爲萬户沱，志云：沱在縣西五里。又有雲沱，在縣西十里，常有漩，能覆舟。又州東十里有荀使沱，亦有巨漩，行者畏之。○横梁灘，在縣東二十里。有石横亘水中，江行泝流，每患其險。又石門灘，在縣東三十五里，中有巨漩，爲行者患。又清水灘，在縣西十里。江中迅急，觸而爲漩，舟行不戒，必至覆溺。縣境諸灘，此其險者。

連天關，縣西南五十里。有巡司戍守。又石柱關，在縣南五百里，向設石柱關巡司，隆慶四年改野三關巡司。志云：縣東南二百五十里有石柱山，關蓋因以名，爲扼束羣蠻之道。

火峰山寨。縣西北三十里。其地有火峰，據險置寨，因名。明初湯和伐蜀克歸州，取火烽山砦，即此。或作「烽火」，悮也。又巴東水驛，在縣東一里。

附見

荆州衛。在府城内。明初吴元年建，洪武二十一年改護衛，三十一年復舊。又荆州右衛，亦在府城内。吴元年建，洪武二十一年改右護衛，三十二年仍日荆州右衛。今亦置荆州衛，仍設左右二衛。

長寧守禦千户所。在歸州治東。洪武初建。又夷陵守禦千户所，在夷陵州治西北。洪武初建峽州衛，九年改爲今所。又枝江、遠安二縣亦各置守禦千户所。

校勘記

〔一〕揚水下流經監利縣　「揚」，底本原作「提」，今據職本、鄒本改。

〔二〕劉郎洑　「洑」，底本原作「洑」，今據鄒本及通鑑卷二七六後唐紀五改。

〔三〕縣東三十里有松滋故城　「東」，底本原脱，今據職本補。又鄒本作「西」，與職本異。

〔四〕荆州刺史劉道規　「荆州」，底本原作「荆江」，今據鄒本及晉書卷一〇安帝紀、通鑑卷一一五晉紀三七改。

〔五〕夷縣隋治石鼻城　舊唐志卷三九作「夷陵……隋縣治石皋城」，與此有異。

〔六〕吕忠肅　「肅」，底本原作「蕭」，今據職本改。隋書卷四八楊素傳云「陳南康内史吕仲肅屯岐亭」，則「忠肅」亦當作「仲肅」矣。

〔七〕米峒蠻田先什用　「米峒」，今中華書局標點本元史卷三〇泰定紀作「容米峒」，其校勘記云：「據本書卷二三武宗紀至大三年四月己酉、十一月戊子及上文泰定元年十二月乙亥諸條所見『容米峒』補。蒙史已校。」

〔八〕延洲　「延」，底本原作「涎」，據上文「延洲」及職本、鄒本改。